나
형
남 羅炯男, NA, HYEONGNAM

고려대학교 대학원에서 『초가지붕의 이엉이기 양상과 특징』(2022)으로 박사학위를 취득했다. 문화유산학을 전공한 학도로서 박물관이라는 범주에서 전통생활의 지속과 활동, 재현 등을 연구의 주제로 삼고 있다.

민속원 아르케북스 267　minsokwon archebooks

초가지붕의 이엉이기 양상과 특징

| 나형남 |

민 속 원

머리말

  이 책은 초가지붕 이엉이기라는 내용을 다뤘습니다. 여기서 초가지붕이라는 단어는 누구나 한번은 들어봤을 것이지만, 이엉이기라는 단어는 요즘은 찾아보기 힘든 것입니다. 이 책을 쓰는 저도 대학교를 졸업하고 난 후에 초가지붕 이엉이기를 알게 되었습니다. 대학교를 졸업하고 대학원을 진학함과 동시에 직장을 다니기 시작했고, 사회 초년생 시기에 운명과 같이 초가지붕을 담당하는 일을 맡았습니다. 황금 물결의 논밭에서 벼를 베어 쌀을 탈곡하는 것만 알았고, 쌀을 얻고 남은 볏짚으로 초가지붕의 이엉을 교체했다는 점은 일하면서 알게 되었습니다. 짚으로 엮어 만든 이엉을 지붕 위로 올려 새롭게 돌리는 모습이 신기했다는 기억은 초가지붕에 대한 첫 번째 기억이었습니다. 그때 당시에는 아름다운 초가건물의 풍경에 반하여 초가지붕에 대해 알아보기 시작했습니다.

  하지만 점차 초가지붕을 알아가면서 많은 어려움을 겪었습니다. 여름에 오는 비로 인해 황금빛으로 물들었던 초가지붕이 검게 변하기 시작하는 그 과정을 보며, 생의 끝자락에 와 있는 안타까움을 느꼈습니다. 그리고 가을에 불어오는 태풍으로 인해 새끼줄과 이엉이 끊어져서 지붕 밑으로 흘러내린 모습을 보며, 삶의 의지를 잃은 사람의 모습과 같아서 슬프기도 하였습니다. 그러다가 여러 어려움에 대한 해법을 찾아야 하는 실무자의 관점에서 고민하게 되었습니다. 이 문제를 대신 해결해 줄 수 있는 사람은 주변에 없었기 때문이었습니다. 그 과정은 20대 후반부터 시작하여 30대가 끝나는 시기까지 계속되었고, 10여 년 동안 겪은 경험과 고민하고 해결해가는 과정을 해마다 반복하면서, 이제는 "초가지붕은 이런 것이다"라고 조심스럽게 말할 정도는 되었다고 생각합니다.

초가지붕을 알아가는 과정에서 많은 사람의 조언을 들었고, 조언받은 내용 중에 서로 충돌하여 이해하기 어려운 경우가 있었습니다. 또는 조언받은 내용 중에 깨진 유리 파편과 같이 다른 조언과 연결하기 힘든 경우가 있었습니다. 여러 어려움을 해결하고 초가지붕을 이해하기 위해 저는 실무자로서 직접 해보는 과정을 여러 번 시도했습니다. 이러한 과정을 여러 해를 거치면서 "어떻게 이해하는지"를 알 수 있었습니다. 종국에는 초가지붕을 직접 올라가서 "어떻게 하면 위험하고, 어떻게 해야 잘했다"라고 하는지 체득하게 되었습니다. 물론 지금도 초가지붕에 대한 어려움을 겪고 있으며, 매사가 고민의 연속입니다.

초가지붕에 대하여 조언하여 주실 수 있는 분들의 연령대는 대개 60~80대 어르신이었습니다. 또 10여 년의 세월이 흐르면서, 60대에 머물고 계신 분들은 이제 70대를 넘어섰고, 70대에 건강함을 지키며 지붕 위에서 함께 이야기하던 분들은 이제 80대를 넘어섰습니다. 또 세월이 더 흐르게 되면, 저와 함께 이야기하던 어르신들은 사진과 글로 남긴 기록과 마음속 기억으로만 남아 계실 것 같습니다. 그러다 보니 시간이 더 흐르기 전에 이제는 초가지붕에 관한 내용을 책으로 남길 필요가 있다고 생각하였습니다. 박사학위졸업논문을 작성하였을 때에도 이와 같은 무거움이 없었는데, 책으로 남긴다는 마음을 먹고 나니 그 이상의 무거운 부담과 책임을 느꼈습니다. 그로 인해 매일 잠이 들기 전에 큰 한숨과 탄식을 하기도 했습니다. 그러니 이제는 묵은 짐을 내려놓고 앞으로 새로운 문제에 직면하고 해결하기 위한 또 다른 디딤돌을 놓기 위해, 용기를 내어 책을 내어보려고 합니다.

지금까지 초가지붕 이엉이기가 국가유산으로 지정된 사례는 찾을 수 없었습니다. 물론 현재에도 여러 지역에서 초가지붕 이엉이기를 지역의 유산으로 지정하려는 노력은 없다고는 말할 수 없습니다. 그러나 이엉이기를 기억하는 세대가 점점 나이가 들어가는 현시점과 비교하면 그 움직임은 안타깝지만 느린 속도의 노력이라고 생각합니다. 초가지붕 이엉이기라는 생활양식이 과거에는 누구나 할 수 있던 보편적인 생활양식이었기 때문에, 무형유산으로서의 가치가 되려 가장 늦게 발견된 것이 아닌지 하고 조심스럽게 생각합니다. 지금도 어르신들을 붙잡고 "초가지붕"을 물어보면, "우리 때는 말이야"하고 자연스럽게 설명할 수 있을 것입니다. 그분들은 우리들의 부모님이거나 할아버지와 할머니에 해당하시는 분들입니다. 그렇기에 초가지붕 이엉이기에 대한 전통지식은 10~20년 이내에는 쉽게 들을 수 없는 이야기가 될 것입니다.

  옛 사진을 살펴보고, 현장을 살펴보면서 느낀 점은 빠른 속도로 초가지붕 이엉이기가 사라져가고 있다는 것이었습니다. 특히 볏짚으로 하지 않는 경우도 다양했는데, 이들 경우는 거의 사라져간 것이 아닌지 싶을 정도였습니다. 자료조사를 위해 이곳저곳을 다녀보니 예전에는 어떻게 했었는지를 이야기로 듣는 것이 대부분 이었습니다. 또 인조로 만든 모형 볏짚 초가건물을 바라보자니 씁쓸했던 점이 한번 두번이 아닙니다. 초가지붕 이엉이기의 소멸은 외형의 변화가 아닙니다. 그 지역의 기억과 함께 지역 공동체도 점차 흩어지고 있다는 적신호입니다. 그래서 초가지붕 이엉이기의 지속을 위해서는 공동체의 지속을 위한 고민도 필요합니다. 이러한 고민은 앞으로도 여러 지역에서 함께 논의가 되어야 한다고 생각합니다.

  끝으로 함께 현장을 다녀주신 아버지와 어머니께 깊은 감사와 존경을 올립니다. 부족한 막내아들의 뒤늦은 공부를 마무리 짓기 위해 많은 도움과 격려를 해주시고, 전국의 초가지붕 이엉이기 사례를 찾기 위해 함께 다니며, 즐거움과 고됨의 과정에서 언제나 동행해주셨기에, 이 책은 한 가정의 성과이고 평생토록 간직할 추억입니다. 또 기도와 격려로 도움을 아끼지 않은 형과 형수님에게도 깊은 감사를 올립니다. 마지막으로 평생을 함께하며, 학문적 교류에서부터 모든 것을 공유할 동반자 아내에게도 평생의 고마움을 미리 전하며, 이 책을 시작합니다(最后，特别感谢我的妻子。她与我共担学术之路，同享生活点滴。一路同行，始终心怀感激。借此书一隅，谨致谢意。).

2024년 11월 3일
이엉을 이는 초겨울 전
동탄 집에서.

차례

책을 펴내며 • 5
참고문헌 • 327
찾아보기 • 332

제1장 서론
───── 11

1. 연구의 목적과 배경 ·· 12
2. 연구 방법 ··· 18

제2장 초가이엉이기에 대한 이해
───── 29

1. 선행연구 검토 ·· 30
2. 이론적 고찰 ··· 47
3. 소결 ··· 57

제3장 초가이엉이기의 재료와 시공
───── 59

1. 이엉이기의 용어 비교 ·· 60
2. 이엉의 재료와 규격 ·· 66
3. 초가지붕의 구성 ··· 85
4. 이엉이기의 절차 ··· 111

제4장 초가지붕의 역사와 전승 양상
—— 151

1. 볏짚이엉 보편화 이전 ·· 153
2. 볏짚이엉 보편화 이후 ·· 158
3. 개량화 시기 ·· 175
4. 다양화 시기 ·· 188

제5장 초가이엉이기의 지역적 특징
—— 197

1. 경기 · 충청 · 황해도 지역 ··· 201
2. 전라 · 경상도 지역 ·· 229
3. 강원 · 울릉도 지역 ·· 263
4. 제주도 지역 ·· 276
5. 평안 · 함경도 지역 ·· 281

제6장 초가이엉이기 전승환경의 변화와 과제
—— 293

1. 생활양식의 변화 ··· 294
2. 전승정책의 변화 ··· 307

제7장 결론
—— 319

제1장

서론

1. 연구의 목적과 배경
2. 연구 방법

제1장

서론

1. 연구의 목적과 배경

이 책은 지역별 초가이엉이기의 시공기법 및 그 상세에 대한 연구이다. 현재 이엉이기 시공기법(이하 이엉이기)[1]의 급속한 변화와 전승의 단절에 대한 위기의식이 본 연구의 동기가 되었다. 본래 초가이엉이기는 초가지붕을 만들고 유지하기 위한 민속 생활의 한 양식으로, 새마을운동 시기 이전에는 전국단위에서 시행되었다.[2] 또한 이엉이기는 마을 단위에서 지역 주민들의 주도로 이루어졌다. 그러나 2000년대에 이르면서 대부분의 초가지붕이 멸실하였고, 남아 있는 초가 건축물도 공공의 지원을 받아 지속하고 있다.

연구 과정에서 이엉이기의 변화에 대한 구체적인 현상을 발견하였고, 이를 바탕으로 연구를 심화하였다. 첫째, 초가지붕의 형태와 이엉이기는 지역 및 재료의 측면에서 다양하였음에도 행정적 획일화로 인해 이엉이기의 다양한 방식이 사라져가는 것이다. 둘째, 다양한 인공재료와 구조물이 이엉이기와 접목되면서 전통의 변형 및 왜곡에 근접한 수준

---

[1] 본 글의 원활한 진행을 위해 이엉이기 시공기법을 이엉이기로 줄여서 쓰도록 한다. 또 이엉이기는 초가지붕 위에서 이루어지므로, 초가이엉이기라는 말도 이엉이기로 줄여 쓸 수 있다고 생각한다.
[2] 나형남, 「초가이엉이기의 다양화와 사회문화적 배경」, 『무형유산』 제9호, 국립무형유산원, 2020.12, 157쪽.

에 이르렀다는 점이다. 앞의 두 현상은 전승의 단절과 중첩되면서 빠른 속도로 이엉이기가 소멸하게 만드는 독소 역할을 한다. 그렇기 때문에 본 연구는 위의 두 현상에 대한 해독제로서의 역할을 하고자 한다.

이엉이기는 초가지붕의 헌 이엉 위에 새 이엉으로 덮는 행위를 말한다. 그래서 이엉이기를 과거에는 개초蓋草라고 불렀다. 오늘날 이엉으로 불리게 된 것은 1970년도에 충청남도 공무원 교육원 주도로 전국의 행정시책용어를 순우리말로 풀어서 쓰기로 한 것에서 비롯되었다.[3] 오늘날에는 '이엉'에 대한 동사가 이엉이기, 이엉잇기, 이엉두르기, 이엉얹기, 이엉덮기 등으로 다양하다. 그러나 일제강점기의 신문기록에서는 주로 '이다'로 쓰였고, '이다'의 뜻이 '이엉으로 지붕을 덮는다'라는 사전적 의미를 담고 있다. 그래서 본 글에서는 '이엉이기'로 쓴다.

이엉이기는 지역별로 짚풀의 여러 품종을 재료로 삼는다. 재료의 성질에 따라 1년 혹은 그 이상의 일정한 주기로 이엉이기를 한다. 이엉의 재료는 주로 볏짚이다. 볏짚으로 지붕을 인다는 것은 벼농사를 주업으로 삼고 있다는 점을 의미한다. 또 볏짚 이외에도 억새, 띠풀, 산죽, 저릅대(저릅, 껍질을 벗긴 삼대), 갈대도 있다. 볏짚 이외의 품종으로 지붕을 이는 것은 현지의 우세한 품종이라는 점을 의미한다. 여기서 우세하다는 의미는 단순히 주거 환경 주변에 다량으로 생산되는 품종일 수 있고 친생활적인 재료로서 쉽게 구하고 쉽게 이용할 수 있는 것으로도 볼 수 있다.

국내에 현존하는 초가지붕의 주재료도 대부분 볏짚이며, 초가지붕을 보유한 전통건축물은 민속마을로 군락을 이루거나 고택, 가옥, 집 등의 단일 건축물로 약 100여건의

---

3 충남도 공무원 교육원이 제정한 도행정시책용어 풀어쓰기안이 문교부의 감수를 거쳐 내무부에 의해 전국 행정기관에서 사용하도록 확정되었다. 충남도 교육원은 69년 4월 한글학회회원과 교육원 교수진이 중심이 되어 도행정전반에서 쓰이는 시책용어 일천십개단어를 수집, 2차에 걸친 시안을 마련 검토한 끝에 구백사십칠개의 낱말을 풀어 최종안을 만들었다. 이 풀어쓰기안에 의하면 그 동안 한자와 일본말을 직역해서 써오던 행정용어 가운데 이백구십팔개를 순수한 우리말로 바꾸고 풀어쓰기가 어려운 한자말 이백칠십개는 그대로 두고 과학기술용어는 관계기관과 연락, 개선하기로 했다. 도교육원이 만들어낸 풀어쓰기의 본보기는 다음과 같다. 면적(面積) = 넓이 / 개초(蓋草) = 이엉 / 고공품(藁工品) = 짚제품 / 공동작업(共同作業) = 어우리(이하생략『동아일보』, 1970.02.10 기사).

국가유산이 있다. 그 중에서 연구에 적합한 국가유산을 지역별로 살펴보면 경기도 7건, 충청북도 11건, 충청남도 11건, 전라북도 9건, 전라남도 13건, 광주 2건, 경상북도 20건, 대구 2건, 경상남도 4건, 강원도 4건, 제주도 14건이 있다. 이 중 대부분이 볏짚지붕이고, 제주도 14건이 띠풀지붕, 경상북도 2건(울릉도)과 경상남도 1건(창녕), 전라북도 1건(남원)이 억새지붕, 경상남도 1건(김해)이 갈대지붕, 강원도 1건(정선)이 저릅대지붕이다. 또 국가유산에 포함되지 않으나, 연구에 적합한 사례가 강원도 정선에 저릅대지붕 1건이 있고, 경상남도 하동에 산죽지붕 1건이 최근까지 있었다. 이러한 분포로 인해 초가지붕은 볏짚지붕으로 인식할 수밖에 없다.

현재 국가유산으로 지정된 초가 건축물의 지붕은 국가유산수리기술로 정리된 이엉이기에 의해서 유지되고 있다. 국가유산수리기술(이하 수리기술)[4]은 매년 발간되는 국가유산수리표준시방서(이하 시방서)[5]에 명시되어 있다. 그러나 현존하는 초가 건축물 중에 볏짚지붕이 대부분이다 보니, 시방서의 내용도 볏짚지붕 중심으로 획일화 되어 있다. 그러므로 볏짚 이외의 이엉이기를 담아낼 수 있는 내용보완이 필요하다.

이엉이기는 다른 수리기술에 비하여 비전문적인 것으로 간주하고 있다. 그래서 시방서의 내용도 기본적인 틀을 제공하는 것에 지나지 않는다. 그리고 도면이 필요하지 않기 때문에 국가유산의 이엉이기에서 융통성이 다수 적용되고 있다. 융통성의 적용은 외부로 노출되지 않는 범위에서 이루어지고 있다. 대표적으로는 기계로 만든 이엉을 쓰거나, 일부에서는 인공재료로 만든 자재가 이엉이기에 무분별하게 쓰이기도 한다. 이러한 변화가 누적되면 전통적으로 준수되어야 하는 경험이나 원리 등을 반영하지 못한다. 그래서 지붕의 기능보다는 외형을 모방하는 것으로 전락하기도 한다. 전통생활양식이 국가유산수리기술에 반영될 수 있어야 한다.

볏짚을 예시로 생활양식을 살펴보면, 이엉이기는 벼농사를 토대로 이루어진다. 오뉴월에 모를 심고 한여름에 김매기를 한 뒤 가을에 추수하여 벼를 논밭에 말린다. 논밭에

---

4   국가유산수리기술을 줄여서 '수리기술'로 표기한다.
5   국가유산수리표준시방서를 줄여서 '시방서'로 표기한다.

말린 벼를 탈곡한 뒤에는 볏짚을 수급하여 짚가리로 쌓아서 보관한다. 늦가을부터 초겨울까지 볏짚으로 이엉을 만들어 초가지붕의 이엉을 교체하는데, 이엉이기가 한 해 생활의 마무리로 볼 수 있다. 농한기인 겨울 때는 집안에서 볏짚으로 새끼줄, 짚신이나 둥구미 등의 생활용품을 만들어 다음 해의 생활을 준비한다. 다음 해 정월에는 볏짚으로 큰 줄을 만들어 마을마다 줄다리기를 하거나 볏가릿대나 달집을 만들어 한 해의 풍년을 기원한다. 이처럼 이엉이기는 본래 세시풍속에 속하는 생활양식으로 볼 수 있다.

이엉이기는 마을 사람들의 공동노동으로 이루어졌다. 품앗이나 두레의 형태로 조직되어 이루어졌으며, 필요하면 주변 지역에서 사람을 더 고용하였을 정도로 수요가 높았던 노동이기도 하였다. 마을 사람들은 이엉이기에 필요한 새끼줄, 이엉, 용마름을 만들었고, 경험이 많은 주민의 주도로 여럿이서 이엉이기를 하였다. 마을주민의 구성은 여러 세대로 이루어졌다. 그러므로 여러 세대가 함께 일하면서 자연스럽게 전승 및 교육이 되었을 것으로 보인다. 마을주민 누구나 이엉이기를 하였다는 점으로 볼 때, 이엉이기는 일반생활의 영역에 속한 보편적인 생활양식으로 볼 수 있다. 다만, 경험이 많은 주민이 세대를 거듭하면서 전승 교육을 하였으므로 비전문적인 기술로 볼 수 없다.

현재 국가유산수리를 위한 작업 현장에서는 이엉이기 전승 문화가 사라져가고 있다. 이 점에서 시방서는 행정적인 문건의 기능을 할 뿐이고 전승 교육을 위한 기능을 하지 않는다. 실제 공사발주 후 작업 현장을 살펴보면, 초가이엉이기를 보았거나 경험하였던 소수의 60대 후반~80대의 노인층이 주축을 이룬다. 대부분은 일용직 근로자[6]인데, 그들에게는 간단한 요령만 가르쳐주고, 이엉이기를 작업하도록 한다. 일용직 근로자는 한국인도 있으나 외국인 노동자도 많으므로 불특정 다수이다. 그러므로 전승을 고려한 작업으로 볼 수 없다. 일용직 근로자의 특성상 이엉이기를 위해 손발을 미리 맞춰보는 시간도 갖지 않으므로 원활한 작업이 이루어지기 힘들다.

---

[6] 여기서 일반 작업자는 인력공사나 직업소개소로부터 파견을 받아 현장에서 종사하는 노동자들을 의미한다. 이들은 본래 건축업과 관련된 기술직군(전기, 가스, 보일러 외)에 속하는 경우가 많고, 겨울에 일이 줄어들면서 할 수 있는 일거리를 찾다가 이엉이기를 한다.

또 초가지붕의 썩은 부분을 정리하기 위해, 경험이 많은 고령자에게 썩은 군새 제거를 요청한다고 하여도, 체력적으로 힘에 부치기 때문에 제거작업을 하지 못한다. 일용직 근로자의 경우에는 이엉이기에 대한 이해도가 낮으므로 썩은 군새 제거작업 자체를 할 수 없다. 앞에서 살펴보았듯이 이엉이기는 세시풍속의 공동노동이라는 점에서 연속된 경험과 유기적인 노동조직이라는 선제조건이 필요하다. 하지만 이는 공사 현장의 이엉이기에서는 찾아볼 수 없는 사항이다. 이러한 현상은 향후 경험과 기록의 부재로 이어지게 될 것이다.

현재 초가이엉 제작 기술을 기계화한 사례와 이엉이기를 생략하고, 초가지붕의 외형을 모방하면서 장기간 유지될 수 있도록, 개발한 건축자재로 기존의 초가지붕을 교체한 사례도 있다.[7] 초가이엉을 제작하는 다양한 방식에는 손으로 이엉을 만드는 기술을 모방하여 기계로 재현한 기계 제 이엉이나 비닐로 된 모형 볏짚을 이용하여 이엉이나 용마름을 만드는 비닐볏짚이엉이 있다. 기계 제 이엉의 경우에는 국가유산수리 분야에서도 쓰이는 사례가 빈번하게 있다.[8] 또 이와 같은 현상은 이엉 제작에 필요한 비용과 시간을 줄이기 위해서 발생했다. 이엉이기 기술을 생략하고 초가지붕의 건축자재를 대체한 사례로는 플라스틱 재질로 만들어진 인조볏짚이엉과 컬러강판이엉이 있다. 이처럼 다양화된 현상은 이엉이기에 요구되는 전반적인 비용과 시간뿐만 아니라 교체 비용까지 줄이기 위해서 발생했다.[9]

이엉이기의 획일화나 다양화는 초가지붕에서 느껴지는 민속적인 풍경을 유지하면서 편리하게 초가지붕을 관리하기 위한 현 사회의 요구에 의하여 발생한 현상이다. 이미 오래전부터 수작업으로 이엉을 엮는 행위는 비용과 시간이 많이 소모된다는 점이 단점으로 인식되어 왔다. 결과적으로 초가지붕의 외형에 대한 보편적인 인식에는 동의하지만, 그 사용에서는 현대적인 방법이 선택되었다. 하지만 장기적인 관점에서 방식의 다양화와

---

7   나형남, 「초가이엉이기의 다양화와 사회문화적 배경」, 157쪽.
8   물론 수제이엉으로 공사계약을 하면, 손으로 직접 수제이엉을 엮어서 이기도 한다. 단 그럴 경우에는 인건비가 상승하여 기계 제 이엉으로 이는 비용보다 높아진다.
9   나형남, 「초가이엉이기의 다양화와 사회문화적 배경」, 157쪽.

같은 과정의 효율성에 의지하게 되면 이엉이기는 경제적인 논리에서 벗어나지 못하고 전승의 필요성도 희미해진다. 전통문화를 보존해야 하는 입장에서는 초가지붕 방식의 다양화가 이엉이기의 전승을 위협하는 잠재적인 요소가 된다. 그렇기 때문에 이엉이기의 변화가 어떻게 등장하였는지 면밀히 살펴볼 필요가 있다.[10]

현재 이엉이기는 시대 혹은 지역별 양상에 대한 논의가 이루어지지 않았으며, 대부분의 연구가 시방서의 내용을 기초로 하고 있다. 그래서 시방서에도 지역별 및 재료별 시공방식이 누락되어 있는 것을 확인할 수 있다. 따라서 본 연구는 시방서의 내용보완과 전승 교육을 위한 토대로써 활용되길 바란다. 이를 위해 시대, 지역, 재료를 기준으로 이엉이기를 살펴본다. 각 분류를 바탕으로 연구하면서 이엉이기의 다양한 방식을 확인할 수 있을 것으로 기대한다.

시대적 흐름을 살펴보고자 하는 목적은 전통적인 생활방식의 하나로서 오랜 시간 동안 지속되어 왔음을 강조하고자 하는 것이다. 원시시대부터 풀을 이용한 주생활 방식이 있었는데, 근현대에 이르기까지 지속하였다는 점은 한국의 문화정체성을 상징하는 고유한 사례로도 볼 수 있기 때문이다. 또 시대적으로 이엉이기를 살펴보면서, 현시점과의 다른 점도 찾아낼 수 있을 것이다.

지역별 양상을 살펴보고자 하는 목적은 시방서의 내용을 보완하는데 도움이 되고자 함이다. 시방서의 내용은 대개 볏짚이엉이기를 중심으로 간략하게 서술되어 있다. 이엉이기는 이엉과 용마름을 만들고, 군새를 제거하고 이엉과 용마름을 이고, 줄을 치는 과정이다. 시방서에서 누락되어 있는 내용은 지역별 양상을 살펴보면 보완할 수 있다. 또 근대시대의 사진기록에 남아있는 초가지붕의 모습을 지역별로 살펴보면, 보완할 내용을 더욱 찾아낼 수 있다.

재료별 양상을 살펴보고자 하는 목적도 시방서의 내용을 보완하는데 도움이 되고자 함이다. 시방서의 내용은 앞서 언급하였듯이 볏짚이엉이기 중심으로 서술되어있다. 특히 볏짚이엉을 만드는 방법과 억새, 띠풀, 갈대, 저릅대, 산죽으로 이엉을 만드는 방법은

---

10 위의 논문, 157~158쪽.

서로 다르다. 또 이엉, 용마름이기, 줄을 치는 방식도 다르다. 이러한 자료조사를 위해 현지 조사를 진행한다. 조사 자료를 바탕으로 연구하면, 보완할 내용을 제시할 수 있다.

본 연구를 통해 기대하는 사항은 다음과 같다. 첫째, 향후 이엉이기를 하는 전승자 및 종사자를 위한 지침서가 되는 것이다. 지역별로 이엉이기가 이루어질 때, 해당 초가지붕의 지역, 역사, 재료에 맞는 시공 방법 및 상세사항을 확정하는 기초가 될 것으로 기대한다. 둘째, 이엉이기라는 공사 과정 전반에서 발생하는 분쟁을 중재하는 자료로 쓰이는 것이다. 이엉이기는 현재 비전문적인 수리기술로 여겨진다. 이로 인해 전승자나 종사자의 개인적인 경험이 공사방식의 지표가 될 수도 있어 시공 방법 및 상세사항에서 분쟁의 가능성이 높다. 그러므로 이 연구를 통해 이엉이기의 전승 및 보전을 저해하는 분쟁의 발생을 약화시킬 수 있을 것으로 기대한다. 위의 두 가지 기대효과를 통해, 본 연구는 인공적인 재료와 현대적인 기법이 무분별하게 접목되고 있는 현상을 줄이고 이엉이기의 전승 및 보전에 긍정적인 역할을 하는 실증적 연구로서 그 의의가 있을 것이다.

2. 연구 방법

본 연구는 선행연구뿐만 아니라 이엉이기에 대하여 적게 기술되어 있는 내용 일체를 포함하여 조사함으로써 이엉이기의 전반적인 내용을 추적해보고자 한다. 또 이엉이기의 행정적인 획일화나, 현대의 기술이 반영된, 방식의 다양화가 발생하는 현상을 깊이 있게 분석하기 위해 현재 이뤄지고 있는 정책 및 현장에서의 상황도 파악한다. 이를 통해 향후 이엉이기에 대한 현장감 있고 상세한 연구 자료로서 의미를 더하고자 한다.

'제2장. 초가이엉이기에 대한 이해'는 초가지붕에 대한 선행연구와 이론적 고찰을 진행한다. 초가지붕에 대한 선행연구는 일반적인 사항과 지역적인 특색, 정책적인 부분으로 분류하여 살펴본다. 초가지붕에 대한 일반적인 사항에서는 초가지붕의 재료, 역사, 이엉이기의 절차를 중심으로 기술한다. 이중 초가지붕의 재료에 대하여는 재료의 종류(볏짚, 억새)뿐만 아니라 재료의 변형, 물리적 성질도 포함한다. 일반적인 사항이라는 묶음으로 초가지붕에 대한 선행연구를 정리하여 초가지붕에 대한 이론적 고찰을 시도한다.

지역적인 특색의 경우, 각 지역의 초가지붕의 재료(볏짚, 억새 외) 및 지역별 초가지붕의 변형과 쇠퇴에 대한 내용이다. 그래서 재료별 이엉이기에 대한 내용은 다음 장에서 다룬다. 이 장에서는 변형과 쇠퇴에 대한 사회적인 변화요인이 주로 언급되었기 때문에 초가지붕의 역사적 자료로서 가치가 있을 것으로 생각한다. 선행연구에서 언급된 초가지붕의 다양한 재료는 현장 조사를 통해 보완했다.

정책적인 부분의 경우, 초가지붕의 쇠퇴를 막고, 초가지붕의 보존을 위한 여러 정책적인 제안을 중심으로 한다. 또 초가지붕의 현재 상황도 다루고 있다. 그렇기 때문에 초가지붕의 역사적 자료로써 활용할 수 있다.

이론적 고찰은 선행연구에서 다뤄지고 있는 자료 중에서 초가이엉이기에 대한 내용을 간추려서 살펴보는 것이다. 현재 초가이엉이기에 대한 선행연구의 내용은 지역 및 재료별로 다양한 이엉이기를 온전히 반영하지 못한다. 반영하지 못한 항목을 세부적으로 살펴보고, 본 연구의 전개 방향을 정리토록 한다.

'제3장. 초가이엉이기의 재료와 시공'은 이엉이기에 대한 시공 및 상세를 정리하고자 개인 자료를 활용했다. 이 자료는 <표 1>과 같이 2012년부터 현재까지 한국민속촌에서 진행되었던 초가이엉 제작부터 초가이엉이기에 이르는 전 과정을 지속해서 기록하고 체득한 것을 정리한 것이다. 초가이엉이기에 대한 정리는 2012년부터 기록하면서 시작했다. <표 2>와 같이 한국민속촌 출신의 여러 사람에게 초가지붕과 초가이엉이기를 배웠다. 이후 2014년에는 '초가지붕 만들기 기술'이라는 이름으로 자료를 정리하였었다. 이 내용에는 군새제거, 물매잡기, 고사줄 띄우기, 지새미 두르기, 이엉얹기, 바깥줄 띄우기, 용마름 두르기 등의 순서로 이엉이기 절차를 정리하였었다.[11] 2015년부터 2020년까

---

11 본 자료는 국립무형유산원으로부터 무형유산지기로 위촉(2013~2017)받고 무형유산 모니터링활동을 하면서 '초가지붕 만들기 기술'이라는 이름으로 조사 및 정리한 자료이다(전북대학교 무형문화연구소, 『2014 무형유산 활동지원 사업 결과보고서』, 국립무형유산원, 2014.12, 99~101쪽).

지 이엉이기의 실제 과정을 살펴보면서 누락된 부분을 보완하거나 정정할 필요가 있는 부분을 개선하였다. 그리고 이 내용을 기계 제 이엉으로 지붕을 이는 방식과 비교하여 그 장단점을 정리하기도 하였다.[12] 2021년부터 현재까지도 내용을 지속해서 보완하여 본 글에 적용하였다. 즉 2012년부터 현재까지 정리된 내용은 10년간의 현장 조사와 2차례에 걸친 이엉이기 이론 정립 과정의 결과물이다.

그리고 개인 자료를 기반으로 국가유산수리표준시방서(2021~2024)의 내용과 비교하여 정리한다. 볏짚이엉 외의 자료에 대하여는 현지조사 및 관련자 면담 조사를 하였다. 현지조사의 경우, 저릅대, 띠풀, 억새, 산죽지붕의 이엉간격, 재료의 성질 및 규격, 용마름 상태, 줄치기 등으로 자료조사를 실시하였다. 현지 조사를 한 곳은 다음과 같다.

〈표 1〉 현장조사 목록

명칭	일자	주소
한국민속촌[13]	2012.11.01~현재	경기 용인시 기흥구 민속촌로 90
박재형씨 가옥 외[14]	2013.03.27~2013.03.29.	전남 진도군 임회면 외
울릉 나리 억새투막집	2013.07.26.	경북 울릉군 북면 나리1길 71-316
정선 아리리촌	2022.03.03.	강원 정선군 정선읍 애산로 37
정선 백전리 물레방아	2022.03.03.	강원 정선군 화암면 백전리 96
제주 성읍마을	2022.03.08.	제주 서귀포시 표선면 성읍리
덕치리 초가	2022.03.14.	전북 남원시 주천면 회덕길 25-8
산죽집(폐가)	2022.03.14.	경남 하동군 청암면 청학동길 51
산죽집(폐가)	2022.03.14.	경남 하동군 청암면 청학동길 60
산죽집(폐가)	2022.03.14.	경남 하동군 청암면 청학동길 61
순천 낙안읍성	2022.04.29.	전남 순천시 낙안면 충민길 33-1 외

12 나형남, 「초가이엉이기의 다양화와 사회문화적 배경」, 160~177쪽.
13 한국민속촌 내에는 제주도 민가도 있다. 그래서 한국민속촌에서 제주도의 흐른이엉이기에 대한 자료를 다수 확보할 수 있었다.
14 진도 답사 기간 진도읍 내 진도군청 옆 가옥 1채, 임회면 귀성마을의 가옥 2채, 임회면 상만마을의 가옥 6채, 의신면 칠전마을의 가옥 3채, 임회면 석성마을(남도석성 내) 가옥 3채를 조사하였다. 조사 결과의 내용을 직접 작성하였으나 조사 당시, 각 가옥의 상태가 폐가인 경우가 많고 주소도 기재되어 있지 않아서 각 가옥에 대한 상세한 주소는 확인할 수 없었다.

수원 광주이씨 고택	2022.05.06.	경기 수원시 장안구 파장천로 56-9
민세안재홍선생생가	2022.05.11.	경기 평택시 계루지1길
수촌교회	2022.05.11.	경기 화성시 장안면 수촌큰말길 32
영주무섬마을	2022.08.25.	경북 영주시 문수면 수도리
예천남악종택	2022.08.25.	경북 예천군 용문면 구계길 43-8
경주양동마을	2022.08.26.	경북 경주시 강동면 양동리 125
김해장방리갈대집	2022.08.26.	경남 김해시 한림면 장방리
창녕진양하씨고택	2022.08.26.	경남 창녕군 창녕읍 술정리
이병기선생생가	2022.10.30.	전북 익산시 여산면 가람1길 64-8

    현장 조사는 7.5m 줄자를 활용하여, 처마의 두께나 고삿줄의 간격, 이엉의 간격 및 규격 등을 주로 측정하였다. 사진기록은 필자가 소지한 핸드폰 카메라(SM-F711N)를 활용하였다. 저릅대, 띠풀, 억새, 산죽지붕의 조사 후 내용을 정리하면서 볏짚이엉에 대한 내용보완이 필요하다고 사료되었다. 이에 추가로 볏짚초가지붕이 있는 건물을 조사하였다.
    또한 각 짚풀류 이엉이기에 대한 상세한 내용을 확인하기 위하여 관계자 및 주민을 만나서 면담을 통해 상세한 자료를 확보하였다.

〈표 2〉 관계자 및 주민 면담 목록

이름	일자	면담 장소
김판봉[15] (한국민속촌 출신 목수)	2012.07.01~2013.09.30.	한국민속촌 내
김종봉[16] (한국민속촌 출신 짚풀공예가)	2012.07.01~2017.06.30.	한국민속촌 내

---

15 김판봉 목수는 한국민속촌에서 면담한 시기에 이미 30년 이상 근무하였던 장기근속자였다. 그는 한국민속촌에 억새집이 많았다는 것을 기억하였던 사람이면서, 한국민속촌 내의 여러 초가집을 짓기도 하였다. 특히 그는 '지새미'에 대한 의미와 '군새'작업에 대한 절차와 원칙을 알려주었다.
16 김종봉 짚풀공예인은 한국민속촌의 장기근속자로 짚풀공예 및 동고리 제작에 능한 공예인이었다. 그러면서도 한국민속촌 면담 당시 30년 이상 근무하였던 장기근속자였다. 그는 문일웅 유도인과 함께 오랫동안 초가이엉이기의 전문기술자로서 손발을 맞추었다. 그는 이엉에 대한 제작 및 이엉이기에 대한 전반적인 절차를 알려주었다.

문일웅[17] (한국민속촌 출신 유도인)	2012.07.01~2018.12.31.	한국민속촌 내
정인삼[18] (한국민속촌 농악단 출신 상쇠)	2012.07.01~2019.05.31.	한국민속촌 내
이은진[19] (상만리 거주자, 진도군청 출신)	2013.03.27~2013.03.29.	전남 진도군 상만마을
박주언[20] (진도읍 거주, 진도 향토사학자)	2013.03.27~2013.03.29.	전남 진도군 진도읍
이토 아비토[21] (일본 동경대 명예교수, 진도 부분 인류학자)	2013.03.27~2013.03.29.	전남 진도군 상만마을
맹광재[22] (초가이엉이기 기술인)	2016.11.01~현재	한국민속촌 내
김창환[23] (인조이엉 관련 종사자)	2017.11.01~2017.11.30.	한국민속촌 내

17 문일웅 유도인은 한국민속촌 건립 당시부터 근무하였던 장기근속자이다. 건립 당시 온 가족이 한국민속촌에서 거주하기도 하였다. 이후에는 쌍죽선 장인으로 활동하면서, 초가이엉이기를 김종봉과 함께 주도적으로 행해왔다. 주로 지붕의 물매를 잡는 방법을 알려주었다. 또 평소에도 상투를 틀고 한복을 입고 출퇴근하였으며, 산신제를 포함한 여러 고사에 축관으로 활동한 유도인(儒道人)이다.

18 정인삼 상쇠는 한국민속촌 건립 당시부터 한국민속촌 농악단 상쇠로 활동하였다. 직접 이엉이기에 참여하지 않았으나, 건립 당시부터 꾸준히 한국민속촌 초가이엉이기를 지켜보았던 인물이다. 또 한국민속촌 농악단 입단 전에도 호남 지역에서 비늘이엉으로 인 초가집들을 많이 보기도 하였다. 짚의 순환이라는 측면에서 초가집과 관련한 여러 생활지식을 알려주었다.

19 이은진씨는 1938년생으로 면담 당시에 1938년도 지어진 집에 거주하고 있었다. 진도군청의 공무원 출신이면서 진도 토박이이다. 그는 마을과 집에서의 생활을 알려주었다.

20 박주언 향토 사학자는 당시 진도 지역의 향토 사학자로 활동하였다. 진도 민가 조사를 위해 현장 조사를 진행할 때 민가에 대한 특징을 알려주었다.

21 이토 아비토 교수는 일본인 인류학자로 진도를 오래전부터 연구하였다. 그의 저서는 『그리운 한국마을』(임경택 역, 2010)이라는 이름으로 한국에도 번역되어 출판되었다. 진도 민가를 조사하던 와중에 이토 아비토 교수도 진도에 방문해 있어서 만날 수 있었다. 그는 과거 진도 지역에 초가집이 많았음을 알려주었다.

22 맹광재 기술인은 30년 이상 초가이엉이기 공사에 종사해왔다. 그는 경기도 남양주시 출생으로 전국의 여러 지역을 돌며 초가이엉이기 공사를 수급 받아 진행하였다. 다년간의 이엉이기 경험담에서 이엉이기의 다양함과 초가지붕 재료수급의 어려움, 전승 단절의 위험성을 알 수 있었다.

23 김창환 관계자는 인조이엉 관련 종사자이다. 한국민속촌 내 초가지붕을 인조볏짚이엉으로 교체하면서, 인조 이엉의 유래, 성질, 이용사례 등을 알려주었다. 또 인조볏짚이엉외에도 인조갈대 외에도 이국적 풍경을 연출할 수 있는 여러 인조 지붕 소재를 취급하고 있다.

송경호[24] (정선 아라리촌 관계자)	2022.03.03.	강원 정선군 정선읍 애산로 37
남광주[25] (하장면 갈전리 주민)	2022.03.03.	강원 삼척시 하장면 백두대간로 3209-35
강임용[26] (성읍리 초가장 초공, 제주특별자치도 무형유산)	2022.03.08.	제주 서귀포시 표선면 성읍리
변문혁[27] (제주 성읍마을 관리사무소 초가지붕 관련 관계자 겸 주민)	2022.03.08.	제주 서귀포시 표선면 성읍리
이상봉[28] (덕치리 주민)	2022.03.14.	전북 남원시 주천면 구룡폭포길 295
김삼주[29] (청학동 주민)	2022.03.14.	경남 하동군 청암면 청학동길 82 고산식당
김도수[30] (낙안읍성 주민)	2022.04.29.	전남 순천시 낙안면 충민길 33-1

---

24 송경호 관계자는 정선 아라리촌의 시설물 관리에 종사하고 있다. 정선 아라리촌 건립 당시부터 있었으며 저릅을 수급하는 과정에서부터 저릅으로 지붕을 이었던 경험을 보유하고 있다. 저릅대지붕의 전승을 위한 여러 방안을 시도하고 있다.

25 남광주씨는 삼척시 하장면 갈전리의 주민이다. 갈전리 부근은 예전에는 대부분이 삼 농사를 지었던 곳으로, 멀리서도 삼을 사러 왔다. 또 삼 농사를 많이 지었기 때문에 저릅으로 인 집이 많았다. 지금은 사라졌으나, 저릅으로 지붕을 이었던 기억을 보유하고 있다.

26 강임용 초공은 성읍마을의 주민이면서 성읍마을 무형유산(초가이엉이기) 보유자이다. 그는 성읍마을의 중요한 민속문화유산을 직접 이엉이기를 하고 있으며, 전승에도 힘쓰고 있다. 과거 몇 차례 한국민속촌의 제주도 민가도 이엉이기 하였었다.

27 변문혁씨는 성읍마을의 주민이면서 관리사무소의 초가 담당자이다. 어려서부터 성읍마을에 살면서 초가 이엉이기를 해왔으며, 한국민속촌의 제주도 민가도 이엉이기를 하였었다.

28 이상봉씨는 주천면 덕치리 회덕마을의 이장으로 활동하고 있다. 과거 덕치리 초가의 억새이엉이기를 직접 하였던 인물이다. 그는 억새이엉이기에 대한 절차와 현재 전승의 어려움을 이야기하였다.

29 김삼주씨는 청학동의 주민으로 고산식당을 운영하지만, 식당 내에서도 서예 활동을 할 정도로 청학동의 유도인이다. 그는 오래전부터 산죽으로 이엉이기를 하였던 인물로 현재에는 이엉이기를 하지 않지만, 산죽이엉이기에 대한 절차를 기억하고 있었다.

30 김도수씨는 낙안읍성 주민으로 초가이엉이기를 가르치는 향토학교의 교장이다. 그는 낙안읍성 내의 이방 집에서 민박집을 운영하고 있으며, 낙안읍성의 토박이로서 낙안읍성 초가지붕의 특징을 알려주었다.

오수일[31] (충남 공주시 탄천면 가척리 주민)	2022.06.12.	한국민속촌 내
청호스님(송삼복)[32] (자암산 영강사 회주)	2022.08.26.	경남 김해시 한림면 장방리
양광열[33] (인조이엉 관련 종사자)	2022.10.06 ~2022.10.08.	한국민속촌내

면담에 대한 기록은 필자가 소지한 핸드폰의 녹음 애플리케이션을 활용하였다. 녹음된 파일을 다시 문서화하기 위해 면담자의 이야기를 엑셀 프로그램(MicroExel 2010)을 이용하여 문서로 정리하였다. 문서로 정리한 기록은 본 글의 연구자료로 활용하였다. 본 글에서 저자가 채록한 내용에 대하여는 저자의 이름을 표기하여, '저자 채록한 것임을' 밝힌다.

또한 전통적인 이엉의 제작 방법을 살펴보기 위해 1974년 한국민속촌 개촌 이래로 단 한 번도 해체를 진행하지 않았던 초가지붕을 해체할 기회를 얻었다. 이에 필자도 초가지붕 해체공사에 동참하였다. 해체공사에서 개촌 당시에 쓰이던 볏짚, 볏짚이엉, 억새이엉, 저릅대이엉 등을 표본으로 확보할 수 있었다. 해체하고 있는 지붕 속에서 1973년으로 제조 년도가 기재되어 있는 건빵 봉지를 확인하여 연대를 확인할 수 있었다. 각 이엉의 상태는 50년 전의 이엉이라는 것을 믿을 수 없을 정도로 양호하였다. 상태를 확인한 후 연구 자료로 활용하였다. 각 이엉은 7.5m 줄자로 이엉의 간격 및 규격 등을 주로 측정하였다. 또 표본이엉의 엮음마디에 들어간 짚풀의 수량을 파악하기 위해 '엮음

---

31 오수일씨는 한국민속촌 관람객으로 방문하였다. 공주시 탄천면 가척리 주민으로 오랫동안 공주에서 살아왔고, 직접 공주 지역의 초가이엉이기를 하기도 하였다고 한다. 필자가 한국민속촌에서 유채꽃을 이엉 엮듯이 엮고 있을 때 만났다. 필자의 엮는 모습을 보고 공주시의 초가이엉이기에 대하여 간략하게 설명해주었다. 공주 지역에서는 바람이 강하지 않으면, 겉고삿줄을 치지 않았다는 것을 말하여 주었는데, 옛 사진에서 확인할 수 있는 부분이라는 점에서 자료적 가치가 높다.
32 청호스님(송삼복)은 6대째 갈대집에서 거주하고 있다. 집 위에 영강사라는 법당을 짓고 현재까지 집을 돌보고 있다.
33 양광열 관계자는 인조이엉 관련 종사자이다. 한국민속촌 내 초가지붕을 인조이엉으로 교체하여, 인조이엉의 시공을 구체적으로 알려주었다. 천연볏짚이엉의 쇠퇴에 대해 깊게 공감하고 있어서 천연볏짚이엉이기도 겸하고 있다. 대물림하여 볏짚이엉이기를 지속하려는 의지가 강하다.

마디' 일부를 풀어서 살펴본 뒤 핸드폰 카메라(SM-F711N)로 촬영하였다.

산죽이엉의 경우, 현재에는 표본으로 삼을 수 있는 것이 없기 때문에 주민 면담에서 확보한 내용을 토대로 재현하였고, 7.5m 줄자로 이엉의 간격 및 규격 등을 주로 측정하였다. 마찬가지로 엮음마디에 들어간 산죽의 수량을 파악하기 위해 일부분을 풀어서 살펴본 뒤 핸드폰 카메라(SM-F711N)로 촬영하였다. 본 글에서 저자가 촬영한 사진에 대하여는 저자의 이름을 표기하여, '저자 촬영'한 것임을 밝힌다.

〈표 3〉 한국민속촌 민속마을 11호 한약방 초가지붕 해체작업

작업기간 2022.02.07~02.15

이처럼 현장 조사, 면담 조사의 결과물과 함께 실제의 건물해체에서 나온 연구 자료를 취합하여 이엉을 엮는 과정에서부터 이엉이기에 이르는 전 과정을 구조적으로 분석하여, 연구의 실증을 높이고자 하였다. 시방서의 내용과 초가 현장의 실제를 비교 한 결과, 재료의 측면에서 이엉이기가 기록되지 않았음을 확인할 수 있었다. 시방서의 내용은 주로 볏짚이엉이기의 것을 바탕으로 하였기 때문에 시방서의 내용을 보완할 필요가 있었다. 또 볏짚이엉이기의 내용도 현장 상황과 다른 내용이 많았다. 가령 이엉이기 관련

용어, 이엉이나 용마름을 만드는 방법, 이엉이기의 절차 등으로 전반적인 보완의 필요성을 느낄 수 있었다.

'제4장. 초가지붕의 역사와 전승 양상'은 먼저 볏짚이엉의 보편화 이전과 이후로 원시시대부터 근대 시기까지 다루었다. 연구를 위하여 기존의 문헌자료와 회화자료를 참고하였다. 이 과정에서 조선 시기 16세기의 회화에서 송첨과 죽첨의 이엉이기 방식을 확인할 수 있었다. 또 기록을 통해 고려시대에도 송첨과 죽첨의 이엉이기 방식이 있음을 확인할 수 있었다. 근대 시기의 경우 사진 자료와 일본인 학자가 조사한 문헌 자료를 바탕으로 당시의 상황을 살펴보았다. 이중 사진 자료는 지역적 측면에서 다루는 데에 쓰고, 문헌자료로는 당시의 사회적 분위기와 생활양식을 파악할 수 있었다.

현대는 개량화와 다양화로 인한 변화의 시기였다. 그래서 먼저 정책적인 측면에서의 자료조사를 위해 국가기록원과 국가유산청에 있는 정책 자료를 취합하였다. 국가기록원의 경우, 1960년대부터 초가지붕의 개량사업과 민속마을 혹은 전통가옥에 대한 선정과정을 살펴보았다.

초가지붕의 다양화를 살펴보기 위해서는 2012년부터 2024년까지 국가유산수리표준시방서의 내용을 바탕으로 전통적인 초가이엉 제작과 이엉이기 작업에 직접 참여하여 얻은 경험과 체득한 것을 정리하였다. 그다음 기계 제 이엉, 비닐볏짚이엉, 인조볏짚이엉, 컬러강판이엉 등의 다양한 건축자재의 사례를 물리적인 측면에서 직접 조사한 내용을 정리하였다. 또 건축기술인 이엉이기 방식의 다양화와 관련 단체를 대면하여 그 원리와 사용사례에 대하여 구술 및 채록한 내용을 정리했다.

'제5장. 초가이엉이기의 지역적 특징'은 연구를 위해, 1900~1990년대의 사진기록을 조사하여, 연구의 대상으로 삼을 수 있는 자료를 추출하였다. 자료 확보의 기준은 전체적인 지붕면이 보이는 것, 이엉이기의 모습, 마을 전체적으로 공통된 양식이 발견되는 것 등으로 기준을 삼고 사진기록을 수집하였다. 줄치기의 방식과 지붕의 형태를 파악하기 위해서는 화질이 좋은 흑백사진을 확보하는 것이 중요하였기에 국립민속박물관이나 국립중앙박물관, 국가기록원에서 자료를 수집하였다. 특히 국립중앙박물관의 자료는 초가지붕을 단독 촬영한 것은 거의 없고 대부분 조선총독부의 유적조사 및 발굴에 대한 사진기록이었다. 이 자료 중에는 주변에 초가지붕이 있는 경우가 많았다. 지역별로 소장 자료를 확인한 결과 다수의 초가지붕 사진기록을 확보할 수 있었다. 국립민속박물관의 경우, 선행 민속학자들이 촬영한 사진기록을 소장하고 있어 활용할 수 있었다. 국가기록원의 경우에도 일제강점기 기록물이 있어 참고하였다. 이외에도 도서 출간된 흑백 사진첩을 확보하거나, 등록 연도가 오래된 블로그 자료를 통해 지역의 이엉이기 양상을 파악하였다. 흑백사진의 한계는 화질뿐만 아니라 색상 구분이 쉽지 않기 때문에 이엉이기의 형식을 정리하기 위해 흑백사진을 컬러사진으로 변환하여 자료를 분석하기도 했다.

〈표 4〉 흑백사진기록 색상변환의 예시

 →

국가유산청의 사진기록을 살펴보면, 최근으로 올수록 이엉이기의 변형된 모습이 발견되었다. 그래서 초가지붕을 보유한 국가유산 중에서 도면이 있는 것을 먼저 사용하였다. 도면은 대부분 초가지붕 건물이 지정되었던 시기에 작성된 것이어서 이엉이기를 살펴볼 수 있는 기준점으로 활용할 수 있다고 사료되었다. 하지만 여러 시기에 도면이 만들어진 경우도 있었다. 이 경우에는 여러 시기의 도면을 전부 활용하였다.

'제6장. 초가이엉이기 전승환경의 변화와 과제'는 재료, 역사, 지역의 측면에서 다루면서 생활환경 및 전승체계의 부재에 대한 내용을 바탕으로 정리하였다. 생활환경의 경우, 이엉이기와 다른 짚풀공예나 연중 농사를 직접 해보면서 체득하게 된 사실을 바탕으로 정리했다. 이 사실은 저자가 모내기를 직접 하고 김매기를 하고 추수를 한 뒤, 짚을 수급하고 보관하고 이엉이기를 하는 10년간 경험한 것이다. 이 경험을 통해서 이엉이기가 세시풍속의 한 부분으로 순환성 있는 생활양식이라는 점을 밝히고자 했다. 또 새끼줄이나 둥구미, 따리, 이엉, 용마름, 이엉이기 등의 여러 짚풀공예나 이엉이기를 하면서 제작 및 시공기술의 측면에서 같은 원리를 공유하고 있다는 점을 확인하게 되어 이점을 밝히고자 했다. 그리고 기술적 원리를 공동체가 함께 공유하고 있기 때문에 이엉이기라는 공동작업을 하여도 원활하게 이루어질 수 있다는 점도 밝히고자 했다. 하지만 현재에는 농촌사회가 현대화되면서 세시풍속으로서의 순환성, 생활양식의 공유가 무너지고 있는 점을 들어 이엉이기의 볏짚 수급방식도 변화되어야 함을 강조하고자 하였다.

전승체계 부재의 경우에도 여러 지역에 있는 초가건물의 지붕을 조사하거나 10년간 초가지붕 이엉이기 작업 현장을 살펴보면서 획득한 사실을 기반으로 정리고자 하였다. 본래 공동체가 자연스럽게 전승하는 체계였으나 노동력의 부족이 사회적으로 발생하게 되었다. 그러면서 외형 중심의 보존이 이뤄지게 되었고 이 과정에서 이엉이기의 시공방법에도 변화가 발생하게 되었다. 또 국가유산청에서 2000년대 이후에 시행한 민속마을 및 이엉이기에 대한 전승 정책을 살펴보았으나, 지속적인 사례를 찾을 수 없었다. 이와 같은 사실을 바탕으로 전승체계의 보완을 강조하고자 하였다.

마지막으로 생활양식의 변화와 전승체계의 부재에 대응하는 초가지붕 관리정책의 변화를 강조하기 위해 필자의 생각을 정리했다. 결국 전승체계의 부재는 현 마을장인의 지정과 같은 육성책으로는 어렵고, 시방서나 그에 준하는 교육자료를 정립하여 재현할 수 있도록 해야 한다. 결국 이러한 의미는 이엉이기를 전문기술로 보아야 할 필요가 있다는 점을 강조하기 위한 것이다. 또 초가지붕에 대한 수요를 높이기 위해 법제적으로 양적 확대를 추구할 필요가 있다는 점도 조사과정에서 확인할 수 있었던 사실이었다. 이 부분을 언급하고자 하였다.

'제7장. 결론'에서는 재료, 역사, 지역의 측면에서 이엉이기를 살펴본 것을 정리하고, 전승 환경이라는 측면을 살펴보아 앞으로도 이엉이기가 지속될 수 있는 정책적 변화가 필요함을 제시하려고 한다.

제2장

초가이엉이기에 대한 이해

1. 선행연구 검토
2. 이론적 고찰
3. 소결

제2장

초가이엉이기에 대한 이해

현재 이엉이기는 자료수집의 단계에서 연구된 사례가 많거나 이엉이기의 기법, 재료, 지역의 측면에서 부분적으로 다뤄졌다. 이에 비해 본 연구는 초가이엉이기를 재료, 역사, 지역의 측면에서 종합적으로 살펴본다는 점에서 기존의 연구에서 찾아볼 수 없는 시도이다. 본 장에서는 초가이엉이기에 대한 기존의 내용을 살펴보기 위해 선행연구를 검토한 뒤, 이엉이기에 대한 기존의 여러 이론을 비교하도록 한다.

1. 선행연구 검토

이엉이기에 대한 선행연구는 크게 초가지붕의 일반사항에 대한 연구이거나 지역적 사례를 바탕으로 하는 연구, 정책에 대한 연구로 볼 수 있다. 대부분의 연구는 초가지붕이라는 건축구조물을 중심으로 이루어졌다. 그렇기 때문에 이엉이기에 대한 연구는 깊이 있게 진행되지 않았다.

1) 초가지붕의 일반사항에 대한 연구

조선시대에 서유구徐有榘(1764~1845)는 이엉이기에 대하여 초가지붕을 유지하는 방식으로 간략하게 소개한 바 있다. 그의 저서『임원경제지』섬용지에는 건물을 짓는 방법과 재료에 대한 내용이 있다. 즉 한옥건축에 대하여 전반적으로 기술되어 있다. 섬용지의 초개草蓋 편에는 한국과 중국의 이엉이기를 비교하여 고찰한 내용이 있다. 내용은 상세하지 않으나 이는 형태 및 재료, 이는 방식, 주기, 사회적 분위기 및 중국의 이엉이기와의 장단점 비교 등이 기술되어 있다. 이러한 내용은 현시점에서도 중요한 선행연구로써 삼을 만하다.[1]

신영훈은 한옥건축의 입장에서 한옥의 역사, 공간 배치, 치장 등의 전반적인 내용을 다루었다. 그중에서 지붕 부분을 언급하면서 몇몇 사진기록을 남겨두었다. 그는 현재에는 찾아볼 수 없는 방식인 유지기를 지붕 위에 놓는 사례를 언급하였다. 또 초가지붕이 친환경적인 조형이라는 점도 언급하였다. 그리고 초가지붕의 발달과정이 기와지붕의 형태를 구성하는 데 결정적인 역할을 하였다고 밝혔고, 날씨에 따라서 겉고삿줄의 정도가 달라진 점 등을 언급하였다.[2] 이와 같은 연구는 현장경험에 기반 한 것이다. 기법, 재료, 지역의 측면에서 세세하게 연구한 것은 아니지만 범위를 확대한 것으로도 그 의의를 삼을 수 있다.

김홍식은 초가에 대한 심층적인 연구를 시도하였다. 그는 건축학적 입장에서 초가의 건물구조, 지붕의 종류, 역사, 구조, 모양, 이엉의 종류, 이엉이기 등에 관하여 체계적이면서 현장감 있게 정리하였다. 그는 초가가 썩기 쉬워서 1~2년 만에 한 번씩 갈아야 하는 단점이 있으나 당시에는 기능적으로 가장 우수했던 재료였음을 밝혔다.[3] 그러면서 초가는 재료의 지역적 특수성과 자연적인 풍우에 잘 적응한다는 의미에서 가장 지역성이

---

1 서유구, 임원경제연구소 옮김,『임원경제지 섬용지』, 씨앗을 뿌리는 사람들, 2016.11, 111~112쪽.
2 신영훈,『한국의 살림집』, 열화당, 1983.08.01, 336쪽.
3 김홍식 외,『초가』, 열화당, 1991.01, 179쪽.

강하고 민족적인 특성을 보인다고 했다.[4] 김홍식의 연구는 국가유산청의 국가유산표준수리시방서보다 현장성 있게 지역적인 특색을 상세하게 언급하였다는 점에서 그 의의가 있다. 김홍식의 연구도 현장경험에 기반 한 것으로 지역별로 이엉이기를 소개하고 있다. 이 중에서 지역의 고유한 단어가 자주 등장하는데, 지역적인 부분을 세세하게 밝히지 않는 등의 한계점이 있어, 향후의 연구과제가 되고 있다. 또 김홍식의 연구에는 볏짚, 갈대, 억새, 띠풀은 언급되고 있으나, 산죽이나 저릅대는 언급되지 않는다는 점도 전체적인 이엉이기의 연구로 볼 수 없다는 점에서 한계점이 있다.[5]

윤원태는 전국의 초가집을 연구한 학자로서 초가지붕의 건축과 지역적 분포를 다루었다. 초가지붕의 건축에는 이엉이기의 방식에 대한 내용이 있다. 그러나 김홍식의 내용과 유사하다. 지역적인 분포는 초가 건축물의 구조를 바탕으로 나누었는데, 남부지방, 서부지방, 중부지방, 제주지방, 북부지방으로 분류하였다. 그에 의하면 남부지방의 초가는 경남, 경북, 전남 일부 지방에 이에 해당하고 '一자형'의 평면 형태가 많다고 하였다. 서부지방은 전라남북도 충청도 일부 지방에서 '一자형'이지만 간잡이는 네 칸 또는 다섯 칸 집이 많이 지어졌다고 하였다. 중부는 경기도, 강원도, 황해도, 충청도 일부 지역이 속한다고 하였고, 'ㄱ자형', 'ㄴ자형', 'ㅁ자형'의 구조가 많다고 하였다. 제주지방은 '一자형', '田자형'이 골고루 분포되어 있다고 하였다. 북부지방의 초가는 평안도, 함경도가 이에 해당하고 '田자형'이 있다고 하였다. 이와 같은 분류체계는 건축물의 형태와 공간구조를 기반으로 한 것이므로 본 연구에서는 초가지붕을 중심으로 한 지역구분이 필요할 것으로 보인다.[6]

또 그는 중국, 북한, 남한에 현존하고 있는 100여 채 정도의 초가집을 기록하여 경남, 경북, 전남, 전북, 충남, 충북, 강원, 제주, 북부지방으로 분류하여 각 초가의 형태를 논하였다. 적게나마 줄을 치는 방식을 언급하였고, 재료의 경우에도 볏짚과 새풀로 구분

---

4 위의 책, 207쪽.
5 나형남, 「초가이엉이기의 다양화와 사회문화적 배경」, 『무형유산』 제9호, 국립무형유산원, 2020. 12, 158쪽.
6 윤원태, 『한국의 전통 초가』, 재원, 1998. 10, 52~61쪽.

하여 상세히 언급하였다. 특히 중국과 북한지역에서 발견되는 재료에는 조짚이나 억새로 인 사례도 발견하였다는 점에서 자료적 가치가 높다.[7] 다만 각 재료의 이엉이기에 대한 상세한 연구는 부재하였다는 점에서 한계가 있다. 본 글에서는 재료별 이엉이기에 대한 부분도 살펴보고자 한다.

초가지붕에 대한 연구는 주로 재료의 성질 및 변용에 대한 연구가 있다. 특히 초가지붕 은 짚풀 품종으로 이루어져 있어 화재에 취약한 한계점을 지니고 있었다. 그래서 이에 대한 연구가 있었다. 박호천·김황진·이승현·이성은·오규형은 초가지붕의 방염에 의한 화재확산 방지에 대하여 연구하였다. 이들은 일반적인 볏짚과 방염 처리한 볏짚을 각각 착화지연 시간을 측정하여 방염성능을 측정하였다. 이 결과 방염 처리한 볏짚이 착화 시간이 늦어져 화재 지연효과를 볼 수 있을 것으로 보였고, 또 볏짚을 침수시킨 후 건조해서 실험한 결과 착화 지연효과가 감소하긴 하나 방염성능은 유지되는 것도 확인할 수 있었다. 이 연구를 통해 이들은 방염처리의 중요성을 강조하였다.[8]

김동현·이지희는 지붕 재료의 화재위험성 평가를 위한 실험을 진행하여 분석하기도 하였다. 이들은 양동마을의 볏짚과 시라카와고 마을의 억새를 대상으로 연구하였다. 이 두 재료를 3일간 건조한 뒤, 대기 중에 24시간 노출했다. 이 결과 열 방출률이 억새가 볏짚에 비해 2배 이상 높았다. 즉 억새로 지어진 지붕이 볏짚으로 지어진 지붕보다 화염 확산이 빠르게 나타나는데, 그 이유에는 억새지붕의 지붕 경사각이 급하고 열적특성 값이 높게 나타났기 때문으로 밝혔다. 물론 담배 불씨에 의해 착화가 일어날 수 있는 것은 양쪽 모두 동일하기 때문에 건물과 건물 간의 방수설비를 설치하여 화재확산이 발생하지 않도록 조치가 필요하다고 하였다.[9]

반대로 초가지붕과 빗물에 대한 연구가 있다. 초가지붕에서 빗물이 떨어지면 '군물'이

---

[7] 위의 책, 66~223쪽.
[8] 박호천·김황진·이승현·이성은·오규형, 「민속마을 초가집의 방염에 의한 화재 확산방지」, 『한국화재소방학회 논문지』 Vol24 No3, 한국화재소방학회, 2010, 55~57쪽.
[9] 김동현·이지희, 「역사마을 초가집 화재위험성 평가를 위한 지붕재료 실험분석」, 『한국방재학회논문집』 Vol.15 No.5, 한국방재학회, 2015, 119~121쪽.

라고 하여 진한 황갈색의 색채를 띠는데, 이 부분에 대하여 이도원은 초가지붕과 두엄더미로부터 빗물에 씻겨 내린 영양 원소 성분이 집 앞 논으로 흘러들어 땅의 비옥도가 유지되었을 가능성이 높음을 제기하였다. 초가지붕은 미생물과 미소동물, 새나 구렁이가 살고 있어 먹이사슬이 있는 작은 생태계를 이루고 있다고 보았다. 이 과정에서 무기화 과정이 일어나 짚에 포함되어 있던 질소나 인을 포함한 주요한 비료 성분들을 분비시킨다고 보았다. 이러한 성분들이 빗물에 씻겨 내려가면서 집 앞의 논을 비옥하게 하는 순환과정을 이루고 있다고 보았다.[10]

박기쁨은 지붕 재질이 빗물 수질이 끼치는 영향을 연구하였다. 이 연구는 식수의 확보가 절실해지는 현 상황에서 빗물 수집이 중요하다고 보고, 기존 건축물의 지붕을 활용하기 위한 연구를 하였다. 초가지붕도 이 연구의 범위에 해당하였다. 그의 연구에 의하면 초가지붕은 유기물로 이뤄져 있는데, 질소 성분에 대해 분석한 결과, 먹는 물 수질 기준 이하로 측정되어 음용수로 가능하다고 하였다. 그러나 색도가 30~470도 범위에 있어 심미적인 영향에 대한 수질기준이므로 활성탄과 같은 색도 제거 처리가 필요하다고 보았다. 또 병원균도 일부 검출되는데 이는 모든 지붕의 특징이므로 미생물제거를 위한 소독이 필요하다고 보았다. 결국 초가지붕은 색도로 인해 빗물 집수면으로 적합하지 않다는 결과를 도출하였다.[11]

그 외에 송헌은 볏짚이라는 이엉 재료의 보온성을 과학적으로 분석하였다. 송헌은 신석기 시대부터 초가이엉이 있었다는 점에 착안하여, 움집 이엉 지붕의 두께별 온도 변화와 실내외 온습도 변화에 관하여 실험하였다.[12] 실험과정에서 주간에는 실내 기온이 외기온도보다 낮았고, 야간에는 움집 실내 기온이 외기온도보다 3~5℃ 높게 나타남으로써 움집의 주야간 실내기온 조절 능력이 있음을 발견했다.[13] 볏짚을 엮어서 만든 이엉은

10　이도원, 『전통마을 경관 요소들의 생태적 의미』, 서울대학교출판문화원, 2004.12, 18~19쪽.
11　박기쁨, 「지붕재질이 빗물 수질에 미치는 영향」, 서울대학교 대학원 석사학위논문, 2012.08, 44~48쪽.
12　나형남, 「초가이엉이기의 다양화와 사회문화적 배경」, 159쪽.
13　송헌, 「신석기시대 움집 이엉지붕의 두께별 온도 변화와 실내외 온습도 변화에 관한 실험적 분석」, 『대한건축학회 논문집 - 계획계』 29(12), 대한건축학회, 2013.12, 58쪽.

단일체가 아니라 볏짚 줄기와 줄기 사이에 습공기가 채워진 고체와 기체로 된 복합체의 전열 특성을 보여준 것으로, 내외 측 표면 온도 차가 큰 것은 볏짚 사이에 채워진 유동성이 낮은 공기가 단열재 역할을 하고 있다는 점도 발견했다.[14] 그래서 신석기시대 움집은 과학적인 분석과 공학적 설계에 의한 결과물은 아니지만 긴 세월 동안 경험과 필요에 의하여 이룩된 자연 친화적 주거 공간이라고 밝혔다.[15]

나형남은 실제 이엉이기의 현장에서 드러나고 있는 이엉이기의 방식과 재질의 다양화 현상을 살펴보고 그 배경을 살펴보았다. 방식과 재질의 다양화는 현대사회에서 비용과 시간을 절약하기 위한 효과적인 방법을 찾는 과정에서 도출된 결과로 그 배경에는 새마을운동 이후의 사회변화가 복합적으로 얽혀 있다는 점을 밝혔다. 또 이엉이기에 대한 전승체계 구축의 필요성을 언급하였다. 이 연구는 이엉이기의 현재 상황과 그 배경을 밝혔다는 점에서 본 연구의 선행연구가 된다.[16]

2) 초가지붕의 지역적 특징에 대한 선행연구

지역적 특징에 주목하여 초가지붕을 연구한 사례가 있다. 각 지역의 초가지붕을 연구하는 과정에서 재료가 언급된 경우가 많다. 초가지붕에 대한 연구는 조사 당시의 초가지붕의 상태 및 사회적 분위기가 많이 반영되었다. 또 해당 건축물의 내부 공간구성 및 주생활에 대한 내용을 함께 소개하면서 다뤄지는 것이 특징이다. 초가지붕의 지역적 특징에 대한 연구에서 이엉이기는 단편적인 자료이거나 상세하지 못하다.

가장 앞선 기록은 『해동잡록』(1670) 김정金淨 조朝에는 제주도 초가지붕에 대한 것이다. 이 기록은 자료수집의 단계에 해당하지만, 현재 제주도 초가지붕의 역사적 흐름을 가늠케 할 수 있다는 점에서 선행연구로 삼을 수 있다.

---

14 위의 논문, 59쪽.
15 위의 논문, 61쪽.
16 나형남, 「초가이엉이기의 다양화와 사회문화적 배경」, 180~181쪽.

일제강점기의 콘 와지로수 和次郞는 이북 지역의 초가지붕에 대한 의의가 있는 사례를 조사하였다.[17] 1922년 9월부터 10월까지 조선지역의 경성, 인천, 평양, 개성, 장진, 북청, 청진 등을 순회하면서 조선의 민가를 조사하였었는데, 주로 공간구성과 그에 수반되는 생활상을 면밀히 조사하였었다. 초가지붕은 그 자료조사 중의 일부로서 매우 적은 내용을 포함하고 있으나, 이북 지역에 대한 내용을 담고 있다. 그렇기 때문에 현재는 살펴볼 수 없는 이엉이기의 방식을 유추해볼 수 있는 여지를 주었다.

강영환도 북한 출신의 실향민들을 설문, 면접조사를 통해 이북5도의 민가에 대하여 연구하였다. 이 과정에서 그는 일부의 제보자들로부터 이북5도의 초가지붕의 재료는 대부분 볏짚이고 대동강 하구 쪽의 민가는 갈대를 이용했음을 밝혔다.[18] 다만 대부분의 연구가 공간구조 및 일상생활상에 대한 연구였기 때문에 세부적으로 지붕을 어떻게 이었는지에 대한 기록은 없다는 한계가 있다.

타카하시 노보루高橋 昇는 그의 연구에서 전국 각 지역의 생활상을 조사하였다. 그는 일제강점기 1939년부터 1940내에 전국을 돌며 농법과 농민들의 삶을 정리했는데, 지역별로 농촌생활상 전반을 취재하였다. 이 과정에서 이엉이기에 대한 내용이 부분적으로나마 다뤄지고 있었으며,[19] 이러한 자료는 이엉이기를 연구하는 데 바탕을 이루고 있다.

이남 지역에서는 김광언의 연구에서 초가지붕에 대한 연구를 살펴볼 수 있다. 김광언의 연구는 종합적이기보다는 지역별로 한정하여 내부 공간 및 주생활에 대해 연구를 하였다. 그러나 김광언의 연구에는 초가지붕을 둘러싼 당시의 상황을 사실적으로 연구하였다는 점에서 의의가 있다. 김광언은 강원도의 산간지방 가옥 중에서 샛집을 소개하였다. 귀틀집, 너와집, 굴피집과 함께 소개된 샛집은 현재에는 전해지지 않는 기록이라는 점에서 자료수집의 의의가 있다. 그의 연구에 의하면 샛집은 신리 중심지에 1km쯤 떨어

---

17 서울역사박물관, 『콘 와지로 필드 노트』, 서울역사박물관, 2016.12.
18 강영환, 『북한의 옛집』 1, 한국학술정보(주), 2011.08; 『북한의 옛집』 2, 한국학술정보(주), 2011.08; 『북한의 옛집』 3, 한국학술정보(주), 2011.08.
19 타카하시 노보루(高橋 昇), 구자옥 외 옮김, 『조선반도의 농법과 농민』 上, 민속원, 2014.04; 『조선반도의 농법과 농민』 中, 민속원, 2014.04; 『조선반도의 농법과 농민』 下, 민속원, 2014.04.

져 있으며, 초영집이라고 부른다고 한다. 새는 거꾸로 층이 지도록 덮어 나가며, 지붕은 팔작지붕 형식이라고 전한다. 이외에는 가옥의 내부 공간에 대한 해설이 있다. 오래전의 연구이고 사진기록도 맨눈으로 볼 수 없을 정도이기 때문에 그 실체를 알 수 없으나 거꾸로 덮어 나갔다는 점으로 보아 '비늘이엉'의 기법으로 이엉이기를 하였다는 점은 유추해볼 수 있다.[20]

또 김광언은 서해안 지역의 가옥에 대하여도 연구하였다. 어청도의 가옥 연구를 시작으로 하였는데, 어청도의 민가는 본래 볏짚을 사용하였다. 볏짚은 군산등지에서 사들여 왔으나 볏짚 공장의 등장으로 짚이 귀해지면서, 초가지붕 위에 루핑을 덮거나 함석지붕, 슬레이트 지붕 등으로 교체되고 있음을 밝혔다.[21] 임재도, 안좌도에는 볏짚으로 인 지붕에 새끼줄을 그물처럼 떠서 덮어서 거센 바닷바람에 지붕이 들뜨지 않도록 하였다는 기록이 있다.[22] 이와 중에 내부 공간인 '마래'를 강조하였는데, '마래'는 곡식을 보관하는 수장 공간이다. 상관관계를 직접 언급하지 않았으나 후에 연구되는 사례로 살펴볼 때 '마래'가 있는 공간은 주로 '볏짚'으로 지붕을 이었음을 유추해 볼 수 있다.[23]

앞에서 언급하였듯이, 김광언의 연구에는 초가지붕이 개량되고 있는 현실도 함께 언급되고 있다. 전라북도 부안도 짚으로 지붕을 이었으나, 짚이 귀해지면서 가격이 상승하고 정부 보조금이 짚에 비해 저렴해지면서 슬레이트로 교체되고 있는 현실을 언급하였다.[24] 장수 지역에서도 볏짚으로 초가를 하였으나 기와로 개량하였고, 군 당국의 권유에 따라 지붕 색도 바꾸기도 하였다.[25] 이외에도 지붕 위에 유지기를 세우는 사례, 샛집이나 이엉이기에 대한 소략한 내용을 사진과 함께 정리하기도 하였다.[26] 김광언의 연구는 초가

---

20 김광언, 「강원도 산간가옥 4동」, 『한국문화인류학』 Vol5 No1, 한국문화인류학회, 1972.12, 9쪽.
21 김광언, 「어청도의 가옥」, 『선청어문』 Vol7 No1, 서울대학교 국어교육과, 1976.08, 82쪽.
22 김광언, 「전남지방의 가옥 : 3. 도서지역」, 『한국문화인류학』 Vol10 No1, 한국문화인류학회, 1978.12, 95쪽.
23 김지민의 신안군 하의도 초가 연구에는 '마래'와 '볏짚초가지붕'의 관련성을 유추해볼 수 있는 사진기록이 있다.
24 김광언, 「전북지방의 가옥 : 6. 부안지역」, 『한국문화인류학』 Vol9 No1, 한국문화인류학회, 1977.12, 84쪽.
25 김광언, 「전북지방의 가옥 : ⑦ 장수지역」, 『전북사학』 Vol2, 전북대사학회, 1978.
26 김광언, 『한국의 옛집』, 마당, 1982.10.

건축물에서 초가지붕에 대한 선행연구로서 그 의의가 있다. 그러나 개량화되는 당시의 현실에 대해 안타까움이나 지붕 재료에 대한 소략한 언급이 중심적이었기 때문에 자료수집의 측면에서 의의가 있다.

김지민의 연구는 서해안 지역을 연구하였던 김광언의 연구와 같은 맥락에 있다. 김지민의 연구 중에는 신안군 하의도 초가 연구가 있다. 그의 연구에는 초가지붕에 대한 직접적인 언급은 되고 있지 않으나 볏짚초가지붕의 모습을 기록한 사진이 있다. 하의도가 조선시대 후기에 이주하여 형성된 마을로 보고 있고, 주산업은 85%가 농업이고 주소득원은 쌀과 보리임을 밝히고 있다. 즉 생활 형태는 육지 마을과 다를 바 없다고 소개하고 있다. 또 서남해 도서지방 민가에서 공통되게 나타나는 공간 형태인 '마래'가 하의도에서도 있음을 밝혔다.[27] '마래'는 곡식을 여러 독에 넣어 1년간 수장하는 공간으로 쌀이 다량으로 생산되고 있음을 보여주고 있는 공간이다. 혹은 '마리'라고도 하는데 보통 '마루'로 인식할 수 있지만 건축 평면상 실의 위치와 쓰임새가 차별성이 있고 공간의 규모도 보통 큰방보다 크다는 점에서 다르다. '마리'는 남서해 도서의 모든 민가에서 설치되는 공간이라는 점에서 지역적 특색을 띠고 있는 공간이다.[28] 이엉이기에 대한 직접적인 언급은 없으나, 벼농사를 짓는다는 사실과 '마래'라는 수장 공간을 통해 초가지붕에 대한 자료를 유추할 수 있는 연구사적 의의가 있다.

안상경은 거주 공간의 변화상과 재료 사용의 변화로 초가지붕이 사라지고 있다는 점을 연구하였다. 안상경은 안동시 길안면 현하1리를 바탕으로 농촌의 볏짚 이용 관행과 인식의 변화를 연구하였다.[29] 그의 연구에 의하면 볏짚은 생필품을 만드는 데 필요한 재료였으나 1970년대에 새마을운동으로 인해 초가지붕이 슬레이트 지붕으로 개량되고 개량된 볏짚을 이엉이기에 사용하면서 그 품질이 저하되어 종국에는 생필품으로서의 가치를 상실하고 사과 재배에 필요한 거름 등과 같은 자연 자원으로써 이용되는 것으로 변화하

---

27 김지민, 「하의도 초가」, 『건축』 Vol.42 No.4, 대한건축학회, 1998, 25~26쪽.
28 김지민, 「남서해 도서 민가의 '마리' 공간 연구」, 『건축역사연구』 Vol.20 No.6, 한국건축역사학회, 2011. 12, 54쪽.
29 나형남, 「초가이엉이기의 다양화와 사회문화적 배경」, 158쪽.

였다고 밝혔다.[30]

볏짚초가지붕의 이엉이기에 대한 연구는 최근에 와서 진행되기 시작하였다. 주로 국가유산수리표준시방서의 용어를 사용한다. 김시예는 낙안읍성의 전통민가를 바탕으로 연구하였다. 이 연구에서 초가지붕에 대한 연구도 있었다. 낙안읍성의 초가지붕 재료는 볏짚이나 한해를 묶여서 사용한다는 점을 언급했다. 그 외에 지붕의 물매, 이엉이기의 절차 등을 조사하였다.[31] 이와 같은 연구는 전라남도 지역의 이엉이기에 대한 실제를 살펴볼 수 있다는 점에서 연구사적 의의가 있다.

김윤상은 고성왕곡마을의 초가에 대해 연구하였다. 초가의 군새 깔기는 다른 지역과 다르게 군새를 두는 두께만큼 초가이엉을 올려 물매를 임의로 맞춘 것이 특징으로 밝혔다. 그 외에도 처마를 보강하기 위한 방식, 고삿줄의 간격, 줄을 치는 방식을 구체적으로 기록하였다. 특히 겉고삿줄이 촘촘한 것은 바람 등의 자연환경의 변화에 대비하기 위한 설치 방법임을 언급하기도 하였다.[32] 강원도 지역의 이엉이기에 대한 실제를 살펴볼 수 있다는 점에서 연구사적 의의가 있다.

김석희는 아산 외암마을의 건재고택의 가랍집을 대상으로 연구하였다. 초가는 와가보다 지붕 하중이 적어 연목 간격이 넓게 설치되었다는 건축적인 특징이나, 처마를 보강하기 위한 이엉 내밀기, 고삿줄의 간격 및 줄을 치는 방식, 군새의 두께 등을 구체적으로 기록하였다.[33] 충청도 지역의 이엉이기에 대한 실제를 살펴볼 수 있다는 점에서 연구사적 의의가 있다.

정현정은 이엉이기의 지역적 특징에 관한 연구하였다. 이 연구는 볏짚이엉이기를 중심으로 이뤄진 연구이나 포괄적으로 비교 연구를 한 최초의 연구라는 점에서 의의가 있다. 그의 연구의 기준은 주로 국가유산수리표준시방서에 있었다. 지역별로는 충청도

---

30 안상경, 「농촌의 볏짚 이용관행과 인식 변화」, 안동대학교 석사논문, 2000.07, 64~74쪽.
31 김시예, 「낙안읍성 전통민가의 건축적 특성에 관한 연구」, 전남대학교 대학원 석사논문, 2013.02, 81~83쪽.
32 김윤상, 「강원도 북부 지방 초가의 건축적 특성에 관한 연구 - 고성 왕곡마을을 중심으로 - 」, 『한국융합학회논문지』 Vol9 No8, 한국융합학회, 2018, 166~167쪽.
33 김석희, 「건재고택 가랍집의 건축적 특성에 관한 연구」, 『한국융합학회논문지』 Vol9 No11, 한국융합학회, 2018.09, 268쪽.

는 외암마을, 경상도는 하회마을과 양동마을, 전라도는 낙안마을, 제주도는 성읍마을, 강원도는 왕곡마을을 연구 대상으로 삼아 각 지역의 특징을 분석하였다. 특징은 주로 이엉의 엮는 형태나 겉고삿줄을 치는 방식(지붕 위에 놓는 방식, 처마에서 매는 방식), 용마름 형식 등으로 구분하여 정리하였다. 이 과정에서 가장 큰 지역적 특징을 가진 것으로 '연죽'을 언급하였다. '연죽'은 시방서의 용어로 처마에 겉고삿줄이 묶이는 부재를 의미한다. '연죽'은 지역별로 위치와 재료가 다른데, 그 배경에는 자연환경으로 보았다.[34] 정현정의 연구에서 살펴본 이엉을 엮는 형태, 겉고삿줄을 치는 방식, 용마름 형식 등은 본 연구의 방향과 같은 맥락에 있는 선행연구라는 점에서 의의가 있다. 그러나 볏짚으로 한정하여 지역별 이엉이기를 비교하였다는 점에서 한계가 있다. 따라서 본 연구에서는 지역별 이엉이기를 깊이 있게 살펴보기 위해 볏짚 이외의 품종과 옛 사진기록을 수집하여 조사한다.

볏짚이엉 이외에 억새나 갈대, 띠풀지붕에 대한 연구도 있다. 장보웅은 울릉도 나리동의 투방집이나 운봉고원분지 지역의 억새지붕 민가, 낙동강 삼각주 지역의 갈대지붕 민가를 연구하였다. 그의 연구는 건축학적 입장보다는 지리학적 입장에서 사람들의 삶의 방식을 살펴본 것으로 볼 수 있다. 먼저 띠풀에 대한 장보웅의 연구와 이후의 후속 연구를 함께 살펴보도록 한다. 그리고 각 지역에 대한 장보웅의 연구를 살핀 뒤, 각 지역의 후속 연구를 함께 살펴본다.

띠풀을 지붕으로 삼는 제주도 민가에 대한 연구는 지리적 위치와 건축적인 특성으로 인해, 다수 연구되었다. 장보웅은 오늘날의 초가지붕과 다르게 장목을 눌러 놓는 형태가 일반적이었다고 한다. 줄로만 얽어매는 방식이 바람에 강하고 편리하기 때문에 일제강점기를 지나면서 지금과 같은 모양이 되었다고 본다. 또 지붕의 경사를 완만하게 하면서 띠풀을 두껍게 얹었기 때문에 추녀마루의 각이 보이지 않는데, 강풍 지역에서 바람에 대한 저항을 최소한으로 줄이기 위한 내풍적인 형태라고 보았다.[35]

---

34   정현정, 「우리나라 전통초가 이엉잇기의 지역 특징에 관한 연구」, 한양대학교 공과대학원 석사학위논문, 2022.02, 92~98쪽.

이와 같은 초가지붕의 구조에 대한 연구는 김미령, 조성기의 연구에서도 나타난다. 이들은 건축학적 입장에서 연구하였다. 제주도 민가의 지붕물매가 두터워지면서 경사는 약 20도가 된다고 밝혔다. 지붕물매가 작으면 풍압력도 작아지기 때문에 비에 대한 고려보다는 바람에 대한 방어에 더욱 치중한 것임을 밝혔다. 이엉을 집줄에 묶을 때, 북제주가 평균 23cm, 남제주가 30cm로 집줄의 간격에 차이가 있는데, 북제주가 남제주에 비해 바람의 피해가 더 크기 때문에 촘촘하게 얽어매고 있음을 밝혔다.[36]

그 외에도 고용재·장헌덕에 의하여 제주 성읍마을 민가의 건축적 특성을 연구한 사례도 있다. 성읍마을의 민가는 억새와 새를 이용하여 부채이엉법을 사용해 새를 펴서 지붕을 이고, 용마름이 형성되지 않고 집줄을 격자로 덮어 바람에 불리지 않게 잡아둔다고 밝혔다. 또 초가지붕 서까래 위에 대발을 올리고 억새와 새를 두 번에 걸쳐 올린다고 한다. 억새의 경우 보름에서 한 달 후에 1차로 새를 올리고, 보름에서 한 달 정도 바람과 비를 맞춘 이후에 새를 올려 집줄로 마무리한다고 한다. 이러한 과정은 지붕부를 덜 뜨지 않게 하여 그 속을 촘촘하게 만들기 위함이라고 밝힌다.[37] 위 연구에서 부채이엉법이라는 용어가 등장하나 제주도 현지 조사에 의하면 이러한 용어를 실제 사용하지 않아서 용어 사용의 이유를 알 수 없고, 상세한 이엉이기를 소개한 것은 아니다. 다만 '비'를 고려하여 대발을 친 사례를 소개함으로써 제주도 지역 내에서도 기후에 의해 초가지붕 구조의 차이점이 드러나고 있음을 밝힌 연구라는 점에서 그 의의가 있다.

장보웅은 울릉도 나리동의 투방집도 연구하였다. 그의 연구에 의하면 본래 울릉도의 지붕 재료는 주로 고래솔이나 엄나무로 만든 너와를 주로 사용하였다. 그러나 산림보호 시책으로 인해 너와의 생산이 불가능하여 점차 감소하고, 억새지붕으로 바뀌고 있다는 점을 밝혔다. 억새는 주로 주변 산지에 많이 나고 있는데, 2년 정도 버틸 수 있다고

---

35 장보웅, 「제주도 민가의 연구」, 『대한지리학회지』 9(2), 대한지리학회, 1974.12, 15쪽.
36 김미령·조성기, 「제주도의 기후적 환경이 민가형성에 미친 영향에 관한 연구」, 『대한건축학회 논문집』 14(1), 대한건축학회, 1998.01, 229~230쪽.
37 고용재·장헌덕, 「제주 성읍마을 민가의 건축적 특성에 관한 연구」, 『한국건축역사학회 학술발표대회논문집』 Vol.2020. No.05, 한국건축역사학회, 2020, 56~57쪽.

한다. 지붕이 바람에 날리지 않도록 하기 위해 다래 줄기나 머루넝쿨로 얽어매거나 장목으로 눌러놓기도 하였다고 전한다. 새로 이엉을 엮은 후에 지붕을 이는 것은 공동작업으로 한다고도 밝혔다. 연구 당시에는 새마을운동이 많았으므로 지붕 개량사업이 활발하여 함석지붕이 늘어나고 있는 현실도 언급하였다. 울릉도 민가의 우데기는 기후에 적응하기 위해 고안된 장치이다. 우데기는 새로 이엉을 엮어 출입구를 제외하고 벽을 친 것이다.[38]

울릉도에 대한 이후의 연구에는 김찬영의 울릉도 민가의 변화과정에 대한 연구가 있다. 그는 울릉도 민가의 지붕재는 대체로 새, 너와, 골함석 순으로 개량되는 경향을 보였고, 골슬레이트나 기와지붕이 들어오기 시작함을 살펴보았다. 이러한 개량은 생업의 전환으로 경제력이 향상된 탓도 있으나, 산림벌목의 금지, 주생활의 변화 등이 반영되었다고 보았다. 대체로 지붕물매가 육지보다 높은데, 험한 산간지역에서 눈이 많은 자연환경에 자연스럽게 대응해 온 결과로 보았다.[39] 장보웅과 김찬영의 연구를 통해 울릉도 초가지붕의 재료와 변화양상을 살펴볼 수 있다는 점에서 선행연구로서 의의가 있다.

장보웅은 억새나 갈대지붕에 대한 연구도 하였는데, 현재에도 유일한 선행연구이다. 먼저 억새지붕에 대하여 살펴보면, 광복 전에는 마을주민들이 품앗이로 억새를 채집하였다. 또 마을주민 중에서 숙련된 기능인이 작업을 지휘하고 진행하였으나, 연구 당시 시점에 이미 기능을 전수할 마을주민이 없어서 억새로 지붕을 이을 수 없게 되었다. 또 산림녹화 작업으로 산록에 수목이 우거지면서 억새의 자생지는 그 면적이 축소되어 필요한 억새를 충분히 채취할 수 없게 되고, 공동작업에 동원될 수 있는 노동력도 구하기 어렵다는 점도 밝혔다. 억새는 약 30년 이상 지속되며, 물매는 45도 내외로 경사가 급한데, 빗물의 흐름을 좋게 하여 억새의 부식을 방지하기 위한 고안이라고 밝힌다. 새마을운동 이후에는 시멘트 슬레이트 지붕이나 기와로 지붕을 교체한다고 한다. 운봉고원 분지지역에 억새지붕 민가가 발생하게 된 자연적, 사회적 조건은 자연적으로 억새가 많았고,

---

38 장보웅, 「울릉도 나리동의 투방집 연구」, 『대한지리학회지』 Vol12 No2, 대한지리학회, 1977, 26~27쪽.
39 김찬영, 「울릉도 민가의 변화과정에 관한 연구 - 벽체, 지붕, 창호, 천장을 중심으로」, 『한국주거학회 논문집』 Vol15 No5, 한국주거학회, 2004, 93쪽.

과거 밭농사를 주로 했으므로 볏짚의 생산이 적었기 때문이라는 점이다. 또 억새지붕은 30년 동안 지속된다는 점이 노동력을 절감할 수 있고, 품앗이를 통한 노동력 동원도 용이한 점이 작용하였을 것으로 밝혔다.[40]

갈대지붕 민가에 대한 연구를 살펴보면, 먼저 낙동강 삼각주 지역에서 주로 쓰이던 지붕 재료였는데, 주로 해수와 담수가 혼합되는 하천의 하류 양안과 하중도에 자생한다고 밝힌다. 대개 30년 정도 지속하고, 40도 내외로 물매를 잡아서 빗물의 흐름을 좋게 하였다. 하지만 간척과 하천 개수 사업에 의해서 농경지와 주택지로 개발되어 갈대 자생지의 면적은 점차 축소되고 있다고 밝혔다. 낙동강 삼각주 지대는 바람이 많은데, 주야로 풍향이 바뀌는 환경이기 때문에 지붕의 형태도 바람의 저항을 적게 하기 위한 우진각 지붕을 선택하였다고 전한다. 갈대지붕의 경우 경사를 완만하게 만들면 내구연한이 10년 정도로 짧아지고 이을 때는 갈대의 하부가 아래로 오도록 이엉으로 엮어서 말아 지붕 위에 얹고, 처마 끝에서부터 촘촘히 펴 올라간다는 점도 언급하였다. 최종에는 용마루를 덮고 용마루 아랫부분에 줄을 대는데, 많은 줄을 얽매지 않아도 바람에 날리지 않는다고 전한다.[41]

공윤경은 부산의 농부일기를 통해, 부산 지역의 초가지붕을 이는 일에 대하여 살펴보았다. 초가지붕을 이는 일은 세시의례 중 하나로 볏짚으로 이기도 하지만 억새나 갈대로도 지붕을 이었다고 한다. 또 1950~1960년대에는 마을 내 또는 인근 마을의 일꾼이나 기술자를 고용하여 지붕을 이었고, 갈대로도 용마름을 틀고 썩은 볏짚은 내리면 밭농사의 거름으로 쓰기도 하였다고 전한다. 그러나 1960년대에 시멘트 기와 공장이 들어서고 새마을운동이 시작되면서 시멘트 기와로 교체되기 시작하였다고 한다.[42] 이와 같은 사실에 근거한 연구는 당시의 생활양식이 변화하면서 초가지붕이 어떻게 사라지고 있는지를

---

40   장보웅, 「운봉고원분지 지역의 억새지붕 민가 연구」, 『문화역사지리』 No 10, 한국문화역사지리학회, 1998, 3~13쪽.
41   장보웅, 「낙동강 삼각주 지역의 갈대 지붕 민가 연구」, 『문화역사지리』 Vol12 No2, 한국문화역사지리학회, 2000, 4~5쪽.
42   공윤경, 「농부의 일기를 통해서 본 1950~1960년대 주거문화와 마을의 특성 - 부산 『대천일기』를 중심으로 - 」, 『문화역사지리』 62호, 2017, 50~53쪽.

확인할 수 있는 중요한 선행연구로서 볼 수 있다.

산죽을 지붕으로 삼는 청학동에 대한 연구는 적다. 먼저 정범석 외 3인은 청학동 마을의 형성배경과 주거환경에 대하여 연구하였다. 이들의 연구에 의하면 1970년대에 새마을운동으로 인해 슬레이트로 지붕개량을 했으나, 1979년에 옛 모습으로 환원하도록 하여 산죽으로 또다시 지붕개량을 하였다고 한다. 산죽은 주변 산에서 쉽게 구할 수 있으나 지붕 이엉에 필요한 만큼의 양을 가져다 줄 수 있는 사람을 구하기 힘들어 자주 교체하지 못하는 어려움이 있다고 하였다. 연구 당시의 기록에 의하면, 지붕개량에 필요한 지원은 군에서 지원하고 있다고 전한다.[43] 이와 같은 연구는 주거환경에 대한 연구이지만 산죽지붕에 대한 기록은 재료 중심으로만 소략하게 제시되고, 대부분이 현재의 어려움에 대한 것이다. 그러므로 자료수집의 측면에서 의의가 있다.

김일진은 국내의 민가를 바탕으로 너와나 굴피, 띠풀, 억새뿐만 아니라 실제 산죽지붕 집의 생활상을 다룬 연구라는 점에서 의의가 있다.[44] 물론 기존의 한옥건축과 같이 공간구성과 건축구조가 내용의 중심이고, 초가지붕에 대한 부분은 재료의 측면에서 다루었기 때문에 상세한 이엉이기를 살펴볼 수 없다는 점에서 한계가 있다. 그러므로 본 글에서 산죽지붕의 이엉이기에 대한 자료를 수집하도록 한다.

저릅대를 지붕으로 삼는 저릅대지붕 민가에 대한 연구는 김삼기·김시덕·정명섭·기양 등의 공동 조사 연구가 있다. 이들은 민속학적 입장에서 강원도의 산간생활에 대해서 연구하였는데, 이 와중에 저릅대지붕 민가를 조사하였다. 이들의 연구에 의하면, 저릅은 3년에 한 번씩 인다. 저릅은 대마(삼)의 껍질을 벗긴 줄기로 삼이 많이 나기 때문에 지붕 재료로 삼았었다고 한다. 지붕에는 긴 통나무로 눌러 바람에 날리는 것을 막는다. 연구당시에는 저릅을 구하기 힘들고 3년에 한번씩 비용을 들여 인부와 재료를 사 오는 어려움이 있어 지붕개량의 추세에 있다고 밝혔다.[45]

---

[43] 정범석·정집문·고태주·임만택, 「청학동마을의 형성배경과 주거환경에 관한 연구」, 『대한건축학회 학술발표대회 논문집 - 계획계』 제14권제2호, 대한건축학회, 1994.10, 175쪽.
[44] 김일진, 『옛집에 담긴 생각』, 청구, 1996.06.
[45] 김삼기·김시덕·정명섭·기양, 『강원도 산간지역의 가옥과 생활』, 국립민속박물관, 1994.05, 163~164쪽.

이외에도 이한길의 연구가 있다. 이한길은 삼척 지역의 삼베문화에 대하여 연구하였다. 그의 연구에 의하면 삼척은 대량으로 삼이 생산되던 지역으로 경상도에서도 삼을 구하러 올라오기도 하였다고 한다. 그래서 피삼을 벗겨낸 다음에는 저릅을 정리하여 창고에 보관하였다가 지붕을 이는 용도로 썼다고 한다. 삼척에는 저릅집이 남아 있지 않고 정선의 아라리촌에만 저릅집이 남아있다고 전한다. 삼은 지붕 외에도 미투리나, 삼줄, 삼베옷으로 생산되어 생활 물품으로 쓰이거나 시장으로 나와서 판매하기도 한다. 하지만 값싼 중국제품이 대량으로 밀려들어 오면서 가격 경쟁력이 떨어지고, 경찰의 대마초 사범 단속이 일 년 내내 삼 재배에 대한 각종 규제가 뒤따르면서 점차 사라지는 추세라고 전한다.[46] 위의 저릅대지붕에 대한 연구도 이엉이기에 대한 상세한 내용은 밝혀지지 않았으나, 초가지붕과 관련한 생활 양상 및 사회적 분위기를 가늠할 수 있는 선행연구로서 의의가 있다.

3) 이엉이기 정책에 대한 선행연구

최근에는 정책적인 차원에서 이엉이기에 대하여 다뤄지기도 했다. 하지만, 대부분 초가지붕이 많은 민속마을을 대상으로 한다는 점에서 연구의 한계점을 드러내고 있다.

국립문화재연구소 예능민속연구실[47]에서 1992년부터 1995년에 걸쳐 전국의 짚풀공예에 대한 기초조사를 실시하여 자료를 축적한 바 있다. 이 연구에서는 전통사회에서 쓰이던 짚풀류 59종과 전국에서 옛 생활상을 확인 할 수 있는 짚풀공예품, 제조방법, 현지에서의 짚풀생활사례 등을 지역별로 구분하여 정리하였고, 현장에서 짚풀공예의 전승이 단절되어 가는 현실을 발견하고 고유상품으로서의 개발을 제안하여 기능의 지속을 강조하기도 했다. 이 연구조사는 단절되어가는 짚풀생활상을 기록했다는 점에서 자료사적인 의의가 깊다.

---

46 이한길, 『삼척의 삼베문화』, 민속원, 2010.01, 154~167쪽.
47 국립문화재연구소, 『짚풀공예』, 벽문사, 1998.12.

인병선에 의하여도 초가를 포함한 짚풀생활상에 대한 선행연구가 있었다. 인병선은 민속공예의 입장에서 초가를 포함한 짚풀생활상이 사라져가는 현실에 문제점을 느끼고 다방면으로 실제 현장과 짚풀생활용품의 제작 방법을 기록하였다. 그는 볏짚의 변화, 사람들의 심성의 변화 등을 언급하며 짚문화의 쇠퇴를 발견하였고[48] 짚문화의 지속을 위하여 짚풀공예라는 형태의 재현이라는 방법을 제시하였다.[49] 이후 그는 짚풀공예품으로서 이엉과 용마름, 새끼를 포함한 여러 짚풀생활물품의 제작 방법을 기록하였다.[50] 인병선의 연구는 후학들에게 생생한 짚풀과 관련한 생활상을 종합적으로 제시하여 이엉이기의 배경을 연구하는 데 많은 주춧돌을 제공하였다는 점에서 의의가 있다.

또 최영준은 경관지리학적 입장에서 초가지붕의 소멸과 같은 과정을 겪고 있는 짚가리의 변형 또는 소멸에 문제점을 발견하고 전국적인 전통 짚가리의 분포 및 변화상을 연구하였다. 짚가리는, 겨울부터 다음 해 봄까지만 집 앞이나 논에 짚을 쌓아놓고 이엉을 초가지붕과 같이 이어놓은, 효과적인 보존방식이었으나 서양적 의식구조의 반영과 함께 짚가리와 같은 전통적인 경관구조물이 사라지고 있음을 발견하고 보존의 필요성을 강조하였다.[51] 최영준의 연구는 초가지붕과 같이 많은 양의 볏짚 수급을 필요로 하는 전통생활의 순환구조가 무너지고 있다는 점을 짚가리라는 사례를 통하여 제시하였다는 점에서 이엉이기 연구의 외연을 확장케 하였다.

김미연과 양동진은 이엉이기를 인문환경의 측면에서 연구하였다. 이들의 연구에 의하면, 양동마을의 주민에게 있어 초가지붕은, 원형복원의 기준이 불분명함에도 경직된 접근으로 인해 불합리한 대상으로 보인다고 했다.[52] 이러한 배경에는 초가지붕의 원형복원에 집중한 나머지 주민들의 삶의 질을 떨어뜨렸던 점이 있었다.[53] 따라서 주민들 삶의

---

48 인병선, 『짚문화』, 대원사, 1989.05, 100~101쪽.
49 위의 책, 105쪽.
50 인병선, 『우리가 정말 알아야 할 우리 짚풀문화』, 현암사, 1995.06.
51 최영준, 『한국의 짚가리』, 한길사, 2002.10, 174쪽.
52 김미연·강동진, 「세계문화유산 양동마을의 초가 복원정책에 관한 비판적 분석」, 『국토계획』 48, 대한국토·도시계획학회, 2013.11, 68~69쪽.
53 위의 책, 72~73쪽.

현장으로 인식하여 현대적인 생활 영위를 전제로 하는, 원형과 변화의 접점을 공유하는, 균형 있는 정책 추진이 필수적이라는 점을 언급하였다.[54]

김윤상·김석희·남해경은 초가지붕을 볏짚 수급의 상관관계에 관하여 공동 연구하였다. 특히 이들은 이엉이기에 필요한 볏짚 수급을 위한 연구를 진행했다.[55] 볏짚 수급의 어려움을 뽑는 요인으로 첫째, 볏짚의 품종개량으로 인한 이엉이기에 적절치 않은 짧은 볏짚의 생산이다. 둘째, 이엉이기에 필요한 볏짚 수량의 예측되지 않음이고 셋째, 기후변화 및 산성비를 포함한 대기오염 등이 볏짚의 부식 시기를 앞당긴다는 점이다. 넷째, 산업화에 따른 벼농사 재배면적의 감소 등이다. 이엉이기에 필요한 볏짚 수급을 위한 방법으로써 주민참여제도의 도입, 계약재배, 관급방식의 유지, 자율 재배, 휴경지나 국유지 및 관광지를 이용한 재배를 제안했다.[56]

지금까지 정책에 대한 선행연구를 살펴보았으나 이엉이기의 전승 어려움에 대한 원인을 밝히거나 문제해결에 대한 포괄적이거나 추상적인 대안을 제시했다고 볼 수 있다. 즉 구체적인 대안을 제시하지 않았다. 특히 국가유산수리표준시방서가 있으나 이 부분에 대한 논의가 없었다. 따라서 본 글에서는 국가유산수리표준시방서를 연구의 범주에 포함하여 국가유산수리기술의 개선을 제안하는데 밑바탕이 되고자 한다.

2. 이론적 고찰

본 장에서는 초가이엉이기에 대한 기존의 이론을 살펴본다. 선행연구자들의 초가지붕에 대한 일반적인 연구성과와 국가유산수리표준시방서(이하 시방서)의 내용을 비교하면서 살펴보도록 한다.

---

54 위의 책, 73쪽.
55 나형남, 「초가이엉이기의 다양화와 사회문화적 배경」, 159쪽.
56 김윤상·김석희·남해경, 「민속 마을 초가이엉이기에 필요한 볏짚 수급방안에 관한 연구」, 『대한건축학회연합회논문집』 19권6호, 대한건축학회연합회, 2017.12, 101~103쪽.

1) 초가지붕의 재료

초가지붕의 재료에 대하여 주로 볏짚으로 알려져 있다. 여러 선행연구자 중에서 신영훈은 볏짚이나 새로 지붕을 이었다고 하였고,[57] 김광언도 볏짚이나 새로 지붕을 이었다고 하였다.[58] 또 김홍식은 짚(볏짚, 조짚), 새(억새, 새풀), 띠풀, 산죽이 쓰인다고 하였고,[59] 윤원태는 볏짚, 새풀(왕골, 세골, 골풀, 띠풀, 갈대, 억새)로 분류하고,[60] 주남철은 볏짚, 새, 겨릅으로 분류[61]하였다. 시방서에도 볏짚, 억새로 기술하고 있다.[62]

이와 같이 여러 선행연구자의 내용과 시방서의 내용에서 재료는 볏짚, 억새를 제외하고 재료의 종류는 다양하게 기술되어 있다. 이와 같은 기술 방식의 차이는 각 연구자의 조사과정이나 결과에서 비롯된 것으로 보인다. 전국적인 단위에서 초가지붕에 대해 조사되지 않았다는 점을 유추해볼 수 있다. 따라서 본 글에서는 초가지붕의 재료를 볏짚, 억새(갈대), 저릅대, 산죽, 띠풀 등으로 분류하여 포괄적으로 다양한 초가지붕을 살펴볼 것이다.

2) 초가지붕의 구조

초가지붕에 대한 구조는 여러 선행연구자 중 김광언, 김홍식, 윤원태 등의 연구에서 살펴볼 수 있다. 또 시방서에서도 초가지붕의 구조를 살펴볼 수 있다. 이를 공통된 것으로 분류하여 살펴보도록 한다.

---

57 신영훈, 『한국의 살림집』, 332쪽.
58 김광언, 『한국의 옛집』, 183~185쪽.
59 김홍식 외, 『초가』, 180쪽.
60 윤원태, 『한국의 전통 초가』, 28~29쪽.
61 주남철, 『한국의 전통민가』, 아르케, 1999.06, 90~92쪽.
62 국가유산청, 『국가유산수리표준시방서』, 계문사, 2024.05, 165쪽.

(1) 초가이엉

김광언은 이엉을 사슬이엉과 비늘이엉으로 구분하였다. 사슬이엉은 수냉이(뿌리)가 밖으로 나오지 않도록 일정한 크기로 엮은 날개 수십장을 둥글게 말아서 지붕 위로 올린 뒤에, 멍석을 펴듯이 펴나가면서 지붕을 덮는 방법으로 말하였다. 비늘이엉은 물고기의 비늘을 닮은 데에서 온 것으로 짚의 수냉이를 한 뼘 정도 밖으로 내어 엮는 방법으로 소개하고 있다.[63]

김홍식은 비늘이엉(뜸이엉), 사슬이엉, 흐른이엉으로 구분하고 있다. 비늘이엉은 고기 비늘같이 이엉에 턱이 지는 형태로서, 글커리(뿌리쪽 끝텅)를 밖으로 다섯 치 정도 내놓으면서 이엉을 엮어 나간다. 사슬이엉은 짚 글커리가 밖으로 노출되지 않는 형태로 볏짚을 나란히 놓고 그 끝이 흩어지지 않도록 한 주먹씩 묶어 엮어 이는 것으로 말한다. 흐른이엉은 이엉을 엮지 않고 직접 이는 것으로 제주나 태백 혹은 소백산맥의 샛집에서 보인다고 전한다.[64]

윤원태는 비늘이엉과 사슬이엉으로 구분하고 있다. 비늘이엉은 물고기 비늘을 닮아서 붙여진 이름으로 짚의 뿌리쪽을 한뼘 정도 밖으로 내어서 엮는 방법으로 밝힌다. 사슬이엉은 짚 뿌리쪽이 밖으로 나오지 않도록 덮는 방법으로 수십장의 마름을 지붕 위로 올린 뒤에 멍석을 펴듯이 펴나가면서 덮는 방법으로 소개하고 있다.[65]

시방서에는 이엉의 종류를 소개하는 내용은 없다. 김홍식을 제외하면 사슬이엉과 비늘이엉을 소개하고 있다. 현재에도 제주도 초가이엉이기는 엮지 않는 흐른이엉이기 방식이 사용되고 있다. 그러므로 본 글에서는 김홍식이 제시한 '흐른이엉'의 개념을 수용하여, 이엉의 종류는 사슬이엉, 비늘이엉, 흐른이엉으로 제시하고자 한다.

---

63 김광언, 『한국의 옛집』, 185쪽.
64 김홍식 외, 『초가』, 199쪽.
65 윤원태, 『한국의 전통 초가』, 45~47쪽.

(2) 줄

　줄에 대한 명칭은 선행연구자들과 시방서에서 제시하는 내용이 각기 차이점이 있다. 신영훈은 제주도 초가지붕 위에 놓이는 줄을 '겉고샅'으로 명명하였다.[66] 김광언은 샛집에서 쓰이는 줄을 동발(한쪽 처마에서 반대쪽의 처마에 세로로 감아 놓은 줄)이라고 하거나 충청도의 사례를 들어서 줄을 '매'라고 명명하였다. 또 가로로 길게 매는 것은 '장매'이고 세로로 짧게 매는 것은 '가르매'라고 하였다.[67]

　김홍식은 새끼를 치는 것을 '고샅 맨다(매맨다)'고 하였다. 또 안으로 들어가는 고샅을 '속고샅', 밖으로 드러나는 고샅을 '겉고샅'이라고 하였다. 그뿐만 아니라 중남부 지역에서는 가로로 길게 매는 것을 '장매', 세로로 짧게 매는 것을 '가르매'라고 부르고 이와 유사한 단어로 '자른매'라는 명칭도 추가하였다. 제주도에서는 세로줄을 '자른줄', 가로줄을 '긴줄'이라고 소개하였다. 용도에 따라서 새끼 2가닥으로 장매와 자른매를 누르면서 앞뒤 지새미대의 두 군데에만 묶는 새끼줄을 '동매' 혹은 '지새미사'라고 부른다고 한다. 또 이엉을 임시로 묶어두는 새끼를 '짚일사'라고 하였다.[68] 윤원태도 '고샅맨다', '겉고샅', '속고샅', '장매(누른새끼)', '자른매'라는 용어를 소개하였다.[69]

　시방서에서는 이엉을 엮을 때 쓰는 새끼를 '마름 새끼', 이엉에 치는 새끼를 '고사새끼', 이엉 위에 걸쳐 대는 새끼를 '겉고살', 이엉을 이을 때 먼저 지붕 위에 건너질러서 맨 새끼줄을 '속고살'이라고 명명하고 있다.[70] 본래는 신영훈이 쓰는 '고샅'[71]이 어원에 해당한다. 동시에 좁은 골목이라는 뜻의 단어도 '고샅'으로 쓰이고 있었다. 그래서 표준어 규정 2장 1절 5항의 규정[72]에 따라 초가지붕을 일 때 쓰는 새끼라는 뜻을 지닌 단어

66　신영훈, 『한국의 살림집』, 336쪽.
67　김광언, 『한국의 옛집』, 184~185쪽.
68　김홍식 외, 『초가』, 200~201쪽.
69　윤원태, 『한국의 전통 초가』, 47쪽.
70　국가유산청, 『국가유산수리표준시방서』, 165쪽.
71　https://ko.dict.naver.com/#/entry/koko/346f83e501624cb18dca5361d200e8cf, "네이버국어사전", 2022. 06. 19.
72　어원에서 멀어진 형태로 굳어져서 널리 쓰이는 것은, 그것을 표준어로 삼는다.
　　https://kornorms.korean.go.kr/regltn/regltnView.do?regltn_code=0002#a, "한국어 어문 규범", 2022.

'고샅'은 '고삿'으로 변경되었다. 시방서의 '고샅'도 '고삿'으로 변경할 필요가 있다.

본 글에서는 지역마다 줄을 지칭하는 것이 다르기 때문에 기본적으로 '줄'이라는 단어를 사용한다. 그러면서도 용도에 따라 '겉고삿줄' 혹은 '속고삿줄'로 별도 표기하여 이엉이기를 원활하게 정리하는 데 도움이 되도록 한다.

(3) 용마름

신영훈은 '용마름'으로 지칭하였다.[73] 김광언은 용마루에 '용구새'를 얹는다고 말하면서, '용구새'를 '용마름', '곱새'라고 하였다.[74] 김홍식은 '용구새'라고 하고 서북 지역에서는 '곱새'라고 부른다고 하였다. 윤원태는 '용마름'으로 지칭하고 있다.[75] 시방서에도 '용마름'으로 쓰이고 있다.[76] 대부분 용구새 혹은 용마름으로 쓰이고 있는데, 표준어로는 '용마름'이 쓰이고 있다.[77] 이러한 사실을 바탕으로 본 글에서는 '용마름'을 사용하도록 한다.

김홍식은 용구새를 글커리가 안으로 들어가고 순넹이가 양쪽으로 흐르도록 한 줌의 볏짚 두 가지를 'ㅅ'자로 놓고 마름으로 엮은 것을 말한다.[78] 시방서에는 용마름을 엮는 방법이 나오고 있는데, 볏짚을 구부려 접는 방식으로 한 줌씩 좌우에 교대로 엮는다고 명시하고 있다.[79]

용마름에 대한 제작방식은 개략적으로 소개된 편이 많고, 시방서에 상세하게 소개되어 있다. 이러한 내용을 바탕으로 재료 및 지역별로 용마름의 제작방식이나 지붕 용마루의 마감 방식을 살펴보도록 한다.

---

06. 19.
73 신영훈, 『한국의 살림집』, 335쪽.
74 김광언, 『한국의 옛집』, 185쪽.
75 윤원태, 『한국의 전통 초가』, 47쪽.
76 국가유산청, 『국가유산수리표준시방서』, 167쪽.
77 https://stdict.korean.go.kr/search/searchView.do?word_no=249170&searchKeywordTo=3, "표준국어대사전", 2022. 06. 22.
78 김홍식 외, 『초가』, 199쪽.
79 국가유산청, 『국가유산수리표준시방서』, 167쪽.

(4) 지새미

지새미는 전라도 지역에서 쓰이는 말로 지붕의 처마부분에 해당하는 말이다. 그러나 목구조물의 처마와 다른 재료로 만들어지고 있다. 용도와 기능을 표현할 수 있는 적절한 단어라고 생각되어 쓰고자 한다.

신영훈은 '지새미'라는 단어를 쓰고 있지 않으나 처마의 깊이를 연장하는 수단으로 서까래 끝에 다시 가는 나무를 덧대어 부연처럼 구성하는 경우가 있다고 하였다. 지역에 따라 나무나 대나무를 이용하는데, 기와지붕 부연 구성의 초기 단계에 초가에 있었다고 보고 있다.[80] 김광언은 충청도의 지역을 사례로 들어서 서까래 끝이 썩지 않도록 이엉을 길게 늘어뜨리는 것을 '지스레미'라고 말하였다.[81] 김홍식도 처마 끝 짚시락이 썩어들어 가는 것을 막기 위해 서까래 평고자 밖으로 한 자 정도 내미는 이엉을 지새미(지스레미)라고 한다고 하였다. 또 이것을 받치기 위해 골대(발, 새짚맥이)를 엮어서 얹는다고 하였다.[82]

시방서에는 기스락 보강과 처마미름이기라는 용어가 있다. 기스락 보강은 서까래에 걸치는 것으로 길이 60~90cm로 잘라서 새끼로 엮어 사용하는 것이고 처마마름이기는 밑동부분이 처마쪽을 향하도록 10~15cm 정도 내밀어 돌려 까는 것을 말한다. 기스락 보강의 재료는 대나무쪽, 갈대, 겨릅대, 싸리나무, 나뭇가지이고 처마마름이기의 재료는 이엉이다.[83]

지역 및 재료별로 이엉이기를 살펴보면 공통으로 처마의 길이를 연장하는 방식이 발견되었다. 이러한 내용은 뒤에 다시 언급하겠으나, 선행연구나 시방서의 내용보다 포괄적이라는 것을 확인할 수 있었다. 그러므로 본 글에서는 처마의 길이를 연장하는 방식을 '지새미'로 정리하여 살펴보고자 한다.

---

80 신영훈, 『한국의 살림집』, 336쪽.
81 김광언, 『한국의 옛집』, 185쪽.
82 김홍식 외, 『초가』, 201쪽.
83 국가유산청, 『국가유산수리표준시방서』, 166~171쪽.

3) 초가이엉이기의 절차

초가이엉이기에 대한 절차는 대부분의 이론에서는 소략하게 언급되어 있다. 현재 시방서의 내용이 가장 자세하게 소개된 것으로 본다.

(1) 이엉이기

김광언은 볏짚사슬이엉은 수냉이(뿌리)가 처마 밑으로 오도록 깔고, 다음에는 이와 반대로 하여 덮어 나간다고 기술하고 있다. 억새는 원바닥에 먼저 솔가지를 얹고 그 위로 다섯 장씩이어 나가는데, 뿌리 부분이 아래쪽을 향하도록 해서 층을 지어 덮어 올라간다고 언급하고 있다. 또 지붕에는 동발이 있어 새를 덮어 나가면서 이에 잡아맨다고 하였다.[84]

김홍식은 비늘이엉은 지붕의 한 면과 좌우측의 벽의 전부를 덮을 수 있도록 특별히 길고 넓은 커다란 두 개의 나래(마름)로 엮어서, 글커리(뿌리쪽 끝텡)를 아래로 내려오도록 지붕의 전·후면에 하나씩 이어 올라간다고 하였다. 사슬이엉은 처마 끝에만 글커리가 밑으로 가도록 거꾸로 한 번 놓고 그 위에 순넹이가 아래로 가도록 두 번 인다고 하는데, 이 경우는 새집을 지을 때의 일이라고 한다. 또 헌 집은 맨 위에 썩은 새(제주에서는 괴신새) 한 거풀만 대강 걷어내고 다시 새것을 덮는다. 사슬이엉은 지붕 네 면에 마름을 굴려 가면서 핀다고 한다. 흐른이엉이기에 대하여는 기술하지 않았다.[85]

윤원태도 비늘이엉법과 사슬이엉법을 소개하였다. 비늘이엉이기는 길게 엮은 날개 2장을 이엉꼬챙이로 꿰어 올린 다음 지붕의 앞뒤를 덮고 남은 부분으로 좌우 양쪽의 벽을 가릴 수 있다고 하였다. 사슬이엉은 볏짚 뿌리 쪽이 나오지 않도록 덮는 방법으로, 처마 끝부분에만 뿌리 쪽이 밑으로 오도록 깔고 다음에는 이와 반대로 하여 멍석을 펴듯이 펴나가면서 지붕을 덮어 나간다고 기술하였다.[86]

국가유산수리표준시방서에는 처마마름이기(밑동부분이 처마로 향하는 방식)와 이엉이기

---

[84] 김광언, 『한국의 옛집』, 184~185쪽.
[85] 김홍식 외, 『초가』, 199~200쪽.
[86] 윤원태, 『한국의 전통 초가』, 45~47쪽.

(속고살 고정 → 초장 밑동부분을 처마부분으로 향하게 하기 → 밑동부분을 지붕 위로 향하도록 돌려이기 → 귀마루, 회첨부분 짚을 간 후 이엉올리기) 등의 순서로 절차를 밝히고 있다. 조건부로 이엉이 양호할 경우에만 속고살을 설치하고 이엉을 올린다는 내용도 있다.[87]

이엉이기를 하기 전에 썩은 군새를 정리하고, 군새를 넣어 물매를 맞춘 뒤, 속고샛줄을 치는 절차가 있으나 김홍식과 시방서에서만 확인할 수 있다. 또 김광언, 김홍식, 윤원태, 시방서의 내용에는 이엉을 이기 전에 진행하는 방식에 대하여 공통으로 기술되어 있다.

그러면서도 재료별로 이엉을 이는 방식이 다름에도 새와 볏짚만 기술되어 있고, 이엉의 종류에 따라 시방서는 사슬이엉만 명시하고 있거나, 김광언, 김홍식, 윤원태의 연구에서는 비늘이엉과 사슬이엉이기가 적은 내용으로 기술되어 있다. 심지어 흐른이엉이기에 대한 내용은 없다.

따라서 본 글에서는 기존의 선행연구와 시방서의 내용을 참고하되, 현장 조사를 통해 재료, 이엉의 종류에 의한 다양한 이엉이기를 정리하고자 한다.

(2) 용마름이기

신영훈은 용마름에 대나무를 뼈대로 넣어 빳빳하게 모양을 내는 것이 있는데, 해남지방으로부터 시작하여 보성군 벌교에 이르는 지역에서 나타나고 있다고 전한다.[88] 김광언은 이엉으로 지붕을 덮은 뒤에 용마루에 용구새를 얹어서 마무리 짓는다고 간단하게 전하고 있다. 전남의 장흥, 강진, 보성 등지의 초가지붕 용마름 위에 유지기를 놓는다고 전한다. 또 초가지붕의 용마루에 굵은 통대나무나 통나무를 가로지르고 그 위에 용구새를 덮는다고 한다.[89]

김홍식은 사슬이엉의 용마름이기는 이엉보다 약간씩 등마루 쪽으로 올려놓으면서 온 지붕을 덮는다고 기술하였다. 등마루는 용구새로 마감한다고 전한다. 비늘이엉의 용마

---

87 국가유산청, 『국가유산수리표준시방서』, 171쪽.
88 신영훈, 『한국의 살림집』, 335쪽.
89 김광언, 『한국의 옛집』, 185쪽.

름이기는 전·후면의 나래가 합쳐지는 용마루에 용구새를 덮고 용구새와 나래를 고정시키기 위해 용구새 엮음에 연결시킨 새끼를 좌우에 평행으로 늘이고 양 끝에 달돌을 달아 놓으며, 앞뒤로는 줄 몇 개를 서까래에 고정한다고 한다.[90] 윤원태의 경우에는 용마름을 덮고 이엉이 바람에 날리지 않도록 새끼줄로 맨다는 것만 기술하고 있다.[91]

시방서에는 용마루의 이엉은 전후좌우 이엉을 맞대어 이고 일정 간격으로 얽어서 고정한 뒤, 용마루 위에 용마름을 덮고 용마름 하부의 좌우 이엉으로 용마름 위를 얽어맨다는 내용이 있다.[92]

용마름이기의 내용도 선행연구의 사례를 살펴보면, 일부 지역의 이는 방식을 그대로 인용하여 소개하였다. 또 시방서의 내용도 일부 지역의 용마름이기를 일반화하였을 가능성이 높다고 추측된다. 따라서 본 글에서는 용마름을 이는 지역적 사례를 세분화하여 정리하고자 한다.

(3) 줄치기

줄을 치는 것에 대하여 김광언은 바람이 심한 곳은 새끼줄을 그물처럼 엮어서 덮는다고 말한다.[93] 김홍식은 이엉이 바람에 날리지 않도록 얼개 새끼로 치는데, '고삿맨다'고 말한다. 그는 가로로는 여러 가닥의 새끼를 매고 세로로는 몇 가닥만 묶는 긴네모꼴이 가장 많이 쓰이는 방법이라고 말하는데, 이를 '고른줄맨다'라고 표현한다. 고른줄매기의 순서를 정리하였는데, 긴 가로줄(장매)을 먼저 치고 짧은 쪽으로 자른매를 3~5개 정도 묶는데, 장매가 움직이도 않도록 외줄로 앞에서 뒤까지 한 바퀴 돌려 묶는다. 이를 밤얽기라고 한다. 그리고 새끼 두 가닥으로 동매를 만들어 앞뒤의 지새미대에 묶는다.[94]

중남부 지역에서는 지붕 4면으로 속고삿과 겉고삿의 용도를 혼용하여 쓰는 기법이

---

90 김홍식 외, 『초가』, 199쪽.
91 윤원태, 『한국의 전통 초가』, 47쪽.
92 국가유산청, 『국가유산수리표준시방서』, 171쪽.
93 김광언, 『한국의 옛집』, 185쪽.
94 김홍식 외, 『초가』, 200쪽.

있고 영남 내륙지방에서는 자른매를 눌림대에 잡아 묶고, 동매는 눌림대에 누르면서 지붕 아래 서까래에 묶는 방식도 있다. 또 새끼를 마름모로 묶어 가는 그물형은 아주 드물게 나타나는 형태로 말하며, 제주도는 격자형으로 묶는다고 한다. 이러한 매는 방식은 지역적으로 편중된 특수한 이기방법으로 보았다.[95]

윤원태는 지역마다 고삿매기의 방식이 다르고, 중남부 지방의 고삿매기는 긴 네모꼴인 일자매기를 많이 사용하며, 서부 지방에서는 일자매기와 함께 마름모 매기를 치고, 영남 내륙지방이나 남서해안 일부 지역에서는 처마 끝 이엉이 바람에 날리는 것을 막기 위해서 긴 눌림대를 올리고 지붕을 뚫어 새끼를 끼워 넣어 서까래에 고정하는 방식이 있다고 전한다.[96]

시방서에서는 가로형 동이기, 격자형 동이기, 마름모형 동이기, 용마름 동이기 등으로 구분되어 설명하였다. 가로형 동이기는 김홍식과 윤원태의 여러 선행연구자가 제시하였던 가로 방향을 45~60cm 간격으로 걸고, 세로방향은 서너 줄 고정하는 형태로 보인다. 또 격자형 동이기는 제주도의 사례에 준하는 것으로 보이고, 마름모형 동이기는 마름모형으로 엮는다는 단편적인 설명이 제시되어 있다.[97]

줄을 치는 방식은 지역적 특색인 것으로 보이나 선행 연구자들이나 시방서의 내용에서는 지역별로 줄을 치는 방식에 대하여 깊이 있게 비교한 것은 살펴볼 수 없었다. 또 줄을 치는 방식을 표현하는 방법에서도 사진기록 없이는 이해할 수 없는 내용도 많았다. 따라서 기존의 내용을 바탕으로 지역별로 줄을 치는 방식을 사진기록과 함께 비교하면서 살펴보도록 한다. 이를 통해 지역별로 줄을 치는 방식을 정리할 수 있을 것으로 보인다.

4) 초가지붕의 역사

초가의 역사는 조선시기까지 연구가 되었다. 이 중 김홍식은 초가의 변화상을 역사적

---

95 위의 책, 200쪽.
96 윤원태, 『한국의 전통 초가』, 47쪽.
97 국가유산청, 『국가유산수리표준시방서』, 172~173쪽.

으로 다루었다. 김홍식은 자연에서 채취한 억새나 띠 등을 이용하여 흐른이엉으로 덮었을 것으로 보았다. 이후 삼국시대의 기록을 통해 대부분 띠집이었고, 고려시대에도 기와를 장려했던 것으로 보아 초가집이 많았음을 유추해 볼 수 있다고 하였다. 조선시대에 들어서는 논농사가 일상화되고 시비법에 의하여 쌀농사 연작이 가능하게 되었다. 이러한 변화는 짚의 생산도 증대되어 짚의 이용이 확대되면서 현재의 볏짚초가지붕이 되었을 것으로 보았다. 특히 이러한 변화는 고려 말경(14~15세기)에 발생한 것으로 추정한다.[98]

본 글에서는 김홍식의 선행연구를 바탕으로 볏짚이엉이 보편화되는 시기를 조선 전후로 분류하여 다룰 것이다. 또 조선 시기 이후의 근현대 시기에 해당하는 사료들을 수집하여 현재 소멸해가는 초가지붕에 대한 역사도 다루고자 한다.

3. 소결

지금까지 선행연구를 초가지붕의 일반사항에 대한 부분, 지역적 특징에 대한 부분, 정책에 대한 부분으로 분류하여 정리하였다. 일반사항에서는 초가지붕에 대한 역사, 재료, 구조, 이엉이기의 절차 등이 기술되어 있었다. 그러나 초가지붕은 지역이나 재료가 다양하기 때문에, 일반사항에서 담아낼 수 없는 내용도 있다. 이러한 부분은 기존 선행연구의 한계점으로 볼 수 있다. 재료나 이엉이기의 절차가 지역적으로 차이가 있다는 점은 확인할 수 있었으나 세부적인 내용에 대하여는 확인할 수 없는 경우가 많았다. 주로 생활상의 변화, 초가지붕의 쇠퇴, 초가지붕의 재료가 주요한 내용이었다. 초가이엉이기를 살펴보고자 하는 의도에서 보면, 선행연구의 한계점으로 볼 수 있다.

정책에 대한 부분은 초가지붕에 대한 역사적 흐름의 한 축으로 볼 수 있다. 초가지붕의 소멸과 생활상의 변화에는 국가정책이 큰 영향을 끼쳤다고 볼 수 있다. 그러므로 선행연구는 초가지붕의 근, 현대사에 해당한다. 반대로 말하자면 정책 부분에 대한 논의는

---

[98] 김홍식 외, 『초가』, 182쪽.

구체적이기 보다는 기존의 문제점에 대한 재고찰과 문제해결에 대하여는 다소 구체적이지 않았다는 점이다. 특히 국가유산수리기술로서의 이엉이기에 대한 논의가 없었다.

　선행연구의 내용을 바탕으로 초가지붕의 재료, 구조, 이엉이기의 절차, 역사로 분류하여 초가이엉이기에 대한 이론적 고찰을 실시하였다. 초가지붕의 재료는 현재 볏짚과 억새가 주로 언급되고 있었으나 지역적으로 갈대, 저릅대, 산죽도 있다는 것을 추가로 확인할 수 있었다. 재료에 따라서 이엉이기의 절차도 달라지지만, 볏짚이나 억새이엉이기가 주로 언급되고 있었다. 그러므로 재료에 따른 이엉이기의 절차를 살펴볼 필요가 있다. 또 현재 기술되어 있는 초가이엉이기의 절차도 실제와 다르거나 누락된 부분도 발견할 수 있었다. 그래서 이엉이기의 절차는 실제의 상황에 맞게 재구성한다.

　초가지붕의 역사는 주로 볏짚이엉이 보편화되었던 고려말(14~15세기)로 볼 수 있다. 그러나 초가지붕의 역사는 적은 수의 문헌자료를 통해서는 그 전반을 확인할 수 없다는 한계점이 있었다. 그러므로 기존의 선행연구를 계승하면서 실물 자료에 해당하는 회화 및 추가적인 문헌자료를 살펴보아서 초가지붕의 역사를 보다 더욱 구체적으로 정리한다. 또 초가지붕의 소멸을 우려하는 내용이 담겨 있는 여러 선행연구와 근현대시기에 남아있는 사진기록 및 정책자료, 조사연구자료를 정리하여, 초가지붕의 근현대사를 정리한다. 그래서 초가지붕의 역사는 현재에도 지속되고 있는 역사라는 점을 전하도록 한다.

　초가이엉이기는 재료뿐만 아니라 지역별로도 다양한 이엉이기가 있었다. 그러므로 초가지붕을 지역별로 구분하여 각 지역의 유사성, 차별성을 살펴보도록 한다. 물론 여러 선행연구에서 문헌자료로 지역적 사례가 일부 소개되어 있다. 그러나 사진 자료 및 실물 자료를 바탕으로 조사범위를 확대하여 세부적으로 살펴보도록 한다. 각 지역의 이엉이기 방식 중에서 가장 많이 드러나는 것은 줄치기의 방식, 이엉 및 용마름의 형태이다. 내용의 전개도 줄치기, 이엉, 용마름을 중심으로 살펴보도록 한다.

　이 점에서 본 글은 초가이엉이기를 재료, 역사, 지역 등으로 세분화하여 구체적으로 살펴보는 깊이 있는 초가이엉이기의 연구로서 그 의의가 있다고 생각한다.

제3장

초가이엉이기의 재료와 시공

1. 이엉이기의 용어 비교
2. 이엉의 재료와 규격
3. 초가지붕의 구성
4. 이엉이기의 절차

제3장

초가이엉이기의 재료와 시공

이 장에서는 초가이엉이기의 재료 및 시공에 대한 내용을 상세하게 살펴본다. 이엉이기는 현재 초가지붕을 지닌 전통 건축물의 수리기술로 쓰이고 있으며 국가유산수리표준시방서(이하 시방서)를 제시하여 획일적으로 시공하도록 하고 있다. 국가유산에 속하는 초가이엉이기는 국가유산청의 '문화재수리업무편람'[1]에 근거하여 진행된다. 연별로 지침이 나오고 있으며, 이엉이기도 세부 사항에 포함되어 있다.[2] 실제 이엉이기의 내용과 다르게 재료나 기법에서 크게 차이가 나고 있다.

1. 이엉이기의 용어 비교

시방서에 의하면 이엉이기는 다른 국가유산수리공사보다 완화된 기준으로 되어 있다.

---

1 문화재청, 『문화재수리 업무편람』, 계문사, 2023.01.
2 2023년도 문화재수리업무편람에는 초가이엉잇기사업 지침이 있다. 하지만 2024년도 국가유산수리업무편람에는 이 지침이 기재되어 있지 않다. 소관부서가 근대문화재과(2023)에서 민속유산팀(2024)으로 바뀌어 있음을 확인하였다. 이에 민속유산팀에 초가이엉잇기사업 지침의 미기재에 대하여 문의하였다. 문의한 바로는 미기재이지만 2023년도의 초가이엉잇기사업 지침과 동일하다고 답하였다. 이에 2023년도의 문화재수리업무편람을 인용한다.

아래의 내용을 확인해 보면 다음과 같다.

제20절 초가이엉잇기사업 지침[3]

1. 지붕 보토를 해체하지 않고 매년 시행하는 경상적인 초가이엉잇기에 한하여 적용한다.
2. 기존과 같은 재료(볏짚, 억새, 띠 등) 및 양식으로 이엉잇기 한다.
3. 초가이엉잇기는 경미한 수리로 문화재수리기술자 및 기능자가 아닌 자 중 경험이 있는 자도 시공 할 수 있다.
4. 원래의 재료 및 양식을 변경하지 않는 초가이엉잇기는 별도의 국가지정문화재의 현상변경 허가 절차를 거치지 않고 시행할 수 있다.
5. 초가이엉잇기를 위한 설계도서 작성은 생략할 수 있다.
6. 국가유산수리표준시방서를 준수

보통의 이엉이기는 완전한 해체를 진행하지 않는다. 그러므로 큰 문제가 없으면 경상經常적인 이엉이기를 진행한다. 이러한 형태의 이엉이기는 경미한 수리행위에 속한다. 과거에는 누구나 초가집에서 거주하여 오랜 경험을 통해 보편적으로 공유되었던 기술이기 때문이다. 특히 한 지역에 오랫동안 거주하며 생활하였기 때문에 재료나 기법적인 측면에서 큰 변동이 없었다. 그러므로 별도의 현상 변경에 대한 허가 절차를 거치지 않아도 가능하였다. 초가의 원재료는 짚풀이다. 그러므로 기후와 계절에 따라 모양과 색과 상태가 변한다. 그러므로 목조건물의 구조에 대한 설계도면은 가능하여도 이엉이기에 필요한 설계도면 작성은 어렵다. 기존과 같은 재료라는 것도 불명확하다. 현재 조사된 바에 의하면 볏짚, 억새, 띠 외에도 저릅대, 갈대, 산죽 등도 현존하고 있다. 이처럼 재료의 범주에서조차 명확하지 않은 사례가 많다. 특히 4번과 5번의 경우에는 현대적인 방식이 접목될 수 있는 여지를 주고 있다는 점도 문제가 된다. 그래서 이 장에서는 초가이엉이기의 시공 및 상세를 살펴보는데, 시방서와 조사한 내용을 서로 비교하면서 살펴

---

[3] 위의 책, 349쪽.

보도록 한다. 시방서의 초가지붕 공사의 목차와 내용에는 다음과 같은 내용으로 구성되어 있다. 이중 먼저 살펴볼 것은 재료, 규격, 쓰임말에 대한 정리이다. 그리고 초가이엉이기를 살펴보도록 한다.

〈표 1〉 초가지붕공사의 목차와 내용

구분	목차	내용
1	일반 사항	재료, 규격, 기법에 대한 내용
2	쓰임말 정리	이엉, 마름새끼, 고사새끼, 군새, 연죽, 기스락 자르기, 마름, 겉고살, 속고살, 방구매기, 까치구멍, 새굴매기(갖추매기)
3	재료	산자, 초가알매흙·새굴매기·짚여물·군새, 연죽, 기스락보강, 이엉엮기, 용마름엮기
4	조사	사전조사, 해체조사
5	해체	연죽·고사새끼, 용마름·처마마름, 이엉·군새, 초가알매흙, 산자, 해체재료의 보관
6	초가 이기	산자엮기, 알매흙지기, 군새깔기(새퍼깔기), 처마마름이기, 이엉이기, 용마름이기, 고사새끼엮기(가로엮기, 격자엮기, 마름모엮기, 용마름엮기), 연죽설치, 기스락 자르기

이엉이기의 기본적인 지침은 시방서이다. 이에 따라 시방서를 살펴본다. 연간 국가유산수리표준시방서가 출간되고 있는데, 이엉이기는 큰 변화가 없으므로 최근의 내용을 바탕으로 살펴보도록 한다.[4] 이엉이기는 시방서의 '0630 초가지붕공사'로 표기되어 있다. 내용을 전체적으로 살펴보면 〈표 1〉[5]과 같다. 시방서와 필자가 조사한 내용을 비교하면 다음과 같다.

〈표 2〉 이엉이기 관련 용어 비교 목록

시방서	필자 조사내용	상세 내용
이엉	비늘, 흐른, 사슬	엮음방식(마디, 부위) 따라서 이엉이기 방식 변화
	볏짚, 억새, 갈대	재료에 따른 이엉의 분류

---

4   국가유산수리표준시방서(2024) 및 문화재수리표준시방서(2021~2023)의 내용이 대부분 일치함을 확인하였다.
5   국가유산청, 『국가유산수리표준시방서』, 165~173쪽.

	산죽, 저릅대, 띠풀	
마름새끼	새끼줄, 칡줄, 짚	엮는 방식에 따라 줄을 쓰지 않거나 재료가 다름
고사새끼	겉고삿줄	고사새끼와 겉고살은 같은 의미로 쓰이며,
겉고살		고살보다 고삿줄이 현장에서 많이 쓰임
속고살	속고삿줄	고삭과 새끼의 용어가 동일하여 뒤에 줄을 붙임
연죽	장대	대나무 외에 나무가 쓰이는 경우도 있으므로, 특정 재료를 연상시키는 명칭 정리
기스락 보강	지새미	이엉이기의 특성상, 처마를 보강하는 목적이 동일하여 명칭 통일
처마마름이기		
이엉엮기	이엉엮기	동일
용마름엮기	용마름틀기	실제로 '튼다'는 용어를 많이 씀
이엉, 용마름이기	이엉, 용마름이기	동일
군새	썩은 군새	기존의 초가지붕에서 썩어있는 군새를 말함
	군새	이엉이기 전에 넣는 이엉
고사새끼 엮기	줄 치기	줄을 지붕위에 놓아서, 처마에 매는 행위의 일체
	줄 놓기	지붕 위에 줄을 가로, 세로, 대각선 형태로 내기
	줄 매기	처마에 줄을 장대, 서까래에 걸어서 고정시키기

시방서의 내용과 다르게 이엉이기는 이엉의 엮는 방식과 재료가 다양하다. 그래서 이엉에 필요한 재료의 여러 품종에 '이엉'이라는 명칭을 붙여서 사용할 것이다. 여러 구전기록을 포함하면, 이엉의 재료는 볏짚, 억새, 띠풀, 산죽, 저릅대, 갈대, 밀짚, 조대, 왕골, 보릿짚 등이 있다. 이 중에서 밀짚, 왕골, 보릿짚 등은 현존하고 있지 않은 상태이기 때문에 제외한다.

여러 짚풀 품종으로 어떻게 이엉을 만들었는지 확인할 필요가 있다. 그러므로 이엉을 엮는 방식도 본 연구의 대상에 속한다. 이엉을 만들 때 '엮는다'고 표현한다. 단어적 의미 그대로 칡이나 새끼줄, 볏짚으로 이리저리 어긋 매어 이엉을 만들기 때문이다. 보통 이엉을 엮는 방식은 지붕 바깥으로 밑동이 나오게 하는지, 이파리가 나오게 하는지에 따라서 전자를 '비늘이엉'이라고 하고 후자는 '사슬이엉'이라고 한다. 또 엮지 않고 천연의 짚풀을 그대로 이엉이기에 쓰는 것을 '흐른이엉'이라고 한다. 이처럼 이엉을 어떻게 만들고 쓰는지에 대한 방법도 연구의 대상에 해당한다.

이엉을 분석하기 위하여 본 연구에서는 '엮음방식', '엮음마디', '엮음부위' 등의 단어를 사용하려고 한다. '엮음방식'은 비늘이엉, 사슬이엉, 흐른이엉 등의 방식 외에도 볏짚이나 줄로 엮는 방식을 뜻하기도 한다. 또 '엮음마디'는 '한 줌씩' 짚풀을 '대서' 짚이나 줄로 엮으면서 생기는 모습을 의미한다. '엮음부위'는 이엉을 엮는 위치이다. 즉 밑동에서 어느 정도의 간격에서 엮는지를 살펴보기 위한 것이다.

이엉을 엮은 뒤에는 이엉을 지붕 위에 여러 장을 한꺼번에 올리고 처마 밑에서부터 지붕 사방을 한 바퀴 돌린 뒤, 일정 간격 위로 다시 지붕 사방을 한 바퀴 돌리며, 용마루까지 올라가는데, 이를 이엉을 '인다' 혹은 '이기'로 표현한다. 이는 방법도 흐른이엉으로 이는 것은 흐른이엉이기, 비늘이엉으로 이는 것은 비늘이엉이기, 사슬이엉으로 이는 것은 사슬이엉이기로 표현할 수 있다. 또 재료에 따라서 띠풀이엉이기 혹은 띠풀흐른이엉이기, 볏짚이엉이기, 볏짚사슬이엉이기 등으로 표현할 수 있다. 본 연구가 어떻게 이엉을 이는지에 대한 연구이기 때문에 이엉이기도 연구의 대상에 해당한다. 이엉이기도 전통적인 이엉이기와 현대적 방법이 접목된 이엉이기를 동시에 살펴보기 위해 각 이엉이기를 포괄적으로 살펴본다.

이엉을 이기 전에 군새작업을 한다. '군새'는 이엉이기에 필요한 헌 짚풀을 말한다. 군새가 썩었거나 젖어서 검게 변질한 좋지 않은 군새는 '썩은 군새'라고 하며, 물매를 '잡는'데(형성하는 것을 말함) 좋은 군새는 '군새'라고 표현토록 한다. 또 이엉을 이고 나면, 용마루 위에 용마름을 만들어 올린다. 용마름을 엮어서 만드는 행위를 '튼다'라고 표현한다. 혹은 '용마름을 튼 뒤'와 같은 용어도 사용한다. 용마름은 용마루에 올리는 것으로, 현재에는 짚으로만 만든다. 군새, 용마름도 연구 대상에 해당한다.

재료별로 이엉을 이는 방식은 다르지만, 전반적으로 줄을 이용한다. 이것을 '고삿줄'이라고 부른다. 고삿줄은 이엉이기의 현장에서 쓰이는 용어로 주로 새끼줄이다. 고삿줄은 용도에 따라 속고삿줄과 겉고삿줄로 나뉘는데, 속고삿줄의 경우에는 볏짚, 산죽, 억새, 갈대 이엉이기에서 쓰인다. 안에서 쓰이는 고삿줄이라는 의미로, 이엉을 이기 위해 지붕 위로 줄을 치고 이엉을 이면서 고정해주는 역할을 한다. 저릅대나, 띠풀로 하는 이엉이기에서는 쓰이지 않는 사례이다. 그에 반해 '겉고삿줄'은 이엉을 이고 난 뒤에 이엉이 바람에 날리지 않도록 지붕 사방으로 줄을 쳐서 고정하는 방법이다. 통상 본 연구에서는 '겉고삿줄'이라는 말이 반복해서 사용될 경우, 줄여서 '줄'이라고 한다.

줄을 매는 방법은 지역적으로 다양하다. 본 연구에서는 방식의 다양화를 반영하여, 줄을 매는 방식을 세부적으로 '놓다', '치다', '매다' 등으로 구분해보고자 한다. 초가지붕은 대부분 우진각 지붕인 경우가 많다. 그래서 지붕의 두께로 인한 외형의 차이는 있어도 '一'모양의 집인 경우에는 지붕면이 4개이기 때문에 사방으로 줄을 친다. 그래서 '줄을 치다'라는 의미를 본 연구에서는 처마 밑에서 맨 뒤, 지붕면에 가로 혹은 세로로 줄을 놓이게 한 뒤, 처마 밑에 다시 매는 행위를 의미한다. 또 '놓다'는 줄을 치는 과정 중에 하나로서, 한 면에 가로나 세로로 줄을 치기 위해서는 다른 면의 지붕 처마 밑에서 맨 뒤, 추녀마루(귀마루) 혹은 용마루로 넘겨서, 의도하는, 지붕면에 가로나 세로로 줄을 위치하게 하는 것이다. 그리고 '맨다'는 가로나 세로로 놓인 줄을 단단히 위치하게 하기 위해, 처마 밑으로 내려서 고정하는 것이다.

줄은 처마부분에 매는데, 방법은 '연죽'을 대거나 '서까래'에 걸어 매는 방법이 있다. 시방서에서 '연죽'은 줄을 걸어 '매기'에 좋도록 서까래 밑에 설치한 긴 대나무를 말한다. 과거에는 대나무보다는 나무를 주로 사용한 것으로 확인되었다. 그래서 본 연구에서는 '연죽'이라는 용어도 쓰지만, '서까래 밑에 나무를 설치' 혹은 '장대'라는 말로 풀어 쓰려고 한다. 줄을 서까래에 맬 때는 '걸어맨다'라고 표현한다. 대개 서까래에 한번 감은 뒤, 풀리지 않도록 매듭을 만들어 묶기 때문이다. 또 다른 방법으로는 처마부분의 이엉 위에 긴 대나무를 놓은 뒤, 바늘 같은 것에 줄을 묶어서 서까래 부분으로 찌른 뒤 그 부분에 줄을 매어, 대나무를 고정시킨 뒤 지붕면에 놓는 줄을 단단히 대나무에 매는 것이다. 현재에는 '누름대'라고 부르기도 한다. 시방서의 너와지붕공사에서 쓰이는 용어이지만 초가지붕공사에서도 이와 유사한 긴 나무가 쓰인다. 다만 일부 지역에서는 지새미와 유사한 발음의 '진생이'라는 용어도 있다. 그래서 본 연구에서는 '누름대'라는 말은 단순히 지붕의 자재를 누르기 위한 용도로도 보이므로 '처마부분의 이엉 위에 놓는 긴 나무'라는 말로 풀어 쓰거나 그러한 의미로도 쓰도록 한다.

보통 이엉을 이기 전에 처마부분에서 이엉을 엮는 방향을 상하로 뒤집어서 이는데,

이를 '지새미'라고 부른다. '지새미'는 처마를 두껍게 하고 서까래에 물이 들어가지 않도록 보강하는 모든 행위를 말하기도 한다. 그래서 본 연구에서는 이러한 의미를 세부적으로 분류하면서도 총체적으로는 '지새미'로 표현하고자 한다.

현대에 와서는 사람의 손으로 이엉을 엮는 경우는 드물다. 그래서 대부분 이엉을 만드는 기계를 통해 이엉이기에 필요한 이엉을 확보한다. 여기서 사람의 손으로 엮은 이엉을 '수제이엉', 기계로 엮은 이엉을 '기계 제 이엉'이라고 부르고, 이엉을 만드는 기계를 '이엉기계'라고 명명한다. 또 이엉의 재료가 인공적으로 만들어 진 것을 바탕으로 하고 있으면, '인조이엉', 천연짚풀을 재료로 삼는 것을 '천연이엉'으로 표현한다. 다만 앞에서 언급한 바와 같이, 천연 짚풀류 각각의 명칭을 먼저 표현한다. '인조이엉'에도 컬러강판, 비닐, 플라스틱 등으로 다양하기 때문에 각각의 명칭을 세부적으로 표현한다.

현재의 초가이엉이기의 배경에는 사회적 기조 특히 정책적인 부분이 큰 몫을 한 것으로 보인다. 사회적인 분위기는 일제강점기부터 있었으며, 새마을운동을 정점으로 하여 2000년대에 들어서는 국가유산 정책의 범주에 속하지 않는 대부분의 초가지붕은 사라진 것으로 보인다. 그러므로 본 글에서는 재료와 지역에 따른 이엉 및 초가지붕의 양상을 살펴볼 것이다.

2. 이엉의 재료와 규격

1) 국가유산수리표준시방서의 경우

국가유산수리표준시방서(이하 시방서)에는 초가지붕의 해체에서부터 초가이엉이기의 내용이 포괄적으로 정리되어있다. 본 글에서는 이 중 경미한 수리행위로서의 이엉이기를 살펴볼 것이기 때문에 4번과 5번 항목의 내용은 살펴보지 않는다. 먼저 1번 일반사항부터 살펴보도록 한다. 내용은 〈표 3〉[6]과 같다.

〈표 3〉 국가유산수리표준시방서 0630 초가지붕공사 중 1. 일반사항

> 1. 일반사항
>   ㄱ. 사용 재료는 기존의 것과 같은 것으로 사용한다.
>   ㄴ. 일정한 규격이 없는 초가이엉, 새끼 등은 기존의 것과 유사하게 만들어 사용한다.
>   ㄷ. 초가이기는 설계도서에 따르되, 설계도서 상에 초가의 지역적 특성이 반영되지 않은 경우에는 담당원과 협의하여 시공한다.
>   ㄹ. 초가이기와 유사한 억새이기 등은 특별한 경우를 제외하고는 초가이기에 준한다.

초가지붕공사의 일반사항을 살펴보면, 'ㄱ'과 'ㄴ'의 내용을 함께 살펴보고자 한다. 위 일반사항은 초가이엉제작에 쓰이는 볏짚을 주 재료로서 기술하고 있다. 현재 벼에 해당하는 품종은 지속적으로 개량되어 현재에 와서는 논벼 389건, 밭벼 2건[7]에 이른다. 특히 현대의 볏짚은 쌀의 생산량을 높이고 바람이나 병충해에 견딜 수 있도록 개량되어 길이가 짧다. 그런데 벼가 짧은 것은 초가이엉의 수명을 줄어들게 한다. 그래서 과거와 다르게 초가지붕의 하자가 발생하기 쉽다. 그러므로 볏짚의 주종에 대한 논의도 지속적으로 논의되어야 할 부분이다.

'ㄷ'의 경우는 문제가 되는 항목으로 볼 수 있다. 지역적 특성이라는 점은 지역의 우세한 짚풀과 같은 재료이거나 지역주민들의 오랜 기억동안에 축적된 이엉이기의 방법 혹은 좋은 초가지붕의 모습, 썩은 군새를 걷어서 내리는 기준 등으로 다양할 것이다. 그러나 지역적 특성이 반영되지 않은 경우는 대개 초가지붕에 대하여 무지無知한 일반 공무원들이 공사를 발주하는 경우이거나 새롭게 초가집을 짓는 경우에 해당할 것이다.[8] 만약

---

6 국가유산청, 『국가유산수리표준시방서』, 165쪽.
7 농사로 농업기술포털(https://www.nongsaro.go.kr).
8 2025년도 국가유산수리표준시방서의 내용이 개정되었다. 지붕공사의 일반사항 항목에 원형 및 지역적 특성을 고려해야 한다는 내용이 추가되었다. 지붕공사 시 국가유산의 원형을 최우선으로 보존 및 복원하는 것을 원칙으로 하며, 위치한 지역의 기후 및 지붕형식, 마감재료와 같은 지역적 특성을 부차적으로 고려하여 시공한다고 기술되어 있다. 다만 초가지붕공사에 대한 세부적인 내용은 변동사항이 없다. 지붕공사의 일반사항이 개정되었으므로 앞으로 추가적인 개정을 통해 초가지붕공사에도 재료 및 지역별로 구체적인 시공방식이 기술되어야 할 것이다.
https://www.khs.go.kr/gosi/selectGosiView.do?id=1922&pageIndex=1&mn=NS_03_01_05, 국가유산청, 2025.08.10.

시공을 담당하는 수행단체의 일방적인 견해로 공사가 시작될 경우에는 '담당원의 협의'라는 용어가 무색해지는 결과를 초래하는 경우가 발생할 가능성이 아주 높다. 그러므로 초가이엉이기에 대한 전문적인 수리기술로서의 체계 확립이 필요할 것이다.

'ㄹ'의 경우에는 억새이기 외에도 띠풀(새)이기, 산죽이기, 저릅대이기, 갈대이기 등으로 재료에 따라서 다양하게 이기를 할 수 있다. 산죽이나 억새를 비늘이엉이기로 할 경우에는 매우 단단하기 때문에 볏짚이엉과 같이 속고삿줄에 맬 수 없는 문제가 있다. 저릅대로 이을 때에도 줄기가 길고 단단하므로 볏짚이엉과 같은 속고삿줄을 치지 않는다. 또 띠풀(새)이기의 경우에는 흐른이엉으로 하기 때문에 사슬이엉과 이는 방식이 완전히 다르다. 이와 같이 재료에 따라 달라지는 이는 방식의 차이를 시방서에는 볏짚이엉에 준한다고 언급하고 있다는 점에서 볏짚이엉으로의 획일화가 보인다.

2) 이엉 재료와 규격의 실제

짚은 벼·보리·밀·조·메밀 등의 이삭을 떨어낸 줄기이며, 풀은 초본식물의 속칭이다.[9] 전통생활에서는 짚과 풀을 재료로 다양한 생활용품을 만들어냈으며, 초가지붕에서는 각 지역에 많이 자생하거나 재배하는 짚풀을 주로 사용하였다. 오늘날에는 볏짚이 초가지붕의 주요한 재료로 알려졌지만, 억새, 띠풀(새), 갈대, 저릅대, 산죽 등도 각 지역에서 널리 쓰였다. 특히 억새, 갈대의 경우에는 볏짚만큼이나 많이 쓰였던 재료였다. 이 외에도 왕골이나 밀짚으로도 지붕을 하였다는 구전은 전해지고 있으나 현재에는 확인할 수 없으므로 본 글에서는 제외한다.

재료의 특성에 따라 이엉을 엮고 이는 방식은 달랐으며, 크게 사슬이엉, 비늘이엉, 흐른이엉으로 구분한다.[10] 재료의 특성과 엮는 방식과 이는 방식으로 구분하면, 사슬이엉은 주로 볏짚으로 엮지만, 일부 지역에서 저릅대나 억새로도 엮는다. 사슬이엉은 밑동을

---

9   국립문화재연구소, 『짚풀공예』, 벽문사, 1998.12, 14쪽.
10 김홍식 외, 『초가』, 열화당, 1991.01, 199쪽.

안으로 들어가게 하지만, 처마보강을 위하여 지붕의 맨 아랫부분에서 밑동을 바깥으로 하여 한번 인다는 점이 특징이다. 비늘이엉은 억새, 갈대, 산죽, 볏짚으로 엮으며, 밑동을 바깥으로 나오게 하여 용마루까지 올린다는 점이 특징이다. 흐른이엉은 이엉으로 엮지 않는 것으로 띠풀(새)이나 산죽이 이에 해당한다. 흐른이엉은 엮지 않기 때문에 지붕 아래에서부터 이엉을 일 때, 바로 줄이나 길쭉한 나무를 사용하여 고정해서 흘러내리지 않도록 한다는 점이 특징이다. 볏짚이 가장 늦게 초가이엉으로 쓰였고, 초본류의 다양한 품종이 선사시대부터 쓰였다는 점을 고려할 때, 사슬이엉이 가장 늦게 나타난 형식이고, 흐른이엉은 엮지 않는다는 점에서 가장 먼저 나타난 형식으로 볼 수 있다.

글쓴이는 이엉이기가 과거에 어떻게 진행되었는지 살펴보고자, 한국민속촌의 민속마을 11호 한약방의 초가지붕을 해체하는 작업에 참여하였었다. 기록을 살펴보면 한국민속촌에 있는 민속마을의 초가집은 1974년에 문을 연 이래로 해체를 진행하였던 적이 없었다. 또 초가지붕을 처음일 때 볏짚이엉 외에도 저릅대이엉과 억새이엉도 함께 쓰였다는 기록도 있다. 그래서 초가지붕을 해체하여 초가지붕의 맨 밑바닥에 있는 초가이엉을 살펴볼 수 있었고, 1970년대 여러 종류의 초가이엉을 확인하였다.

〈표 4〉 한국민속촌 민속마을11호 초가지붕 해체작업

기존 초가지붕 모습[11]

지붕 해체작업 중[12]

---

11 나형남, 한국민속촌, 2020. 11. 21.
12 나형남, 한국민속촌, 2022. 02. 15.
13 나형남, 한국민속촌, 2022. 02. 17.

해체완료[13]

지붕 해체작업 실제[14]

<표 4>와 같이 민속마을 11호의 초가지붕을 해체하는 과정에서, 1973년도 한국민속촌 조성 당시에 지붕에 이던, 볏짚이엉, 억새이엉, 저릅대이엉이 발견되었다. 이 중 억새이엉과 저릅대이엉은 볏짚사슬이엉 하부에서, 처마부분을 보강하는, 지새미의 기능으로 쓰였다. 각 이엉은 50년에 가까운 세월이 지났음에도 물이 들어오지 않은 상태로 보존되어 있고 매우 양호한 상태여서 당시의 이엉이기를 확인할 수 있는 귀중한 자료로서 의미가 있다.

〈표 5〉 볏짚이엉 표본 2종

볏짚이엉 표본1번[15]

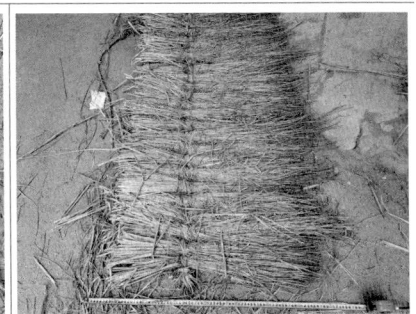
볏짚이엉 표본2번[16]

---

14 나형남, 한국민속촌, 2022.02.15.
15 나형남, 한국민속촌, 2022.02.07.
16 나형남, 한국민속촌, 2022.02.07.

먼저 맨바닥의 초가이엉 중에서 제작 방법을 온전하게 살펴볼 수 있는 이엉 표본1번과 2번을 추출하여, 각 표본의 이엉 한 마디 간의 두께와 지푸라기의 양, 엮는 위치, 가닥의 양을 재어보았다. 먼저 표본1번부터 살펴본다.

〈표 6〉 표본1번 세부 조사

마디간의 간격 4~5cm[17]

엮는 위치1번 18cm[18]

엮는 위치 16cm[19]

표본1번의 기장은 약 97cm로 1m에 가까우며 50년 이상 보존되고 있다는 점에서 본래 짚의 윗부분은 삭아서 없어졌을 것으로 보인다. 그러므로 실제 길이는 1m 이상일 것으로 생각된다. 표본1번의 마디 간의 간격은 4~5cm로 손으로 쥘 수 있는 충분한 두께로 엮었을 것으로 보인다. 또 엮는 위치는 16~18cm로 6치 이하에서 엮었을 것으로 보이는데 사슬이엉의 묶음 방식으로 보인다. 표본1번에서 무분별 추출하여 각 마디 안의 가닥 양을 살펴본다.

---

17   나형남, 한국민속촌, 2022.02.07.
18   나형남, 한국민속촌, 2022.02.07.
19   나형남, 한국민속촌, 2022.02.07.

〈표 7〉 표본1번 가닥의 수 측정

마디1의 가닥의 수 43개[20]

마디 2의 가닥의 수 39개[21]

마디 2의 가닥의 수 56개[22]

표본1번의 마디 가닥의 수는 39개~56개였다. 가닥의 수에 차이가 나는 것은 이엉의 마디를 엮을 때마다 볏짚을 쥐는 힘의 차이가 발생할 수 있기 때문으로 보인다. 그다음으로 표본2번을 살펴본다.

〈표 8〉 표본2번 세부 조사

마디간의 간격 4~5cm[23]

엮는 위치1번 27cm[24]

엮는 위치2번 23cm[25]

---

20 나형남, 한국민속촌, 2022.02.07.
21 나형남, 한국민속촌, 2022.02.07.
22 나형남, 한국민속촌, 2022.02.07.
23 나형남, 한국민속촌, 2022.02.07.
24 나형남, 한국민속촌, 2022.02.07.
25 나형남, 한국민속촌, 2022.02.07.

표본2번은 대체로 볏짚의 길이가 80cm이나 마찬가지로 가장 끝에 해당하는 길이가 90cm라는 점에서 본래의 길이는 더욱 길었을 것으로 보인다. 다만 문제가 되는 부분은 엮는 길이가 밑동에서 한 자에 가까운 길이라는 점이다. 위 방식은 비늘이엉의 한 방식으로 보이며, 밑동이 많이 나오게 하기 위해서 사용된 것으로 보인다. 다만 끝부분이 고르지 못하고 표본2번은 알매흙 위에서 나왔다는 점에서 물매를 잡기 위해 비늘이엉 방식으로 엮은 것으로 보인다. 표본2번의 가닥수를 측정한다.

　표본2번의 경우도 마찬가지로 4~5cm의 마디에서 37~63개의 가닥이 나왔다. 표본1번과 유사한 가닥의 수로 드러났다. 이를 통해 2종의 볏짚이엉 표본의 경우를 살펴본 결과 1970년대의 초가이엉은 한 마디 간에 약 4~5cm 정도였고 한마디에 들어간 짚 가닥의 양은 약 35~60가닥 정도였다. 또 잔 지푸라기가 매우 많이 나오는 것으로 보아서는 이엉을 엮을 때 볏짚을 추리지 않는 것으로 보였다. 대체로 한마디의 간격은 엄지와 검지로 움켜쥐는 간격과 동일한 것으로 보이고, 지푸라기의 간격이나 양의 차이는 움켜쥐는 힘의 정도에 따라 달라지는 것으로 추측된다. 이엉 6m를 엮는 데 2~3시간 정도가 소요된다는 점을 보았을 때, 많은 양의 이엉을 엮어야 하는 상황에서 매번 똑같은 힘을 줄 수 없을 것으로 판단된다.

〈표 9〉 표본2번 가닥의 수 측정

마디1의 가닥의 수 63개[26]

마디 2의 가닥의 수 48개[27]

마디 2의 가닥의 수 37개[28]

전반적인 볏짚의 길이는 80~90cm 정도로 측정되지만, 지푸라기의 윗부분이 매우 얇게 되어 있는 상태로 50년 이상 지속되었다고 볼 때, 실제 길이는 더욱 길었을 것으로 보인다. 엮는 볏짚의 가닥수도 각각 10가닥을 넘었다는 점에서 오늘날 시방서에 제시된 것보다 더욱 많은 양으로 엮었다는 점도 알 수 있었다. 후에 다시 언급하겠지만, 볏짚의 길이가 짧아지면서 엮는 두께와 정도에 영향을 미쳤을 것으로 보인다.

〈그림 1〉 이엉을 엮는 가닥의 수 측정
좌측(14가닥), 우측(18가닥)

저릅대[29]는 대마大麻의 껍질을 벗긴 줄기를 말한다. 대마大麻는 삼베의 주원료로서, 과거에는 전국적으로 삼농사가 이루어졌으나 현재에는 일부 지역에서만 생산되고 있다. 또 저릅대는 본래 길이가 길고 부드럽지만, 대마를 찌고 껍질을 벗기고 난 뒤 말리면 견고해지기 때문이어서 이엉 외에도, 볏짚이나 억새 등의, 초가지붕과 처마 사이에서 놓여 초가이엉을 받쳐주며 서까래에 물이 들어가지 않도록 거리를 벌려주는 용도로도 쓰였었다.

---

26 나형남, 한국민속촌, 2022.02.07.
27 나형남, 한국민속촌, 2022.02.07.
28 나형남, 한국민속촌, 2022.02.07.
29 표준말은 겨릅이지만 경상도에는 제릅, 저릅으로 불리기도 하며, 전라도에서는 저릅으로 불린다. 정선과 삼척에서도 저릅으로 부른다. 지역상황을 고려하여 본 글에서는 저릅으로 표기한다.

<표 10> 저릅대이엉의 길이 측정

한국민속촌의 저릅대이엉
표본3번 180cm[30]

정선 아라리촌 저릅대이엉
약 290cm[31]

백전리 물레방아 저릅대이엉
약 220cm[32]

한국민속촌에서 발견된 저릅대이엉은 초가지붕의 하부에서 발견된 것이지만, 이엉으로 엮었기 때문에 참고 자료로 활용할 수 있다. 그러나 실제 저릅대이엉을 쓰고 있는 백전리 물레방아와 정선 아라리촌, 삼척 하장면 갈전리의 저릅대이엉을 추가 확인할 필요가 있다고 사료되어 현장 조사 및 구술 조사를 진행하였다. 이 과정에서 저릅대의 길이가, 한국민속촌에서 발견된 저릅대의 길이(약 180cm)보다, 200cm 이상인 점을 확인할 수 있었다. 이러한 길이의 차이는 조사에 의하면, 삼의 수확시기에 따라서 길이가 달라지는 것으로 확인되었다. 즉 삼의 껍질을 쉽게 벗기기 위해서 7~8월에 어린 순일 때 수확하면 길이가 짧지만[33] 삼을 더 키워서 10~11월에 수확하여 긴 저릅대를 확보할 수 있다.

---

30 나형남, 한국민속촌, 2022.03.28.
31 나형남, 정선 아라리촌 저릅집, 2022.03.03.
32 나형남, 백전리 물레방아, 2022.03.03.
33 정선 아라리촌의 관계자의 제보에 의하면, 정선에서 재배하는 저릅대는 굵고 키도 크지만 적은양으로 생산하고 있어서 한 집의 지붕을 전부 일 수 있는 양은 아니라고 한다. 그래서 안동포를 생산하는 곳에 가서 저릅대를 가져올 수 밖에 없었는데 어린 순인 7~8월에 다 벗기기 때문에 정선의 저릅대보다 작다고 한다(나형남, 정선 아라리촌 관계자 제보, 2022.03.03).

<표 11> 저릅대이엉 밑동과 엮음부위의 간격

한국민속촌 표본3번
32~37cm[34]

정선 아라리촌 저릅대이엉
25~30cm[35]

백전리 물레방아 저릅대이엉
30~38cm[36]

한국민속촌에서 발견된 저릅대이엉은 다양한 방법으로 엮어 있음을 확인하였으나, 정선과 삼척의 엮음방식과 비교하였을 때, 표본3번의 엮음방식이 이에 해당하였다. 이에 표본3번을 저릅대이엉을 긴밀하게 살펴볼 수 있는 참고 자료로 볼 수 있다고 생각된다. 각 저릅대이엉은 길이의 차이가 있음에도 엮는 위치는 밑동에서 30cm 전후를 유지하고 있다는 점에서 저릅대이엉을 엮는 기준점을 확인할 수 있다. 이외에도 표본3번과 각 지역 저릅대의 마디의 간격과 저릅대의 가닥의 수를 확인토록 한다. 먼저 표본3번의 가닥수를 살펴본다.

---

34 나형남, 한국민속촌, 2022.03.28.
35 나형남, 정선 아라리촌 저릅집, 2022.03.03.
36 나형남, 백전리 물레방아, 2022.03.03.

〈표 12〉 저릅대이엉 엮음마디의 간격

한국민속촌 표본3번 3~4cm[37]

정선 아라리촌 저릅대이엉 2~3cm[38]

백전리 물레방아 저릅대이엉 3~4cm[39]

볏짚이엉은 볏짚을 엄지와 검지로 매우 많이 쥐면서 엮지만, 저릅대이엉은 3cm 전후로 엮는다는 것을 확인할 수 있다. 저릅집으로 살았었던 삼척 하장면 갈전리 주민의 제보에서도 저릅대가 가늘다고 하여도 너무 많이 한 움큼씩 움켜쥐고 엮는 것은 안 된다고 알려주었다.[40] 이점에서 볏짚이엉과의 굵기 기준점의 차이점을 보인다. 추가로 각 저릅대이엉의 마디의 가닥수를 살펴본다. 먼저 한국민속촌 표본3번의 가닥수를 살펴본다.

---

37 나형남, 한국민속촌, 2022.03.28.
38 나형남, 정선 아라리촌 저릅집, 2022.03.03.
39 나형남, 백전리 물레방아, 2022.03.03.
40 삼척 하장면 갈전리 주민은 저릅대에 굵거나 가늘거나 그 굵기는 다양한데, 굵으면 대궁은 짧게하고 그렇다고 가는대 가지고 너무 많이씩 움켜쥐고 하면 안된다고 제보하였다(나형남, 삼천 갈전리 주민 제보, 2022.03.03).

<표 13> 표본3번 저릅대이엉 가닥의 수

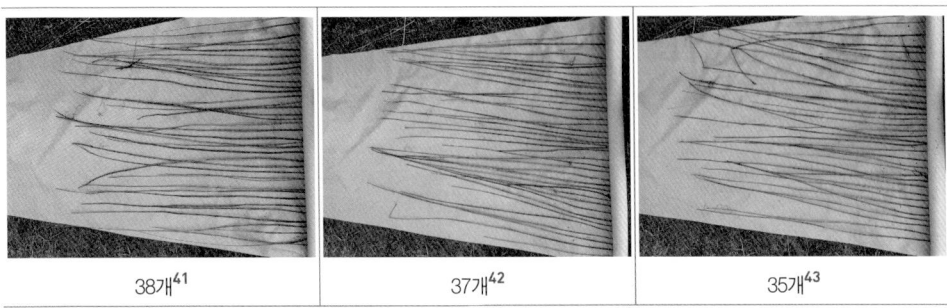

　표본3번의 저릅대이엉 중 3개의 마디를 해체하여 가닥의 수를 살펴보았는데, 예상되는 수치보다 가닥의 수가 많다는 점을 확인할 수 있었다. 비교 대상으로서 정선 아라리촌의 저릅집과 백전리 물레방아의 가닥수를 후에 언급하겠으나, 엮음마디의 간격이 비슷함에도 가닥의 수에서 차이가 있는 점은 굵은 저릅대의 굵기가 1~2cm인 것에 반하여 표본3번의 저릅대의 굵기는 0.5cm 전후라는 점에서 알 수 있다. 그다음으로는 정선 아라리촌과 백전리 물레방아의 가닥수를 살펴보도록 한다.

　앞에서 살펴보았던 저릅대의 길이와 마디 간의 간격을 살펴보았을 때, 정선 아라리촌의 가닥수가 제일 적었고, 백전리 물레방아의 가닥수가 표본3번과 비교하였을 때 그 수가 적었다. 볏짚의 경우 일괄적으로 추수를 하므로 가닥의 수는 움켜잡는 힘의 편차에 의하여 구분되었다면, 저릅대의 경우에는 수확 시기에 의하여 굵기와 길이, 가닥의 수가 달라진다는 점이 저릅대이엉의 특징으로 볼 수 있다.

41　나형남, 한국민속촌, 2022.03.28.
42　나형남, 한국민속촌, 2022.03.28.
43　나형남, 한국민속촌, 2022.03.28.

〈표 14〉 저릅대이엉 엮음마디의 가닥의 수 측정

정선 아라리촌 저릅대 굵기
1~2cm[45]

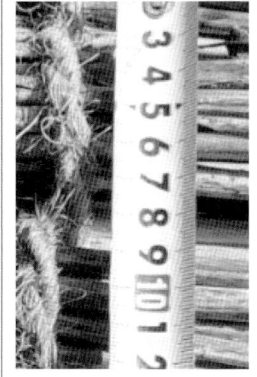
백전리 물레방아 저릅대 굵기
0.7~0.9cm[46]

정선 아라리촌 저릅대 가닥 수 약 8~10개 추정[44]

백전리 물레방아 저릅대 가닥 수
약 25~27개 추정[47]

비늘이엉은 재료의 밑동부분이 지붕 바깥으로 나오도록 이는데, 이엉은 밑동 끝에서부터 다섯 치 이상에서 엮는다. 비늘이엉도 지붕의 밑 부분에서부터 지붕의 사면을 돌아가면서 위로 올린다. 사슬이엉 보다는 수명이 길지만, 지붕물매가 급하지 않으면 빗물이 잘 흘러내리지 않는다.[48] 비늘이엉의 경우는 주로 억새, 갈대, 산죽 등으로 엮었다. 비늘이엉도 엮을 때는 칡을 이용하거나 삼대 혹은 볏짚을 활용하였을 것으로 보인다. 억새나 산죽으로 이엉을 엮었던 비늘이엉의 경우에는 줄기가 단단하여 꺾이지 않는 성질이 있기 때문이다.

---

44 나형남, 정선 아라리촌 저릅집, 2022.03.03.
45 나형남, 정선 아라리촌 저릅집, 2022.03.03.
46 나형남, 백전리 물레방아, 2022.03.03.
47 나형남, 백전리 물레방아, 2022.03.03.
48 김홍식 외, 『초가』, 199쪽.

〈표 15〉 표본4번의 엮음부위와 엮음마디 측정

한국민속촌 억새이엉 표본4번
170~210cm[49]

억새이엉 엮음부위와 밑동의 간격
37~40cm[50]

억새이엉 엮음마디의 간격
4~5cm[51]

현존하는 비늘이엉은 갈대, 억새, 산죽이 있다. 현재 산죽으로 이는 지역은 경상남도의 산청 혹은 하동으로 알려져 있으나 현재에는 기와지붕으로 바뀌었거나 관리비용을 절감하기 위해 인조이엉으로 교체하여 찾아볼 수 없게 되었다. 먼저 한국민속촌 민속마을 11호 초가지붕을 해체하면서 발견된 억새이엉을 바탕으로 살펴보도록 한다.

억새는 한국의 산이나 들에서 자란다. 지붕 재료로서 예로부터 널리 쓰였으며, 단단하고 꺾이지 않기 때문에 칡, 짚이나 새끼줄을 이용하여 엮어야 한다. 또 번식력이 강하여, 억새가 자라는 밭에는 다른 풀이 자랄 수 없어서 전국각지에서 억새는 널리 쓰였다. 억새는 주로 가을철에 수확한다. 대개는 속대만 다듬어서 간추린다고 알려져 있으나,[52] 표본4번을 살펴본 결과 간추리지 않거나 덜 추려서 쓴다는 점을 확인할 수 있었다.

억새이엉의 엮는 위치는 37~40cm를 넘는다. 이러한 엮음은 남원 주천면 덕치리 주민의 제보에서도 확인할 수 있다.[53] 엮음방식도 과거에는 볏짚으로 엮었다고 제보하

---

49 나형남, 한국민속촌, 2022.03.28.
50 나형남, 한국민속촌, 2022.03.28.
51 나형남, 한국민속촌, 2022.03.28.
52 국립문화재연구소, 『짚풀공예』, 1998.12, 55쪽.
53 억새이엉을 일 때, 밑동에서 40전 정도로 엮는데, 위아래의 간격은 20전이라고 한다. 엮은부분이 덮여야 하기 때문이다(나형남, 남원 주천면 덕치리 주민 제보, 2022.03.14).

여,[54] 위의 표본4번과 동일한 규격으로 엮었다는 점을 남원 주천면 덕치리 주민의 확인을 통해 알 수 있었다.[55] 그러므로 억새이엉은 표본4번을 중심으로 살펴보도록 한다.

억새이엉은 다른 재질의 이엉과 같이 엮음마디의 간격은 4~5cm로 비슷하였다. 이러한 유사함은 이엉을 엮는 기준이 엄지와 검지의 한 줌이라는 공통된 인식을 보유하고 있다는 점을 유추해 볼 수 있는 대목이다.

〈표 16〉 표본4번 억새이엉 가닥의 수 측정

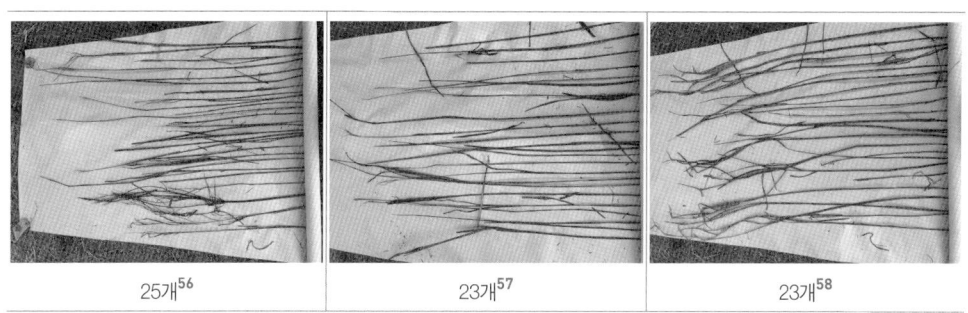

25개[56] 　 23개[57] 　 23개[58]

표본4번의 억새이엉 중 3개의 마디를 해체하여 가닥의 수를 살펴보았는데, 대략 23~25개 정도 있다. 이러한 개수의 차이는 억새의 굵기가 0.5~1cm 이기 때문으로 보인다. 억새는 이파리가 많으나 비늘이엉에서 지붕 재료로 사용하는 부위는 굵은 줄기이다. 굵은 줄기는 매우 단단하며 미끄러운데, 사람이 올라가도 미끄러져 떨어질 정도이다. 이러한 특성을 이용하여 지붕재료로 활용하였을 것으로 보인다.

54　과거에는 볏짚으로 엮었는데, 볏짚이 많이 들어가게 되면서 나중에는 새끼줄로 바꾸었다고 제보하였다. 이후에는 그 마저도 사라져서 나일론 끈으로 엮는 사례도 발생했다고 한다(나형남, 남원 주천면 덕치리 주민 제보, 2022.03.14).

55　하동군 청암면 청학동 주민의 제보에 의하면, 청학동에서도 억새로 지붕을 이었는데 비늘이엉이 아니고 사슬이엉의 형태로 엮고 이었다. 그래서 이엉의 날을 길게 쓰기 위해서 밑동에서 30전 정도로 엮었다고 한다. 또 물매도 완만하였다고 한다(나형남, 하동 청암면 청학동 주민 제보, 2022.03.14).

56　나형남, 한국민속촌, 2022.03.28.

57　나형남, 한국민속촌, 2022.03.28.

58　나형남, 한국민속촌, 2022.03.28.

그다음 비늘이엉의 재료로서 산죽이 있다. 산죽은 보통 1~2미터 정도 자라는 것으로 알려져 있으며, 보통은 조리를 만드는 데 쓰인다. 하지만 적당한 길이의 산죽은 지붕재료로써 쓰이며, 수확은 주로 가을에 이루어진다.[59] 산죽이엉은 비늘이엉으로 엮어서 밑동이 바깥으로 나오게끔 이지만, 청학동 주민의 제보에 의하면 밑동에서부터 20cm 안팎으로 엄지와 검지의 한 줌을 쥐어 엮는다. 엮는 위치 때문에 자칫 사슬이엉으로 오해할 수 있다. 그러나 산죽은 가지가 넓게 펴져 있고, 또 이파리의 틈새도 크므로 지붕재료로써 사용할 수 있는 부위는 밑동에서부터 가지가 갈라져 나오는 줄기이다. 이엉으로 사용할 만한 산죽의 길이는, 청학동 주민의 제보에 의하면, 120~130cm 정도이다. 현재 산죽지붕은 최근에 와서 사라졌기 때문에, 청학동 주민의 제보[60]에 근거하여, 표본5번으로 산죽이엉을 재현하였다.

<표 17> 표본5번의 엮음부위와 엮음마디 측정

산죽이엉 표본5번
길이 120~130cm[61]

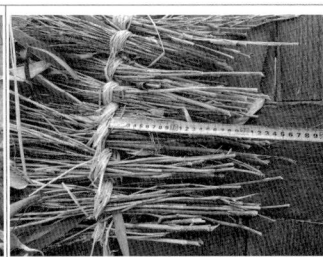

산죽이엉 엮음부위와 밑동의 간격
18~23cm[62]

산죽이엉 엮음마디의 간격
3~5cm[63]

---

59 하동군 청암면 청학동 주변에는 산죽이 산지에 널려있었다. 즉 청학동 주변에서 가장 많이 볼 수 있는 지붕재료로서 쓰였을 것이며, 실제로도 가을에 수확한다. 봄에는 새대가 올라와서 물렁물렁 하여 빨리 썩는다고 한다(나형남, 하동 청암면 청학동 주민 제보, 2022.03.14.).

60 하동군 청암면에 위치한 청학동은 예전부터 산죽으로 지붕을 이었다. 또 특색있는 지붕으로 알려져 있어서, 하동군에서 40~50년정도를 지원해서 산죽으로 지붕을 이고 있었다. 하지만 관리부분에서 문제가 발생하면서, 지난해에 인조이엉으로 교체를 하였다고 한다. 현재에는 썩어버린 산죽지붕 밖에 없다고 한다(나형남, 하동 청암면 청학동 주민 제보, 2022.03.14.).

61 나형남, 한국민속촌, 2022.03.30.

62 나형남, 한국민속촌, 2022.03.30.

63 나형남, 한국민속촌, 2022.03.30.

산죽이엉은 〈표 17〉과 같이 밑동에서 20cm에 해당하는 부분에서 엮는다.[64] 즉 엮음부위는 손으로 쥐는 부위이기도 하다. 엮음부위를 살펴본 결과 산죽의 줄기가 갈라져 나오는 부분이기도 하였다. 즉 산죽이엉은 저릅대나 볏짚, 억새와 달리 가지 부분도 줄기와 함께 엮어서 적은 수의 가닥으로 엮음마디를 굵게 만들 수 있다는 장점이 있다. 이러한 장점을 엮음마디의 가닥수를 확인함으로써 더욱 명확하게 알 수 있다.

〈표 18〉 표본5번 가닥의 수 측정

10개[65]   9개[66]   8개[67]

산죽이엉의 가닥의 수는 산죽 한 가닥이 지니고 있는 줄기의 상태에 따라서 증감한다. 만약 너무 길어져서 가지가 위로 올라가 있으면 지붕 재료로서 좋지 않다고 볼 수 있으며 반대로 새순으로 돋아난 짧은 산죽으로 이게 되면 이파리 부분이 엮이므로 충분한 지붕 재료로써 활용하기 어려울 것으로 보인다. 또한 적당한 길이의 산죽은 좋은 지붕 재료였다는 점에서 120~130cm의 산죽이 적당한 지붕 재료로 쓰인 것은 가지의 상태, 평균적인 길이 등을 고려한 오랜 경험의 결과물이라고 볼 수 있다.

산죽은 이엉으로 엮어서 쓰기도 하지만, 헛간과 같이 작은 건물에는 엮지 않고 쓴다고

---

64 산죽을 엮을 때는 밑동으로부터 20cm위에서 엮는다고 말한다. 또한 산죽은 완전히 안에 들어가도록 이는 것이 중요하다고 말한다. 간격은 촘촘히 할수록 좋으며, 엮음부위가 덮이도록 이어야 한다고 말하였다(나형남, 하동 청암면 청학동 주민 제보, 2022.03.14).
65 나형남, 한국민속촌, 2022.03.30.
66 나형남, 한국민속촌, 2022.03.30.
67 나형남, 한국민속촌, 2022.03.30.

한다. 이럴 때는 이엉으로 엮는 것보다 산죽이 많이 들어간다고 하며, 한 다발로 펴서 인다고 한다.[68] 이러한 행위도 흐른이엉의 한 갈래로 볼 수 있으며, 한 다발로 펴서 이는 것은 제주도 지역의 띠풀지붕에서 확인할 수 있다.

띠풀은 제주도 지역에서 지붕 재료로 쓰는 짚풀로 긴 것은 새라고 부르고 짧은 것은 각단이라고 부른다. 새는 주로 지붕을 일 때 쓰이고 각단은 집줄을 만들거나 처마 밑을 보강하는 지붕 재료로 쓰인다. '새'라고 불리기 때문에 억새와 유사한 종류로 보이나 억새보다 잘 꺾이므로 이엉으로 엮는 것도 가능하다.

〈표 19〉 흐른이엉 및 제주도 초가지붕

띠풀 새[69]

띠풀 각단[70]

흐른이엉의 주재료인 띠풀(새)은 대개 90~100cm로 알려져 있으나 그것보다 더 긴 경우도 있다. 흐른이엉은 엮지 않고 이기 때문에 균일하게 잘 펴야 한다. 그 두께는 대략 한 손으로 쥘 정도로 적절하게 펴서 인다. 흐른이엉은 지붕재료에 해당하는 짚풀을

---

68 산죽을 이엉으로 엮으면 한 주먹씩 착착 대서 만들지만, 마구 할 것(엮지 않은 것)으로 할 것 같으면, 두 손으로 모은 다발로 묶어 올린 뒤 지붕 위에서 묶은 것을 풀고 펴서 착착 이어야 한다고 제보하였다. 이러한 연유는 산죽을 이엉으로 엮을 때 확인 할 수 있는데, 이엉을 엮는 다는 행위를 통해 산죽을 압축하여 엮기 때문이다. 하지만 엮지 않으면 압축할 수 없기 때문에 더욱 많은 양을 넣어서 압축한 만큼의 분량을 맞춰야 하기 때문일 것으로 보인다(나형남, 하동 청암면 청학동 주민 제보, 2022.03.14).
69 나형남, 제주 성읍마을, 2022.03.08.
70 나형남, 제주 성읍마을, 2022.03.08.

가공하지 않고 지붕재료 자체를 그대로 쓴다는 점이 특징이다. 그래서 흐른이엉은 물매를 잡는 작업자의 감각과 경험이 더욱 많이 요구된다는 점에서, 사슬이엉이나 비늘이엉에 비하여 더욱 비정형의 방식이라는 점도 확인할 수 있다.

후에 다시 언급하겠으나, 띠풀이엉이기에서 가장 중요한 것은 모루(용마루)부분에서 이엉이기를 하는 것이다. 모루 부분을 제외하면 누구나 띠풀로 이엉이기를 할 수 있다. 모루는 지붕의 기능을 온전히 발휘할 수 있도록 마감을 잘해야 하는 부위이다. 그래서 모루 부분의 이엉이기는 숙련된 기술자가 하고 나머지 작업자들은 내려간다.[71]

3. 초가지붕의 구성

초가지붕은 국가유산수리표준시방서(이하 시방서)를 살펴보면 초가지붕을 구성하는 여러 명칭이 등장한다. 그러나 실제 초가지붕을 살펴보면 줄, 이엉, 용마름, 지새미 등으로 정리할 수 있다. 다만 그 용도를 어떻게 쓰는가에 따라서 세부적인 차이는 있다. 즉 용도에 대한 세세한 부분을 명확히 밝힐 필요가 있다.

1) 국가유산수리표준시방서의 경우

먼저 시방서의 내용을 살펴보도록 한다.

〈표 20〉 국가유산수리표준시방서 0630 초가지붕공사 중 2. 쓰임말 정리

2. 쓰임말 정리 ㄱ. 이엉 : 볏짚, 억새 등으로 엮은 지붕재료

---

[71] 제주 성읍마을의 주민은 어려서부터 띠풀로 이엉을 이었으나 맨 윗부분(모루)은 어린시절부터 하였어도 지금도 윗부분은 못한다고 한다(나형남, 제주 성읍마을 주민 제보, 2022.03.08).

ㄴ. 마름새끼 : 이엉을 엮을 때 사용하는 새끼
ㄷ. 고사새끼 : 이엉을 모두 이은 다음에 지붕면 전체에 세로, 가로, 대각선 등으로 치는 새끼. 이엉을 고정하는 새끼
ㄹ. 군새 : 물매를 잡기 위해 쓰이는 탈곡하고 남은 짚, 청솔가지, 낡은 이엉의 지푸라기
ㅁ. 연죽 : 서까래 밑에 건너질러서 지붕이엉을 얽어매는 동아줄을 걸어 매는 가는 통나무 또는 통대나무
ㅂ. 기스락자르기 : 이엉을 이고 완성된 다음 처마 끝을 단정하게 자르는 일
ㅅ. 마름 : 이엉을 엮어서 말아 놓은 단
ㅇ. 겉고살 : 이엉 위에 걸쳐 대는 새끼
ㅈ. 속고살 : 이엉을 이을 때 먼저 지붕 위에 건너질러서 맨 새끼줄
ㅊ. 방구매기 : 추녀가 있는 모서리를 둥글게 잇는 방식
ㅋ. 까치구멍 : 용마루 좌·우 끝의 합각에 연기구멍을 낸 것
ㅌ. 새굴매기(갖추매기) : 서까래의 초평과 이엉 사이로 새가 들어가지 못하게 흙으로 발라 막은 것

위 〈표 20〉[72]의 내용은 시방서의 초가지붕잇기 공사에 쓰이는 단어이다. 먼저 'ㄱ'을 살펴보면 사슬이엉, 비늘이엉, 흐른이엉 등으로 세분화[73]하여 살펴볼 수 있다. 이 중 흐른이엉은 엮지 않으며, 재료도 다양하다. 그러므로 이엉의 종류 및 재료를 명시할 필요가 있다.

'ㄴ'을 살펴보면 마름새끼의 경우 이엉을 엮을 때 사용하는 것으로 말하지만 실제 이엉의 경우는 볏짚을 이용하여 엮고 새끼줄을 이용하는 것은 용마름을 만들 때이므로 실제와 차이가 있다. 'ㅅ'의 마름이라는 단어적 의미를 상기하였을 때, 마름새끼라고 하는 것은 '이엉을 엮은 후 한 단을 말아서 묶는 역할'을 하거나 '용마름을 만들 때 쓰는 새끼줄'이라는 의미가 실제 상황에 맞을 것으로 보인다. 재료별로 새끼줄을 이용해 이엉을 엮을 때는 해당 재료를 명시할 필요도 있다.

'ㄷ'의 고사새끼라는 말도 앞서 살펴보았듯이, '고삭藁索'에서 비롯된 것으로 보인다. '고삭'이라는 단어 자체가 새끼줄의 의미이므로 직역하면 '새끼새끼'와 다를 바가 없다. 'ㅇ'과 'ㅅ'의 겉고살과 속고살 중에서 겉고살은 'ㄷ'의 고사새끼와 같은 의미이다. 그러므로 '새끼줄'이라는 말로 합하여 정리하되, 새끼줄이 이엉이기에서 어느 부분에 쓰이는지

---

[72] 국가유산청, 『국가유산수리표준시방서』, 165~166쪽.
[73] 김홍식 외, 『초가』, 179쪽.

를 제시하는 것이 시방서로서는 적합할 것으로 보인다. 위의 고사새끼나 겉고살, 속고살 등은 볏짚의 사슬이엉에서 주로 쓰이는 부분이고 비늘이엉에는 겉고살이 거의 없고, 흐른이엉에는 속고살이 없다. 앞서 언급하였듯이 시방서에는 '볏짚사슬이엉'에 맞춰져 있다는 점에서 획일화의 결과라고 볼 수 있다.

'ㄹ'의 군새라는 의미는 물매를 잡기 위해 쓰이는 탈곡 하고 남은 짚, 청솔가지, 낡은 이엉의 지푸라기로 정의한다. 현장에서는 군새라는 범주는 앞서 언급하였듯이 '썩은 것'과 '낡았지만, 상태가 좋아서 재사용할 수 있는 것'으로 이중적 의미를 담고 있다. 그러므로 '군새'라는 것의 범주를 명확하게 제시하여, 이엉이기 과정에서 '썩은 것을 파는 과정'이 필수 과정으로서 자리매김할 수 있도록 해야 한다. 또 이 중 청솔가지는 볏짚과 같은 짚풀로 물매를 잡는 데 필요한 시간과 양, 인원의 정도가 감당할 수 없을 때 어쩔 수 없이 군새로 쓰인다. 또 청솔가지를 남발하면 당장에는 도톰하게 보이기 때문에 좋으나, 시간이 지나면 초가이엉이 가라앉기 때문에 청솔가지를 넣은 모양이 드러나기도 하면서 물매도 상하게 한다. 그래서 청솔가지를 군새로 쓸 때는 틈새가 생기지 않도록 짚풀류 군새를 넣고 그 위에 이엉으로 두툼하게 이어서 보완한다. 그러므로 청솔가지와 같은 목재나 군새를 이용할 때는 정확히 언제 사용할 것인지 명시할 필요가 있다.

'ㅁ'의 연죽은 격자형으로 겉고삿줄을 지붕 밑에 맬 때 쓰인다. 서까래에 맬 경우 물이 줄을 타고 내려오면서 서까래를 상하게 하기 때문이다. 이외에도 '누름대'라는 것이 있다. '누름대'는 너와지붕공사에서 너와를 누르는 용도로 쓰이는 용어지만, 실제로는 초가지붕공사에서 줄을 매는 용도로도 쓰인다. 누름대는 줄을 맬 때 지붕 처마부분에 길게 대어서 지붕 밑 서까래에 줄을 매는 것과 같이 겉고삿줄을 고정하는 역할을 한다. 누름대는 지붕 처마부분에서 서까래 쪽으로 줄을 매어 고정하는데, 대바늘로 지붕 처마부분에서 서까래 쪽으로 줄을 넣고 찔러서 고정한다. 즉 연죽으로 지칭되는 통나무 또는 통대나무는 때에 따라서 서까래 밑이 아니라 지붕 처마에 댈 수 있는 것이기 때문에 실제 상황에 맞게 기술할 필요가 있다.

'ㅊ'의 방구매기는 모서리나 회첨부분(ㄱ자로 꺾이는 부위)에서 주로 쓰인다. 일반 평면에서의 지붕에서는 이엉을 팽팽하게 당기는 것과 다르게, 모서리나 회첨부분에서 팽팽하게 당기면 이엉이 꺾이면서 틈새가 드러나서 이엉의 기능이 약화한다. 그러므로 모서리나 회첨부분에 느슨하게 하여 둥글게 인 다음에는 추가로 이엉을 일정 간격으로 잘라서 덧대서 물매를 보완한다. 이 용례에는 보완에 대한 내용이 부족하므로, 실제상황에 맞추기 위해서는 방구매기에 대한 상세한 설명이 추가로 들어갈 필요가 있다.

〈표 21〉 국가유산수리표준시방서 0630 초가지붕공사 중 재료의 3.5 이엉엮기

3.5 이엉엮기
  ㄱ. 이엉엮기는 볏짚의 밑동이 한쪽으로 향하도록 한 줄로 엮어 나간다.
  ㄴ. 이엉엮기는 볏짚을 한 줌씩 엮는 날 사이에 대고 날을 상하로 엇걸면서 엮어 나간다.
  ㄷ. 이엉을 엮는 날은 볏짚을 서너 가닥 맞매어서 쓰고 엮음에 따라 날이 가늘어지면 엮은 볏짚에서 한두 가닥씩 보태어 엮어 나간다.
  ㄹ. 볏짚을 엮는 위치는 밑동에서 150~180㎜ 정도로 한다.
  ㅁ. 이엉은 끝이 풀리지 않도록 한다.

〈표 21〉[74]은 3.5의 이엉엮기에 대한 내용이다. 위의 내용은 사슬이엉의 제작방법에 해당한다. 그래서 비늘이엉을 엮을 경우 'ㄹ'의 내용과 달리 엮는 위치가 밑동에서 30cm 안팎이다. 비늘이엉은 사슬이엉과 다르게 밑동이 바깥으로 향하기 때문이다.

〈표 22〉 국가유산수리표준시방서 이엉엮기 및 실제 이엉엮는 모습 비교

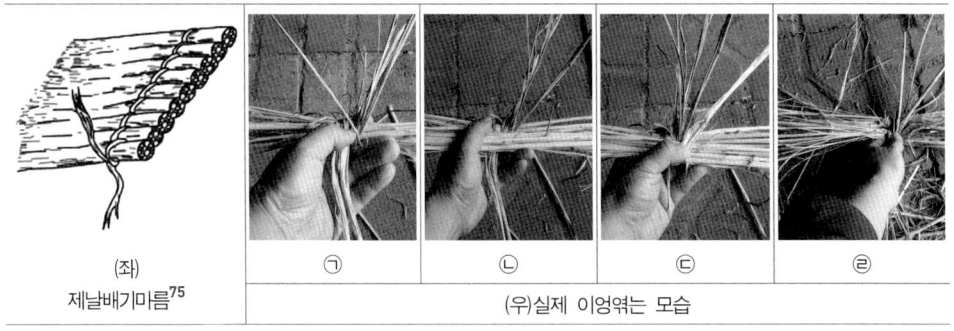

(좌) 제날배기마름[75]	㉠	㉡	㉢	㉣
	(우)실제 이엉엮는 모습			

---

74 국가유산청, 『국가유산수리표준시방서』, 166~167쪽.

〈표 22〉의 (좌) 시방서의 제날배기마름을 참고한 것이고 (우)는 실제로 이엉을 엮는 모습이다.[76] 〈표 22〉의 (우) 실제 이엉 엮는 과정은 〈표 22〉의 'ㄴ'과 'ㄷ'을 반복적으로 수행한 것이다. 이 과정에서 중요한 점은 이엉을 엮는 볏짚의 엮는 방향이 (좌)쪽의 그림과 같이 한 방향으로 반복적으로 엮여야 한다는 점이다. 만약 엮는 볏짚의 엮는 부분을 위로 올려다보았을 때 'X'자의 모양과 같이 교차하여 엮으면 바람에 의해서 뒤집어지기 쉽다는 점을 확인할 수 있었다. 이러한 부분에 대한 추가 설명이 필요해 보인다. 또한 앞서 언급하였듯이 1970년대의 초가지붕을 해체하여 이엉의 묶음 및 두께를 확인해본 것과 시방서 내용을 비교하였을 때, 엮는 위치는 6치 안팎으로 다소 비슷하나 엮는 날의 경우에는 서너 가닥 이상이었다. 즉 볏짚의 엮음마디 위로 길게 나오면서 잘 끊어지지 않도록 엮는 것이 이엉제작의 핵심인 것으로 보인다. 이외에도 산죽이나 억새, 저릅대의 경우에는 새끼줄이나 볏짚으로 이엉을 엮는다. 앞서 언급하였던 것과 같이 재료별로 엮는 방식에 차이가 있기 때문에, 모든 것을 볏짚으로 이엉을 엮는 과정에 준하여 하는 것은 실제 구현에 어려움이 있을 것으로 보인다.

〈표 23〉 국가유산수리표준시방서 0630 초가지붕공사 중 재료의 3.6 용마름엮기

```
3.6. 용마름엮기
  ㄱ. 볏짚의 길이는 0.9~1.2m 정도의 것을 사용한다.
  ㄴ. 용마름의 볏짚을 구부려 접는 길이는 250mm로 하고, 한쪽 날개의 길이는 600mm 정도로 한다.
  ㄷ. 볏짚의 끝머리는 밑으로 가도록 엮는다.
  ㄹ. 엮는 순서는 다음과 같다.
    ① 중앙부에서 한 줄의 새끼줄을 날로 놓고 좌우에서 교대로 엮어나간다.
    ② 볏짚을 한 줌씩(Ø60mm 내외) 쥐어 어금 매개 잡는다.
    ③ 먼저 댄 왼쪽의 볏짚을 오른쪽 볏짚에 꾸부려 감아 접는다.
    ④ 감아 접은 위쪽 옆으로 또 한 줌을 먹어 같이 잡고 왼쪽 볏짚의 2~3가닥을 당겨서 새끼날에 감아둔다.
    ⑤ 오른쪽 볏짚을 왼쪽 볏짚에 감아 접어 넣는다.
    ⑥ 오른쪽 볏짚 한 줌을 댄 다음 먼저 엮은 오른쪽 볏짚 2~3가닥을 당겨서 날새끼줄에 감아 엮는다.
    ⑦ 왼쪽과 오른쪽을 교대로 한 줌씩 볏짚을 교차시키면서 감아 접어 새끼날에 소요길이 만큼 엮어나간다.
```

75　국가유산청, 『국가유산수리표준시방서』, 168쪽.
76　나형남, 「초가이엉이기의 다양화와 사회문화적 배경」, 162쪽.

〈표 23〉[77]는 용마름을 트는 방식이다. 용마름은 제일 긴 볏짚을 이용하는데, 비나 눈이 왔을 때 지붕으로 분산시키는 역할을 하고 용마루의 물막이를 잘하기 위함인 것으로 보인다. 하지만 요즘은 긴 90~120cm 정도의 볏짚을 구하기 힘들어서 짧은 볏짚으로 하는데, 70~80cm가 나오기도 한다. 그래서 'ㄴ'과 같이 접는 길이가 25cm를 맞추기 힘들 수도 있다. 그래서 'ㄴ'의 항목은 '접기에 충분한 길이'정도로 보아야 할 것으로 보인다.
　'ㄹ'의 ②번의 내용을 보면, 한 줌씩(Ø60㎜ 내외) 쥐어 어금 매겨 잡는다고 되어 있다. 물론 용마름을 매겨가고 있는 과정에서는 맞는 사항이지만, 처음에 시작할 때는 한 줌보다 적은 양으로 시작한다. 그리고 여러 번 엮으면서 모양이 잡히기 시작하면, 시방서의 내용과 같이 한 줌씩 두툼하게 엮는다. 처음부터 두툼하게 엮으면 힘 조절이 잘 안되어서 엮는 모양이 매끄럽게 나오지 않기도 하고, 용마름을 지붕 위로 올릴 때 용마름의 양 끝이 잘 덮이지 않고 구멍이 생긴다. 까치구멍을 의도한 것이 아니라면 필요가 없는 사항이다. 그러므로 'ㄹ'의 ②의 내용은 일부과정에 해당하는 것으로 볼 수 있다.
　또한 비늘이엉으로 일때 용마름은 밑동이 바깥으로 나오게 하는 방식으로 엮는다. 이러한 흔적은 평안도와 영남 지역에서 발견할 수 있었다. 즉 억새나 갈대로 비늘이엉으로 엮은 뒤 지붕을 일 때는 용마름을 엮는 방식이 달라진다는 것을 표기할 필요가 있어 보인다.

〈표 24〉 국가유산수리표준시방서 용마름엮기 및 실제 용마름틀기 비교

(좌)용마름엮기[78]　　(우)실제 용마름 트는 모습[79]

77　국가유산청, 『국가유산수리표준시방서』, 167쪽.
78　국가유산청, 『국가유산수리표준시방서』, 168쪽.
79　나형남, 한국민속촌, 2023.02.02.

'ㄹ'의 ④와 ⑥의 내용을 함께 보면, "감아 접은 후 접은 방향의 볏짚에서 2~3가닥을 당겨서 새끼날에 감아둔다"고 되어 있다. 이와 같은 방법은 용마름을 빨리 만들기 위해 생략된 방법으로 볼 수 있다. 이엉이나 용마름은 직접 손으로 엮는 것이기 때문에 손으로 쥐는 볏짚의 양이나 당기는 힘이 마디마다 다를 수 있다. 그렇기 때문에 맨눈으로 보이지 않으나 마디마다 틈새가 있고 잘 만드는 용마름은 틈새가 벌어지지 않도록 트는 것이 중요하다. 그래서 <표 24>의 ㉠과 같이 2마디 앞에서 이미 엮은 용마름이 당겨져 오는 느낌이 나도록 힘 있게 당겨줘야 하고 또 ㉡과 같이 당기는 과정에서 끊어지지 않도록 4가닥 이상으로 잡아서 손가락으로 새끼줄 꼬듯이 돌려서 당기는 기법이 필요하다. 그렇게 해야 틈새가 없는 좋은 용마름이 나온다.

2) 구성의 실제

(1) 줄

초가지붕은 앞서 언급하였듯이, 지붕의 주재료가 되는 이엉과 이엉을 고정하는 줄, 그리고 초가지붕의 하부에서 이엉을 보강하기 위해 사용되는 지새미, 초가지붕의 상부에서 물매를 잡는 결정적인 역할을 하는 용마름 등으로 볼 수 있다. 이 중 줄을 먼저 살펴보도록 한다.

줄은 칡이나 볏짚으로 꼬아 만드는 새끼줄이 주로 사용되었다. 칡은 전국 각지의 산과

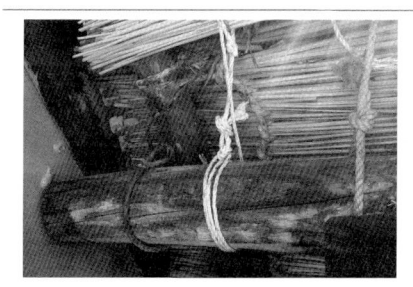

〈표 25〉 칡줄의 사용사례

정선 아리리촌 쓰이는 칡 사례[80]

---

[80] 본 사진은 저자가 정선 아리리촌의 저릅집에서 촬영한 것으로 정선 아리리촌이 개촌한 이래로 바닥은 한 번도 건드린 적이 없다고 한다. 또한 처음에 개촌하면서 지은 저릅집은 정선의 주민들이 직접 저릅집을 재현해놓은 것이라고 한다. 그래서 바닥부분에는 칡을 줄로 사용하였던 흔적이 있다(나형남, 정선 아리리촌 저릅집, 2022.03.03).

들에서 흔히 자라는 덩굴식물로 줄 이외에도 여러 생활용품에 이용되었다.[81] 칡은 두께에 따라서 반으로 찢어서 쓰기도 하고 그대로의 칡을 쓰기도 했다. 새끼줄에 비하여 질기기 때문에 힘을 쓰는 일에는 칡이 더욱 많이 쓰였다.

새끼줄의 경우 짚을 몇 가닥을 2갈래로 나눈 뒤 손으로 꼬아서 만든다. 새끼줄의 어원을 살펴보면 새를 풀의 또 다른 말로 보고 이것을 끼어서 만드는 줄이라고 볼 수 있다. 새끼줄의 용도는 굵기에 따라서 달라지는데, 2~3가닥으로 만들어 둥구미나 가마니 등의 생활용품을 만들 수 있다. 단 지붕에서 쓰이는 새끼줄은 굵게 꼬아서 쓴다. 이엉이기 현장에서 쓰이는 줄을 고사새끼, 고삿줄 등으로 부른다. 이 고사라는 말의 어원을 현재까지는 살펴볼 수는 없었으나, 옛 기록에서 藁索(고삭)이라는 용어에서 비롯되었을 것으로 추정된다. '藁'라는 단어는 '짚'을 의미하고, '索'이라는 단어는 '새끼 혹은 새끼를 꼬다'라는 의미로 풀이된다. 실제로 조선왕조실록에서는 藁索(고삭)이라는 단어가 쓰였던 사례를 살펴볼 수도 있었다.

① **새끼**로 아비의 허리를 매었으니.   『성종실록』 95권, 성종 9년(1478) 8월 14일조[82]

② 들으니 공사하는 곳에서 쓸 서살목(西乻木)【서까래 위에 까는 것】과 **새끼줄**을 백성들에게 분배하여 상납하도록 한다고 합니다.

『중종실록』 96권, 중종 36년(1541) 11월 23일조[83]

③ 전교하였다. "대가(大駕)가 입성하였는데 유도(留都)한 관원들이 해놓은 것이 무슨 일인가? 아직까지 성문을 수리할 줄도 모르고 있는가 하면 더러는 쑥대와 **새끼줄**로 얽어 놓았으니.   『선조실록』 43권, 선조 26년(1593) 10월 2일조[84]

---

81 국립문화재연구소, 『짚풀공예』, 79쪽.
82 以藁索結父帶.
    http://sillok.history.go.kr/id/wia_10908014_001, "조선왕조실록", 2022.05.27.
83 聞諸營繕處, 所用西士乙木【椽上所鋪者也】及藁索, 分定民間納之.
    http://sillok.history.go.kr/id/wka_13611023_003, "조선왕조실록", 2022.05.22.
84 傳曰:"大駕入城, 留都之官, 所爲何事? 尙不知修改城門, 或以藁索結之.
    http://sillok.history.go.kr/id/wna_12610002_005, "조선왕조실록", 2022.05.22).

④ 심지어 창고 하인들은 허리에 새끼줄을 찬 채.

『광해군일기[정초본]』 157권, 광해 12년(1620) 10월 8일조[85]

이처럼 藁索(고삭)이라는 한자 용어와 오늘날에도 고살, 고사새끼라고 부르는 것을 보면, 예로부터 쓰이던 한자어가 전해져 내려온 결과로 보인다. 새끼줄은 2갈래의 지푸라기를 하나로 합하여 만드는 것이다. 이를 새끼줄 꼰다거나 새끼꼰다 혹은 새끼꼬기라고 부른다. 오른쪽으로 꼬는 새끼줄의 경우, 2갈래의 지푸라기는 각각 시계 반대 방향으로 돌아가나, 2갈래의 지푸라기가 합쳐지는 방향은 시계방향이다. 반대로 왼쪽으로 꼬는 새끼줄의 경우, 2갈래의 지푸라기는 각각 시계방향으로 돌아가나, 2갈래의 지푸라기가 합쳐지는 방향은 시계 반대 방향이다. 정방향과 역방향으로 돌리는 2가지 힘이 합쳐져 새끼줄을 만든다. 이러한 점을 활용하여 제주도에서는 두꺼운 집줄을 만들 때는 직접 손으로 꼬지 않고 여러 사람이 함께 작업을 하며 집줄을 만든다.

〈표 26〉 집줄과 동아줄

집줄 만드는 과정[86]

---

85 而至於倉下人, 則腰帶藁索.
   http://sillok.history.go.kr/id/woa_11210008_001, "조선왕조실록", 2022.05.22).
86 본 사진은 저자가 집줄을 만드는 과정을 촬영한 것이다(나형남, 한국민속촌, 2022.01.21).

동아줄 만드는 과정[87]

　집줄은 제주도 지역에서 부르는 명칭으로 세 갈래로 만드는 동아줄과는 다르게 두 갈래를 굵게 만들어 꼬는 형태이다. 동아줄의 경우 한 명당 한 갈래씩을 붙잡고 있고, 짚을 정리하여 주는 사람이나 팽팽하게 당기는 사람을 포함하여 최소 5명 이상의 공동작업을 필요로 한다. 그에 비해서 집줄은 4명이 한 조가 되어 집줄을 만든다. 이 점에서 집줄은 동아줄에 비해서 적은 인원으로 굵은 줄을 만들 수 있다.

　집줄은 앞서 언급하였듯이, 4명이 한 조가 되어 움직인다. 새끼줄을 만드는 원리와 같은데, 2명씩 1조가 되어 1개의 갈래가 되는 긴 줄을 만든다. 만드는 방법은 한쪽에서는 풀을 계속 집어서 넣어주고, 반대편에서 계속 돌리는 것이다. 이러한 방법을 통해 같은 길이의 2개의 갈래를 만들면, 나중에는 2갈래의 끝부분을 꼬아서 돌리면서 집줄을 만든다. 동아줄의 경우에는 3갈래 중 1갈래씩을 각각 1명(잡는 사람 총 3명)이 붙잡고, 한 사람이 계속 짚 한 줌 정도를 대주면서 3명이 각자 붙잡고 있는 갈래를 돌리면서 옆 사람에게 넘겨주는 방식으로 만든다.

---

[87]　본 사진은 저자가 동아줄을 만드는 과정을 촬영한 것이다(나형남, 한국민속촌, 2014.02.26).

〈표 27〉 집줄의 굵기

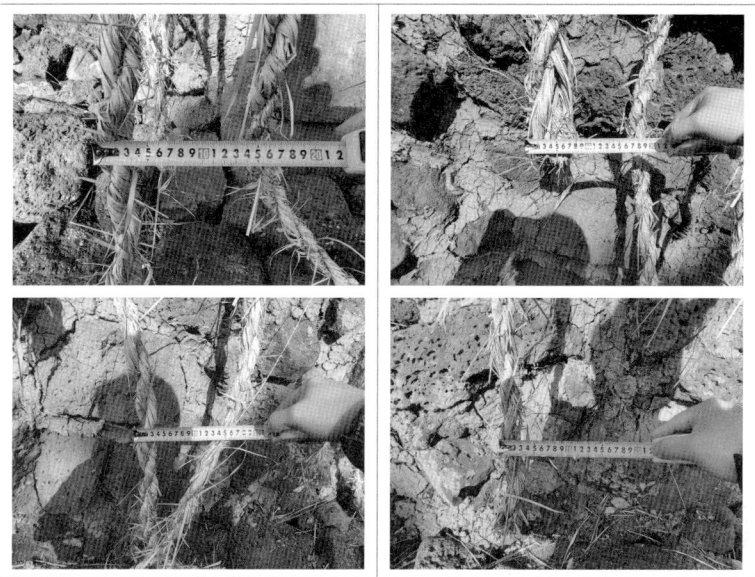

집줄의 굵기 평균 3~4cm[88]

    집줄은 동아줄 보다 덜 굵은 편으로, 확인해본 결과 평균 3~4cm 정도이다. 2년에 한번씩 이을 때는 집줄의 굵기는 이보다 더 굵었으나, 최근에는 기후의 변화로 인해 비가 자주 오게 되어 1년에 한번씩 이어야 하기 때문에 집줄의 굵기가 가늘어졌다고 한다.[89] 그런데도 집줄은 새끼줄의 형태로 줄을 제작한다는 점에서 상대적으로 굵게 만든다고 볼 수 있는데, 이는 앞서 언급하였듯이 띠풀을 이엉으로 엮지 않고 띠풀을 그대로 지붕으로 올림으로 인해 단단히 고정할 필요가 있기 때문이다. 즉 줄의 굵기는 이엉을 이는 방법과 깊은 연관이 있다.

---

[88] 나형남, 제주 성읍마을, 2022.03.08.
[89] 제주 성읍마을 초가장 초공의 제보에 의하면 성읍마을이 있던 곳은 비가 많이 와서 1년에 한 번 지붕을 이었으나, 제주시나 대정쪽은 비가 덜 와서 2년에 한 번 했다고 했다. 그리고 성읍마을에 비하여 줄이 굵고 딱딱했다고 한다. 그러나 재료가 기후변화로 인해 예전에 비해서 좋지 않다고 한다(나형남, 제주 성읍마을 초가장 초공 제보, 2022.03.08).

(2) 이엉

앞에서는 이엉의 재료가 되는 볏짚, 저릅대, 산죽, 억새의 재료적 특징과 그로 인한 물리적 성질에 주목하였다. 이번에는 이엉이기에 필수적인 구성물인 이엉을 살펴본다. 앞서 언급하였듯이 이엉은 사슬이엉, 비늘이엉, 흐른이엉으로 분류할 수 있다. 이중 흐른 이엉은 볏짚이나 새끼줄, 칡 등으로 엮지 않고 이엉이기를 한다는 점에서 본 항목에서 깊게 다룰 필요가 없다고 보인다. 그러나 볏짚, 저릅대, 산죽, 억새를 볏짚이나 새끼줄, 칡으로 엮는 가공작업이 있다. 그래서 본 항목에서는 재료별로 어떻게 이엉을 만드는지 살펴보려고 한다.

먼저 볏짚사슬이엉부터 살펴보도록 한다. 억새, 저릅대, 산죽은 볏짚에 비해 쉽게 꺾이지 않아 단단하고 날카롭고 볏짚과 같이 꺾어서 엮을 수 있는 성질을 지니지 않아서 별도의 볏짚이나 새끼줄, 칡줄 등을 이용한다. 그러나 볏짚이엉은 이엉의 날과 엮는 재료가 동일하고, 또 쉽게 꺾이기 때문에, 계속 엮기 위해 이엉의 날 중에서 지푸라기 몇 가닥을 뽑아서 씨줄에 계속 보충할 수 있다. 그래서 다른 짚풀에 비해 작업이 용이하다는 장점이 있다. 그러나 다른 짚풀에 비해 길이가 짧기 때문에 이엉을 일 때는 많은 양의 볏짚을 확보해야 한다.

〈표 28〉 볏짚이엉엮기

볏짚을 한 묶음 대기[90]	위에 있는 씨줄을 잡아서 댄 볏짚을 걸고 아래로 내리기	아래에 있는 씨줄을 잡아서 댄 볏짚을 걸고 위로 올리기

---

90 다음 차례에서 '댄 볏짚을 걸고'라는 문구를 썼다. 이 의미는 2개의 갈래로 된 씨줄이 위, 아래로 계속 교차하며 이엉의 날을 고정하는데, 틈이 없이 단단히 고정시킨다는 것이다. 잘 엮기 위해서는 2개의 씨줄을 교차함과 동시에 아랫부분의 씨줄과 엮음부위를 단단히 한손으로 잡고 대어져 있는 볏짚도 잘 걸려있도록 손에 힘을 주면서 엮어야 한다.

<표 28>⁹¹과 같이 볏짚이엉을 엮는다. 볏짚이엉은 볏짚 한줌을 집어서 엮음부위에 대어 엮는다. 세로로 길게 뻗은 짚은 '날'에 해당하고 가로로 엮인 부위는 '씨줄과 비슷하다.⁹² 엮음부위에서 2갈래의 씨줄이 위, 아래로 교차하듯이 계속 움직인다. 이때 한 줌을 댈 때마다 엮음마디가 생긴다. 엮는데 필요한 볏짚은 계속 이엉의 날에서 몇 가닥을 대어 씨줄에 대면 보충할 수 있다. 그래서 볏짚을 보충하는 것은 이엉의 날을 많이 하고 씨줄도 길게 한다는 2가지의 효과를 볼 수 있다.

볏짚이엉을 엮는데 수작업으로 하면 소요되는 시간은 1m당 20~30분 정도의 시간이 소요되었다. 그리고 손으로 엮는 이엉은 보통 4~5cm의 두께로 4.5~6m를 한 장으로 엮는다.⁹³ 보통 초가삼간에 필요한 이엉은 통상 60~80장으로, 초가를 엮는 데 필요한 인원은 2일간(1일/8시간) 8~12명 정도이다. 만약 3일 이상으로 작업을 계획하고 있다면, 적절한 인원구성이 필요할 것이다.

억새나 산죽도 볏짚이엉과 같은 방식으로 엮는다. 그러나 억새나 산죽은 볏짚과 같이 쉽게 꺾이지 않기 때문에 볏짚을 보충할 때 기존의 씨줄에 잘 대줘야 할 필요가 있다. 눌리는 힘이 있으면 잘 풀리지 않는 짚의 성질을 이용하여 씨줄에 짚을 쉽게 보충할 수 있다.

---

91 나형남, 한국민속촌, 2023.02.22.
92 설명의 이해를 돕기 위해 날실과 씨줄에 적용한다. 이중 날은 실제 지붕에서 세로로 길게 뻗는 모습이다.
93 기계 제 이엉의 경우 수제이엉 보다 얇다 보니 그 길이가 6m를 넘는 경우가 많으며, 길게는 8~10m 되는 경우도 있다. 또한 사람이 들 수 있는 무게 정도의 이엉을 엮다보니, 이엉의 길이가 동일하지 않은 경우도 많다.

<표 29> 억새, 산죽이엉엮기

억새이엉 씨줄 모습 좌6가닥/우8가닥[94]

억새이엉 씨줄 보충 4가닥[95]

산죽이엉 씨줄 보충 과정1[96]

산죽이엉 씨줄 보충 과정2[97]

억새이엉과 산죽이엉을 엮을 때, 사용했던 것은 짚이다. 이는 남원 주천면 덕치리 주민의 제보에서도 억새를 엮을 때 짚을 사용하였다고 하고 하동 청암면 청학동 주민의 제보에서도 산죽을 엮을 때 짚을 사용하였다고 한다. 이와 같은 맥락에서 억새이엉 표본 4번에도 짚으로 엮었던 흔적이 남아있다. 이를 통해 억새나 산죽을 짚으로 어떻게 엮었는지 확인해볼 수 있을 것이다.

억새이엉 표본4번의 씨줄은 각각 짚이 6~8가닥 정도가 사용되었다. 전면에서 보았을 때는 씨줄에 짚을 보충하였던 것이 보이지 않았으나, 뒤집어서 후면에서 보았을 때는

---

94 나형남, 한국민속촌, 2022.03.28.
95 나형남, 한국민속촌, 2022.03.28.
96 나형남, 한국민속촌, 2022.03.30.
97 나형남, 한국민속촌, 2022.03.30.

억새와 씨줄 사이에 짚 3~4가닥 정도를 껴서 보충한 흔적이 있었다. 이로 보아 씨줄을 짚으로 보충할 때는 억새와 2개의 씨줄 중 아래에 있는 씨줄 사이에 껴서 아랫씨줄을 위로 올리면서 보충한 짚을 고정하고 윗씨줄은 아래로 내리면서 보충한 짚을 같은 씨줄로 만들어 사용했다고 보인다.

　이를 확인하기 위해, 산죽이엉 표본5번을 재현하는 과정에서 산죽을 엮을 때 짚을 사용했다. <표 29>와 같이 과정1에서는 산죽과 아랫씨줄 사이에 짚을 3가닥 정도 보충하였으며, 과정2에는 아랫씨줄을 위로 올리면서 보충한 짚을 고정하고 윗씨줄을 내리면서 보충한 짚과 하나로 합하여 같은 씨줄로 만들어 산죽이엉을 엮었다. 이러한 과정은 채소나 굴비를 엮는 방식과 대동소이하다. 다만 예전에 비해 볏짚의 길이가 짧아졌기 때문에 짚을 보충하는 횟수가 많아졌다.

<표 30> 저릅대이엉엮기

앞 부분[98]

뒷 부분[99]

엮음마디 옆 부분[100]

씨줄의 엮인 모습[101]

그 외에는 새끼줄로 이엉을 엮는 경우가 있다. 새끼줄로 이엉을 엮는 경우는 저릅대이엉 표본3번에서 확인할 수 있었는데, 마디마다 단단히 고정하는 것이 관건인 것으로 보인다. 앞부분에서 보면 씨줄은 한 마디씩 둥글게 말아서 가는 것 같다. 그러나 뒷부분을 살펴보면 아래에 새끼줄을 길게 늘어놓고 위에는 또 다른 새끼줄로 마디마다 감고 아래의 새끼줄에 거는 형식으로 나타난다. 또 옆 부분을 살펴보면 위의 새끼줄을 아래에 걸고 뺄 때 기존의 감았던 부분에 넣은 뒤 줄을 뺀다. 이러한 방식은 각 마디가 연결되면서 당겨지도록 한다.[102] 실제로 감겨 있는 부분에서 저릅대를 빼보려고 했으나 50년이 지난 지금에도 쉽게 빠지지 않았다. 그래서 결국 씨줄의 엮인 부분을 풀어서 빼야 했다.

(3) 지새미

보통 이엉을 이기 전이나 후에 처마 쪽 초가지붕을 보강하는 것을 지새미라고 한다. 본래 지새미는 '처마'의 전라도 사투리이다. 본 글에서 '지새미'를 따로 표기하는 이유는 통상적으로 알려진 '처마'의 기능과 다르기 때문이다. 지역적인 사례는 다양한데, 3가지 정도로 구분해볼 수 있다. 그리고 이러한 기능을 통합할 수 있는 단어로 '지새미'를 선택하였다.

현재까지 조사한 바를 바탕으로 지새미의 양상을 살펴보자면 첫째, 처마부분의 이엉을 긴 대나무로 눌러서 바람에 날리지 않게 하는 것을 말한다. 둘째, 처마의 두께를 높이기 위해 본래 이엉을 거꾸로 뒤집어서 이는 것을 말한다. 셋째, 처마와 이엉 사이에 연죽이나 대나무, 저릅대, 억새, 산죽으로 놓아 처마를 보강하는데, 처마를 길게 늘이고 서까래도 보호한다.

산죽이엉을 이는 하동 청암면 청학동의 사례를 먼저 살펴보도록 한다. 산죽으로 이엉

---

98 나형남, 한국민속촌, 2022.03.28.
99 나형남, 한국민속촌, 2022.03.28.
100 나형남, 한국민속촌, 2022.03.28.
101 나형남, 한국민속촌, 2022.03.28.
102 삼척 하장면 갈전리 주민은 엮는 방식을 말하기를, 줄을 대고 엮어가고 감아서 새 뺀다고 했다. 새빼지 않으면 매번 밀리기 때문이라고 한다(나형남, 삼척 하장면 갈전리 주민 제보, 2022.03.03).

을 다 이고 나면 긴 대나무로 산죽을 눌러서 단단히 고정하는데 이것을 진생이라고 한다. 지새미의 동의어로 보이며, 지붕의 4면에 각각 대나무를 놓아서 4면의 처마 쪽 이엉을 단단히 누른다. 이와 같은 형태는 볏짚으로 이는 이엉이기에서도 볼 수 있으며, 제주도의 띠풀이엉이기나 삼척, 정선의 저릅대이엉이기에서도 발견되는 사례이나, 특별한 용어로는 지칭되지 않았다.

〈표 31〉 각 지역의 지새미 사용 사례

청학동 내 폐가 진생이[103]

백전리 물레방아 지새미 유사사례[104]

성읍마을 초가 지새미 유사사례[105]

한국민속촌 초가 지새미 유사사례[106]

청학동 내 실제 산죽지붕의 사례는 살펴볼 수 없으나 폐가로 남아있는 몇 곳에서

---

103 나형남, 하동군 청암면 청학동길 60, 2022.03.14.
104 나형남, 백전리 물레방아, 2022.03.03.
105 나형남, 제주 성읍마을, 2022.03.08.
106 나형남, 한국민속촌, 2022.04.02.

노후화된 산죽지붕을 찾을 수 있었다. 이를 통해 청학동 주민의 제보와 같이, 4면에 진생이를 대어 처마 쪽 산죽이엉을 단단히 눌렀다는 것을 확인하였다. 백전리 물레방아의 경우에도 지새미로 부르지 않으나, 긴 나무를 대어 저릅대이엉을 단단히 눌렀다. 성읍마을의 경우, 초가장 초공의 제보에 의하면, 4면 중에 바람을 타는 쪽에만 댄다고 한다.[107] 한국민속촌의 초가에도 처마 쪽 이엉을 누르기 위해서 대나무를 사면에 대어 단단히 고정시키는 사례가 있는데 이를 지새미대(누름대)라고 부른다. 이처럼 명칭은 다르거나 없는 경우도 있으나, 처마 쪽 이엉을 단단히 누르는 양상은 유사하게 나타나고 있다.

〈표 32〉 각 지역의 거꾸로 이는 사례

| 청학동 내 폐가[108] | 백전리 물레방아[109] | 한국민속촌 초가[110] |

이엉을 이기 전에 본래 이는 방향을 뒤집어서 거꾸로 이는 경우가 있는데, 이는 처마부분의 지붕 두께를 높이기 위한 것으로 보인다. 볏짚 초가의 경우에는 많이 보이는 편이

---

107 제주 성읍마을 초가장 초공의 제보에 의하면, 대나무는 가에 바람에 날리지 못하게 놓아준다고 한다. 다만 전면에 대는 것이 아니라 바람 타는 쪽만 대나무로 누르는데, 처마를 누르면서 고(물매)가 더 생기기 때문에 잘하지는 않는다고 한다. 처마 쪽 얇기 때문이라고 하는데, 대나무로 누르면 바로 모양이 쉽게 변하기 때문일 것으로 판단된다. 제주도의 띠풀이엉이기에서는 고가 높으면 흐른이엉의 특성상 쉽게 고정되지도 않고, 나중에는 절벽처럼 되어 발을 디딜 수 없기 때문에, 고가 높아지는 것을 지양한다(나형남, 제주 성읍마을 초가장 초공 제보, 2022.03.08).
108 나형남, 하동군 청암면 청학동길 60, 2022.03.14.
109 나형남, 백전리 물레방아, 2022.03.03.
110 나형남, 한국민속촌, 2014.11.15.

고, 저릅대나 산죽에서도 이처럼 인다. <표 32>의 왼쪽 사진은 청학동 내 폐가의 지붕 위를 촬영한 사진으로 처마 안쪽으로는 대나무를 쪼개어 넣었고, 지붕에서 내려온 처마 부분 산죽을 살펴보면, 가지가 바깥으로 나와서 뻗어있다. 본래 산죽을 일 때는 밑동이 바깥으로 나오도록 하고 이파리가 있는 가지 부분이 안으로 들어가게끔 한다. 하지만 처마 쪽 산죽지붕의 두께를 높이고자, 처마 쪽에서는 가지부분을 바깥으로 나오게 하여 거꾸로 한번 둘러서 인다. 백전리 물레방아의 경우에는 지붕을 일 때 밑동이 안으로 들어가도록 이지만, 반대로 처마부분에서는 밑동을 바깥으로 나오게 하여 거꾸로 한번 둘러서 이고 난 뒤에 밑동을 안으로 들어가게 하여 인다.[111] 볏짚이엉의 경우에도 밑동이 바깥으로 나오게 하여 거꾸로 한번 둘러서 인다. 초가의 경우에는 지새미 두른다고 하고, 기석매, 지석매로 부르는 경우도 있다. 또 충청도에서는 서까래 끝이 썩지 않도록 볏짚이 엉을 길게 늘어뜨리는 것을 '지스레미'라고도 한다.[112]

처마와 이엉 사이에 연죽이나 대나무, 저릅대, 산죽, 억새 등을 놓고 처마를 보강한 경우는 주로 건물을 짓고 초가이엉을 이기 전에 행해진다. 지역별로 단단한 재료를 활용하여 놓으며, 이엉과 같은 방식으로 엮기도 한다.

---

111 갈전리 주민은 거꾸로 두르는 것을 치놓는다고 말한다. 물이 새지 않기 위해 하는 것이라고 한다(나형남, 삼척 하장면 갈전리 주민 제보, 2022.03.03).
112 김광언, 『한국의 옛집』, 39쪽.

〈표 33〉 연죽, 저릅대, 산죽, 억새로 처마를 보강 한 경우

한국민속촌 초가[113]

남원 주천면 덕치리 초가[114]

남원 주천면 덕치리 초가[115]

성읍마을 초가[116]

한국민속촌의 초가는 연죽과 저릅대 등으로 복합적인 보강을 하였다. 연죽은 대나무를 처마 밖으로 세로로 길게 빼고 난 뒤 그 위로 대나무를 2~3개 정도를 가로로 놓은 것이나 한국민속촌의 연죽은 가로로 놓인 대나무에 짚을 매긴 사례도 있다. 그 끝을 이엉처럼 씨줄로 엮은 모습이 인상적이다. 짚을 대나무에 매긴 사례는 물이 새는 것을 덜어주는 기능을 한다. 남원 주천면 덕치리의 초가에서는 저릅대와 산죽으로 처마를 보강하였다. 다만 산죽은 최근에 교체한 것으로 남원 주천면 덕치리 주민의 제보에 의하면 잘 마른 산죽이 저릅대보다 좋다고 한다. 저릅대는 과거 동네에서 삼 농사를 지었기

---

113 나형남, 한국민속촌, 2022.04.16.
114 나형남, 남원 주천면 덕치리 초가, 2022.03.14.
115 나형남, 남원 주천면 덕치리 초가, 2022.03.14.
116 나형남, 제주 성읍마을, 2022.03.08.

때문에 확보할 수 있었으나 지금은 삼 농사를 하지 않는다고 한다.[117] 성읍마을의 초가에서는 얇은 대나무로 엮은 대발과 억새가 있었다. 본래 대발은 다른 제주도 지역에서는 설치하지 않으나 성읍마을이 있는 지역은 비가 많이 와서 설치하였다.[118] 억새의 경우에도 처음 집을 짓고 이엉을 처음이기 전에 넣는다고 한다. 억새를 한번 바닥에 이면, 보름 지나고 가라앉으면 그 위에 다시 억새를 덮어서 두툼하게 보강한다고 한다. 제주도에도 억새는 많이 나는 편이라고 한다.[119] 이처럼 처마를 보강하였던 경우에는 비가 많이 오면서 처마가 상하는 일을 줄이기 위해서 임을 확인할 수 있다.

(4) 용마름

용마루는 지붕의 정수리에 해당하는 위치에 있다. 정수리 부분은 물매를 잡는 데 가장 중요한 역할을 하며, 비나 눈이 지붕 내로 들어가서 지붕을 훼손시키지 않도록 잘 마감해야 할 필요가 있다. 현재 조사한 바에 따르면 대부분의 볏짚지붕에서는 용마름을 엮어서 용마루에 설치 한다. 정선 아라리촌의 저릅대지붕이나 억새지붕에서도 용마름을 엮어서 이엉이기에 이용한다. 그 와 반대로 용마름을 엮지 않는 띠풀이나 산죽지붕의 경우에는 여러 번 이엉을 겹쳐 쌓아 올리듯 이거나 저릅대지붕의 일부 사례에는 한쪽 면의 이엉을 다른 면보다 높게 올려서 용마루를 마감하기도 하는 등 그 방법은 다양하다.

---

117 남원 주천면 덕치리 주민의 제보에 의하면, 70년도 까지만 해도 여기서 삼농사를 하여 저릅대로 한 것이고 지금은 산죽으로 한다고 한다(나형남, 남원 주천면 덕치리 주민 제보, 2022.03.14).
118 제주 성읍마을 초가장 초공의 제보에 의하면, 이 동네는 비가 많은데, 비로 인해 젖거나 썩어서 이엉의 무게가 무거워지고 이엉이 쳐질 수 있어 대발을 설치하였다고 말한다(나형남, 제주 성읍마을 초가장 초공 제보, 2022.03.08).
119 집 지을 때는 밑에 있는 것은 전부 억새라고 한다. 억새를 깔고 띠를 한다고 한다. 또 억새는 워낙 잘 자라기 때문에 띠밭을 만들어서 억새가 있으면 띠풀이 전부 죽는다고 한다(나형남, 제주 성읍마을 초가장 초공 제보, 2022.03.08).

〈표 34〉 용마름을 엮어서 용마루에 이는 경우

용마름의 예[120]

1973년도 용마름[121]

정선 아라리촌 초가[122]

남원 주천면 덕치리 초가[123]

용마름은 한자어로는 『경모궁악기조성청의궤』 별공작등록 정유 3월 조에 의하면, '龍舍音'[124]으로 기록되어 있다. 또 『송남잡지』에서는 '龍具簟'[125]으로 기록되어 있다. 뜻으로 풀어쓰

---

120 저자가 제작한 용마름을 촬영한 것이다(나형남, 한국민속촌, 2017.11.18).
121 나형남, 한국민속촌, 2022.02.07.
122 나형남, 정선 아라리촌 저릅집, 2022.03.03.
123 나형남, 남원 주천면 덕치리 초가, 2022.03.14.
124 假家每間 柱道里樑椺幷中椽木九介·臺工次 小椽木半介·椽次 眞長木九巨里·西芝次 雜長木八巨里·飛乃一駄牛·龍舍音穀草五束·網兀二介·圍排每面 柱帶次 眞雜長木 各四介·草把子四立·沙立 每隻 機次 小椽木二介·梨次 眞長木三介·左右柱次 中椽木二介·馬要룡鎖兩排具三介·鎖鑰一介, 大假家每間 柱道里樑椺幷大椽木九介·臺工次 大椽木六尺·椽次 眞長木十二巨里·西芝雜長木十巨里·飛乃二駄牛·龍舍音穀草五束·圍排蘆簟八十立, 土宇每間 友足次 中椽木二介·椽次 小椽木十介·初排空石十五立·飛乃三同·網兀二介. http://db.itkc.or.kr/inLink?DCI=ITKC_BT_1442A_0010_080_0010_2011_001_XML, "한국고전종합DB", 2022.05.27.
125 《松南雜識(林氏本), 橘, 室屋類, 龍具》漢史, 王章牛衣. 註, 俗謂龍具, 編麻爲之(漢書, 王章傳, 臥牛衣中. 注, 師古曰, 牛衣, 編亂麻爲之, 卽今俗呼爲龍具者), 今蓋屋上龍具簟是也.

기에는 그 의미가 맞지 않는다. 다만 사전을 살펴보면 차차어라고 지칭되는 것으로 보아 한자의 음과 훈을 빌려서 표기하는 방식일 것으로 판단된다. 용마름과 용구새라는 명칭은 오늘날에도 쓰이고 있는데 예로부터 쓰였던 명칭으로 보인다. 그 외에도 '곱새'라는 말로도 쓰인다.[126] 또한 '용마름을 튼다', '용구새를 튼다'는 표현을 쓰는데, 용마름을 짧게 만들어도 '튼다'라고 한다. '튼다'라는 명칭은 민속생활양식에서 비롯된 것으로 보이는데, 새가 둥지를 튼다고 하는 것과 같이 용마름을 닭의 둥지로도 쓰는 것과 연관성이 있어 보인다.

용마름은 볏짚으로만 엮을 수 있다. 볏짚은 부드럽고 질겨서 잘 꺾을 수 있기 때문이다. 볏짚이엉에서는 대개 용마름으로 용마루를 마감하는데, 정선 아라리촌의 저릅대이엉이나 남원 주천면 덕치리 초가의 억새이엉에서도 용마루에는 용마름으로 마감하였다. 벼농사나 밭농사를 지었다면, 이엉은 다른 짚풀로 하더라도 소량의 볏짚으로는 용마름을 틀어서 꼭 필요한 부분에 썼다는 점을 유추해볼 수 있다.

〈표 35〉 용마름 엮기

용마름 엮는 과정[127]

---

https://hanja.dict.naver.com/#/entry/ccko/8b8184a5ad8f4298ba5821659975bca8, "네이버 한자사전", 2022. 05. 27.
126 김광언, 『한국의 옛집』, 38쪽.

용마름은 긴 새끼줄에 좌우로 한 움큼의 지푸라기를 교차로 덧대면서 지붕의 용마루 길이에 맞춰서 만든다. 처음에 만들 때는 좌우로 동일한 양의 지푸라기를 교차로 한 뒤 새끼줄에 묶는다. 지푸라기의 뿌리인 아랫부분을, 손으로 꺾어서 내려야 하기 때문에, 새끼줄 위로 대고 지푸라기의 잎사귀에 해당하는 윗부분은 좌우 바깥으로 나오도록 한다. 이때 아랫부분은 새끼줄 기준으로 볼 때, 약 6~7치 정도 나오도록 한다. 단 볏짚이 짧은 경우에는 6치 안팎에서 하기도 한다. 용마름은 좌우로 지푸라기를 계속 대면서 길게 만든다. 좌측의 지푸라기를 새끼줄 위에, 교차로 대고 있는, 우측의 지푸라기를 감싸며 이미 만들어진 용마름 안쪽으로 꺾는다.[128] 그리고 3~5가닥의 지푸라기를, 감싼 우측의 지푸라기보다 2마디 정도 앞의 우측 지푸라기에서, 뽑아서 당긴 후[129] 꺾은 부분 뒤의 새끼줄에 1~2번 감아 돌린 뒤 용마름 안쪽으로 넣는다. 반대로 좌측에서 지푸라기를 새끼줄에 대고 난 다음에는 앞에서 기술한 부분을 반대 방향에서 동일한 방법으로 한다.

용마름을 1미터 만드는 데 필요한 시간은 약 30~40분 정도 소요된다. 그래서 7.5m 길이의 용마름을 만들려면, 3시간 30분에서 5시간 소요된다. 만약 혼자서 짚을 추리고 트는 사람에게 짚을 추려서 주는 사람이 추가로 있다면 이보다 더 빨리 끝낼 수 있다. 그러나 대부분 혼자서 틀기 때문에 통상적인 작업시간은 3시간 30분에서 5시간으로 볼 수 있다.

전문적인 용마름 만들기는 처음과 끝부분에서 확인할 수 있다. 용마름을 동일한 양의 지푸라기로 만들게 되면 용마름 양쪽 끝에 굴처럼 안쪽이 보이게 된다. 그렇기 때문에 처음과 끝부분은 상대적으로 적은 양의 지푸라기로 한다. 근래에 용마름 만들기를 많이 시연하고 있으나 처음과 중간, 끝의 양이 동일한 형태로 만드는 경우가 많다. 그러나 전문적인 기술자들의 경우에는 용마름을 만드는 과정에서 처음과 끝부분의 마디는 작고

---

[127] 나형남, 한국민속촌, 2018.06.13.
[128] <표 35>의 2번 사진을 보면 좌측에서 지푸라기 뒤로 우측의 지푸라기가 이미 대어져 있다. 이 경우 앞쪽에 위치한 좌측의 지푸라기를 먼저 꺾는다.
[129] 지푸라기를 당길 때는 앞서서 만든 용마름이 끌려오도록 하면서 당긴다. 용마름은 여러 지푸라기를 교차로 덧대어 만드는 것으로 지푸라기 간의 틈새가 발생하면 틈으로 물이 들어갈 수 있기 때문이다. 또 과하게 당기면 지푸라기가 끊어질 수 있으므로 적당한 힘으로 당기는 것이 중요하다.

중간은 균일하게 굵었다. 1970년대의 지붕을 해체하는 과정에서도 이와 같은 형태를 발견할 수 있었다.

〈표 36〉 용마름을 엮지 않고 용마루를 마감하는 경우

| 백전리 물레방아[130] | 이종석 가옥[131] |
| 청학동 내 폐가[132] | 성읍마을 초가[133] |

---

130 나형남, 백전리 물레방아, 2022.03.03.
131 본 사진은 삼척시 하장면 판문리 이종석 가옥 안채의 겨릅지붕을 측면으로 찍은 사진(촬영 연도 1991년)이다. 백전리 물레방아의 경우 용마루의 양쪽 이엉이 같은 위치에 있으면서 빈틈이 발생하지만, 본 사진에서는 용마루의 한쪽 면의 이엉이 다른 면의 이엉보다 높게 올라가 있음을 알 수 있다. 이를 통해 옛 저릅대지붕의 용마루를 어떻게 마감하였는지 알 수 있다.
공공누리에 따라 국립민속박물관의 공공저작물이용
https://www.nfm.go.kr/paju/archive/detail/search/100/OR0001-1991-007-00000401
132 나형남, 하동군 청암면 청학동길 60, 2022.03.14.
133 나형남, 제주 성읍마을, 2022.03.08.

용마름을 엮지 않고 용마루를 마감하는 경우에는 이엉을 여러번 겹쳐 쌓아 올리듯이 인 다음에 줄이나 나무 등으로 눌러서 단단히 고정한다. 저릅대나 산죽으로 엮은 이엉에서는 용마루 양옆에 나무를 놓고 누르는데, 저릅대이엉에서는 칡줄을 용마루에 있는 양옆의 나무에 묶은 뒤 양쪽으로 아래에 있는 서까래에 당겨 묶고[134] 산죽이엉에서도 용마루에서 양 옆의 나무에 새끼줄로 묶은 뒤 양쪽으로 아래에 있는 진생이에 당겨 묶는다.[135] 성읍마을의 초가지붕 용마루에는 띠풀이엉을 한 줌씩 잡아서 좌우로 여러 번 겹치게끔 풀어서 물매를 잡는다. 그리고 난 후에 줄을 친다.[136]

이외에도 주저리를 만들어, 꼭대기 부분에 얹어서 마감하기도 한다. 보통 모임지붕으로 된 정자, 가옥, 나락뒤주와 같은 초가 건축물에 쓰인다. 주저리는 볏짚 한 단을 통으로 묶어서 바깥에서부터 엄지와 검지 사이의 한 줌 정도의 지푸라기를 잡아서 〈그림 2〉[137] 와 같이 한 줌 정도의 지푸라기에 대고 꺾어 내린다. 그리고 시계방향으로 돌리듯 꺾는 이 과정을 반복하는데, 옆의 지푸라기도 동일한 양으로 잡는다. 아래에서 위까지 나선형 계단을 올라가듯이 돌려가며 올린다. 가장 끝의 윗부분에서는 지푸라기를 두 갈래로 잡아서 새끼줄 같이 꼰 뒤 안으로 넣거나, 두 갈래로 모은 뒤 매듭처럼 묶어서 아래부터 정상 부분까지 빈틈이 없도록 한다. 이처럼 만든 주저리를 지붕 위에 씌울 때는 만들었던 주저리의 아랫부분을 원형으로 펼쳐서

〈그림 2〉 주저리 엮는 과정

---

134 갈전리 주민의 제보에 의하면, 나무를 눌러 놓고 줄을 나무 위에다가 땡겨 묶은 다음 밑에서 땡겨 묶는다고 한다. 서까래 위에 가로로 놓는 가름대라는 나무 위에 저릅대이엉을 이고 서까래에 맨다고 한다(나형남, 삼척 하장면 갈전리 주민 제보, 2022.03.03).
135 하동군 청암면 청학동 주민의 제보에 의하면, 지붕이고 나서 용마름에서 각 4면에 설치한 진생이로 새끼줄을 내린다고 한다(나형남, 하동 청암면 청학동 주민 제보, 2022.03.14).
136 용마루는 잘 풀어서 해야 하기 때문에 제일 중요한 기술이라고 한다(나형남, 제주 성읍마을 초가장 초공 제보, 2022.03.08).
137 나형남, 한국민속촌, 2022.01.03).

지붕 위에 얹고 새끼줄로 고정함으로써 이엉이기를 마무리 짓는다.

4. 이엉이기의 절차

1) 국가유산수리표준시방서의 경우

시방서의 내용에는 볏짚이엉이기를 바탕으로 절차가 정리되어 있다. 먼저 국가유산수리표준시방서(이하 시방서)의 내용을 살펴보도록 한다.

〈표 37〉 국가유산수리표준시방서 6. 초가이엉이기 중 전반부

6.1 산자엮기
　'0620 기와지붕공사'에 준한다.
6.2 초가알매흙치기
　ㄱ. 초가알매흙치기의 윗면은 지붕물매 곡선으로 하고 평탄하게 한다.
　ㄴ. 초가알매흙치기는 충분히 양생한 후 다음 공정에 착수한다.
6.3 군새깔기(새펴깔기)
　ㄱ. 군새는 초가알매흙의 물기가 마른 후 펴 깔아 물매의 바탕이 되게 한다.
　ㄴ. 군새는 처마 끝에서 900㎜ 정도 안쪽부터 펴 깔고, 지붕면의 중간부는 이엉이 처져서 비가 새지 않도록 상하부보다 두툼하게 한다.
6.4 기스락보강
　ㄱ. 통대나무 등을 서까래 끝에서 약 150㎜ 정도 내밀어 서까래 방향으로 걸친다. 이 때 끝부분에는 직재 통대나무 또는 나뭇가지를 그 위에 직각으로 걸쳐 고정한다.
　ㄴ. 그 위에 1~1.5m 길이의 대나무쪽이나 겨릅대를 엮어 처마부분에 돌려대고, 지붕면에 접하는 부분은 초가알매흙으로 고정한다.
6.5 처마마름이기
　ㄱ. 처마마름은 밑동부분이 처마쪽을 향하도록 100~150㎜ 정도 내밀어돌려 깐다.
　ㄴ. 처마마름은 두 겹 이상으로 겹쳐 잇는다.
6.6 이엉이기
　ㄱ. 속고샅(이엉고정새끼)은 약 0.9~1.5m의 등간격으로 서까래에 고정한다.
　ㄴ. 이엉의 초장은 짚의 밑동부분을 처마 쪽으로 향하도록 하고, 이엉을 처마마름보다 약 50㎜ 내밀어 처마 전체에 돌려 인다. 이때, 이엉은 설치된 고사새끼에 고정시킨다.
　ㄷ. 초장 다음 장의 이엉부터는 밑동부분을 지붕 위로 향하도록 돌려이고, 각 이엉마다 속고샅과 고정시켜 흘러내리지 않도록 하여 용마루까지 이어 올린다.

> ㄹ. 지붕의 귀마루부분이나 회첨부분은 가지런한 짚을 깔아 놓은 후 이엉을 올린다.
> ㅁ. 이엉은 3겹 이기로 한다.
> ㅂ. 용마루 부분의 이엉은 전후좌우 이엉을 맞대어 이고 일정 간격으로 얽어서 고정한다.
> ㅅ. 기존의 초가지붕 위에 이엉을 이는 경우에는 용마름을 걷어내고 이엉의 상태를 확인한다. 이엉이 양호할 경우에는 속고살을 설치한 후 이엉을 올린다

<표 37>[138]의 '6번 초가이엉이기' 중 전반부를 살피도록 한다. 이 중 6.1과 6.2는 해체 작업 후 복원하는 과정이므로 본 글에서 논하지 않는다. 다만 6.3 군새깔기(새펴깔기)를 살펴보도록 한다. 6.3의 군새깔기(새펴깔기)는 해체 후 복원할 때 지붕 바닥에서 물매를 잡는 경우의 내용이다. 다만 여기서 확인할 수 있는 것은 '군새'는 '물매'를 잡는 데 쓰인다는 점이다. 매년 헌 지붕에 새 이엉으로 이기를 할 때도 군새가 쓰이나 그 전의 과정이 소개되지 않았다는 점이 문제가 있다. 매년 이엉이기를 진행할 경우 군새를 깔기 전에 기존의 초가지붕의 상태를 살펴봐야 한다. 특히 썩은 군새가 있으면 걷어내야 하기 때문이다. 초가이엉의 경우 1년 동안 비나 바람, 눈 등에 의하여 처음에 형성해놓은 물매가 변형되어 지붕위로 물이 고이거나 틈새가 생기면서 초가지붕 내부로 침투하여 썩는 현상이 발생한다. 그렇기 때문에 이엉이기를 하기 전에 썩은 군새를 파내어 완전건조가 되어있거나 상태가 좋지 않은 부위가 없어질 때까지 제거하는 작업이 선행되어야 한다. 그 외에도 초가지붕의 아랫부분이 두텁고 윗부분이 낮으면 아랫부분을 전체적으로 걷어내기도 하고, 초가지붕이 너무 두터워서 목재 부분에 부담이 커질 경우에도 걷어내기도 한다. 이엉이기를 본격적으로 진행하기 전에 여러 경우를 살펴보아야 한다는 내용을 제시하는 것이 필요하다.

6.4와 6.5의 경우를 보면 현장에서는 두 가지 행위를 지새미[139]를 두른다고 표현하기도 한다. 지새미는 초가지붕의 맨 밑부분을 이엉으로 두르기 전에 쉽게 꺾이지 않도록 받쳐주는 역할과 서까래에 직접 물이 들어가지 않도록 거리를 두는 역할을 한다. 그래서

---

138 국가유산청, 『국가유산수리표준시방서』, 170~171쪽.
139 김홍식 외, 『초가』, 201쪽.

6.4와 같이 첫 지붕을 얹을 때 대나무나 겨릅대(저릅대)를 엮어서 두르거나 6.5와 같이 매해 이엉이기를 하기 전에 밑동부분을 바깥으로 빼서 두르는 것을 지새미 두른다고 표현한다. 이러한 방식을 시방서에는 공사의 내용에 따라 분화시켜 설명하고 있다. 또 지붕의 아랫부분이 너무 두꺼우면 6.5의 처마마름이기를 생략하는 경우도 있다. 두꺼운 부분에 지새미를 두르게 되면 위에서 물매를 더욱 두껍게 이어야 하는데, 한정된 시간과 비용을 고려할 때 어려움이 따르기 때문에 되려 기존의 것을 걷어 내려야 하는 상황도 발생한다. 그러므로 실제의 상황을 고려하는 기준점을 제시할 필요가 있다.

저릅대의 경우 1.5m 이내인 것은 덜 자란 것을 쓸 때 나오는 길이이다. 실제 저릅대를 끝까지 키우면 2.5m 이상이다. 또한 저릅대로 지붕을 일 때는 이보다 더 길어야 이엉이 기에 적합할 것이다. 또한 저릅대이엉이기를 할 때는 6.5와 같이 밑동을 바깥으로 한 뒤에 이엉이기를 하므로 이 부분에 대한 설명도 보충되어야 할 것이다. 띠풀의 경우 각단을 이용하여 처마를 보강하고, 산죽의 경우에는 밑동이 안으로 들어가게 하는 것이 처마마름이기에 해당한다. 억새의 경우에는 처마마름이기를 생략하므로 재료별로 이는 방법이 다르다.

6.6의 경우를 살펴보면 'ㄱ'의 경우에는 속고살의 간격을 90~150cm로 정하고 있으나, 이보다는 70~80cm 정도로 촘촘한 것이 좋으며, 비늘이엉의 경우에는 45~60cm 간격으로 속고삿줄을 내린다. 억새지붕의 경우에는 40cm 간격으로 줄을 내리며, 가로로도 줄을 쳐서 그물망처럼 속고삿줄을 낸다는 특이사항도 명시할 필요가 있다. 지붕이 클수록 많은 이엉이 들어가기 때문에 이엉의 무게를 지탱할 수 있도록 속고삿줄은 촘촘하게 내리는 것이 좋다. 그리고 앞에서 언급하였듯이 속고살을 매는 기준선과 방법이 있음에도 이러한 부분이 생략되어 있다. 어디서부터 매는 것인지 상세하게 기술할 필요가 있다. 'ㄴ'의 경우에는 지새미를 두르는 것인데, 지붕 두께에 따라서는 되려 지새미를 두르는 것이 지붕에 좋지 않을 경우도 있다.

'ㄷ'의 경우에도 지붕을 이는 과정이 지붕 전체면을 한 층으로 인 뒤에 한 층 위로 올라가는 것임을 명기할 필요가 있다. 'ㄷ'의 내용에는 첫째, '이엉과 이엉간의 위아래의 간격이 어느 정도인가'에 대한 부분이 누락되어 있다. 지붕의 각도와 두께, 넓이, 위치에 따라 이엉의 위아래 간격은 달라질 수 있다. 대체로 아래에서 위로 올라갈수록 촘촘히 인다. 그러나 간격에 대한 명시가 없으면 촘촘히 일 필요는 없을 것이다.[140] 둘째, '이엉을 어떻게 돌리는 것인가'에 대한 표현이 누락되어 있다. 이엉 한 층은 지붕의 같은 위치에서 같은 높이로 지붕 전체 면을 돌리는 것을 의미한다. 한 단에 수 미터 되는 이엉을 지붕 한 면에서 돌린 뒤 추녀마루에서 옆면으로 바로 넘어가지 않고 용마루까지 인 후에 옆면으로 넘어가서 또 다시 지붕 아래에서 용마루까지 이는 경우도 발생할 수 있다.[141] 그러므로 실제의 상황을 고려한 상세한 내용이 기술되어야 한다.

'ㄹ'의 부분은 앞서 언급되었던 '시방서'의 방구매기와 같은 맥락에 있는 것이다. 방구매기는 추녀마루나 회첨부분과 같이 '꺾이는 부분'에 둥글게 인다는 것으로, 실제로는 느슨하게 이어서 이엉으로 엮은 볏짚의 마디마다 틈새가 벌어지지 않게 하기 위한 것이다. 또 꺾이는 부분은 상대적으로 이엉으로 일 때 일반 지붕면보다 오목하게 파여진 모습이 나오기 때문에 이 부분을 이을 때마다 짚이 아니라 이엉을 덧댄다. 또 추녀마루 양옆으로도 군새나 이엉으로 덧댄다. 오목하게 파여진 모습이 나올 수 있기 때문이다. 그러므로 단순히 '짚을 깔아놓는다'라는 설명보다는 '회첨이나 귀마루 부분을 이을 때 이엉이나 군새로 덧대어 파인 부분 없이 물매를 잡는다'라는 표현이 적합할 것으로 생각된다.

'ㅅ'의 부분이 기존 초가지붕 위에 이엉을 이는 경우에 대하여 간략하게 설명하고 있으나 실제로는 매우 중요한 작업으로 한 해의 초가지붕 상태를 좌우한다. 그러므로 선행하는 작업으로 상세하게 표시되어야 할 필요가 있다. 첫째, '어느 정도까지를 양호한 것으

---

[140] 가령 이엉과 이엉간의 간격이 너무 커서 엮음부위와 지붕의 속이 노출된다고 하면, 물매는 잡히지 않고 틈새가 발생하여 안으로 물이 샐 경우가 많다. 그래서 앞에서 언급하였듯이 이엉과 이엉간의 간격은 최소한 아래층 이엉의 밑동 끝부분과 위층 이엉의 엮음부위가 덮여야 한다.
[141] 이러한 경우를 직접 겪었는데, 한 면씩 아래에서 위까지 이고 옆면으로 넘어가서 같은 방식으로 인 뒤에 면마다 들어간 이엉의 층수를 새어 보았는데, 면마다 들어간 이엉의 층수가 달랐다. 심지어 지붕에서 같은 위치의 이엉끼리 묶어서 고정해야 하는데, 위치가 달라져서 엉뚱한 위치에 묶여있기도 했다. 그 결과 그다음 해 장마철 후 여름에는 한쪽 면으로 이엉의 무게가 쏠리면서, 지붕 밑으로 많은 양의 이엉이 내려오고 물매도 어긋나면서 비가 새는 일이 벌어지기도 했다. 그래서 이엉 한 층으로 지붕 전체면을 돌린 후 일정 간격으로 층층이 아래에서 위로 이는 것이, 지붕의 물매 유지 및 무게 균형을 위해, 중요하다는 것을 알게 되었다.

로 볼 것인가'이다. 만약 이 부분이 상세하지 않으면, 썩은 부분이 있음에도 이를 걷어 내리지 않고 '이 정도'라면 올해엔 문제가 없다는 자의적 판단으로 인해, 이를 수행하지 않고 썩은 부분 위에 새 이엉을 덮어버리는 상황도 다수 발생할 수 있다. 또 매해 이엉이 기를 하는 과정에서 수행단체가 다르다면, 작년의 썩은 부분은 올해의 수행단체의 책임 으로 보지 않고 썩은 부분을 걷어 내리지 않을 수도 있다. 혹은 어느 정도까지를 '썩은 부분'으로 인정할 것인지에 대한 판단이 상호 간에 해결되지 않는 문제로 남음으로 인해 서 온전한 '이엉이기'를 할 수 없을 것이다. 현재에는 이엉이기는 국가유산수리이면서 건설업에 속하기 때문에 도급계약 후에 '하자보수'를 계약서에 명기한다. 그런데 본 공사 (이엉이기)시기에 제대로 군새를 걷어 내리지 않으면 '하자보수' 보증기간에 '아예 새로 하는 게 낫다고 판단이 될 정도'의 심각한 문제가 발생하기도 한다. 통상 공사 금액의 10%를 하자보수 비용으로 책정하는 현 상황에서는 '심각한 문제에 대한 하자보수'를 비용적으로 감당할 수 없는 경우도 발생한다. 이러한 경우가 발생하게 되면 발주처와 도급사(수행단체) 간에 '어디까지 하자보수의 범위'인가를 놓고 내용증명으로 설왕설래하 고 '하자이행보증보험금청구'[142]나 '재판'으로 해결해야 하는 상황에 이른다.

〈표 38〉 국가유산수리표준시방서 6. 초가이엉이기 중 후반부

| 6.7 용마름이기 |
| 이엉이기를 완료한 후 용마루 위에 용마름을 덮고, 용마름 하부의 좌우이엉으로 용마름 위를 얽어맨다. |
| 6.8 겉고살동이기(겉고살매기) |
| 겉고살동이기는 가로형 동이기, 격자형 동이기, 마름모형 동이기와 용마름 동이기가 있다. |

---

[142] 현재 이엉이기에 대한 하자이행보증보험은 'SGI서울보증'에서 보험 가입을 한다. 10년간의 공사발주 동안 하자이행보증보험금을 2번(2014년, 2021년) 청구하였었다. 이 시기에는 초가지붕의 하자보수가 이루어 지지 않아서 지붕에 물이 새서 건축물에 큰 피해를 입었었는데, 보험금 이상의 피해액이 발생하기도 했었다. 그러나 보험사 측에서는 보험금 이상의 피해액에 대하여는 지급할 수 없으므로 민사를 통해서 해결하라는 답변이 있었다. 만약 국가유산수리표준시방서의 내용이 기준점으로 삼을 만큼 상세하거나, 시방서에 언급된 것처럼 '담당원'과의 원만한 협의 가능하여 '썩은 군새를 최대한 파낼 수 있었다면 큰 피해로 이어지지 않았을 것이며, 또한 이와 같은 송사에 휘말리지도 않았을 것이다. 국가유산수리표준시 방서의 내용이 행정적인 획일화했다고 주장하는 것도 같은 맥락에 있다.

6.8.1 가로형동이기
ㄱ. 가로방향은 새끼를 처마기스락에 450~600㎜ 간격으로 걸고, 세로방향은 줄을 늘어지지 아니할 정도로 서너 줄 고정한다. 이때, 가로줄의 첫줄은 처마 끝에서 300㎜ 정도 위에 둔다.
ㄴ. 처마 끝의 가로줄은 동아줄과 같은 굵은 새끼를 사용할 수 있다.
6.8.2 격자형동이기
지붕이엉을 고정시키기 위해 고사새끼를 격자로 엮는다.
6.8.3 마름모형동이기
지붕이엉을 고정시키기 위해 고사새끼를 마름모형으로 엮는다.
6.8.4 용마름동이기
ㄱ. 용마름의 날새끼는 길게 하여 연죽의 가로줄에 잡아맨다.
ㄴ. 용마름 날개가 뒤집히지 않도록 그 하부의 이엉을 가로줄로 동여맨다.
ㄷ. 가로, 세로의 고사새끼가 교차하는 곳을 모두 걸어 맨다.
6.9 연죽설치
ㄱ. 고사새끼를 잡아맬 수 있도록 처마 끝에 설치한다.
ㄴ. 연죽은 서까래의 하부에서는 못을 박아 고정시키고, 지붕 위 처마 끝에 가로댈 경우에는 끝부분을 먼저 새끼로 잡아맨 후 중앙으로 이동하면서 고사새끼와 함께 설치해 나가도록 한다.
6.10 기스락(초가의 처마 끝 이엉)자르기
ㄱ. 기스락은 일매지게 한 후 처마마름보다 약 60㎜ 정도 내밀고 끝을 가지런히 자른다. 이때, 낫 또는 전정가위로 지붕면과 직각으로 자른다.
ㄴ. 방구매기로 처리한 추녀부분의 지붕귀는 둥그스름하게 돌려 자른다.
ㄷ. 회첨에 고삽판을 댈 경우에도 둥그스름하게 자른다.
ㄹ. 방구매기나 고삽판을 쓰지 아니한 경우에는 귀부분이나 회첨부분을 직각으로 꺾어 돌리거나 이엉을 둥글게 돌려 자를 수 있다.

<표 38>은[143] 국가유산수리표준시방서의 '6. 초가이엉이기' 중 후반부를 살펴본다. 후반부의 내용은 이엉을 인 후의 마감 작업에 해당한다. 먼저 '6.7'의 내용을 살펴보면 '용마름 하부의 이엉으로 용마름 위를 얽어맨다'라는 내용이 있는데, 이 내용은 실제 이엉이기 현장에서 볼 수 없다. 용마름 위로는 새끼줄은 올라가지 않는다. 용마름을 고정하는 것은 용마름 양쪽 끝의 새끼줄을 용마름 양쪽 끝 부분의 속고삿줄에 매고, 양옆으로 나온 볏짚을 누르기 위해, 추가로 용마름 양옆으로 새끼줄을 가로로 길게 치는 것이다. 또 '6.8'의 가로형이나 격자형으로 줄을 칠 때에도 세로로 치는 줄은 용마름 밑으로 들어가서 가로로 친 줄을 누른다. 그러므로 '6.7'의 내용이 어디에서 비롯되었는

---

[143] 국가유산청, 『국가유산수리표준시방서』, 171~173쪽.

지 살펴볼 필요가 있다.

'6.8'의 내용의 경우에서 '6.8.1'의 가로형 동이기는 일반 사슬이엉 초가에서 볼 수 있는 기본적인 방법으로 사방을 돌아가며 아래에서부터 가로로 줄을 친다. 이후 지붕의 여러 면 중에서 긴 가로 면에 세로줄을 내린다. 다만 이 과정에서 회첨부분에 줄을 치는 방법이 제시되어 있지 않다. 전문적인 작업자는 회첨 가운데 세로로 여러 줄을 내린 뒤 가로줄을 한번 돌려 맨다. 만약 그렇게 하지 않으면 줄은 지붕면에서 뜬 상태로 있게 된다. 그러므로 이 부분에 대한 설명이 필요할 것으로 보인다. '6.8.2'의 격자형 동이기는 바람이 강한 곳에서 쓰이는 방법으로 대표적인 곳은 제주도 지역의 이엉이기이다. 마찬가지로 가로줄을 먼저 친 뒤 세로줄을 친다. 또 간격도 매우 촘촘하게 한다. 시방서에는 이러한 부분이 없으므로, 이 부분에 대한 추가 설명이 필요할 것으로 보인다. '6.8.3'의 마름모형 동이기를 매기 위해서는 지붕 아래쪽에 누름대 역할을 하는 장대를 설치해야 한다. 또 마름모형 동이기도 바람이 강한 지역에서 치는 방식으로 줄 간격이 앞의 가로형 동이기보다 촘촘한 40cm 정도로 장대에 맨다. 줄을 치는 방식이 '6.8.1'부분만 자세히 언급되었다는 점에서 보완이 필요한 부분이다.

'6.9'의 연죽매기에서 'ㄴ'부분의 내용은 지붕을 훼손시키지 않기 위한 지침으로 보인다. 새끼줄을 서까래나 혹은 지새미 밑으로 묶어서 연죽을 고정하기도 한다. 그리고 연죽을 서까래에 고정하기 위해 못을 쓰지 않는 사례도 있다. 또 지붕 위에 누름대나 연죽을 고정할 때는 지붕 밑에 여러 새끼줄로 단단히 고정해야 한다. 실제 현장에서는 대바늘에 새끼줄을 끼워 지붕 안에 질러 넣는 경우도 있다. 겉고삿줄을 촘촘히 매게 되면 누름대가 끌려 올라갈 수도 있기 때문이다.

또한 앞서 언급하였듯이, 지역별로 '겉고살 동이기'의 양상은 다양했다. '가로형 동이기'라고 하여도 사방으로 가로형으로 줄을 칠 것인지, 혹은 넓은 지붕면으로만 가로형으로 치고 좁은 지붕에는 치지 않을 것인지에 대한 방식의 차이가 있고, 마름모형 동이기의 경우에도 영남 지역의 경우 마름모형으로 한 뒤 줄과 줄이 접하는 부위를 묶지만, 호남지방의 마름모형은 사선으로 겹치기만 하고 묶지는 않았던 차이가 있다. 또 경기 지역의 가로형 동이기와 충청 지역의 가로형 동이기에도 개수의 차이가 있다. 여기에 지붕 재료별로 줄을 치는 방식을 더하면 겉고살 동이기의 내용은 개선되어야 한다.

지금까지 시방서의 내용을 살펴보았다. 이엉이기는 전국적으로는 대개 볏짚사슬이엉이기가 주로 쓰이지만, 그 외의 이엉이기 방법도 존재한다. 그래서 표준시방서라기 보다는 사슬이엉이기 시방서로 부를 수 있고, 지역마다의 각기 다른 방식을 포용하고 있지는 못하다. 뿐만 아니라 시방서로 쓰이고 있기 때문에 국가유산수리기술로서의 이엉이기는 지역적 성격에 맞게 시행되지 않는다. 심지어 현재 대개의 이엉이기 수행단체는 전국을 순회하기 때문에, 이엉이기도 획일적으로 진행할 수도 있다. 결과적으로 각 지역의 민속마을이나 국가유산에서 시방서의 이엉이기를 모방하여 형식적으로 획일화하여 간다고 볼 수 있다.

2) 이엉이기의 실제

(1) 볏짚이엉이기

이엉이기는 기본적으로 썩은 것을 걷어내고, 그 안에 새 짚풀을 넣어 물매를 만든 다음 새 이엉으로 인 뒤 줄이나 나무로 바람에 날리지 않도록 붙잡는다. 현재 짚풀 중에 대다수가 볏짚이엉이고, 다른 짚풀이엉이기도 볏짚이엉이기와 큰 틀에서는 유사한 방식을 따르고 있다. 이러한 인식 아래, 본 항목에서는 볏짚이엉이기를 중심으로 내용을 전개하되 군새작업이나 속고삿줄을 치는 과정에 한해서는, 볏짚 외 이엉이기 중에서, 비교할 만한 내용을 미리 언급하고자 한다. 먼저 군새작업에 대해서 논한다.

매해 헌 이엉을 전부 새 이엉으로 교체하는 것이 아니고 헌 이엉 위에 새 이엉을 얹는다. 그러므로 처음 건물 위에 초가이엉을 이면 건물 목구조물의 형태가 드러나는 삼각형태(단면도 기준)이지만, 시간이 지날수록 반원형에 가까운 형태로 두꺼워진다. 헌 이엉 위에 새 이엉을 얹는 과정에서 필수가 되는 과정은 헌 이엉에서 썩어 있는 부위를 찾아서 제거하고, 헌 이엉이나, 볏짚 혹은 새 이엉, 볏짚, 그 외의 짚풀류 품종으로 채워서 전체적인 물매를 잡는 작업을 해야 한다. 이를 군새작업이라고 말한다. 군새작업은 이엉이기에서 기초에 해당한다.

<표 39> 썩은 군새 걷어내는 볏짚이엉이기의 사례

한면 전체의 썩은 군새를 걷어내는 사례[144]

걷어내야 하는 썩은 군새 사례[145]

얼어붙은 썩은 군새를 도끼로 깨는 사례[146]

　썩은 이엉을 찾아내는 방법은 첫째, 초가지붕을 전체적으로 살펴볼 때 위에서 아래로 깊게 골짜기처럼 형성되어 있거나, 둘째, 위에서 아래로 자연스럽게 내려오지 않고 오목하게 파인 부분을 우선적으로 살펴본다. 셋째, 한여름 장마철을 지나고 난 후 겉은 멀쩡하지만, 속에서 갈색의 군물(썩은 짚에 오염된 물)이 떨어지는 지점을 살펴보는 것이다. 이 경우에는 방 안에서 군물이 떨어질 수도 있으며, 서까래를 타고 군물이 떨어지기도 한다. 넷째, 겨울에 이엉이기를 할 때 확인할 수 있는 방법인데, 얼어붙은 초가이엉을 찾는 것이다. 초가이엉이, 썩은 군새로 인하여, 얼어붙으면 대나무나 낫으로 칠 때 돌과 같이 단단한 소리를 낸다. 이와 같은 방법으로 썩은 군새를 찾아내어 제거를 한다.

144　나형남, 한국민속촌, 2021. 12. 15.
145　나형남, 한국민속촌, 2022. 11. 25.
146　나형남, 한국민속촌, 2022. 01. 09.

〈표 40〉 볏짚 외 좋지 않은 초가지붕의 사례

띠풀지붕[147]

산죽지붕[148]

저릅대지붕[149]

억새지붕[150]

다른 짚풀의 초가지붕에서도 썩은 군새는 발생하기 쉽다. 특히 그늘진 곳일수록 초가지붕이 마르지 않아서 쉽게 썩는 경우가 있다. 띠풀지붕의 경우에도 띠풀이 볏짚에 비하여 질기기 때문에 겉은 멀쩡하지만, 속에서 썩어서 모양이 불규칙해지는 양상을 많이 띤다. 이 경우, 처마 밖으로 물이 떨어지는 것이 아니라 건물 안으로 비가 샐 수도 있다. 산죽지붕의 경우에도 지속적인 관리 없이, 물매가 흐트러지면 비가 건물 안으로 샐 수 있다. 저릅대지붕의 경우에도 겉은 딱딱하며 모양이 좋지만, 속이 썩으면서 검은색의 썩은 액체가 떨어진다. 이러면 건물 안의 목재까지 상하게 할 수 있다. 억새지붕의 경우

---

147 나형남, 한국민속촌, 2014.10.27.
148 나형남, 하동군 청암면 청학동길 60, 2022.03.14.
149 나형남, 정선 아라리촌 저릅집, 2022.03.03.
150 나형남, 남원 주천면 덕치리 초가, 2022.03.14.

에도 안에서 썩어 들어가면서 골이 생기게 되는데, 형태가 불안정해지면서 비늘이엉 특유의 층층이 올라간 모양이 흐트러지면서 물매가 좋지 않게 된다.

　썩은 이엉을 제거하는데 필요한 도구는 주로 낫이다. 현재에는 조선낫과 왜낫으로 낫의 두께에 따라서 혼용하면서 쓴다. 한겨울에 초가이엉을 이게 되면, 얼어붙은 부분을 깨기 위해서 조선낫을 주로 쓰게 되지만, 가을과 같이 선선한 날씨에는 가벼운 왜낫을 선호한다. 또 주로 사용하는 손에 따라서 오른손 낫과 왼손 낫으로 구분하기도 하나, 대부분 오른손 낫이 사용된다. 썩은 이엉은 낫질해서 제거한다.

　낫질할 때는 먼저 초가이엉의 겉줄을 끊고 이엉을 엮는 부위도 끊어서 초가이엉의 썩은 부위의 겉 부분을 제거한다. 초가지붕의 윗부분에서 썩은 부분이 확인될 경우에는 위에서부터 아래로 낫으로 썩은 이엉의 엮음부위를 잘라낸다. 그러나 아래로 내려갈수록 경사가 급해져서 작업자들이 떨어질 위험이 있다. 그래서 초가지붕의 건너편으로 긴 줄을 작업자의 신체에 묶어서 떨어지지 않도록 하지 않은 상황이라면, 초가지붕의 위에서 중간까지만 내려오도록 하고 장대로 밀어서 떨어뜨리거나, 아래에서 사다리나 <표 39>와 같이 비계와 같은 가설물을 놓고 초가지붕의 아랫부분에서 가운데 부분으로 올라가면서 썩은 이엉을 잘라서 땅바닥으로 떨어뜨린다.

　썩은 이엉은 젖은 형태로 이엉의 형태를 유지하고 있으면 낫으로 쉽게 정리할 수 있지만, <표 39>와 같이 진흙과 같이 완전히 썩은 경우에는, 낫으로 쉽게 정리할 수 없어서, 호미나 손으로 퍼내어서 썩은 이엉을 정리한다. 진흙과 같이 완전히 썩은 이엉은 수분을 머금고 있기 때문에 겨울이 되면 얼어붙는다. 그래서 조선낫의 두꺼운 부분을 망치처럼 쳐서 얼어붙은 군새를 깨면서 정리하기도 하나, 도저히 정리할 수 없을 정도로 넓은 범위의 초가지붕이 얼어붙으면 <표 39>와 같이 큰 망치나 도끼로 쳐서 부수거나 뜯어내는 방법으로 정리한다. 이 방법은 굉장히 고된 일이기 때문에 겨울이 오기 전에 썩은 이엉을 정리하는 것이 좋다.

　썩은 이엉을 정리하면 골이 파인 형태로 남아 있다. 그래서 헌 이엉이나 볏짚 등의 좋은 군새로 파여진 부분을, 기존의 초가지붕과 수평을 맞춰가면서, 채워서 물매를 맞춘다. 그러나 썩은 이엉이 있는 초가지붕의 두께를 볼 때 아랫부분이 너무 두껍고 윗부분이 낮아서 물매를 가파르게 잡아야 할 경우에는 적정한 위치에서 기존의 초가이엉을 들어내기도 한다. 혹은 지붕에 있는 이엉 한두 겹을 전체적으로 벗겨서 지붕 면 전체의 물매를 다시 잡기도 한다. 보통 초가이엉 한 겹을 초가지붕의 가운데 혹은 아랫부분을 드러내어 물매를 가파르게 하지만, 매우 두꺼운 초가지붕의 경우에는 위에서부터 여러 겹을 드러내어 물매를 다시 맞추기도 한다. 기존의 초가이엉을 들어내는 방법은, 이엉이기를 본격적으로 하기 전에 이엉을 고정시키기 위한 속고삿줄을 먼저 친다는 원리를 활용하여, 초가지붕 속의 속고삿줄을 잘라서 땅바닥으로 떨어뜨린다.

〈표 41〉 군새를 넣어 물매를 잡는 경우

헌 지붕을 들고 틈새로
군새를 넣는 사례[151]

군새를 잘 넣은 사례[152]

해체하면서 발견한, 볏짚을 꺾어서
군새로 넣은 1973년 사례[153]

〈표 41〉과 같이 물매를 잡기 위하여, 헌이엉이나 볏짚 등의, 군새를 파여진 부분에 넣을 때는 기존의 초가이엉을 들어서 생기는 틈새로 넣는다. 또 군새를 넣을 때도 〈표 41〉과 같이 윗부분을 꺾어서 넣도록 한다. 군새작업 후 초가이엉을 이는 도중에 흘러내리지 않도록 고정하기 위한 목적도 있고, 볏짚의 두께를 두껍게 하여 속을 두툼하게 하기 위한 목적도 있다. 그러나 썩은 이엉이 파여서 위에서부터 아래까지 골짜기와 같이 되어 있을 때는 고정할 수 있는 틈새가 없다. 그래서 아래에서부터 잘라서 양옆의 썩지

---

151 나형남, 한국민속촌, 2022.11.30.
152 나형남, 한국민속촌, 2022.01.11.
153 나형남, 한국민속촌, 2022.02.15.

않은 부분을 들어서 넣는다. 양옆도 고정시킬 데가 없는 초가지붕에서는 <표 41>과 같이 계단식으로 아래에서 위로 넣는다. 군새 간의 간격은 대체로 4~6치 정도이며, 물매가 가파를수록 간격은 좁아진다. 기존의 초가이엉은 눈이나 비 등으로 인해 눌러져 있는 상태이지만, 군새는 넣을 때는, 눌러져 있는 상태가 아니므로, 기존 초가이엉보다 두툼하게 넣는다.

저릅대지붕의 경우 썩을 만하면 전체적으로 걷어내고 그 위로 새로 인다고 한다. 그리고 물매를 잡기 위하여 추가로 더 넣어야 할 곳은 저릅대를 더 넣어서 물매를 잡는다고 한다.[154] 산죽지붕의 경우에도 썩은 부위는 산죽으로 채워 넣고 물매를 잡는다고 하고,[155] 제주도에서도 썩은 부분을 긁고 억새나 띠풀로 채워 넣어 물매를 잡는다고 한다.[156] 결론적으로 썩은 군새는 정리해야 하는 것으로 모든 종류의 초가지붕이 안고 있는 고질적인 문제이다. 그래서 썩은 군새를 정리하고 군새를 넣어 물매는 잡는 것은 전문성이 있어야 하는 선행작업이다.

볏짚이엉이기에서는 볏짚이엉을 이기 위해 줄을 친다. 이것을 속고삿줄이라고 한다. 이엉이기에서는 볏짚이엉외에 억새나 갈대로 이는 이엉이기에서 줄을 쓰며, 저릅대나 띠풀이엉에서는 줄을 따로 치지 않고 산죽이엉의 경우, 이엉으로 엮어 일 때는 볏짚이엉이기와 같이 세로줄을 치지만, 엮지 않을 때는 띠풀이엉이기와 같이 이기 때문에 본 항목에서는 따로 언급하지 않는다. 속고삿줄을 치는 작업에 대하여는, 볏짚이엉이기를 중심으로 전개하면서 억새이엉이기에서 나타는 줄을 치는 방법의 차이점을 제시하고 그다음 절차인 이엉이기에서는 볏짚이엉을 중심으로 전개한다.[157]

볏짚이엉이기에서 속고삿줄을 치는 방법은 먼저 초가지붕 한 가운데 위에서 노련한 작업자 1명이 길게 가로방향으로 두 줄을 한쪽 지붕 아래로 내려서 지붕 밑에 있는 작업자 1명이 걸고 초가지붕 위 가운데에서 팽팽하게 당겨서 반대편 지붕 밑에 있는

---

154 나형남, 삼척 하장면 갈전리 주민 제보, 2022.03.03.
155 나형남, 하동군 청암면 청학동길60, 2022.03.14.
156 나형남, 제주 성읍마을 초가장 초공 제보, 2022.03.08.
157 볏짚 외 이엉이기는 각 재료별로 이는 방법이 다르므로 별도항목으로 정리한다.

작업자 1명이 걸어서 단단히 맨다. 이 과정에서 작업자 2~3명이 함께 작업을 한다. 지붕이 꺾이는 부분도 세로방향으로 두 줄을 한 쪽 지붕 아래로 내려서 지붕 밑에 걸고 반대편 지붕 밑에 걸어서 단단해 맨다. 지붕이 꺾이는 부분이 없어도 건물의 규모가 크다면 가운데나 양쪽 끝에 작업자의 판단에 의하여 두 줄을 더 칠 수도 있다. 세로줄을 칠 때는 반드시 두 줄로 놓여 있는 가로줄에 한 번 돌리고 반대편 지붕으로 내려서 걸어 맨다. 여기서 두 줄로 내리는 속고삿줄은 다른 속고삿줄을 지탱하는 핵심적인 역할을 하므로 반드시 단단히 매야 한다.

〈표 42〉 속고삿줄 내리는 모습

가운데 부분은 2줄로 단단하게 치는 사례[158]

꺾이는 부분은 촘촘하게 줄치는 사례[159]

일정간격으로 세로로 줄 내릴 때 가운데 2줄에 매는 사례[160]

해체하면서 발견한, 가운데 2줄로 맨 1973년 사례[161]

---

158 나형남, 한국민속촌, 2022.01.16.
159 나형남, 한국민속촌, 2022.01.14.
160 나형남, 한국민속촌, 2022.01.16.
161 나형남, 한국민속촌, 2022.02.08.

두 줄의 고삿줄을 다 치고 나면, 가운데에서부터 시작하여 일정한 간격으로 한 줄의 고삿줄을 양쪽으로 내려서 고정한다. 사슬이엉의 경우에는 바깥에도 겉고삿줄을 쳐서 이엉을 고정하기 때문에 2~3자 간격으로 겉고삿줄을 내지만, 비늘이엉의 경우 겉고삿줄을 치지 않거나 덜 치므로 1~2자 간격으로 속고삿줄을 친다. 한 가닥의 고삿줄을 맬 경우에는 핵심이 되는 두 줄의 고삿줄에 한 번 돌려서 걸친 후에 양쪽 지붕 밑에 걸어 맨다. 반드시 하나의 고삿줄은 지붕 위 가운데에서 무게의 대칭을 이루기 위해 각 반대편으로 내려서 팽팽하게 맨다. 만약 반대편으로 내리지 않고 가운뎃줄에 매어서 이엉을 이게 되면, 시간이 지나고 보면 초가이엉의 일부분이 다른 부위에 비하여 더 내려오게 되면서 지붕의 모양이 불규칙해진다. 지붕 모양의 불규칙은 초가이엉의 위, 아래 사이의 틈새가 발생하여, 비나 눈을 막는, 지붕의 역할이 약해지는 원인이 된다.

고삿줄을 내리는 간격은 초가지붕의 좁은 지붕면 혹은 ㄱ자 지붕의 회첨부분이 넓은 지붕면보다 촘촘하다. 추녀와 추녀사이의 간격이 좁은 지붕면이나 회첨부분은 이엉이기를 하면서 고삿줄이 촘촘하지 않으면 이엉이 들떠서 온전한 지붕의 기능을 할 수 없기 때문이다. 그 간격은 초가지붕 위에서 줄을 내리는 사람의 판단에 의하여 달라지나 1자 안팎이고 초가지붕 위에서 살펴보면 양옆의 줄이 서로 붙어 있을 정도로 촘촘하다. ㄱ자 지붕의 회첨부분에 고삿줄을 칠 때는 반대편에 고삿줄을 내리면 되지만, 좁은 지붕면에 고삿줄을 칠 때는 반대편에 내릴 수가 없으므로, 내리는 위치에만 고삿줄을 내리고, 가운데에 위치한 두 줄의 고삿줄에 걸어 맨다. 고삿줄에 걸어 매는 방법은 현대의 매듭을 묶는 방법과 비교하여 살펴보면 '반 묶기'와 유사하다. 반 묶기는 팽팽하게 당겨질 때만 묶이는 간편한 매듭법으로, 초가이엉의 무게로 인해 팽팽하게 당겨진다는 점을 고려할 때, 빠르게 고삿줄을 맬 수 있는 방법으로 보인다.

고삿줄을 다 매고 나면, 본격적으로 이엉을 지붕 위로 올리기 시작한다. 이엉은 수십단을 올리는데 3~4명의 사람이 아래에서 올려주거나 던져서 위에서 받거나, 2~3명이 긴 장대에 이엉을 꽂아서 올려주고 위에서 받는다. 이엉 1단을 어깨에 짊어질 수 있을 정도로 엮고, 한 장의 두께도 평균적으로 4~5cm이기 때문에 많은 양을 지붕 위에 올려야 이엉이기가 가능하다는 것을 알 수 있다. 이엉 1단을 어깨에 짊어지기 위해 둥글게 말아서 올리는 과정에서 이엉이 풀어지지 않도록, 이엉에 엮여 있는 지푸라기를 끈과 같이 양쪽에서 당겨서 서로 돌려서는 안쪽으로 꺾어서 풀리지 않도록 한다. 볏짚을 단단히 묶으면 팽창하려는 성질이 있는데, 이 성질로 인해 안쪽으로 꺾인 부분을 누르면서 풀리지 않는 원리이다.

억새이엉의 경우, 내부에 솔가지를 넣어 물매가 매우 싸다. 그래서 작업을 할 때 절벽에서 작업을 하듯 하므로 촘촘하게 친다. 먼저 지붕 밑의 처마를 둘러서 굵은 줄로 한 바퀴를 돌려서 묶는다. 그리고 새끼줄은 위에서 세로로, 간격을 40cm로 촘촘하게, 줄을 내려 굵은 줄에 묶는다. 이후 가로줄을, 간격을 40cm로 촘촘하게, 세로줄에 엮어가며 맨다. 마치 그물망처럼 촘촘하게 치는 것이라고 볼 수 있다.[162] 남원의 덕치리 초가와 같은 지역에서 PP로프로 그물망처럼 속고삿줄을 쳤다는 점을 확인할 수 있었는데, 남원 주천면 덕치리 주민의 제보와 일치한다.[163]

처음 초가지붕 위에 이엉을 이거나, 이엉을 이어도 목구조물의 형상이 그대로 드러날 때는 지새미를 두른다. 지새미는 볏짚이나 대나무, 저릅대, 억새 등으로 재료는 다양하고

〈그림 3〉 지새미 두르기

서까래나 평고대와 같은 목구조물이 초가이엉과 너무 가까워서 상하는 일을 방지한다. 지새미는 정성을 들이는 정도에 따라서 여러 종류의 재료로 다중 구조를 만들 수도 있다. 지새미를 초가지붕 맨 밑 부분에 설치한 후에 초가이엉

---

162 과거에는 굵은 줄로 했으나, 현재에는 나일론 줄로 꽉 돌려버린다고 한다. 가로세로로 치는 줄은 전부 나일론 줄에 쨈매고 간격은 40전 정도로 그물망 치듯 쳐야 새가 안 떨어지게끔 잡아맬 수 있다고 한다(나형남, 남원 주천면 덕치리 주민 제보, 2022.03.14).
163 해당 장소는 남원시 금지면 매촌길 47-34으로 남원 주천면 덕치리 초가가 있는 곳과 인접해있다. 같은 방식의 이엉이기로 전개된다고 판단되어, 위 블로그의 내용을 인용한다.
https://blog.naver.com/PostView.nhn?blogId=rbs777_kr&logNo=222131314035&msclkid=c5b6f213b10111ec8695890bb6fbd8c6, "매월당 억새 지붕 올리기", 2022.02.21.

을 인다. 혹은 초가지붕을 <그림 3>[164]과 같이 볏짚의 사슬이엉으로 이는 경우에 목구조물의 지붕구조가 그대로 드러나서 밑 부분을 두툼하게 만들고 점차 서까래나 평고대와의 거리를 멀게 할 필요가 있다. 이러한 필요에 의하여 볏짚의 뿌리 부분이 바깥으로 나오도록 거꾸로 이는데, 이러한 방법도 지새미를 두른다고 표현한다. 볏짚의 뿌리 부분은 벼이삭이 나오는 윗부분보다 강하다. 그래서 지새미를 둘러서 시간이 흐를 수록 서까래나 평고대로 구부러지는 현상이 일어나지 않도록 보완한다.

이엉이기 중에서 먼저 볏짚이엉이기를 먼저 살펴보고자 한다. 볏짚이엉이기는 다른 짚풀이엉이기와 큰 틀에서 유사하며, 그중 차이점을 볏짚이엉이기의 내용 전개가 끝난 뒤에 언급하도록 한다. 볏짚이엉을 일 때는 최소 3~4명의 작업자가 함께 작업을 한다. 이들 중에서 선두에 있는 사람은 이엉을 펴며 수평을 보며 위치를 잡는다. 선두에 있는 작업자는, 뒤따라오는 사람들이 이엉을 단단히 맬 수 있도록, 이엉을 팽팽하게 당겨주기도 한다. 또 추가로 이엉을 덧대면서 수평을 맞추기도 한다. 뒤따라오는 사람들은 선두자가 잡아놓은 위치에서 이엉을 고삿줄에 맨다. 그러므로 선두자는 이엉을 이는데 노련한 사람들이다. 하지만 지붕 위에서 이엉의 수평을 보는 것과 지붕 아래에서 이엉의 수평을 보는 것에 차이가 있기 때문에 지붕을 볼 줄 아는 노련한 감독자가 지붕 아래에서 봐줄 필요가 있다. 전통마을에서는 이엉이기가 한 마을의 중요한 공동노동이었는데, 이엉이기 경험이 많으나 연로하여 일하기 힘든 고령층이 대개 지붕 아래에서 감독하였다고 한다. 그래서 지붕에서 이엉이기를 하는 노련한 선두자도 지붕 아래에서 감독하는 어른들의 말을 들었다고 한다.

---

164 나형남, 한국민속촌, 2014.12.08.

<표 43> 이엉이기 사례

잘못된 이엉이기의 사례[165]	올바른 이엉이기의 사례[166]

비늘이엉 이는 사례[167]	해체하면서 발견한, 이엉을 고삿줄에 맨 1973년 사례[168]

이엉의 종류에 상관없이, 이엉이기는 초가지붕의 아래에서부터 초가지붕의 모든 면을 같은 높이로 돌면서 처음 시작한 부분과 끝부분이 만나게 하여 하나의 층을 이루게 한 뒤 일정한 간격으로 초가지붕 윗부분까지 층층이 인다. 층간의 간격은 엮음부위를 기준으로 5~7치 정도이지만, 아래층 이엉의 엮음부위나 초가이엉 밑의 속이 보이지 않도록 간격을 촘촘히 하는 것이 중요하다. 엮음부위나 속이 바깥으로 노출되도록 인다면 비나 눈이 속으로 들어가서 지붕의 기능을 약화할 수 있다.

---

165 나형남, 한국민속촌, 2020.11.17.
166 나형남, 한국민속촌, 2022.01.03.
167 나형남, 한국민속촌, 2022.01.16.
168 나형남, 한국민속촌, 2022.02.08.

이엉의 여러 면을 돌리다 보면, 면과 면 사이의 꺾이는 추녀마루는 이엉이 부챗살과 같이 펴져서 지붕의 기능이 약화할 수 있다. 그렇기 때문에 이엉이기의 선두자는 모서리 부분만큼은 팽팽하게 당기지 않고 자연스럽게 폈으며 한 층의 이엉을 일 때마다 이엉을 3~4자 정도 잘라서 덧대었다. 이엉을 일 때 위로 올라갈수록 촘촘해지며, 그 간격은 3~4치 정도로 줄어든다. 이엉을 정수리에 해당하는 가장 윗부분까지이면, 돌리고 있는 이엉의 양쪽 밑이 맞닿아 있는 상태가 된다. 이 상태에 이르면 용마름을 이기 위한 준비를 한다.

이엉을 이면서, 물매가 완전히 잡히지 않아서, 수평이 맞지 않거나 파인 부분이 발견된다. 이런 경우에는 군새로 물매를 잡는 것과 같이 이엉을, 파여져 있는 부분에 맞춰서, 이고 있는 이엉 밑에 덧댄다. 덧대는 것은 이고 있는 이엉과 같은 방향으로 한다. 가령 사슬이엉이면 사슬이엉과 같은 방향으로 덧댄다. 단 사슬이엉의 경우에 엮는 부분 아래로 이엉을 덧댈 수 있는 경우에는 거꾸로 덧대기도 한다. 주의할 점은 엮음부위 위로 이엉을 거꾸로 덧대면 물이 이엉을 타고 내려올 때 덧댄 이엉의 엮음부위에서 걸리면서 역행하여 물이 고이기도 한다. 그러므로 덧대는 것에도 엮음부위를 고려해야 한다. 그리고 추녀마루의 주변은 수평이 잘 맞지 않아서 다른 부위에 비해서 가라앉은 것처럼 오목한 모양을 보이기 쉽다. 그래서 추녀마루의 주변도 수평을 맞추기 위해 이엉을 덧댄다.

이엉은 기본적으로 속고삿줄에 매어서 인다. 속고삿줄에 매는 방법은 속고삿줄을 중심으로 이엉 양쪽에서 지푸라기를 뽑아 당겨서 한 갈래로 만들어 속고삿줄에 돌리고 남은 것은 뽑아 당긴 지푸라기에 다시 걸어 매는 것이다. 이엉이기는 엄지와 검지를 대부분 쓰는데, 속고삿줄에 매기 위해 이엉 양쪽에서 지푸라기를 뽑아 당길 때 엄지와 검지로 약 10가닥 안팎의 지푸라기를 뺀다. 또 이엉 한 장을 다 이고 새로운 이엉 한 장을 이을 때도 각 이엉에서 지푸라기 약 10가닥 안팎을 뽑아 당겨서 한 갈래로 만들어 가장 가까운 속고삿줄에 맨다. 그렇게 해야 이엉끼리 잘 엮어서 분리되는 일을 줄일 수 있다.

〈표 44〉 용마름 올리기 전 이엉이기 사례

용마름 올리기 전 용마루 부분 이엉이기[169]

용마루 부분 이엉 고정하는 방법[170]

    용마름은 사람의 신체 중 정수리에 해당하는 지붕의 한 가운데인 용마루에 설치한다. 용마름은 용마루의 물막이를 위하여 올린다. 용마름을 올리기 전에 용마루 부분을 전체적으로 이엉으로 〈표 44〉와 같이 2~3번 정도 겹쳐서 올린다. 이엉의 방향은 윗부분이 바깥으로 나오도록 하고, 겹쳐서 올린다는 것은 양옆의 엮음부위 아래가 겹치도록 인다는 것이다. 엮는 부분 아래는 뿌리 부분이기 때문에 윗부분에 비하여 굵기가 굵다. 그래서 용마루를 치솟도록 올려주는 역할을 하고, 용마름을 지탱하는 역할도 한다.

    이엉으로 2~3번 정도 겹쳐서 올릴 때는 고삿줄에 맬 수 없다. 이미 고삿줄을 다 덮은 상태이기 때문이다. 그렇기 때문에 용마름 바로 밑의 이엉을 고정하기 위해서 이미 이었던, 덮여 있는, 양쪽의 이엉 속에서 지푸라기 약 10가닥 안팎을 뽑아 당겨서 〈표 44〉와 같이 한 갈래로 만들고 돌려서 안쪽으로 꺾어 놓는다. 이러한 묶음 방식은 초가지붕이 시간이 지날수록 비나 눈에 의하여 눌리는 성질을 활용한 것으로 보인다.

    용마름은 엮은 부분을 중심으로 둥글게 말아서 올린다. 용마름을 올릴 때도 아래에서 위로 올려주기 위해 2~3명의 작업자가 받아주며 올려준다. 용마름을 올리고 난 후에는 용마름을 천천히 피면서 인다. 용마름은 조급하게 피면 방향이 엉키어서 상할 수도 있다. 그래서 용마름을 필 때는 주의를 기울인다. 용마름을 펴서이고 나면 양쪽 끝의 줄을

---

169 나형남, 한국민속촌, 2013. 11. 30.
170 나형남, 한국민속촌, 2013. 11. 30.

속고삿줄에 매어 고정한다.

　용마름은 지네발과 같이 양옆으로 볏짚이 펼쳐져 있다. 그러므로 바람에 의하여 뒤집힐 수 있거나, 비나 눈에 의하여 용마름의 위치가 바뀔 수 있다. 날씨에도 잘 버틸 수 있도록 양옆으로 가로로 길게 새끼줄을 친다. 이외에도 가로줄을 고정하기 위해 세로로 새끼줄을 친다. 가로줄과 세로줄을 합쳐서 겉고삿이라고 한다. 이외에도 대각선으로 치는 방식도 있다.

〈표 45〉 마름모형 겉고삿줄 용마루 부분의 경우

| 용마루 부분에서 본 마름모형 줄 치기[171] | 줄 치기 후 용마름 고정[172] |

　모든 이엉은 가로로 길게 펼쳐서 인다. 속고삿줄은 세로로 내려서 이엉을 매어 거는 형식이라면 겉고삿줄은 〈표 45〉와 같이 가로줄 형이든 격자형, 마름모형이든 용마름 양쪽에 가로로 길게 줄을 놓고 지붕 밑에 고정한다. 즉 용마루의 가로줄은 용마름을 양쪽에서 눌러서 고정시키는 역할을 한다.

(2) 볏짚 외 이엉이기

　본 항목에서는 볏짚이엉이기 외 억새, 저릅대, 산죽, 띠풀이엉이기를 살펴보도록 한다. 볏짚을 제외하고 그 외의 재료로 하는 이엉이기는 쉽게 살펴볼 수 없으므로, 현재 남아있는 초가지붕과 지역주민의 제보를 바탕으로 내용을 전개하고자 한다. 먼저 억새이엉을

---

171 나형남, 한국민속촌, 2021.01.01).
172 나형남, 한국민속촌, 2021.01.01).

살펴보도록 한다. 억새이엉의 경우, 볏짚이엉이기와 비슷하며 밑에서부터 한 층을 두르고 위로 20cm 간격씩 올라가는 것은 동일하다. 다만 속고삿줄에 억새이엉을 맬 때는 억새가 꺾이지 않기 때문에 일정한 간격의 새끼줄을 준비하는 것이 필요하다.[173]

이엉을 속고삿줄에 돌려서 끈으로 맨다. 본래는 새끼줄로 하였으나, 비닐끈으로 하는 사례도 있다.[174] 전통적인 억새이엉이기를 구체적으로 살펴보기 위하여, 남원 주천면 덕치리 초가를 살펴보면서 남원 주천면 덕치리 주민이 제보한 내용을 토대로 유추해보도록 한다.

〈표 46〉 억새지붕의 처마두께와 간격

처마의 두께 45~50cm

이엉 위아래의 간격 20~30cm

남원 주천면 덕치리 초가의 처마 두께는 약 50cm로 저릅대를 포함한다. 저릅대의 두께는 약 10cm로 실제 억새지붕의 두께는 약 40cm로 보인다. 이엉 위아래의 간격도 남원 주천면 덕치리 주민의 제보와 같이 20~30cm이다. 여기서 맨 아랫부분의 이엉과 바로 위층의 이엉 간격이 다른 부분보다 큰 편인데, 지붕작업할 때, 위보다 아래에서

---

173 억새는 40전 정도에서 엮지만, 엮음부위가 덮어지도록 이어야하기 때문에 20cm 정도로 촘촘히 인다고 한다(나형남, 남원 주천면 덕치리 주민 제보, 2022.03.14).

174 https://blog.naver.com/PostView.nhn?blogId=rbs777_kr&logNo=222131314035&msclkid=c5b6f213b10111ec8695890bb6fbd8c6, "매월당 억새 지붕 올리기", 2022.02.21.

일하는 것이 힘들기 때문으로 보인다.

〈표 47〉 억새이엉이기 추녀마루와 용마루

억새이엉이기 추녀마루에 박힌 대나무 바늘[175]

억새이엉이기 용마루[176]

　남원 주천면 덕치리 주민의 제보 중에서 주목할 만한 점은 추녀마루에서 이엉을 돌릴 때는 볏짚이엉과 같이 1미터 정도 엮어놓은 이엉을 보조로 넣어주면서, 대나무 가지를 바늘처럼 만들어 추녀마루에 박아놓는 것이다.[177] 용마루에 올라갈 때도 억새이엉을 겹쳐서 쌓아 올리듯이 돌려 인다. 이 과정에서 억새를 계속 돌리면서 이게 되면, 서로 붙어 버려서 물매를 위하여 겹친 부분을 제외하고 억새이엉이 바깥으로 과하게 노출된 부분을 잘라내기도 한다.[178] 이러한 과정을 통해 용마름을 씌우고 나면 용마름 고정에 필요한 2줄을 양쪽으로 내린 뒤, 용마름을 중심으로 3줄 정도만 줄을 세로로 내려서 총 5줄 정도로만 줄을 친다.

---

[175] 나형남, 남원 주천면 덕치리 초가, 2022.03.14.
[176] 나형남, 남원 주천면 덕치리 초가, 2022.03.14.
[177] 양쪽 사모퉁이에 대나무가지를 박아야 하는데, 이엉을 잡아당기면서 올라와 버리기 때문이라고 한다. 그래서 날개 위에 박아서 잡아당겨도 움직이지 않도록 한다. 그다음 위로 돌릴 때도 대나무를 박으면서 올라오도록 한다. 또 억새가 미끄럽기 때문에 발을 밟을 수 있는 지지대 역할도 하며 미끄러울 때 손을 잡을 수 있는 손잡이로도 쓴다(나형남, 남원 주천면 덕치리 주민 제보, 2022.03.14.).
[178] 나형남, 남원 주천면 덕치리 주민 제보, 2022.03.14.

<표 48> 억새이엉이기 중 줄치기

줄을 놓은 모습[179]

서까래 밑 연죽[180]

서까래 밑 문고리[181]

서까래 밑 꺽쇠[182]

　억새이엉이기에서 줄을 매기 위해 연죽을 사용했을 것으로 추정되나 현재에는 서까래 밑의 문고리를 설치해서 이용한다고 한다. 그 외에도 꺾쇠나 못도 많은 것으로 보아서 서까래 밑에 연죽을 매고 줄을 매거나 못을 치고 매거나 혹은 꺽쇠를 치고 매는 등의 다양한 방법이 남원 주천면 덕치리 초가에서 이루어 진 것으로 보인다.[183]

　다음으로는 저릅대이엉이기를 살펴본다. 저릅대이엉도 현재 삼척 하장면 갈전리의 주민제보와 백전리 물레방아, 정선 아라리촌의 저릅집을 참고하여 저릅대이엉을 어떻게

179　나형남, 남원 주천면 덕치리 초가, 2022.03.14).
180　나형남, 남원 주천면 덕치리 초가, 2022.03.14).
181　나형남, 남원 주천면 덕치리 초가, 2022.03.14).
182　나형남, 남원 주천면 덕치리 초가, 2022.03.14).
183　대나무(연죽)나 나무로 하면, 지저분하기 때문에 문고리 같은 것을 박고 건다고 한다. 매번 매는 자리에 계속 걸면 되기 때문이라고 한다(나형남, 남원 주천면 덕치리 주민 제보, 2022.03.14).

이었는지 볏짚이엉이기의 순서에 맞춰서 살펴본다.

〈표 49〉 저릅대지붕의 처마두께와 간격

정선 아리리촌 저릅집
처마의 두께 50cm[184]

정선 아리리촌 저릅집
이엉 간격 100cm[185]

백전리 물레방아
처마의 두께 20~23cm[186]

백전리 물레방아
이엉 간격 60cm[187]

저릅대이엉으로 이은 현존하는 건물은 정선 아리리촌의 저릅집과 백전리 물레방아이다. 두께가 대략 각각 50cm 이거나 혹은 20cm 정도의 편차가 있으나, 삼척 하장면 갈전리 주민의 제보에서도 1자(30.3cm) 정도 이상 되었다고 하였으므로 두께는 20cm 이상은 되었을 것이다. 간격의 경우에도 정선 아리리촌의 저릅집에서는 100cm정도이고

---

184 나형남, 정선 아리리촌 저릅집, 2022.03.03.
185 나형남, 정선 아리리촌 저릅집, 2022.03.03.
186 나형남, 백전리 물레방아, 2022.03.03.
187 나형남, 백전리 물레방아, 2022.03.03.

백전리 물레방아의 이엉 간격은 60cm인 점도 있는데, 공통되는 방식은 각 건물의 저릅대 이엉은 동일하게 3번 정도 올라갔다는 점이다. 이엉을 밑에서부터이면서 올라갈 때의 원칙은 엮음부위가 덮이는 것이고, 삼척 하장면 갈전리 주민의 제보에서도 3번 올리는데, 간격은 1미터 50센치 정도였다.[188] 저릅대이엉이기는 3번을 처마에서부터 용마루까지 이어서 올라가는 것인데, 이엉간의 간격은 저릅대의 길이, 지붕의 길이나 물매 등을 고려하여 정해졌을 것으로 보인다.

〈표 50〉 저릅대지붕의 지새미와 내부천장 비교

정선 아라리촌 저릅집 지새미와 내부천장[189]

백전리 물레방아 지새미와 내부천장[190]

188 저릅이 2미터가 넘다보니, 3번만 올리면 끝난다고 한다. 또 두께를 위하여 처음 집을 지을 때는 3단을 올린다고 한다. 그리고 한 해에 1번씩만 올린다고 한다. 간격의 경우에도 저릅대의 길이가 3미터이면 1미터 50센치미터 정도의 간격으로만 이어도 문제가 없다고 한다(나형남, 삼척 하장면 갈전리 주민 제보, 2022.03.03).
189 나형남, 정선 아라리촌 저릅집, 2022.03.03.
190 나형남, 백전리 물레방아, 2022.03.03.

정선 아라리촌의 저릅집과 백전리 물레방아의 천장은 저릅대이엉이기로 되어 있어 이엉이기가 어떻게 진행되었는지 알 수 있다. 본래 저릅대이엉은 밑동이 안으로 들어가게끔 이지만, 이기 전에 지새미를 두르는 것처럼, 먼저 밑동을 바깥으로 하여 한번 인 다음에 그 위로 사슬이엉과 같은 방식으로 인다. 현재 각 건물의 천장에는 이엉이기를 한 다음에 황토를 해 놓은 상태이지만, 삼척 하장면 갈전리 주민에 의하면 저릅대이엉이기를 하고 황토를 바르지 않는 경우도 있다고 한다.[191] 앞서 언급한 바와 같이 저릅대이엉은 처마에서 용마루까지 총 3번을 이었다.

〈표 51〉 저릅대지붕의 지붕마감

정선 아라리촌 겉고삿줄 매기와 용마름[192]	백전리 물레방아 겉고삿줄 매기, 누르는 나무와 용마름[193]	삼척 이종석 가옥의 겉고삿줄 매기, 누르는 나무와 용마름[194]

용마름의 경우, 정선 아라리촌의 저릅집은 용마름을 하였으며, 백전리 물레방아나 삼척 이종석 가옥에서는 용마름을 놓지 않고 한쪽 면의 이엉이 다른 면보다 더 올라가도

---

191 나형남, 삼척 하장면 갈전리 주민 제보, 2022.03.03.
192 나형남, 정선 아라리촌 저릅집, 2022.03.03.
193 나형남, 백전리 물레방아, 2022.03.03.
194 본 사진은 삼척시 하장면 판문리 이종석 가옥 안채의 저릅대지붕을 측면으로 찍은 사진(촬영연도 1991년)이다. 앞서 언급하였듯이, 본 사진에서는 용마루의 한쪽 면의 이엉이 다른 면의 이엉보다 높게 올라가 있다는 점이, 현존하는 저릅대이엉이기에서 볼 수 없는 사진이면서, 삼척 하장면 갈전리 주민의 제보 내용과도 일치한다. 그래서 위 사진을 인용한다. 이를 통해 옛 저릅대지붕의 용마루를 어떻게 마감하였는지 알 수 있다.
공공누리에 따라 국립민속박물관의 공공저작물이용
https://www.nfm.go.kr/paju/archive/detail/search/100/OR0001-1991-007-00000621

록 하여, 용마루를 마감한 것으로 보인다. 다만 백전리 물레방아의 경우에는 관리하는 과정에서 한쪽 면을 다른 면의 이엉이 덮이게끔 더 올리지 않은 것으로 보아 관리의 개선점이 드러난다.

현재 정선 아라리촌 저릅집을 살펴보면, 백전리 물레방아나 삼척 이종석 가옥과 같이 나무를 대지 않았고, 볏짚이엉이기처럼 새끼줄로 겉고삿줄을 쳤다. 백전리 물레방아나 삼척 이종석 가옥 등과 비교하였을 때, 볏짚이엉이기가 반영되어 방식의 변화가 있었던 것으로 보인다. 그래서 2004년 정선 아라리촌이 개촌하였던 당시의 모습을 살펴볼 필요가 있다고 사료되어[195] 현재 저릅집과 초기의 저릅집의 모습에 대한 자료와 옛 사진자료를 찾아 비교하도록 한다.

〈표 52〉 국내 저릅대지붕 사례

함남단천 하여진평 교창가옥(1911)[196]

함남장진 아득령 설관 주막(일제강점기)[197]

강원정선 임계 숫대(일제강점기)[198]

정선 아라리촌 저릅집의 사진은 2006년도의 사진[199]과 〈표 52〉의 사진을 보면 현재

---

[195] 2004년 개촌한 이래로 정선 아라리촌의 외형은 유지하고 있다고 한다. 또 초창기에는 정선의 주민들이 와서 직접 했었다고 한다. 그러므로 초기의 모습을 살펴볼 필요가 있었다(나형남, 정선 아라리촌 관계자 제보, 2022.03.03).
[196] 공공누리에 따라 국립중앙박물관의 공공저작물이용.
https://www.museum.go.kr/site/main/relic/search/view?relicId=67600
[197] 공공누리에 따라 국립중앙박물관의 공공저작물이용.
https://www.museum.go.kr/site/main/relic/search/view?relicId=70384
[198] 공공누리에 따라 국립중앙박물관의 공공저작물이용.
https://www.museum.go.kr/site/main/relic/search/view?relicId=192652
[199] 이 자료는 두산백과사전에 2006년 5월 11일에 업로드된 사진이다. 초창기 모습에 가까운 것으로 보이며, 실제로 가로줄은 칡으로 하고, 세로줄은 얇은 나뭇가지로 눌렀다는 점에서 참고할 만하다.

모습과 같이 새끼줄이 가로, 세로로 놓지 않았다. 또 새끼줄을 걸기 위한 연죽도 설치되지 않은 모습이다. 현재의 모습은 볏짚이엉이기가 반영되어 방식의 혼재가 발생한 것이라고 볼 수 있다. 여러 과거 자료를 살펴보면 얇고 긴 나무로 누르고 있고 칡으로 눌러서 서까래나 도리에 묶었음을 알 수 있다. 또 용마루 위에 용마름을 엮어 놓은 것은 동일하다는 점에서 현재의 외형은 유지하고 있음도 알 수 있다. 정선과 삼척 지역에서는 볏짚으로 꼰 새끼줄보다는 칡을 줄로 삼았다는 것을 확인할 수 있다.[200]

삼척 하장면 갈전리 주민의 제보를 근거로 여러 자료를 살펴보면, 이엉을 인 뒤에는 나무나 칡줄 등으로 단단히 누른다. 나무는 가로나 세로로 단단히 누를 수 있도록 많이 놓았고, 용마루에서 칡줄 등을 내려, 가로로 놓인 나무에 잡아매어 서까래에 묶었다. 또 가로 방향으로도 줄을 놓아서 세로로 놓인 나무에 잡아매고 다른 지붕면의 서까래나 도리에 맸다. 이와 같은 줄치는 방식은, 볏짚이나 띠풀이엉이기의 마름모형이나 격자형, 가로형 매기와 같은 규칙적인 방식이 아닌, 저릅대이엉의 눌러진 상태나 나무의 배열 등을 고려하여 불규칙적으로 줄을 친 것으로 보인다.[201]

다음으로는 산죽이엉이기를 살펴본다. 산죽이엉이기의 경우에는 현재 산죽이엉으로 인 집이 남아있지 않기 때문에 몇몇 폐가에서 찾은 산죽지붕의 외형과 하동 청암면 청학동 주민의 제보를 바탕으로 내용을 전개하도록 한다.

---

https://www.doopedia.co.kr/photobox/comm/community.do?_method=view&GAL_IDX=101012000695600#hedaer, 정선 아라리촌 저릅집, 2022.04.01.

200 〈표 52〉와 같이 강원도 지역과 함남 지역에서 저릅대지붕으로 된 건물이 보인다. 일제강점기 이전의 저릅대지붕에 대한 사진자료를 쉽게 찾아볼 수 없지만, 지역의 다름과 상관없이 이는 방식이 유사하다는 점을 자료를 통해 확인할 수 있었다. 이에 참고자료로 활용한다.

201 나무를 올려놓고 그다음 줄을 나무 위에다가 묶어서 서까래 쪽에서 당겨 묶는다고 한다. 줄은 가로, 세로로 묶으며, 나무가 뜨지 않도록 매주는 것이 중요하다. 그래서 이쪽저쪽 서까래에 줄을 당겨서 바짝 묶어준다고 한다. 나무를 하지 않고 줄을 매면, 세로줄의 경우에는 저릅대를 엮은 부위 사이로 다 빠지기 때문에 반드시 나무로 눌러줘야 한다고 한다. 또 가로줄에 대해서 제보자는 처음에 집을 짓고 난 뒤에 처음 저릅대이엉이기를 할 때는 단도리하려고 하는 것이지만 매해 할 때는 가로줄을 하지 않아도 두꺼워서 새지도 않고 보기도 싫으므로 굳이 할 필요가 없다는 식으로 말하였다. 또 까치구멍이 있는 집이라면, 까치구멍 안으로도 줄을 묶는다고 한다. 제보자의 기억에 의하면 줄을 매는 것이나 나무를 놓는 것은 공식이 없고 집마다 하는 걸 보면 생긴 대로 하는 것이라고 한다(나형남, 삼척 하장면 갈전리 주민 제보, 2022.03.03).

현재 산죽이엉이기를 하였던 곳은 지리산 자락의 산청과 하동 지역에서 이루어졌다. 현재 산청 지역은 산죽지붕을 찾아볼 수 없고, 청학동의 경우에도 1~2년 전에 인조이엉으로 교체하면서 현재 산죽지붕을 찾아볼 수 없게 되었다. 또 청학동에서 최근까지 산죽이엉이기를 진행하였던 최근의 기록을 살펴보아도, 하동 청암면 청학동 주민은 이엉의 간격이나 이는 방식을 현재 발견할 수 있는 폐가에서 살펴볼 수 밖에 없다고 제보한다. 그래서 가장 오래된 산죽지붕에 대한 기록을 확보하여 살펴보도록 한다.

〈표 53〉 국내 산죽지붕 사례

한국민속촌 장터(1979)[202]

청학동(2015년도 이전 추정)[203]

---

202 한국민속촌 소장자료.
203 위 자료는 청학동 주민이 제보하면서 참고자료로서 준 엽서의 사진이다. 스캔을 하여 자료로 활용하였으며, 엽서의 우편번호가 6자리로 표기되어있다. 우편번호가 2015년도에 5자리로 바뀌었기 때문에 2015년도 이전으로 추정한다.

위의 <표 53>은 청학동 산죽집의 전경과 한국민속촌(1979) 산죽지붕의 전경이다. 줄을 치는 것과 용마루의 방식이 다르나, 산죽지붕에 대한 자료로서 소개할만하다. 또 2020년대 이전의 기록으로 추정되는 청학동에는 산죽지붕으로 이었던 집이 있었다.[204] <표 53>의 사진을 보면, 지붕은 산죽으로 풍성하게 이었다. 위의 집을 살펴보면 처마쪽의 두께가 상당히 두껍다는 것과 지붕의 모양이 볏짚이엉의 초가와 같음을 알 수 있다. 아랫부분에는 나무를 놓고 산죽을 누르는 용도로 보이며, 용마루에는 나무를 양쪽에 1개씩 올려놓고 서로 반대로 겹쳐놓은 산죽을 누르고 있는 모습도 보인다. 산죽지붕에는 가로방향으로만 나무를 대었는데, 가운데 부분에도 누른 것으로 보아, 용마루에서부터 처마까지 나무 사이로 줄을 연결하여 고정하였을 것으로 추측해볼 수 있다. 산죽의 이파리가 없어지면서 이는 방식을 상세하게 살펴볼 수 없으므로 자료를 추가로 확보하여, 이는 방식을 살펴보도록 한다.

산죽지붕에 대해서 연구된 바로는 김일진의 연구가 유일하며, 그 외에는 등산객들이 청학동을 방문하면서 촬영하였던 사진들이 대부분이다. 일부 자료[205]에서 산죽이엉이기를 확인할 수 있는 오래된 기록이 보이므로 본 자료를 바탕으로 산죽이엉이기를 확인해 본다. 산죽이엉을 엮어서 진행할 경우 지붕의 각도 및 규모를 봐가면서 적정한 간격으로 새끼줄을 내리고 새끼줄에 산죽이엉의 엮음부분을 묶었다고 한다.[206] 앞서 언급하였듯이 산죽이엉은 20cm 위에서 엮는다고 하였다. 그렇다면 이엉간의 간격은 엮음부분이 덮일 수 있도록 20cm 안팎을 유지했을 것으로 보인다. 지붕에 속고삿줄을 치고 나면, 그다음에는 처마를 보강하기 위하여 산죽의 밑동을 안으로 하여, 거꾸로 지붕 4면의 처마부분을 돌아가면서 인다. 이러한 모습은 <표 54>의 왼쪽 사진기록에서 처마부분에

---

204 https://www.doopedia.co.kr/search/encyber/detailViewSearch.jsp, 청학동, 2023.01.30.
205 https://www.doopedia.co.kr/search/encyber/detailViewSearch.jsp, 청학동, 2023.01.30.
206 매주지 않으면 서까래에서는 처져 내려가기 때문에 이엉이기 전에 지붕에 줄을 매줘야 한다고 한다. 저자는 줄을 매는 간격이 40전 정도인지 제보자에게 물어보았으나, 확실하게 답하지는 않았다. 줄의 간격은 봐가면서 했는데, 처지지 않을 것 같으면 줄의 간격을 늘씬하게(크게) 했고 처질 것 같으면 자주 쳐주는 것이라고 답하였다. 이러한 제보자의 답변은 줄의 간격을 정함에 있어서 지붕의 경사와 이엉을 엮은 두께와 무게로 가늠했다는 것으로 판단된다(나형남, 하동 청암면 청학동 주민 제보, 2022.03.14).

이파리가 보인다는 점에서 확인할 수 있다. <표 54>의 사진기록 2건을 살펴보면 20cm 기준보다는 간격이 큰 것으로 보이나, 이파리가 안으로 들어가서 보이지 않고 밑동부터 줄기만 보인다는 점에서 물매가 낮을 뿐이지 이는 방식에는 문제가 없어 보인다.[207] 그리고 용마루에서는 산죽이 여러 장을 겹쳐서 쌓아 올리듯이 되어 있는데, 이러한 모습은 <표 53>이나 <표 54>의 사진기록에서도 보인다. 하동 청암면 청학동 주민의 제보에 의하면, 용마루에 단을 일정량을 묶어놓은 다음 풀어서, 2~3번 정도를 기와지붕 용마루에서 기와를 쌓듯이 놓는다고 한다.[208] 용마루에 산죽을 풀어서 놓는 방식은 제주도 띠풀이엉이기와 유사해 보인다. 산죽이엉이기는 이엉을 엮어서이기도 하고, 엮지 않고 이기도 하므로 용마루에 단을 해서 쌓는 방법이 가능했을 것으로 보인다.[209] 용마루에 산죽을 다 놓으면, 얇고 긴 나무 2개를 용마루 양쪽에 내려놓는다.[210]

---

[207] 저자가 제보자에게 왜 댓잎이 보이지 않는지 물어보았더니, 제보자는 댓잎이 안으로 들어가기 때문에 당연히 보이지 않게끔 이는 것이 중요하다고 답하였다(나형남, 하동 청암면 청학동 주민 제보, 2022.03.14).
[208] 산죽지붕은 용마루에서는 단을 해서, 기와집에 용마루에 쌓듯이 2번이나 3번을, 용마루 위에 놓고 가로, 세로로 놓고, 돌려서 놓고 한다고 한다. 이렇게 해야 용마루가 새지 않는다고 한다. 이렇게 설명한 이후에 제보자는 엮지 않은 채로 산죽이엉이기를 할 경우에는 단을 올려서 풀어서 포갠다고 설명해주었다. 이로 보아 단으로 한다는 제보자의 말은 실제 한 단씩 묶은 것을, 그대로 용마루에서 사용한다는 것이 아니라, 풀어서 여러 번 포개어 쌓아 올려서 두툼하게 한다는 뜻으로 유추해볼 수 있다. 이러한 방법은 띠풀이엉이기에서도 보이는 방식이다(나형남, 하동 청암면 청학동 주민 제보, 2022.03.14).
[209] 제보자는 이엉으로 할 경우에는 한 주먹씩 착착 한다고 말하였고, 마구할 것 같으면(엮지 않으면), 다발로 착착 이어야 한다고 말하였다. 이런 경우에는 산죽도 많이 들고 나무도 더 대줘야 한다고 말하였다(나형남, 하동 청암면 청학동 주민 제보, 2022.03.14).
[210] 제보자는 나무를 대려면 약한 것으로 해야한다고 한다. 큰걸 놓으면 위가 불퉁퉁(불퉁하다)해진다고 한다. 그래서 용마름을 잘 놓으면 4~5년씩은 간다고 한다(나형남, 하동 청암면 청학동 주민 제보, 2022.03.14).

<표 54> 진생이와 줄치기의 예시

| 진생이 연결부분[211] | 진생이 서까래 묶음부분[212] | 용마루부분 나무 연결[213] |
| 용마루 - 진생이 연결[214] | 지붕면 가로줄 매기[215] | 가로, 세로줄 연결[216] |

    용마루를 다 이고 나면, 처마에 진생이를 놓는다. 진생이는 산죽의 처마부분에 놓는 긴 나무나 대나무를 말하는데, 처마부분의 산죽이엉을 눌러주는 역할을 하면서 용마루로부터 내려오는 새끼줄을 고정하는 역할도 겸한다. 진생이는 서까래에 걸어 묶어서 고정한다. 진생이를 고정하기 위해 칡을 줄로 쓴다. 칡은 새끼줄보다 질겨서 더 잘 당길 수 있기 때문이다. 진생이를 고정하기 위해 진생이대를 이용한다. 진생이대는 일종의 바늘과 같은 기능을 하는데, 진생이대를 처마 밑으로 서까래가 있는 부근의 이엉을 찌르면, 처마 밑에서는 진생이대에 줄을 걸어놓는다. 이것을 다시 끌어올리면, 진생이대에

---

211 나형남, 하동군 청암면 청학동길 60, 2022.03.14.
212 나형남, 하동군 청암면 청학동길 60, 2022.03.14.
213 나형남, 하동군 청암면 청학동길 51, 2022.03.14.
214 나형남, 하동군 청암면 청학동길 61, 2022.03.14.
215 나형남, 하동군 청암면 청학동길 60, 2022.03.14.
216 나형남, 하동군 청암면 청학동길 60, 2022.03.14.

걸려 있는 줄을 진생이에 잡아매고 다시 진생이대에 줄을 걸어 처마 밑으로 찔러 넣으면 서까래에 강하게 잡아당겨서 묶는다.[217]

<표 54>는 현재 청학동 내의 상황으로 대부분이 폐점하면서 관리가 안 되는 폐가들의 모습이다. 산죽지붕의 이는 방식은 확인할 수 없더라도 과거 산죽이엉이기 중 진생이와 줄치는 방식을 확인할 수 있었다. 비록 철사로 연결되어 있더라도 지붕 위에 치는 방법은 새끼줄과 동일하다고 볼 수 있기에 줄치는 방법으로 참고하고자 한다.

진생이는 지붕 4면에 각 한 개씩을 두어 추녀부분에서 연결하였으며, 진생이를 붙잡는 줄은 서까래에 맸다. 또 용마루 양쪽의 나무끼리도 줄로 단단히 연결하였으며, 용마루에서 줄을 사방으로 세로방향으로 줄을 내리면 진생이에 단단히 당겨서 잡아맸다. 이외에도 단단히 눌러줘야 하는 부분이 있으면 가로로 줄을 쳐서 세로줄에 감아서 그물처럼 모든 줄을 연결시킨 후에 다른 면의 진생이에 잡아맨 경우도 있다. 기본적인 줄치는 방법은 가로로 댄 용마루에 있는 나무 및 진생이에 세로로 줄을 내리는 것이고, 지붕의 상황에 따라 규칙적인 형식 없이 진생이와 세로줄에 묶었던 것으로 보인다.[218]

그다음으로 살펴볼 것은 띠풀이엉이기이다. 띠풀이엉이기는 제주도 지역에서 이뤄지는 방식으로 띠풀을 재배하여 엮지 않은 상태로 이는 것이 특징이다. 제주도 띠풀이엉이기의 경우에는 성읍마을의 초가를 현장 조사한 것과 성읍마을 초가장 초공 및 주민의 제보 내용, 한국민속촌에서 성읍마을 초가장 초공이 직접 이엉이기 하는 과정을 기록한 것을 바탕으로 살펴보도록 한다.

---

[217] 제보자는 진생이를 갖다 꽉 잡아매는 것인데, 칡줄로 밑(서까래)에하고 잡아 매줘야 한다고 한다. 서까래 끝에 엉치게(얹히게) 묶어서 올리는 것이라고 한다. 진생이대라고 하여 대나무로 바늘같이 끝을 뾰족하게 만들고 바늘 밑부분에 구멍을 뚫어서 칡을 구멍에 끼워서 위로 올리면 진생이에 잡아매고, 다시 내려서 서까래나 서까래에 친 못에 한번 쑥 돌려주고 그런 후에 확 잡아맨다고 한다(나형남, 하동 청암면 청학동 주민 제보, 2022.03.14).

[218] 용마루에 양쪽으로 나무를 2개 길게 놓고 진생이를 네 군데만 우선 묶어놓으면, 용마루에 있는 양쪽나무에서 사방으로 세로줄을 내릴 수 있다고 한다. 세로줄을 하고 나면 세로줄을 연결하면서 가로줄을 대는데, 연결할 때는 그물처럼 해줘야 한다고 한다. 다른 면으로 넘기는 방법은 다양하며, 누르는 것이 약한 부위는 세로로 줄을 내려도 되고 가로로 줄을 댄다고 한다. 형식은 없으나 지붕이 안 새고 오래 보존될 수 있도록 하기 위해서라고 한다(나형남, 하동 청암면 청학동 주민 제보, 2022.03.14).

〈표 55〉 처마의 두께와 얇게 이엉을 인 모습

성읍마을 초가의 처마 두께 20~25cm[219]   처마쪽 얇게 인 모습[220]

　본 항목에서 살펴볼 성읍마을의 초가는 국가민속문화유산 제주 성읍마을 고창환 고택이다. 본 집은 전형적인 3칸 집 구성을 잘 보여주고 있고 초가지붕도 완만한 물매를 유지하고 있다는 점에서 참고할 만하다고 사료되어 위 가옥을 조사 가옥으로 선정하였다. 〈표 55〉를 살펴보면 처마의 두께는 약 20~25cm 정도이다. 처마부분을 얇게 이는 모습이 다수 포착되고 있는데, 위로 이면서 올라갈수록 띠풀이 겹쳐 쌓이면서 두꺼워지기 때문으로 보인다.[221] 처마 밑은 각단을 통해 두께를 보강하므로 얇게 이어도 무방할 것으로 보인다. 띠풀이엉이기를 하기 전에는 기존의 집줄을 전부 정리하고 새로 인다. 만약 기존의 집줄을 정리하지 않으면 물매가 잡히지 않아서 좋지 않다고 한다.[222]

---

[219] 나형남, 제주 성읍마을, 2022.03.08.
[220] 나형남, 제주 성읍마을, 2022.03.08.
[221] 모루(용마루)부분이 제일 중요한 데, 밑에서부터 띠풀을 두껍게 이기 시작하면, 가령 처마부분에서 25센치 두께로 이면 위에가서는 1미터 이상 두께를 맞춰야 한다고 한다. 그래서 밑에서는 얇게 이고 모루에서 적당한 물매를 잡아가서 두텁게 인다고 한다(나형남, 제주 성읍마을 주민 제보, 2022.03.08.).
[222] 예전 줄을 걷어내고 해야 집이 고장이 나지 않는다고 말한다(나형남, 제주 성읍마을 초가장 초공 제보, 2022.03.08.).

<표 56> 지붕면 띠풀이엉이기

| 지붕면 부분[223] | 풀어 펼쳐서 이는 모습[224] | 모서리 부분[225] |

<표 56>과 같이 지붕면 부분에 25~30cm 간격으로 띠풀을 한줌 씩 풀어서 인다. 가볍게 놓기 때문에 발로 밟으면 밀려 내려간다.[226] 그래서 지붕 위에서 작업할 때는 쉽게 움직이지 않는다. 띠풀이엉은 밑동이 안으로 들어가고 이파리가 바깥으로 나오게 인다. 이파리 부분이 물이 빠지도록 해주기 때문이라고 한다. 대(줄기)부분은 보이지 않도록 이파리만 나오게 하여 덮어서 적절한 간격을 유지하는 것이 중요하다고 한다. 추녀마루는 다른 지붕면에 비해 잘 이어야 하는데, 간격도 짧게 하여 여러 번 이어서 자연스럽게 물매가 나오도록 한다.[227]

---

223 나형남, 한국민속촌, 2014.12.18.
224 나형남, 한국민속촌, 2014.12.18.
225 나형남, 한국민속촌, 2014.12.18.
226 지붕을 여럿이 올라가면 고장이 나고 여럿이 박박 밟으며 돌아다녀도 고장이 난다. 그래서 2~3사람 외에는 안 올라가고 줄 불릴 때(집줄매기)에도 가만히 서서 웬만하면 돌아가지 못하게끔 한다고 한다(나형남, 제주 성읍마을 초가장 초공 제보, 2022.03.08).
227 이파리만 있도록 이어야 하고, 덮어지는 것도 이파리만 나오도록 덮어야 한다고 한다. 또 꺾이는 추녀머리(모서리) 부분은 잘해야 하는데, 양이 많이 들어간다고 한다(나형남, 제주 성읍마을 초가장 초공 제보, 2022.03.08).

<표 57> 집줄치기

가로줄 먼저 치면서 흐른이엉이기[228]

가로줄 친 후 세로줄 치기[229]

띠풀은 엮지 않았기 때문에 띠풀이엉을 이으면서 바로 집줄을 가로로 놓아야 한다. 집줄이 있어야 단단하게 고정이 되며, 지붕 4면으로 이으면서 바로 가로로 집줄을 놓는다. 대개 앞에서 보면 지붕에 가로줄과 세로줄로 격자 모양을 이루는 것처럼 보이지만, 4면으로 돌아가면서 가로로 집줄을 놓는 것이기 때문에, 용마루를 누르는 실제 세로줄은 몇 개밖에 되지 않는다.

<표 58> 집줄의 간격

평균 간격 25~30cm[230]   간격이 30cm 넘을 경우[231]

---

[228] 한국민속촌 사진기록 활용(나형남, 한국민속촌, 2009.01.31).
[229] 한국민속촌 사진기록 활용(나형남, 한국민속촌, 2009.01.31).
[230] 나형남, 제주 성읍마을, 2022.03.08.
[231] 나형남, 제주 성읍마을, 2022.03.08.

집줄의 간격은 25cm 안팎으로 최대 30cm를 넘기지 않는다고 한다. 이 간격은 지붕 4면을 이면서 유지되기 때문에, 마무리되었을 때를 확인해보면 25cm 안팎의 정사각형 모양으로 보이기도 한다. 만약 30cm가 넘어서 너무 간격이 크면 줄을 하나 더 내린다고 한다.[232]

〈표 59〉 용마루이기

용마루 부분 띠풀이엉 좌우로 겹쳐 쌓이올리는 모습[233]

용마루 부분 띠풀이엉이기는 가장 중요한 것으로 본다. 밑동부분이 좌우로 겹쳐 쌓아 올리듯이 여러 번 겹쳐 인다. 용마루가 자연스럽게 완만한 원형으로 나오도록 이는데, 용마루에서 띠풀이엉이 가장 많이 소모된다. 특히 용마루 양쪽 끝부분은 부채꼴 모양으로 밑동부분이 겹쳐 쌓아 올리듯 이기 때문에 물매를 감각적으로 볼 줄 아는 경험이 많은 작업자가 용마루 부분을 인다.

---

[232] 줄의 간격은 25전에서 30전, 평균 27~28전, 넓게 놓으면 30전이고 30전은 넘기지 않는다고 한다. 만약 30전을 넘기게 되면 줄을 하나 더 내려야 한다고 한다(나형남, 제주 성읍마을 초가장 초공 제보, 2022. 03. 08).

[233] 나형남, 한국민속촌, 2014. 12. 18.

<표 60> 띠풀이엉이기 마무리 전후

띠풀이엉이기 마무리 전[234]

띠풀이엉이기 마무리 후[235]

    <표 60>의 띠풀이엉이기를 마무리 전의 사진기록을 보면 마무리 전과 후의 처마부분의 첫 번째 줄의 위치와 두 번째 줄 간의 간격이 차이가 있다. 또 마무리 전에는 줄이 길게 늘어져 있지만, 마무리 후에는 줄이 처마 밑 연죽에 묶여있고 나머지 부분은 잘려져 있다. 마무리하기 위해서는 줄 간격을 균일하게 맞춘다. 아래에서 첫 번째 줄을 처마부분까지, 균일한 간격이 되게, 내려서 처마부분의 띠풀이엉을 누르게 한다.[236] 또 집줄은 묶어놓아도 늘어나기 때문에 보름 정도 지나고 풀어서 다시 강하게 당겨서 단단히 묶는다. 그리고 난 다음에 묶고 남은 나머지 집줄을 자른다.

---

234 나형남, 한국민속촌, 2014.12.18.
235 나형남, 제주 성읍마을, 2022.03.08.
236 줄의 간격을 쉽게 맞추려면 올라가 있는 집줄을 내리는 것이 편하다고 한다. 그래서 아래에서 두 번째 줄에 첫 번째 줄을 붙였다가 마무리를 위해 내리는 작업을 한다. 오히려 아래에서 위로 올리면 띠풀이 일어나기 때문에 지붕의 물매에도 좋지 않다고 한다(나형남, 제주 성읍마을 초가장 초공 제보, 2022.03.08).

제4장

초가지붕의 역사와 전승 양상

1. 볏짚이엉 보편화 이전
2. 볏짚이엉 보편화 이후
3. 개량화 시기
4. 다양화 시기

제4장

초가지붕의 역사와 전승 양상

　초가지붕의 흐름은 볏짚이엉이 보편화된 시점을 기준으로 분류해 볼 수 있다. 볏짚이엉이 보편화된 것은 벼농사가 보급되는 것을 필요로 한다. 이러한 시점을 조선시대로 볼 수 있다. 조선 초기부터 권농 정책이 있었고, 광해군 대에는 대동법을 실시하고 100년에 걸쳐 전국적으로 확대되었다는 점은 볏짚이엉이 보편화된 것과 같은 맥락에 있다. 즉 볏짚이엉의 보편화가 이루어진 조선시대 이후와 보편화되기 이전의 시기로 구분해 볼 수 있다.

　또 현대 시기에 들어오면서 초가지붕을 개량화하여 슬레이트나 함석, 시멘트 기와 등으로 교체하는 지붕 개량사업이 새마을운동 시기에 있었다. 이 시기에 초가지붕은 대다수 사라지게 되었다. 이 과정에서는 초가지붕을 유지할 수 있는 환경도 대다수 바뀌게 되었다. 그렇게 되면서 전승 환경은 사라지고, 이후에는 다양한 인공물로 대체되어 외형을 모방하는 초가지붕이 등장하기에 이르렀다.

1. 볏짚이엉 보편화 이전

1) 선사시대

이엉이기를 언제, 어디서부터 시작하였는지 명확하게 알 수 없으나, 신석기시대의 움집에서 가장 오래된 초가지붕의 형태를 유추해볼 수 있다. 물론 이 시기에는 자연에서 채취한 억새나 띠 등을 이용하여 흐른이엉으로 덮었을 것으로 보인다. 이것이 바람에 날아가지 않도록 하는 나무막대나 칡도 이용되었을 것으로 보인다.[1] 신석기시대 중기에 농경이 시작되면서 피나 조를 중심으로 밭농사가 시작되었다.[2] 청동기시대에 보리, 콩, 팥, 조, 수수, 기장 등의 다양한 종류의 잡곡이 재배되기 전에는 신석기시대의 농경은 채집과 수렵이 병행될 수 없었을 것으로 보인다. 이러한 경우로 선사시대의 움집은 자연물에서 얻을 수 있는 억새나 띠 등이 우세한 이엉의 재료로 쓰였다고 판단된다.

이러한 해석에 의하여 대표적인 선사시대 유적지인 암사동에 움집을 복원하였을 때도 억새와 칡이 재료로 선정되기도 하였다. 복원하는 방법은 현재 남아 있는 이엉이기를 참고한 것으로 보인다. 먼저 움집에 필요한 이엉은 억새를 한 줌씩 넣어 줄을 서로 교차시키면서 엮는다. 여기서 줄은 칡넝쿨을 반으로 쪼갠다. 엮는 위치는 억새의 밑동의 반 뼘쯤 아래로 한다. 이엉을 일 때는 맨 아래에서부터 이어 올라가는데, 처음은 두 겹 정도 밑동이 아래로 가도록 놓고 서로 겹치면서 이어간다. 맨 마지막에 겉을 올릴 때는 밑동을 아래로 가도록 인다. 맨 위는 추녀가 교차하는 위치이므로 연기가 빠져나가는 구멍으로 쓰이나 겉에서는 덮인 것처럼 보이도록 주저리를 설치한다. 이는 것이 마무리되면 줄을 묶기 위해 맨 아래에 있는 태에 맨다. 줄은 가로세로로 일정한 간격으로 맨다. 줄은 마찬가지로 칡넝쿨을 쓰며 두 줄을 동시에 쓰지만 꼬지 않는다. 칡넝쿨은

---

1 김홍식 외, 『초가』, 열화당, 1991.01, 181쪽.
2 지건길·안승모, 「한반도 선사시대 출토 곡류와 농구」, 『한국의 농경문화』 1집, 경기대 출판부, 1983, 56쪽.

이엉을 잠재우는 역할로만 쓰이고 금방 썩기도 하여 바람에 날리지 않도록 나무를 가로질러 놓는다. 나무는 손쉬운 잡목을 쓴다.³

<표 1> 억새 및 조를 이용한 지붕 보조재 활용 실험　　　　　　　2022년 1월 25일 촬영

대나무로 틀 제작　　　　작물대 설치(1차 이기)　　　(좌)억새만, (우)억새+작물대

　　저자는 억새나 갈대, 칡 등을 이엉으로 사용했다는 정설과 신석기시대부터 재배되었던 조의 헌 작물 대를 지붕의 보조재로 활용하여 실험적인 구조물을 조성하였다. 먼저 대나무로 뼈대를 바닥이 직삼각형인 사면체로 구성하였다. 사면체를 총 3개를 구성하였고, 1개에는 대나무 뼈대 위에 헌 작물 대를 대고 억새를 인 뒤 잡목을 기대었다. 나머지 2개에는 억새로만 이었고 그중 1개에는 줄을 매었으며, 나머지 1개에는 잡목을 기대었다. 잡목의 형태는 一자형에서 구애받지 않고 가지가 뻗쳐져 있는 형태도 있었다. 한겨울에 설치하였고 약 30일간 이 구조물을 유지하였다. 그 결과 헌 작물 대 위에 억새를 이었던 구조물은 비나 눈을 맞았음에도 안으로 새는 현상은 발생하지 않았다. 나머지 억새로만 이었던 구조물은 비나 눈을 맞으면서 안으로 새는 부분이 발견되었고 가는 줄을 매었던 1개의 구조물은 바람에 의하여 흐트러졌다. 나무를 기대었던 구조물의 경우에는 줄을 매었던 구조물 보다 덜 흐트러졌다. 또한 헌 작물 대를 대었던 구조물이 방풍도 되면서 상대적으로 단열효과가 높았다. 이러한 측면에서 보았을 때, 선사시대의 움집은 억새를 포함하여 단열이 될 만한 여러 재료를 복합적으로 활용했을 것이라는 추측을

3　김홍식, 「암사동 움집 복원 고」, 『문화재』 Vol. 18, 국립문화재연구소, 1985, 65~66쪽.

조심스럽게 해볼 수 있다.

2) 삼국, 고려시대

볏짚을 이용한 초가가 등장하기 위해서는 먼저 초기 철기시대 이후에 철제 낫이 등장하고 밑동을 자르는 방식으로 전환되는 것이 선행되어야 한다. 기존의 돌칼을 이용한 이삭 베기로는 볏짚을 이용할 수 있는 여지가 충분하지 않았을 것이기 때문이다.[4] 종래의 이엉이기에서는 긴 볏짚의 확보를 위해 밑동을 깊이 자르는 것이 필수라는 점에서 유추해 볼 수 있다. 다만 삼국시대에 이르러서도 휴한농법이 지속하였다는 점에서 많은 양의 볏짚을 수급하기에는 어려움이 있었을 것으로 보인다.

『위서』 동이전 한韓편에 의하면 "거처는 흙으로 만든 집에 풀로 지붕을 올리는데, 형태가 무덤과 같다. 그 문은 위로 내고, 가족이 함께 그 가운데 있다. 어른과 아이와 남녀의 구별이 없다."[5]라는 대목과 『구당서』 동이전 고려조에 "그들이 거처하는 곳은 반드시 산과 계곡에 의지하여 모두 띠풀로 집의 지붕을 이는데 단지 절과 신의 사당 및 왕궁과 관청 등은 기와를 사용한다."[6]라는 대목이 있는 것으로 보아 서민들은 대부분 초가이엉으로 지붕을 이고 살았다는 점을 알 수 있다. 『위서』에는 초옥草屋이라는 단어가 있고 『구당서』에서는 '띠풀로 지붕을 이다.'라는 뜻의 '茅草葺舍' 말이 있는 것으로 보아, 이때에도 볏짚으로 초가이엉을 이었다고 볼 수는 없을 것이다.

삼국시대 초가집의 형태는 '집 모양 토기'를 통하여 그 일면을 살펴볼 수 있다. 집

---

4 배영동, 『농경생활의 문화읽기』, 민속원, 2000, 21쪽.
5 其俗少綱紀 國邑雖有主帥 邑落雜居 不能善相制御 無跪拜之禮 居處作草屋土室 形如冢 其戶在上 擧家共在中 無長幼男女之別.
 https://blog.naver.com/sijeong71/80130028027, "삼국지 위서동이전(한전)", 2022.05.27.
6 其所居必依山谷, 皆以茅草葺舍, 唯佛寺·神廟註, 及王宮·官府乃用瓦. 其俗貧窶者多, 冬月皆作長坑, 下燃熅火以取暖校勘 種田養蠶, 略同中國.
 http://db.history.go.kr/item/compareViewer.do?levelId=jo_014_0010_0010_0040, "한국사데이터베이스", 2022.05.27.

〈그림 1〉 집모양토기[7]
가야, 국립중앙박물관소장

모양 토기는 가야나 신라 등지에서 주로 발견되는데, 초가지붕의 모양을 살펴볼 수 있는 주요한 자료이다.

가야 시대의 집 모양 토기를 살펴보면, 굴뚝이 높게 올라와 있고 지붕의 재질은 띠풀로 추정되며, 띠풀을 가라앉히기 위해 지붕 위에 가로와 세로의 각 방향에서 누르고 있는 모습이 보인다. 나무와 같은 긴 장대나 줄이었을 것으로 추정된다.[8] 이외의 가형토기에서도 가로와 세로의 각 방향에서 나무나 줄로 추정되는 것이 지붕 위에 있는 것으로 보이는데, 이엉이기의 절차와 유사하다.

고려시대에 송나라 사신 일행으로 고려에 왔던 서긍徐兢이 기록한 『고려도경』 성읍城邑 민거民居 편에 의하면 "백성들이 거주하는 형세가 고르지 못하여 벌집과 개미구멍 같다. 풀을 베어다 지붕을 덮어 겨우 풍우風雨를 막는데 집의 크기는 서까래를 양쪽으로 잇대어 놓은 것에 불과하다.[9]"라는 대목이 있다. 여기서 "茅"는 띠를 의미하고 "蓋"는 덮는다는 뜻으로 "풀로 지붕을 덮는다"는 의미이다. 이로 보아, 고려시대 개경에도 초가가 있다는 점을 확인할 수 있다. 이외에도 『고려사』 의종 11년(1157)에 음력 4월 1일 조에는 "종려나무로 덮은 양화정[10]" 기록도 있는 것으로 보아 초가로 만들 수 있는 재료의

---

7   공공누리에 따라 국립중앙박물관의 공공저작물이용.
    https://www.museum.go.kr/MUSEUM/contents/M0502000000.do?schM=view&searchId=search&relicId=1961
8   김홍식 외, 『초가』, 181쪽.
9   王城雖大, 磽确山壟, 地不平曠, 故其民居, 形勢高下. 如蜂房蟻穴誅茅爲蓋. 僅庇風雨. 其大不過椽. 比富家稍置瓦屋. 然十縫一二耳. 舊傳唯倡優所居. 揭長竿以別良家. 今聞不然. 蓋其俗淫祠鬼神. 亦厭勝祈禳之具耳.
    http://db.itkc.or.kr/inLink?DCI=ITKC_GO_1369A_0040_010_0060_2004_001_XML, "한국고전종합DB", 2022.05.27.
10 旁植名花異果, 奇麗珍玩之物, 布列左右. 亭南鑿池, 作觀瀾亭, 其北構養怡亭, 盖以靑瓷, 南構養和亭, 盖以椶.
    http://db.history.go.kr/id/kr_018_0050_0040_0010, 한국사데이터베이스, 2022.05.27.

종류도 다양했을 것으로 보인다. 주목할 만한 점은 일제강점기까지 이엉이기는 개초蓋草로 불리었는데, 이 단어와 같은 맥락에 있는 단어인 '이다蓋'가 고려시대부터 등장한다는 점으로 볼 때, 고려시대에 이엉이기 방식이 정립되기 시작했을 것으로 추측해본다.

고려시대 말기의 문인 이색李穡(1328~1396) 기록에는 송첨松簷이라는 대목이 등장한다. 송첨은 처마에 소나무를 걸친 이중처마 방식이다. 그의『목은집牧隱集』목은시고 제7권에는 "송첨은 가을을 의심하게 하누나"[11]라는 대목이 있고, 목은시고 제16권에는 "풀 헛간 송첨 그늘을 이제 다 만들었거니"[12]라는 대목이나, 목은시고 제18권에는 "오두막은 해마다 솔가지 처마가 얇아서"[13]라는 대목, 목은시고 제29권에는 "그래서 처마 끝에다 솔가지를 얽어매어"[14]라는 대목도 있다. 이색의 송첨에 대한 내용은 풀로 인 오두막에 처마 끝에 솔가지를 얽매었다는 것으로 당시의 건축방식이 자연물을 최대한 활용한 형태라는 점을 유추케 한다. 소나무를 처마 끝에 달아서 송첨이라고 불렀던 이 처마방식은 현재 초가지붕에서 보이는 연죽의 일종으로 보인다. 이러한 형태는 와가의 부연처럼 설치된 것으로 보이는데 처마를 늘이는 처마 보조요소이다.[15] 이러한 요소는 비바람으로부터 지붕을 보호하는 방수의 목적이 있거나 지붕 속 공간의 단열층을 형성하여 일사차단효과와 보온효과를 노린다.[16]

---

11 松簷秋可疑, 垂問有親知, 氷榻暑將去, 松簷秋可疑, 起居憑倦僕, 壽夭付良醫, 憂患誠難處, 他時更念玆.
http://db.itkc.or.kr/inLink?DCI=ITKC_BT_0020A_0140_010_0110_2008_002_XML, "한국고전종합DB", 2022.05.27.

12 病餘畏熱莫如吾, 仲夏猶嗔汗洽膚. 草廠松簷今始畢, 朝暉夕照更何處. 雨餘爽氣侵衣袂, 月上淸陰散座隅, 他日賜氷如及我, 好調蜜蜜滿深甌.
http://db.itkc.or.kr/inLink?DCI=ITKC_BT_0020A_0230_010_1080_2008_004_XML, "한국고전종합DB", 2022.05.27.

13 門外垂楊一樹長, 也敎驕從得微涼, 草廠歲歲松簷薄, 不耐朝陽與夕陽.
http://db.itkc.or.kr/inLink?DCI=ITKC_BT_0020A_0250_010_0140_2008_005_XML, "한국고전종합DB", 2022.05.27.

14 閉窓風不來, 開窓日又烘, 所以架松簷, 誓將避日兼來風, 茫茫天地但一氣, 四序相代來無窮, 聖人立制至纖悉, 涼燠溫寒斯保躬, 堆氷成峯照左右, 脫巾露頂高樓中, 是亦人耳乃如此, 須知有命懸蒼穹, 老奴汝當奉我勅, 忍見我汗珠交融, 氣息如綾顔浮紅.
http://db.itkc.or.kr/inLink?DCI=ITKC_BT_0020A_0360_010_1280_2008_008_XML, "한국고전종합DB", 2022.05.27.

15 이경태, 「한국전통가옥의 처마내밀기 연구」, 전남대학교 대학원 석사학위논문, 2011.08, 46~48쪽.

2. 볏짚이엉 보편화 이후

1) 조선시대

『세종실록』 11년(1429) 9월 30일 조에 의하면 기록에 의하면 "우리 도성都城은 땅은 좁고 인구는 조밀하여, 집이 연접되고 담장이 서로 이어져 있는데, 초가草家가 열에 일곱, 여덟은 됩니다. 한번 화재가 나면 백여 호씩 연소連燒됩니다."는 대목[17]이 있다. 이 대목에는 초가집이 많다는 점을 알 수 있고, 화재의 위험이 크다는 것도 알 수 있다. 실제로 초가집은 불에 빠르고 쉽게 타들어 간다는 단점이 있고, 또 속으로 불씨가 들어갈 경우에도 굉장히 위험하기 때문에 예부터 초가를 기와로 교체하려는 시도가 있었다. 그러나 새마을운동이 있기 전까지는 대부분의 집은 초가집이었다.

『해동잡록』(1670) 김정金淨 조朝에는 "제주도 사람들의 살림집은 모두 띠를 엮어 지붕으로 덮고 긴 나무를 가로 묶어 그 위를 누른다."[18]라고 밝혔다는 점에서 볼 때, 오늘날까지 전승되고 있는 제주도의 이엉이기의 방식은 이미 조선 시기에 확립된 것으로 볼 수 있다.

이외에도 김홍도(1745~1806)의 단원도檀園圖(개인소장, 1784)에서 김홍도가 살던 집의 이엉이기를 살펴볼 수 있다. 단원도檀園圖에는 산죽으로 추정되는 것이 초가지붕의 처마 끝에 둘려 있는 것을 볼 수 있다.

김홍도의 단원도는 김홍도가 당시 거주하고 있던 초가집의 모습을 묘사한 것으로 지붕

---

16 위의 논문, 156쪽.
17 惟我都城, 地窄人稠, 接屋連墻, 草蓋之家, 十居七八, 一遇火災, 連燒百餘戶. 是以別窯之瓦, 必先給失火之戶, 誠爲美法也. 然失火之家, 財產旣乏, 能復造家者十之一二, 而貧乏之人, 僅庇風雨耳, 安能買瓦乎, 他, 民產不裕, 而瓦之價過重也. 且別窯之瓦, 果先給失火之人, 則自丙午至今三四年間, 可盡爲瓦家矣.
http://sillok.history.go.kr/id/kda_11109030_003, "조선왕조실록", 2022.05.27.
18 濟州人居, 皆茅茨編, 鋪積屋上, 以長木橫結壓之.
http://db.itkc.or.kr/inLink?DCI=ITKC_BT_1327A_0020_000_0270_2002_005_XML, "한국고전종합DB", 2022.05.27.

은 볏짚으로 추정되고, 용마름의 경우 세밀하게 표현하지 않고 연속된 원의 형태로 표현하였음을 알 수 있다. 이 중 세밀하게 살펴볼 경우는 처마부분의 산죽으로 추정되는 것이다. 유사사례로서 후에 언급하겠으나, 산죽이엉이기를 하기 전에 이처럼 산죽의 이파리를 바깥으로 하여 처마를 보강한 다음에 이엉이기를 한다. 만약 이것이 산죽인지 정확하게 알 수 없으나 〈송하맹호도松下猛虎圖〉(삼성미술관 리움 소장, 18세기)의 소나무 그림과 〈죽하맹호도竹下猛虎圖〉(개인 소장, 19세기 초)의 대나무 그림을 비교해 보면, 대나무 쪽에 더 가깝다는 것을 알 수 있다. 이와 같은 방식을 옛 기록에서는 죽첨竹簷이라고 부른다.

　죽첨竹簷의 형식이 언제부터 등장하였는지 알 수 없으나, 남효온南孝溫(1454~1492)의 『동문선東文選』 속동문선 제3권에는 "대 처마에 바람과 비로써"[19]라는 대목이 있었고, 권호문權好文(1532~1587)의 『송암집松巖集』 속집 제3권에는 "이슬 맺힌 대 처마엔 물방울이 떨어지려 하고[20]"라는 대목도 있었다. 또 정온鄭蘊(1569~1641)의 『동계집桐溪集』 제1권에는 "대 처마는 성기고 차가운데 달빛이 비껴들어"[21]라는 대목도 있다. 김홍도의 〈단원도檀園圖〉는 위 기록보다 이후의 작품이지만, 죽첨竹簷이라는 기록과의 연관성을 보인다. 그러나 현재에는 살펴볼 수 없는 방식이다.

　이외에도 송첨松簷도 계속 전해지고 있다. 서거정(1420~1488)의 『사가집四佳集』 사가시집 제3권에는 "소나무 처마 낡은 집은 어스름도 쉬 오는데"[22]라는 대목이나 송시열

19　一世幾可人, 吾友一二數, 但嗟世事違, 得尋常睹, 詩仙安子挺, 已作鷗鷺主, 物外淸寒子, 近聞參佛祖, 談詩唯叔度, 竹簷風和雨, 詩成要子來, 博山香一炷.
　　http://db.itkc.or.kr/inLink?DCI=ITKC_BT_1365A_1390_010_0590_2002_010_XML, "고전번역원DB", 2022.05.27.

20　屛翳藏威陰氣收, 朝來水落見沙洲, 遙天日出撑紅柱, 列岫雲銷擧碧頭, 露裛竹簷珠欲滴, 波低苔岸石如浮, 引涼高臥虛堂上, 過眼流光詠四愁.
　　http://db.itkc.or.kr/inLink?DCI=ITKC_BT_0189A_0130_010_1250_2016_004_XML, "고전번역원DB, 2022.05.27.

21　竹簷疎冷月光斜, 尋逐愁人照鬢華, 今夜故園應共見, 妻兒垂淚望天涯.
　　http://db.itkc.or.kr/inLink?DCI=ITKC_BT_0295A_0040_020_0350_2009_001_XML, "고전번역원DB", 2022.05.27.

22　松簷老屋易黃昏, 小雨悁悁欲閉門, 獨坐焚香人去後, 殘燈一壁半煙熏.

(1607~1689)의 『송자대전宋子大全』 제3권에는 "소나무 베어다가 짧은 처마 보충했네"[23]라는 대목이 있다.

조영석(1686~1761)의 작품 '설중방우도'를 살펴보면 송첨의 방식으로 이중처마가 되어 있는 것을 볼 수 있다. 송첨으로 확인할 수 있는 점은 같은 작가의 '소나무와 까치'에서 소나무를 표현하는 방식에서 확인해볼 수 있다. 이처럼 현재에는 전해지지 않지만, 이중처마의 형태로서 대나무나 소나무가 쓰이고 있다는 점을 확인할 수 있다.

이외에도 『연행선록선집』 왕환일기往還日記편의 무자년(1828, 순조 28) 5월 조에서 청나라로 파견된 사신들이 봉황성 안의 책문을 지나서 보게 된 초옥의 기록은 주목할 만하다. 그들의 기록에 의하면 "초옥草屋을 이는 법 또한 우리나라의 풍속과는 달라, 띠를 짧게 끊어 고기비늘처럼 서로 겹치도록 이어 쌓았는데 대마루에서 처마 끝까지 띠가 하나도 층이 나지 않아 마치 한칼로 자른 것 같고, 석회石灰로 대마루를 발라 완전하게 두꺼우며 정교한데, 20년마다 한 번씩 띠를 바꾼다고 한다."[24]라는 기록이 있다.

『연행선록선집』의 기록에서 유추해볼 수 있는 것은 먼저 봉황성 내의 초가는 조선의 것과는 다른 모습으로 그 원인에는 이엉이기의 차이로 보인다. 대부분의 재료는 채취 후에 엮거나 펴서 활용한다. 그에 비해 봉황성에서는 짧게 끊고 겹치게 이어 층이나지 않는다. 그래서 마치 한칼로 자른 모습으로 표현한다. 이엉간의 간격이 있어 층이 생기는 한국 전통 이엉이기와 차이가 있다. 또 석회로 대마루를 바른 다는 점은 용마루의 물막이를 보완하기 위한 조치로 보이는데, 〈그림 2〉와 같이 한칼로 자른 듯한 지붕모양을 보이는 것을 실제로 확인할 수 있었다. 한국의 비늘이엉이기에서는 볏짚으로 용마름을

---

http://db.itkc.or.kr/inLink?DCI=ITKC_BT_0061A_0040_010_1040_2006_001_XML, "고전번역원DB", 2022.05.27.

23 役僕投深谷, 擔松補短簷, 愁妨尋戶月, 喜却射窓炎, 失得麤仍覆, 乘除減卽添, 悠然還一笑, 心與海波恬.
http://db.itkc.or.kr/inLink?DCI=ITKC_BT_0367B_0050_010_0220_2005_001_XML, "고전번역원DB", 2022.05.27.

24 草屋蓋法, 亦異我俗, 短折茅草, 循鱗相積, 從梁至簷, 元無一草之參差, 直如一刀翦削, 以石灰塗梁, 完厚精妙, 二十年一易草云.
http://db.itkc.or.kr/inLink?DCI=ITKC_GO_1427A_0020_030_0100_2004_009_XML, "고전번역원DB", 2022.05.27.

<그림 2> 요녕성 고양산 시가(일제강점기)[25]
국립중앙박물관소장

틀어서 이거나 억새로 교차하여 용마루의 물막이를 보완한다. 봉황성은 산이 발달하였다는 점에서 억새와 같은 풀이 많았을 것으로 추정해볼 수 있다.

『연행선록선집』을 작성한 사신의 입장에서 보면 이엉이기의 방법이 한국의 것과 차이가 있다는 점은 약 2가지 정도로 정리해볼 수 있다. 첫째, 당시 조선 사회의 초가 이엉은 채취 후 그대로 엮거나 펴서 이엉으로 쓰고, 간격도 있어 층이 나있다. 그러나 이는 봉황성의 방식과는 다르다. 둘째, 용마루에 석회를 발랐다는 점이 다르다고 볼 수 있을 것이다. 즉 조선 후기의 초가지붕 이엉이기는 이엉 간에 간격이 있기 때문에, 한칼로 자른 것 같은 지붕모양은 생소한 광경이었을 것이고 짚으로 만든 용마름을 올려서 교체주기가 빨랐을 것이라는 추측이 가능하다.

이러한 내용을 상세히 확인할 수 있는 것이 서유구의 『임원경제지』이다. 임원경제지는 서유구(1764~1845) 실학자가 평생에 걸쳐 작성해온 일상생활에 필요한 대부분을 백과사전식으로 정리하여 놓은 저서이다. 이 저서의 '섬용지'편에는 초가지붕에 대한 항목이 있는데 이 내용을 살펴보면 다음과 같다.

시골에서는 지붕을 이을 때(覆屋), 대부분 볏짚(稻藁)을 사용하여 볏짚 2~3줌(把)으로 엮어서 이를 비늘(鱗)처럼 겹쳐 가며 지붕을 얹는다(蓋屋). 다시 볏짚(稻藁)으로 새끼를 꼬아(索) 가로세로(縱橫)로 얽은 뒤(縈絡), 새끼 끝(索端)은 서까래 머리(椽頭)에 맨다(繫). 볏짚이 바람에 뒤집히거나 비에 썩기 때문에 한 해에 한번 씩 교체한다. 10년 동안 드는 비용이면 거의

---

25 공공누리에 따라 국립중앙박물관의 공공저작물 이용.
https://www.museum.go.kr/site/main/relic/search/view?relicId=90739

구운 기와의 값과 맞먹을 정도이나, 낡은 인습을 버리지 않고 구차하게 살면서 잠깐의 비용을 들여 길이 이로울 방도는 생각하지 않으니, 이는 참으로 좋은 계획이 아니다. 중국의 이엉 지붕 만드는 법은 다음과 같다. …(중략)… 바닷가나 물가, 포구 같은 곳에서는 갈대로서(用蘆) 지붕을 이고(覆屋), 북쪽 내륙에서는 자작나무 껍질(用樺皮)로 지붕을 인다. 갈대나 자작나무 껍질은 볏짚에 비해 굉장히(頗) 오래 견디지만(能耐久), 토산물이 아니면(苟非土産) 또한 마련할 수가 없다(莫能致).   초가지붕[26]

위의 내용은 한국의 이엉이기의 현실을 알려주는 중요한 단서이다. 먼저 갈대나 자작나무 껍질의 사례를 소개했다는 점에서 일부 지역에서는 우세한 품종으로 이엉을 이었다는 것을 확인할 수 있었다. 물론 볏짚이 대부분의 재료였으며, 이엉을 만드는 데 볏짚 2~3줌으로 엮었다고 말한다. 여기서 줌把은 결부파속제結負把束制에 의하여 가로세로 한 자(38.86㎝)의 넓이(0.15㎡)이다.[27] 그러므로 이엉 한 단을 만들기 위해 지름 1자 정도의 볏짚 2~3단이 들어갔음을 알 수 있다. 또 비늘이라는 표현은 이엉이기를 사슬이나 비늘이엉으로 한다는 것으로 보이며, 겉고삿줄을 치는 방식이 가로형이거나 격자형 동이기를 한다는 것도 알 수 있다. 현재 전해지는 방법과 차이가 있는 점은 겉고삿줄을 서까래 머리에 맨다는 것인데, 오늘날에는 연죽이나 누름대(지새미)에 겉고삿줄을 매는 방식이 주로 발견되고 있다. 즉 서까래 머리에 매는 방식은 일부 지역에서 쓰인 방식이거나 과거에 보편적으로 쓰인 방식으로 볼 수도 있다. 실제로 서까래 머리에 맨 것인지 알 수는 없으나, 이를 뒷받침할 수 있는 그림을 찾아보자면 김준근 화백이 그린 '시장'에서 알 수 있다.

오늘날 전해져 내려오는 새끼줄을 매는 방법에는 연죽을 서까래 밑이나 누름대를 지붕 처마에 설치하여 줄을 매도록 하고 있으나, 경우에 따라서는 서까래에 못을 친 뒤에 줄을 못에 걸거나, 서까래에 돌려 묶는 방법 등도 있었음을 앞에서 확인하였다. 기산 김준근의 그림에서도 연죽을 설치하여 매는 모습은 보이지 않는다. 김준근의 그림에서

---

26 서유구, 임원경제연구소 옮김, 『임원경제지 섬용지』, 씨앗을 뿌리는 사람들, 2016.11, 111~112쪽.
27 https://cm.asiae.co.kr/article/2020040313071331161, "아시아 경제", 2022.02.24.

연죽이 생략된 것으로 볼 수도 있으나, 기산 김준근의 그림에는 용마름이나 줄을 매는 방식이 그려져 있다는 점에서 당시의 이엉이기를 확인할 수 있는 중요한 사료이다. 이 점으로 볼 때, 오늘날 전해지는 연죽을 활용한 사례도 당시에는 일부에 지나지 않았을 것이라는 사실을 유추해볼 수 있다.

실제 이엉이기를 기록한 그림은 경직도耕織圖에서 확인할 수 있다. 정확히는 왕실용으로 쓰이던 경직도에서는 찾아볼 수 없고, 조선 후기에 일반인의 수요에 의해 민화 형태로 취급되던 경직도에서 찾아볼 수 있다. 본래의 경직도에 비하여 인물 그림이 중국풍에서 한국풍의 인물로 바뀌었고, 경직도에서 나타난 풍속도 한국적으로 바뀌면서, 이엉이기도 등장하게 되었다.[28]

〈표 2〉 조선시대 경직도

농사짓기와 누에치기
국립중앙박물관소장, 조선시대[29]

필자미상 경직도
국립중앙박물관소장, 조선시대[30]

---

28 http://encykorea.aks.ac.kr/Contents/Item/E0002945?msclkid=304e4701b2af11ec87e67bec6db76ac1, "경직도(한국민족문화대백과사전)", 2022.04.03.
29 공공누리에 따라 국립중앙박물관의 공공저작물이용.

이엉이기에 대해서 살펴볼 수 있는 것은 경직도 2건에서 공통되게 '이엉을 밑에서 던지고 위에서 받는 행위'이다. 당시 경직도가 민화형태로 취급되면서, 민간에서 유행하던 그림이기 때문에 많이 쓰이던 도상으로 보인다. 이엉의 모습을 살펴보면, 이엉을 엮은 모습이나 이엉을 묶은 모습들이 사실적으로 그려져 있다. 또 이엉의 윗부분을 잡고 던지는 자세인데, 실제로 이엉을 던지려면 윗부분을 잡고 던지는 방법이 좋다. 또한 이엉의 두께가 얇은 점은 던지기 쉽게 얇게 엮었다는 의미로 이해가 될 수 있다. 그리고 볏짚의 길이도 현재의 개량된 볏짚보다 길었기 때문에, 경직도는 당시의 사실에 근거하여 그려졌다고 볼 수 있다.

이 외에도 고종 임금 때까지도 서울 숭례문 밖과 흥인문 밖에서는 고초전藁草廛이 있어서 장안의 초가지붕을 이는 짚을 판매하였다고 전한다.[31] 실제 1900년대의 사진을 살펴보면 도성 안의 대부분 가옥은 초가지붕이었다는 점으로 보았을 때, 초가이엉에 대한 수요는 높았을 것이고 전국적으로 볏짚이 거래되었을 것으로 생각된다. 만기요람萬機要覽(1808) 무분각전 조에 의하면, 고초전은 무분각전無分各廛[32]에 속해있다. 무분각전은 정부의 부담을 감당할 수 없는 영세한 시전이라는 의미로, 고초전은 일반 서민들이 경제적 목적을 갖고 운영되던 곳이라는 점을 유추해 볼 수 있다.

---

      https://www.museum.go.kr/site/main/relic/search/view?relicId=1336
30 공공누리에 따라 국립중앙박물관의 공공저작물이용.
      https://www.museum.go.kr/site/main/relic/search/view?relicId=130210
31 국립문화재연구소, 『짚풀공예』, 벽문사, 1998.12, 23쪽.
32 外長木廛, 荣蔬廛, 隅廛六處, 賣實果. 松峴隅廛, 貞陵洞隅廛, 門外隅廛, 上隅廛, 下隅廛, 典廛廛, 惠政橋雜廛, 貰物廛, 涼臺廛, 雜鐵廛, 鹽廛, 白糖廛, 鷄兒廛, 卜馬諸具廛, 內外貰器廛, 繩鞋廛, 上下木器廛, 鐙廛, 白笠廛, 草笠廛, 黑笠廛, 佐飯廛四處, 生鮮佐飯廛, 上米佐飯廛, 內魚佐飯廛, 外魚物佐飯廛, 針子廛, 內外粉廛, 簇頭里廛, 賣婦女首飾 生雉廛, 網巾廛, 內外氈笠廛, 藁草廛, 履底廛, 龍山柴木廛, 猪毛廛, 笆子廛, 麻浦鹽廛, 蛤灰廛, 箭鏃廛, 刀子廛, 鹽水廛, 種子廛, 南門外醢廛. 此外小小各廛名色甚煩. 不爲盡錄. 廛案所無稀用之物. 自平市署分定賈納於六注比廛. 價本之落本者. 無分各廛分排添價.
      http://db.itkc.or.kr/inLink?DCI=ITKC_BT_1367A_0050_050_0050_2002_001_XML, "고전번역원DB", 2022.05.27.

2) 일제강점기

일제강점기에는 현재의 이엉이기를 잇는 시기이면서 과거 서민들의 생활을 알 수 있게 하는 몇몇 사실들을 확인할 수 있다. 서민들은 갈대풀이나 볏짚으로 이엉을 만들어서 팔았다고 하는데, 초가이엉에 필요한 이엉을 팔았다는 것을 알 수 있다. 다만 일제강점기에는 이러한 생활이 경제 수탈의 측면에서 제한되는 경우가 많았다는 점을 알 수 있다.

> 황해도 안악군에 있는 평야는 길이가 오십리나 되고 광이이십리나 되는 넓은 벌이라 수백년 래 국유지로 해마다 갈대풀이 무성하게 나서 그 근처에 사는 농민들은 그것을 사가지고 삿갓, 자리, 이엉 같은 것을 만들어 팔아먹고 때일 나무도 전수히 그 벌에서 배어냈는데 지금으로부터 십년전에 일본인 영목삼점에서 그 갈대풀을 조희 만드는 원료로 쓰겠다는 조건으로 대부를 맡았는데 실상 그 상점에서는 대부맡을 때의 조건대로 조희를 만들지 아니하고 전부 갈대풀대로 공매하는 중 …(중략)… 지게, 갈퀴, 낫 같은 것을 전부 빼앗고 붙들어서 저희들의 사무소 안에서 결박을 지어 놓고 무수히 난타함으로 (하략)…   『동아일보』, 1920.05.19 기사[33]

또 초가집에 대한 인식이 일제강점기에는 '왜소하고 외관이 심히 누추한 곳'[34]으로 언론에 보도되는 등 부정적인 인식을 당시의 주도층은 지니고 있었던 것으로 보인다. 이러한 연유로 인하여 화재위험 등을 목적으로 함석이나 기와로 개조하라고 경고하는 사례도 있었다.[35] 이러한 개조는 전국적으로 발생하였다. 그러나 그 비용은 전부 집을

---

[33] https://newslibrary.naver.com/viewer/index.naver?articleId=1920051900209203011&editNo=1&printCoun, "네이버 뉴스라이브러리", 2022.02.24.

[34] "…(상략) 조선가옥은 일반적으로 왜소한 초가인고로 외관이 심히 누추할 뿐 아니라 거주하기에도 항상 군속하여 사람의 활기를 저해함이 적지 아니하다. (하략)…", 『동아일보』, 1926.10.12 기사. https://newslibrary.naver.com/viewer/index.naver?articleId=1926101200209201020&editNo=1&printCount=1&publishDate=1926-10-12&officeId=00020&pageNo=1&printNo=2191&publishType=00020 "네이버 뉴스라이브러리", 2022.02.22.

[35] "용인경찰서에서는 지난 십오일에 읍내금량장리의 경동철도연선부근 주민들을 소집하여놓고 철도가 불원간 개통되면 화재가 염려되는 바인즉 초가로 건설된 것은 전부를 함석이나 또는 기와로 개조하라고

소유하고 있는 사람들이 부담해야 했기 때문에 서민들에게 많은 어려움이 발생하였다.[36] 그리고 이러한 개조의 명령은 경찰부에서 서민들에게 통보한 것으로 보인다. 이후에는 시대적 상황에 의하여 이엉이기가 금지되기도 하였다.

> 경기도를 비롯하야 남조선지방 칠도에 한재가 심각한 관계로 가을에가서 수확이 적은데 따라서 짚(藁)의 수확도 훨씬 감소될 것이 틀림없으므로 한재 구제책의 하나인 부업장려에도 영향이 적지 않다. 더구나 각 방면으로 주요가 적지않고 농가부업의 중요한 부문을 점령하고 있는 가마니(叺)와 색끼(새끼, 繩) 제조에 타격이 많다. 그래서 총독부에서는 금년가을에는 농촌의 짚으로 이은 초가는 전부 다시 개초(蓋草)하지 말도록 하여서 그것으로 남은 짚을 일반 농가 부업의 재료로 제공하기로 되었다. 이리하여 얻은 짚으로써 가마니를 짜면 약 육천만 매를 짤 수 있다는데 금년에 개초하지 않으면 지붕에 물이 샐 정도의 집은 어느 정도로 고쳐 덮는 것을 인정할 것이나 기타 일반은 일체로 금지할 방침을 세우고 이 취지를 안농촌진흥과장이 금오일 국장회의에서 보고하였다한다. 『동아일보』, 1939.09.06 기사[37]

농가경제의 윤택을 기하고자 입제조(叺製造)를 부업으로 장려하는 것은 좋으나 이로 인하여 곡초(穀草)의 대기근을 일으켜 금년부터는 수천호의 초가에는 집을 이을수가 없다는 곡초

---

[36] 경계하였다는데 여유가 없는 주민들 측에는 일대걱정이 되었다고 한다", 『동아일보』, 1930.10.22 기사. https://newslibrary.naver.com/viewer/index.naver?articleId=1930102200209207014&editNo=1&printCount=1&publishDate=1930-10-22&officeId=00020&pageNo=7&printNo=3524&publishType=00020, "네이버 뉴스라이브러리", 2022.02.22.
"…(상략) 이미 조선의 여러 도시에서 시행되고 있지만 때로는 그로 인하야 가옥 소유자의 통고를 원인하는 일이 없지 아니하다. 전주에서 도령으로 소화구년까지에 시내의 초가를 전부와가 또는 함석으로 갈라는 법령이나려 일종의 공황을 느끼게 하고 있다하니 초가의 소유자가 세민이 많은 말치 고려를 요한다 할 것이다. (하략)…", 『동아일보』, 1931.05.24 기사. https://newslibrary.naver.com/viewer/index.naver?articleId=1931052400209201003&editNo=1&printCount=1&publishDate=1931-05-24&officeId=00020&pageNo=1&printNo=3738&publishType=00020, "네이버 뉴스라이브러리", 2022.02.22.

[37] https://newslibrary.naver.com/viewer/index.naver?articleId=1939090600209102004&editNo=2&printCount=1&publishDate=1939-09-06&officeId=00020&pageNo=2&printNo=6482&publishType=00010, "네이버 뉴스라이브러리", 2022.02.22.

의 기근난에 봉착하야 곤란을 겪고 있다. 즉 현재부내(개경)에는 초가가 약 삼천여호이상이 있는 바 매년 전부가 지붕을 새로 이우지는 않는다고 하여도 매년 천여호 이상이 지붕을 이게 되는데 이것의 대부분이 개풍군에서 들어오게 되는바 금년은 흉년으로 금년곡초는 동군입원료(叺原料)로서도 부족되는 만큼 부내초가 개초원료(蓋草原料)의 반출을 허할 수가 없어 이를 일제금하였으므로 전기(前記)와 같이 부내에서는 대곤란을 겪게 되었는바 일반은 이에 대한 완화책을 요망하여 마지아니하는 중이라한다. 『동아일보』, 1939.12.14 기사[38]

이재민 구제책으로 고창군 농회에서는 전군가면에 공문을 발하는가 한편 가마니를 장려하고자 지도원을 각면에 주재시켜 전군농촌가가호호의 개초를 금년에 한하여 일체 하지 못하게 금지하고 그 집다수를 본 농군회에서 매입하여 재민구제책으로 분배하여 가마니를 짜게한다는데 부득이 개초하여야 할 집만은 면에서 사정을 한 다음 허가해준다고.

『조선일보』, 1939.12.28 기사[39]

1930년대 후기에 전시체제에 들어서면서 군수용품으로 쓰이던 가마니 제작의 수요가 높아지자, 당시 주도층은 가마니 짜기를 부업으로 권장하고 입직기(叺織機)를 배포하고 입직장려(叺織奬勵)를 하였다. 이재민을 구제하기 위한 정책으로 보도되었으나 실상은 군수물자 확보를 위하여 당시의 서민들에게 희생을 강요하는 것이었으며, 생활의 필수라고 할 수 있는 이엉이기는 이 과정에서 제한되었다. 이 모든 희생의 몫은 서민들에게 있었다. 이러한 초가지붕의 제한은 전국단위에서 이루어졌다.

충북도내 일년간 생산고(生産藁)는 사천칠백오십팔관으로 그 중 약 사할은 집이기(蓋草)에

---

38 https://newslibrary.naver.com/viewer/index.naver?articleId=1939121400209206004&editNo=2&printCount=1&publishDate=1939-12-14&officeId=00020&pageNo=6&printNo=6580&publishType=00020, "네이버 뉴스라이브러리", 2022.02.22.
39 https://newslibrary.naver.com/viewer/index.naver?articleId=1939122800239102015&editNo=1&printCount=1&publishDate=1939-12-28&officeId=00023&pageNo=2&printNo=6698&publishType=00010, "네이버 뉴스라이브러리", 2022.02.22.

사용하고 나머지 육할은 부산물생산 또는 연료 등으로 그 용도가 실로 광범하다는대 종래에 있어서 짚으로서 개초한 것을 금년부터는 대용품은 맥고(麥藁)로 이기를 적극 장려하여서 전기 사할의 짚을 농가 부산물생산에 사용 또는 축산물 사양 등에 사용하여서 퇴비를 만들어 직접간접으로 일반농가의 수입을 증가시키자는 취지에서 도당국에서는 관하에 이것을 통첩하고 적극적으로 맥고, 개초를 장려하고 있다한다.　　『동아일보』, 1940.06.16 기사[40]

초가지붕은 1년마다 새 볏짚으로 교체해야 한다. 그러나 1939년에 전시 상황에서의 군수물자 확보를 위하여 이엉이기를 하지 못하면서 다음 해인 1940년에 교체하지 못한 피해를 감당한 것으로 보인다. 위의 기사는 보리를 추수하는 시기에 맞춰서 보리를 지붕의 재료로 이용하라는 지침을 보도한 것으로 보인다. 그러나 보리로 지붕을 이었다는 사례는 확인할 수 없고 보릿대가 짧아서 지붕의 재료로 적합하지 않다는 점에서 효과적인 해결책으로 볼 수 없다.

이외에도 조선일보 기사(1936.12.05)에서 조선어표준말 모음을 소개하였는데, 여기서 소개하는 단어는 이엉이기에서 주목할 만한 기록이다. 이 기사에서는 '이엉'의 또 다른 말로는 '개초蓋草', '영'이라고 소개되었다.[41] 과거의 기록에서는 이엉이라는 말은 살펴볼 수 없었고 개초蓋草 혹은 초개草蓋, 모개茅蓋 등의 용어가 많이 쓰였다. 이 점에서 이엉이라는 말의 등장이 공식적으로 소개된 기록은 위의 기사가 처음이라는 점에서 의미가 있다.

또 신문 기사의 기록에서 살펴볼 수 있는 점은 '이다'라는 단어가 등장한다는 점이다. 초가이엉의 작업에 대한 동사는 '이다'라고 볼 수 있는데, '이다'의 뜻이 '기와나 이엉 따위로 지붕 위를 덮는다'이므로 개초蓋草의 한자어와도 같은 의미라고 볼 수 있을 것이

40　https://newslibrary.naver.com/viewer/index.naver?articleId=1940061600209103010&editNo=2&printCount=1&publishDate=1940-06-16&officeId=00020&pageNo=3&printNo=6763&publishType=00010, "네이버 뉴스라이브러리", 2022.02.22.

41　https://newslibrary.naver.com/viewer/index.naver?articleId=1936120500239205003&editNo=1&printCount=1&publishDate=1936-12-05&officeId=00023&pageNo=5&printNo=5586&publishType=00020, "네이버뉴스라이브러리", 2022.02.22.

다. 그러므로 '이엉을 이다'라는 말도 예전부터 쓰였음을 알 수 있다.

반대로 일본인 학자를 통해 당시 서민들의 생활상을 조사 연구하였던 활동도 있었다. 1922년 콘 와지로今 和次郎는 9월부터 10월까지 조선의 경성, 인천, 평양, 개성, 장진, 북청, 청진 등을 순회하면서 조선의 민가를 조사하였었다. 이 과정에서 초가지붕에 대한 내용도 소략하게나마 기록되어 있다. 평안남도 민가의 경우, 조를 상식常食으로 삼는데, 지붕은 조의 줄기 또는 짚으로 봄과 가을 두 번이고, 가난한 자는 겨우 한 번만 한다고 하였다.[42] 함경남도 장진군의 집에는 짚으로 인 초가집도 있고 자작나무 껍질로 지붕을 이고 돌을 얹은 집도 있다고 한다.[43] 이 중 주목할 만한 부분은 함경남도 함흥 지역 민가의 용마루의 구조를 스케치한 것이다. 이와 같은 형태는 현재 살펴볼 수 없는 모양이라는 점에서 의미가 깊다.

〈표 3〉 함경도 지역 초가지붕의 용마루

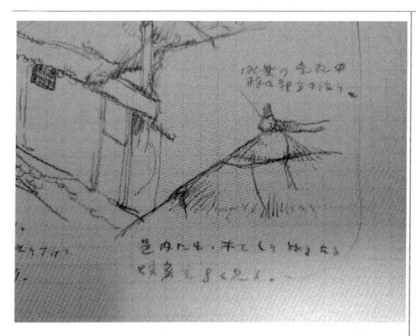

콘 와지로의 함흥민가 용마루 스케치[44]

함남 홍원군 홍원 시장의 장날 모습[45]

〈표 3〉의 좌측은 콘 와지로가 함남 함흥 지역 민가의 용마루 끝을 스케치한 것이고

---

42 서울역사박물관, 『콘 와지로 필드 노트』, 서울역사박물관, 2016.12, 86쪽.
43 위의 책, 120쪽.
44 위의 책, 119쪽.
45 공공누리에 따라 국립중앙박물관의 공공저작물이용.
    https://www.museum.go.kr/site/main/relic/search/view?relicId=148163

우측은 일제강점기 함남 홍원 지역의 시장 장날 사진이다. 스케치와 기록사진을 살펴보면 실제에 맞게 표현하려고 한 그의 노력이 돋보인다.

〈표 4〉 1939~1940년대 전국 영농실태조사 중 '전라도 지역 이엉이기' 관련 내용

조사일자	조사지역	제보자	핵심단어	세부내용
1939.02. 26~28.	전남 순천군 풍덕리	황귀연	노적	마당에 가져와 노적을 하고 이 노적을 가리라고 한다. 그 뜻은 흰눌(비늘) 노적이라는 뜻이다.[46]
1939.02.28.	전북 익산군 오산면 오산리	김어정 (소작농)	새끼줄	새끼줄은 1줄당 54m 짜리를 사용하되 1줄의 길이가 45m 짜리는 4단의 볏짚으로 본인이 4일간 만든 것이다.[47]
			이엉	지붕의 이엉교체(매년)에 90단의 볏짚이 필요하다.(6지게), 1지게당 15단(1단은 8~9전)임.[48]
1939.05.21.	전남 나주군 금천면 월산리	강신성 (소작농)	이엉	지붕교체, 매년 800단 / 땔감볏짚으로 100단 / 퇴비로 전부[49]

이외에도 일본인 학자 타카하시 노보루高橋 昇는 일제강점기 1939년부터 1940년대에 전국을 돌며 농법과 농민들의 삶을 정리하였었다. 이 중에서 이엉이기와 관련된 내용이 있는데, 방대한 양이므로, 지역별로 나누어 살펴보고자 한다. 먼저 〈표 4〉로 정리한 전라도 지역의 초가이엉이기에 대한 내용을 살펴보도록 한다.

〈표 5〉 1939~1940년대 전국 영농실태조사 중 '제주도 지역 이엉이기' 관련 내용

조사일자	조사지역	제보자	핵심단어	세부내용
1939.05.24~ 06.03	제주읍 이도리	박관희	띠	띠(茅)는 특별히 관리 하지 않으나, 약 10년정도 띠를 채취하면 띠의 질이 저하되어 채취가 불가능해지므로 그 때는 갈고 메밀을 재배한다. 즉 메밀에 의해 띠의 뿌리가 썩어간다고 한다. 다음 해에 밭벼,

---

46 타카하시 노보루(高橋 昇), 구자옥 외 옮김, 『조선반도의 농법과 농민』 上, 민속원, 2014.04, 298쪽.
47 위의 책, 306쪽.
48 위의 책, 308쪽.
49 위의 책, 349쪽.
50 위의 책, 447쪽.
51 위의 책, 456쪽.
52 위의 책, 470쪽.
53 위의 책, 474쪽.
54 위의 책, 477쪽.

				삼년차에 조를 재배하고 4년차에 팥을 재배하면 5년차부터 띠의 발생을 볼 수 있다. 따라서 대략 10년간 채취하고, 메밀, 밭벼, 조, 팥의 순서로 재배한다고 한다. 띠는 초장의 장단에 따라 긴 것을 새, 짧은 것을 각 단이라고 하며, 새는 지붕이엉용이지만, 그 밖에는 세공물로, 각단은 지붕이엉용 밧줄을 만드는데 사용한다.[50]
1939.05.26	제주읍 외도리 월대동	이성관	눌 (짚가리) 나람지 (이엉)	토대는 돌을 깔아 직경 1.8~2.4m로 하고, 그 위에 이삭을 안쪽으로 향하게 원형으로 쌓아 올리 나가며 위에 띠풀을 엮은 것을 걸쳐 방수한다. 이 쌓는 방법을 눌이라고 하며, 띠풀 엮은 것을 나람지 및 주쟁기라고 한다.[51]
1939.05.27		전시우	볏짚	논2곳 모두 남자2명(호주, 아버지)과 여자3명(처,장녀,둘째)이 소1마리와 말1마리로 1일간 볏짚을 운반한다. 볏짚은 집으로 가져가 매각한다. 전부를 15원에 매각, 단가는 35다발당 20전이다. 마당 앞에서 제주성내 상인에게 매각한다. 짚세공하는데 사용되는 것 같다.[52]
1939.05.28	제주도 한림면 수원리 수원동	임시범	띠	띠풀밭은 3000평 5명이 7년 전 30원에 공동구입함. 시가 8원. 거리 12km, 근처 공동목장내에 편입되는 관계로 아직 매각할 수 없어 평가액이 8원임. 1~2년 중으로 띠의 품질이 악화되면 팔아버릴 예정이다. 연 수량 : 띠풀 9바리, 1바리 약 60전 / 각단 3바리, 1바리 약 40전 부락 내에서는 띠풀밭은 지붕 이엉용 띠풀 채취를 위해 보통 4~5명, 많게는 12명 정도로 조를 짜서 공동 구입하고 공동 관리한다. 수확물의 분배방법은 조합이 공동작업을 하며, 채취한 띠를 상중하로 나눠 각 상중하를 인원수에 따라 나누어 분배한다. 조세 및 각종 권리 의무는 인원수에 따라 나누어 분담한다.[53]
		임달운	띠	띠밭 1곳, 362평 작년 45원에 3명이 공동구입, 시가45원. 작년 띠풀밭으로 했기 때문에 구입하고 띠의 번식 촉진을 위하여, 작년은 팥을 재배, 수량 21말, 줄기 3바리를 얻음, 3명이 분배함.[54]

먼저 짚단에 대한 가격을 살펴볼 수 있다. 짚단은 거래의 대상이기도 하였으며, 필요하면 판매하기도 하였다. 또 볏짚을 말리기 위한 짚가리의 생활상이 나타나고, 이엉교체에 필요한 수량도 나온다. 강신성의 경우 2동 건물의 온돌 6칸짜리의 큰 집이었다는 점을 보았을 때 많은 양의 볏짚이 필요하고, 김어정의 집이 1채 3평(부엌 포함)의 작은 규모이기 때문에 적은 양의 볏단으로 이엉을 만든다고 볼 수 있다. 여기서 알 수 있듯이 볏짚은 지붕 교체에 대부분이 소요되며, 그 외에도 퇴비 등으로 쓰인다.

제주도의 띠풀은 이엉이기를 위해 지역주민들이 공동으로 땅을 매입하여 밭으로 활용한다는 점을 알 수 있다. 또 좋은 띠풀을 생산하기 위해서 땅을 다시 매입하거나 다른 농작물을 순환재배하면서 지력을 높이는 노력도 하고 있음을 알 수 있다. 또 '주겡기'라는 용어를 통해 띠풀을 이엉과 같이 엮어서 사용할 수도 있다는 것을 확인할 수 있었다. 그 외에도 제주도에서도 밭벼를 재배하여 탈곡하고 남은 짚은 판매한다는 점으로 보아, 볏짚은 전국적으로 거래가 이뤄지는 중요한 물자였다는 점을 알 수 있다. 당시에는 가마니 제작을 매우 권장하던 시기였기 때문에 볏짚의 거래가 왕성했을 것으로 보인다.

〈표 6〉 1939~1940년대 전국 영농실태조사 중 '경상도 지역 이엉이기' 관련 내용

조사일자	조사지역	제보자	핵심단어	세부내용
1940.11. 13~25.	경상남도 통영군 산양면 남평리	김상옥	볏짚	볏짚 1단은 2.4전. 기장 1전 정도임.[55]
	경상남도 남해군 남해면 차산리	최해문	보릿짚	보릿짚은 가축의 축사 깔짚으로 사용하는 일이 많으며, 연료로 사용하는 사람도 있다.[56]

〈표 7〉 1939~1940년대 전국 영농실태조사 중 '경기도 지역 이엉이기' 관련 내용

조사일자	조사지역	제보자	핵심단어	세부내용
1937.12.09.	경기도 개풍군 중서면 연하리 승학동	임영봉 (소작농)	볏짚	대포리착 논 : 1500평, 4배미, 소작 타조(打租) 벼는 절반으로 하고 볏짚은 지주집 지붕의 이엉을 엮을 짚 2짐만 지주에게 바친다. / 소포리착 논 : 900평, 소작 타조(打租), 벼 절반을 내며 지붕 이엉 엮을 짚 반 짐을 바친다.[57]
1941.03.	경기도 수원군 안용면 반정리	김영진	새끼줄	새끼줄은 겨울철에 꼬는데 짚 20단이 필요하였고 가격은 5원 이상이 된다고 한다. 수작업으로 형제가 10일정도 걸렸다.[58]
1941.07.04.	경기도 교동도 교동면	-	볏짚운반	소 한 마리가 40~50단을 운반하며, 본인도 지게로 운반한다. 마당 변두리에 짚을 깔고 쌓는다.[59]

---

55 위의 책, 625쪽.
56 위의 책, 660쪽.
57 타카하시 노보루(高橋 昇), 구자옥 외 옮김, 『조선반도의 농법과 농민』 中, 민속원, 2014.04, 93쪽.
58 위의 책, 112쪽.
59 위의 책, 117쪽.
60 위의 책, 137쪽.
61 위의 책, 140쪽.
62 위의 책, 141쪽.

날짜	지역	구분	항목	내용
1941.07.09.	경기도 부천군 영흥면 내리	임채농 (소작농)	이엉	작골논 : 짚 앞 10두락, 19배미. 하등, 소작. 타조(벼만), 그 밖에 1두락 당 짚 4단을 낸다. 혹은 이엉을 엮어 지주에게 주는 경우도 있다.[60]
			볏짚	5~10단의 볏단을 싣는다. 단은 3~4줌을 1단이라고 한다. 수확하여 벼를 하루 반 동안 두둑에 올려 두었다가 세워 말리기 법으로 건조시킨다. 1개월 내에 5~6번 뒤집으며 본인 혼자서 1회에 3시간이 소요된다. 이리하여 완전히 건조되면 1개월 후에 본인이 소로 반나절만에 운반을 마친다. 1회에 40~50단을 운반할 수 있다.[61]
			이엉	이엉은 1마름은 짚 10단으로 만들고, 9~10.8m 길이이며, 이것은 민가지붕에서 사용하는 것과 같으며 1일에 11~14마름을 만들 수 있다. 본인의 지붕의 이엉 갈기는 3년마다 40마름이 필요하다. 이 마을에서 가장 큰 집에서는 120마름이 필요하다고 한다. 보통의 집에서는 50~60마름을 사용한다. 1지게에 50단을 운반한다. 1지게에 5마름을 운반할 수 있다.[62]

경상도의 사례에서는 볏짚이나 그 외의 작물대도 판매한다는 것을 알 수 있었고, 보릿짚의 경우에는 축사의 깔짚이나 땔감으로 사용한다는 것을 알 수 있었다. 이 기록을 통해 가마니 생산을 위하여 이엉이기를 금지하고 보릿짚으로 이엉이기를 권장했던 당시의 불합리한 사회상을 알 수 있다.

경기도 지역에서 드러나는 사실은 이엉도 도지賭地로 쓰인다는 점이다. 또 지주의 집도 초가집이기 때문에 볏짚은 경제적 가치가 있다는 점을 알 수 있다. 새끼줄도 거래의 대상에 해당함을 알 수 있다. 임채농의 내용에는 이엉을 만드는 수량이 명시되어 있어 이 부분도 주목할 만하다. 1마름의 길이를 10미터로 기준삼고 10단으로 만든다고 하면, 1단은 1m의 이엉을 만들 수 있고 1줌은 약 25~33cm의 이엉을 만들 수 있는 양이다. 지름 5~6cm 정도를 한 손에 쥐며, 한 마디씩 엮는다고 가정하였을 때, 1줌은 5~6마디의 이엉을 만들 수 있는 양으로 볼 수 있을 것이다. 그러나 과거에 이엉을 어느 정도로 움켜쥐고 한 마디의 간격이 어느 정도였는지 확인할 길이 없다는 점에서, 가장 오래된 볏짚이엉을 찾기 위해 옛 지붕을 해체해서 확인하는 것이 가장 정확한 방법으로 생각한다.

〈표 8〉 1939~1940년대 전국 영농실태조사 중 '강원도 지역 이엉이기' 관련 내용

조사일자	조사지역	제보자	핵심단어	세부내용
1937.09.29.	강원도 원주군 우산리	조사원	이엉	콩의 건조 방법은 …(중략)… 맨 위에 볏짚으로 엮은 이엉(미람)을 덮어 씌워 비와 이슬을 막는다.[63]
1942.06.01.	강원도 평강군 고삽면 원남리 분수령동	이만순	갈대이엉	갈대밭이었던 그 당시는 가을철에 베어서 지붕을 이고, 땔감으로 사용하였지만 나무는 조금도 없었다. 그 당시는 갈대 60단 정도를 수확할 수 있었다. 1바리는 10단이고, 1지게는 4단임. 자신의 집에서는 마른 것으로 130단 정도의 갈대가 필요하였으며, 갈대만으로도 지붕을 이었다. (오래된 집은 1겹임) 지붕의 이엉을 새로 교체하려면 갈대 200단 정도가 필요하며, 매년 여기에 겹쳐서 이엉으로 덮으면 6년 동안 6겹이 된다. 그 이상은 집 건물에 좋지 않기 때문에 7년째에는 전부 제거하고 새로운 이엉으로 교체한다. 따라서 벗겨내는 지붕은 퇴비(썩은 것)로 이용하고, 신선한 것은 땔감으로 사용하였는데, 현재에도 이와 같이 하며 현재는 멀리 깊숙한 산중에서 베어 온다.[64]
			새끼줄	새끼줄을 미리 준비하는데, 약 180M 정도이며 자가제작한 가는 새끼줄임. 볏짚 3단으로 새끼 한묶음을 제조. 한 묶음은 20전인데, 한 묶음에는 120~150cm를 사용한다.[65]
1942.06.01.	강원도 평강군 고유면 원남리 추수동	김신옥	저릅대	숫삼 : 웅마(雄麻) 줄기는 15단, 1지게 15단 실음. 집에서 이용하며 지붕용으로 사용함. 엮어서 지붕용으로 하고 본인의 집에서는 1회 지붕을 이는데 80단을 필요로 하며 2년은 버틸 수 있음. 온돌 1칸에 20단을 필요로 하며 삼줄기만으로 이어 3중으로 함. 2년이 지나면 낡은 이엉 위에 새롭게 엮은 삼줄기를 3중으로 올리는데 엮은 것은 1곳으로 함. 1단 가격은 20전임. 보통 삼 줄기도 가격은 같음.[66]

  강원도 지역에도 벼농사가 이루어져서 일부는 적은 볏짚으로 새끼줄을 만들기도 하였다. 그러나 화전火田을 하는 사람들의 경우에는 산에서 나는 갈대나 삼대(껍질을 벗기면 저릅대)를 이용하여 지붕을 이기도 하였다. 갈대의 경우에는 황해도에서도 관련 사례가 나오고 있기 때문에 산에서 나는 억새나 갈대를 이용하여 이엉을 이었을 것으로 보인다. 이만순의 경우 새끼줄을 엮었었기 때문에 필요한 부분은 볏짚을 구매하여 새끼줄을 만들

---

63 위의 책, 169쪽.
64 위의 책, 239쪽.
65 위의 책, 251쪽.
66 위의 책, 309쪽.

어서 지붕을 이었을 것으로 생각해볼 수 있다.

김신옥의 경우에는 삼대로 껍질을 벗겨서 삼줄을 만들고, 껍질을 벗긴 대로 지붕을 이었다. 저릅대지붕은 현재 강원도 산지에서 주로 발견되는 것으로 보이나, 삼은 상업적으로 가치가 높은 품종이어서 전국에서 삼 농사는 유행했었다.

황해도의 사례에서도 상세하지 않으나 볏짚으로 지붕을 이었다는 기록이 있다.[67] 즉 전국적으로 벼농사는 재배되었고 장려되었으며, 볏짚은 상품 가치를 지니고 거래되었던 품종이었다는 점을 유추해볼 수 있었다. 그런데도 볏짚 생산량이 상대적으로 적은 지역에서는 우세한 품종인 갈대, 띠풀(새), 저릅대, 억새 등으로 지붕을 이었고 볏짚은 꼭 필요한 용도인 새끼줄을 만드는 데 쓰이거나, 사회적 분위기에 의하여 가마니를 만드는 데 쓰였다고 볼 수 있다.

3. 개량화 시기

1) 새마을운동으로 인한 초가지붕의 감소

새마을운동은 농촌을 외적으로 국가의 경제발전 및 국민 생활의 개선뿐만 아니라 내적으로는 국가 경제와 당시의 주도층이 이끄는 정치, 경제체제에 편입시키기 위한 정책이기도 하였다.[68] 그래서 새마을운동으로 인해 초가집이 많이 사라지게 되었다. 세부적으로 살펴보면 새마을운동은 물질적인 지원을 기초, 자조, 자립 등의 단계로 나누어 차등 지급하였다.[69] 차등 지급으로 인해 전통적인 마을 사회는 해체되어 새로운 마을조직체계를 형성하였고 마을 간의 경쟁 구도를 일으키면서 근대화되었다.[70] 새마을운동에서 초가지붕은 개화의

---

67 위의 책, 378~476쪽.
68 라형남, 「한국민속촌의 건립배경에서 드러난 전통의 재해석과 선택」, 『한국전통문화연구』 20, 2017.11, 124쪽.
69 소진광·김선희, 『새마을운동을 통한 마을 공간구조 개편 연구』, 국토연구원, 2010.11, 9쪽.

대상이었다. 새마을운동에서 언급되는 <표 9>의 초가지붕 내용을 살펴보도록 한다.

<표 9> 새마을운동의 지붕개량 내용

> 초가지붕을 기와, 슬레이트 또는 함석지붕으로 개량하는 일은 새마을운동의 기본 사업이며 초기단계에 속한다. 지붕은 한국의 고유미를 살려 개량해야 하며 골 슬레이트 보다는 기와형 슬레이트로 기와형 슬레이트 보다는 기와로 개량함이 바람직하며 가급적이면 자연미를 살려 보기 좋고 산뜻하게 색칠을 하면 동리가 활기를 띠게 되고 지붕도 오래 간다. 원색은 피하는 것이 좋으며 은근하고 밝은 색을 선택한다. 바닥기와와 용마루를 다른 색으로 칠하는 것과 시멘트 기와 위에 칠하는 것도 피한다. 지붕개량은 환경개선을 위해서도 필요할 뿐만 아니라 농가소득을 증대시키기 위해서도 필요하다. 즉 지붕개량이 실시되면 썩은 새로는 퇴비를 하는데, 퇴비장은 한 집 한 퇴비장갖기, 마을 공동 퇴비장 갖기 운동 등을 통해 퇴비를 증산할 수 있으며 짚을 이용하여 고공품(藁工品)을 생산하고 양송이 재배와 다다미 생산으로 소득을 늘릴 수 있기 때문이다. 마을 단위로 초가집 없애기 운동을 전개하되 이를 위하여 한 추곡 한 가마 저축, 하추곡 수매 자금 저축하기, 마을 기금 모으기 등을 통해 이 운동을 본격화 시키는 것도 한 방법이 된다. 지붕 개량계를 권장하여 공동으로 지붕을 개량토록 촉진하여 부락 협동심을 높여 주기도 할 수 있다. 지붕을 개량한 다음에는 뒷손질을 철저히 해야 하며 추녀끝과 용마루 등의 바람구멍은 흙이나 시멘트로 이용하여 반드시 막아야 한다. (하략)…
>
> Ⅵ. 새마을운동의 실제 중 ⑶ 지붕과 담장 개량의 내용 중에서 발췌[71]

<표 9>의 내용을 토대로 보았을 때, 새마을운동의 주도층에게 초가지붕이 있는 시골마을은 근대적 기율이 없는 제멋대로인 곳으로 보였다. 그렇기 때문에 제멋대로 전통인 농촌과 농민을 국가 주도의 근대적 규율에 의해 개혁되어야 하는 대상으로 간주하였다.[72] 그래서 <표 9>와 같이 지붕개량의 당위성과 지붕개량을 마을농민들이 자발적으로 주도하도록 종용하고 있는 내용들을 볼 수 있다.

당시 초가지붕을 개량한 것을 세 가지 측면에서 볼 수 있다. 첫째, 미관의 측면이다. 당시 초가지붕은 미개하고 노후화되고 가난한 마을의 모습으로 비쳤다. 그래서 미관을 개선하고자 지붕개량을 진행하였다.

둘째, 농가소득을 올리고자 초가지붕을 개량하였다. 한 마을에서 수확하는 볏짚은 한 해 중 가을에 한정적으로 생산되는데, 그 중 초가이엉이기가 가장 많이 볏짚을 소비

---

70 김영미, 『그들의 새마을운동』, 푸른역사, 2009.06, 340쪽.
71 문화공보부, 『새마을운동』, 국가기록원, 1980.12, 116~117쪽.
72 황병주, 「새마을운동과 농촌탈출」, 『한국현대 생활문화사 1970년대』, 창비, 2016.8, 96쪽.

하였다. 그리고 한 마리의 가축을 키우는데 필요한 볏짚도 상당하였다. 그 외에도 볏짚은 지붕뿐만 아니라 벽재나 바닥재로도 많이 쓰였다. 하지만 지붕개량을 포함한 주거환경을 개선함으로써 가축을 대량으로 키우거나 농업에 필요한 거름으로써 사용할 수 있게 되었다.[73]

셋째, 경제발전에 필요한 노동력을 확보하고자 지붕개량을 실시하게 되었다. 초가이엉기는 마을단위로 진행되는 품앗이 노동이었다. 가을철 추수가 끝나면 1~2달 동안은 한 마을의 초가지붕을 바꾸는 일을 하였다. 하지만 초가지붕을 개량하여 1~2달간의 소비되는 노동력을 국가 주도의 경제성장에 도움이 되도록 전환할 수 있었다.

이 중 경제성장에 도움이 되는 짚풀생활양식은 잔존하여 식량증산에 도움이 되는 가마니나 관광상품화될 수 있는 짚풀공예물품 등이 농한기에 장려되었다. 당시에 잔존한 짚풀생활양식은 경제 논리에 의하여 선택된 현상이다.[74]

이와 같은 지붕개량은 새마을운동의 지속적인 사업이었으며 성과에 따라 기초, 자조, 자립 등의 등급으로 분류하여 정부에서 지원하는 물자를 차등 지급하였다. 각 등급에 해당하기 위한 성과지표를 살펴보면 〈표 10〉[75]과 같다.

〈표 10〉 자조마을과 자립마을의 지정요건

구분	자조마을	자립마을
농촌도로	마을중심도로 완성 마을 진입로 정비	마을중심도로 완성 길이 20미터 미만의 교량
주거환경	70%이상의 지붕개량 마을 주요 하수구 정비	80%이상의 지붕개량 80%이상의 담장개량
영농기반	관개시설을 갖춘 농경지 70% 이상 마을 소하천 정비	수리시설을 갖춘 농경지 85% 이상 마을 주변 소하천 정비
협동생활	마을회관, 창고 및 마을 공동작업장 중 하나 이상 구비 마을 공동기금 50만원 이상 적립	마을회관, 창고 및 마을공동작업장 중 둘 이상 구비 마을 공동기금 100만원 이상 적립

---

73 안상경, 「농촌의 볏짚 이용관행과 인식 변화」, 안동대학교 석사논문, 2000.07, 71~74쪽.
74 라형남, 「한국민속촌의 건립배경에서 드러난 전통의 재해석과 선택」, 113쪽.
75 소진광·김선희, 『새마을운동을 통한 마을 공간구조 개편 연구』, 19쪽.

소득사업	1건 이상의 마을공동 소득사업 실시 가구당 평균 소득 80만원 이상	농외 소득사업의 추진 가구당 평균 소득 140만원 이상

    〈표 10〉과 같이 새마을운동에서 지붕개량을 충실하게 하였을 때, 자조와 자립마을로 승급하여 필요한 물자를 지급받을 수 있었다. 당시의 새마을운동은 국가적 주도하에 진행되었지만, 마을주민의 경제적 참여도 있었다. 그래서 정부의 물자를 지원받는 것이 필요했다.

    새마을운동으로 인해 국가 주도정책에 호응하는 형태로 마을공동체가 재구성되면서, 전통적인 마을공동체적 노동인 두레나 품앗이도 사라질 수밖에 없었다. 새마을운동 시기가 되면서 노동이 임금으로 환산되는 사회적 관념의 변화가 강하였기 때문이다.[76] 새마을운동 때에 진행되던 지붕개량은 농촌의 물리적인 변화뿐만 아니라 사회경제적인 변화도 초래했다. 전통마을은 마을주민, 사회체계, 공동생활, 경제체계, 생활양식, 장소인식 및 마을 정체성 등 복합적인 요소로 이루어진 마을관념이 내재하여 있었다. 그러나 새마을운동이 진행되면서 전통적인 마을은 물리적 환경뿐만 아니라 내재하고 있던 관념마저도 해체되었다.

    새마을운동 시기에 보급되었던 통일벼는 식량 자급 국가라는 지위를 얻게 하였지만, 이엉이기와 같은 전통생활양식에서는 부정적인 영향을 끼쳤다. 새마을운동 이후에 쌀의 생산량을 증식시키기 위해 짚이 짧은 다수확 품종의 통일벼를 재배하였다. 통일벼를 재배한 후에는 농촌에서 쓰던 전통적인 종래의 벼 종자를 쓰지 못하게 하였다.[77] 종래의 벼는 길이가 길어서 바람이 불면 넘어지는 경우가 많았지만, 개량품종은 내도복성(쓰러짐을 견디는 성질)이 강화되어 길이가 짧아 바람이 불어도 넘어지는 일이 없었다. 70년대 후반에는 통일벼가 벼 재배 면적의 70% 이상을 차지했다. 이러한 결과로 국내에서 주요한 벼 품종으로 자리 잡게 되어 녹색혁명의 완수라는 칭호를 받기도 했다.[78] 하지만

---

76 주강현, 『두레』, 들녘, 2006.5, 748쪽.
77 황병주, 「새마을운동과 농촌탈출」, 『한국현대 생활문화사 1970년대』, 창비, 2016, 99쪽.
78 김윤상·김석희·남해경, 「민속 마을 초가이엉이기에 필요한 볏짚 수급방안에 관한 연구」, 『대한건축학

통일벼 품종은 대부분 벼의 길이가 짧아서 누수가 발생하기 쉽고, 초가가 쉽게 썩어 초가의 기본 구조인 목구조에 손상이 가속화되어 구조적인 면이나 생활면에서 열악할 수밖에 없었다.[79] 왜냐하면 볏짚의 길이가 짧아 초가를 일 때 일반 볏짚보다 두 배 이상이 필요하며 그 질에서도 힘이 없고 잘 끊어지는 문제를 지니고 있었다.[80] 물론 통일벼는 쌀 입맛의 저조 등으로 1980년 이후에는 장려품종에서 제외되었으나,[81] 현재까지도 이엉 이기에 적정한 품종을 찾기 힘든 것은 지속되고 있는 문제이다.

2) 건축물 중심 보전으로 인한 전승의 부재

새마을운동으로 인해 초가지붕이 급속히 사라지게 되면서, 당대의 정부는 전통마을 일부를 선정하여 민속마을로 정립하였다. 낙안읍성을 제외하고 대부분 국가민속문화유산으로 지정되어 있다. 국가민속문화유산이라는 용어는 최근의 명칭으로 전에는 중요민속자료 및 국가민속문화재로 불리었다. 그리고 중요민속자료 이전에 민속마을은 다른 명칭으로 불리었다. 전통건조물보존지구 혹은 집단민속자료 보호구역, 민속경관지역 등으로 명칭이 다양했다. 현재의 명칭과 다르게 건축이나 경관과 같은 외형에 기준을 두고 명칭을 정한 것으로 추정된다. 이 점에 주목하면서 민속마을의 선정과정을 살펴보도록 한다.

민속마을의 선정과정을 살펴보면 1972년 3월에 문화재관리국에 의하여 발의된 「한국전통생활문화유산보호관리계획안」에서 살펴볼 수 있다. 이 계획의 목적은 "한민족의 전통적 생활문화의 유산을 보존·전시하여 겨레의 긍지와 자존의식을 함양하고 한민족사에 연연해온 민속풍물과 미풍양속을 보존, 선양, 이를 관광 자원화한다."는 것이었다. 그리고 현재의 문제점으로 "가. 급속한 현대화·서구화 과정에서 민속풍물 및 생활양식

회연합회논문집』 19권6호, 대한건축학회연합회, 2017.12, 99쪽.
79 위의 글, 100쪽.
80 안상경, 「농촌의 볏짚 이용관행과 인식 변화」, 37쪽.
81 김윤상·김석희·남해경, 「민속 마을 초가이엉이기에 필요한 볏짚 수급방안에 관한 연구」, 99쪽.

이 소멸해가고 있다는 점", "나. 민속관광여건의부족, 다. 민속박물관 시설 미비", "라. 전통민속과 생활문화보존에 관한 제도적 장치의 미비" 등을 꼽았다. 그와 함께 외국의 사례를 비교하여 당국에서 주장하는 생활문화유산의 보호를 위한 대안으로써 관광 자원화를 강하게 언급했다.[82]

그리고 이를 위한 대책사업으로는 "전국민속경관지의 보존, 한국민속관의 확장, 민속관광단지(민속촌) 건설"을 제시하였다. 이 중 전국민속경관지의 보존을 살펴본다. 전국민속경관지의 보존의 경우 전통의 관광 자원화 및 새마을운동과의 연관성이 드러난다. 문화재관리국에서는 26곳의 후보지를 두고 ① 주위자연이 수려한 민속풍경지, ② 전통생활양식이 보존된 취락, ③ 고도에서 고풍이 보존된 지역, ④ 고유민속행사가 수행되는 곳으로서 민속적풍경이 보존된 곳, ⑤ 한국건축사 연구에 중요한 자료를 제공하는 민가군, ⑥ 역사상 저명한 인물의 행적지로서 관련유적이 현존하는 경승지, ⑦ 한국적 전원생활의 면모를 볼 수 있는 대표적인 곳, ⑧ 전설·설화·유적지로서 경관이 수려한 곳"을 기준으로 종합조사를 실시하였다. 이때 기본관리 방향으로서 "민속경관지에서는 경관을 훼손하는 현대시설을 문화재보호법에 의거 통제한다.", "지정된 민속풍경은 '새마을운동'의 시범민속부락으로 정화하여 아름다운 고풍의 잘사는 마을로 가꾼다.", "민속경관지를 관광진흥법에 의한 민속경관지로 지정토록 하고 관광부대시설을 정비하여 전통생활문화의 면모를 내외에 선양한다."로 되어 있다.[83]

이때 선정된 26곳의 후보지는 안동하회마을, 보길도 해촌, 홍도해촌, 부안주막부락, 도계화전민부락, 제주도해촌, 금정산누룩마을, 해남장수촌, 서울와가보호구역, 강릉운정동, 임강사지촌, 경주교동, 창녕교동, 낙안읍락, 단양팔경, 산청남사촌, 송광사 사하촌, 달성묘동, 회덕고가군, 송당리 목장지대, 강진도자기촌, 파평윤씨종가군, 강진귤마을, 호남평야촌, 김해평야촌, 경기 평야촌[84] 등으로 이 중 몇 곳은 현재에도 민속마을 뿐만

---

82 라형남, 「한국민속촌의 건립배경에서 드러난 전통의 재해석과 선택」, 87쪽.
83 위의 논문, 88~89쪽.
84 문화재관리국, 『민속촌설치안』, 국가기록원, 1972.11, 298~301쪽.

아니라 문화재(국가유산)로 지정되어 있다는 점을 확인할 수 있다.

이후 1974년에는 문화재관리국은 ① 한국의 전통적 생활양식이 보존되고 고유 민속행사가 거행되던 곳으로 민속적 풍경이 보존된 곳, ② 한국 건축사 연구에 중요한 자료를 제공하는 민가군이 있는 곳, ③ 한국의 전통적인 전원생활의 면모를 간직하고 있는 곳, ④ 역사적 사실 또는 전설, 설화와 관련 있는 곳, ⑤ 옛 성터의 모습이 보존되어 고풍이 현저한 곳 등을 선정 근거로 삼아서 안동군의 하회마을(現안동하회마을)과 월성군의 양동마을(現경주양동마을), 삼척군의 신리(現신리너와마을),[85] 승주군의 낙안면 동내리, 서내리, 남내리(現순천낙안읍성), 남제주군 성읍리(現제주성읍마을) 등을 집단민속자료 보호구역으로 선정하였다.[86] 1972년에 있었던 민속경관지보존지역의 후보지 기준과 일부 차이가 있으나 대동소이하다.

집단민속자료 보호구역으로 선정된 이후에는 문화재관리국은 각 보호구역의 관할 지방자치단체장의 계도하에 주민 스스로가 민속자료를 자율적으로 보존, 전승하도록 요청하였다.[87] 이와 동시에 〈표 11〉[88]과 같은 주지 사항을 언급하였다.

〈표 11〉 집단민속자료 보호구역 선정에 따른 주지사항

> 가. 전통생활양식의 민가촌인 만큼 보호구역 내의 고가옥이나 구조물을 함부로 헐거나 다른 양식으로 개조하지 말 것
> 나. 부락 내에서 사용하는 생활도구 등은 의식주 및 생업상의 주요한 학술자료이므로 파손하거나 보호구역 외로 반출하는 것을 삼가도록 함
> 다. 부락의 민간신앙에 관한 제례도구, 성황당, 당집 등을 잘 보존하고 파기되는 일이 없도록 함
> 라. 예능, 오락 및 민속놀이 등은 보존 전승공연을 장려함
> 마. 역사상 저명한 인물의 행적지, 유적지 등을 보호하고 한국적 전원풍경을 가꾸기 위하여 구역 내의 환경을 정화하도록 함

---

85 현재 삼척시의 신리에는 1975년에 지정된 국가민속문화유산으로 삼척 신리 너와집과 민속유물이 있다. 너와집은 3명의 가옥을 통합하여 지정하였는데, 현재에는 국가유산 주변으로 너와와 관련된 민박 및 체험시설이 추가되어 신리너와마을이라는 이름의 전통체험마을로 운영되고 있다.
86 문화재관리국, 『집단 민속자료 보호구역 선정에 따른 공동담화문 발표』, 국가기록원, 1974.11, 1쪽.
87 문화재관리국, 『집단 민속자료 보호구역 선정에 따른 협조』, 국가기록원, 1974.11, 2쪽.
88 위의 책, 2쪽.

이후 1977년에 문화재관리국은 민속자료보호구역으로 선정된 5곳에 대한 재조사를 실시하였다. 향후 보호가치가 있는 곳인지에 대한 재조사인데 조사결과에 따라서 선정해제를 하기 위한 것이었다.[89] 1978년 6월에 문화재관리국은 안동하회마을, 경주양동마을, 낙안읍성(낙안마을), 성읍마을(정의마을), 명월리 등을 민속마을로 지정했다. 이때의 기본방향은 해당 도에서 도문화재로 지정하고 구역 내의 중요한 민속자료(가옥)는 중요민속자료로 지정하여 국가 또는 지방자치단체에서 구입하여 중점적으로 보호한다는 것이었다.[90] 이후 1978년 8월에 문화재관리국이 민속마을 내 중요민속자료 지정조사 실시가 진행되었다.[91] 이후 1979년 2월에는 문화재관리국에서 민속마을 내의 중요민속자료를 지정하였다. 이때 지정되었던 성읍마을 5건, 양동마을 내 10건, 하회마을 8건, 낙안읍성 9건이었다.

지금까지의 마을이 민속마을로 선정되던 과정이었다면 아산 외암마을, 고성 왕곡마을, 성주 한개마을, 영주 무섬마을 등은 전통건조물보호법에 의해 전통건조물보존지구로 지정되었다.[92] 그러나 전통건조물보호법은 1999년에 전통건조물의 소유자가 재산권의 제한, 생활의 불편 등을 이유로 전통건조물로 지정되는 것을 반대하는 등 동법의 제정취지가 퇴색하여 전통건조물을 문화재보호법으로 보존할 수 있도록 하기 위하여 동법이 폐지되었다.[93] 이후 전통건조물보존지구로 지정되었던 민속마을은 현재의 국가민속문화유산으로 귀속되었다.

전통건조물보존지구로 지정되었던 민속마을을 살펴보면 보통 1980년대 후반에 지정되었던 것으로 새마을운동에 의해 대부분의 시설이 개량된 상태였다. 즉 전통건조물에 거주하는 주민들의 현대생활화가 상당 부분 진행되었다. 이러한 상태에서 원형보존을 이유로 생활권을 제한하였기 때문에 전통문화와 현실생활에서의 괴리가 큰 문제를 일으켰다.

---

89 문화재관리국, 『민속자료보호구역 재조사 실시』, 국가기록원, 1977.03, 1쪽.
90 문화재관리국, 『민속마을 지정기준 및 관리지침 전달』, 국가기록원, 1978.06, 1쪽.
91 문화재관리국, 『민속마을내 중요민속자료 지정조사 실시』, 국가기록원, 1978.08, 1쪽.
92 문화재청, 『문화재관리자교육 2000』, 문화재청, 2000.06, 21쪽.
93 국가법령정보센터(http://www.law.go.kr).

전통보존을 위하여 지정하였으나 이미 새마을운동으로 인하여 전통마을의 관념이 사라지고 있었다. 이러한 현실을 말해주고 있는 것이 1983년 1월의 낙안마을을 민속마을로 지정하는 과정에서 드러난 내용이다. 1975년 당시 민속촌 지정을 위한 기초조사 당시에는 초가가 많고 개량된 가옥이나 담장이 적었으나 1983년 당시에는 거의 가옥개량한 상황이어서 마을 전체가 많이 변모한 상태라는 점이다. 그래서 민속가옥지정이 생활에 불편을 주고 있어 원성이 높다는 점도 언급되고 있었다. 그리고 당시의 소도시가꾸기 사업의 일환으로 도로가 확장, 포장되는 것에 대하여 지역주민이 새로운 구역 정리라는 점에서 큰 기대를 걸고 있어 문화재보존과 현대와의 갈등을 빚고 있다는 점이었다. 그래서 당시의 현지를 방문했던 문화재위원은 민속마을 지정을 위해서 보수개량된 가옥과 담장의 복원이 시급하다고 밝혔다.[94] 이러한 내용을 바탕으로 1983년 3월 10일~12일에 문화공보부장관은 전라북도와 남도의 문화재를 순시하였다. 이 과정에서 문화공보부장관은 낙안읍성을 사적지로 지정하라는 내용과 낙안마을을 통과하는 지방도로를 마을 뒤편으로 변경하라는 내용과 읍성 내 현대시설물의 이전 및 전통가옥의 복원, 마을경관 정리, 지정 민속자료의 외형은 옛 모습으로 보존하되 규모 있게 정리하고 내부생활에 불편이 없도록 문명의 혜택을 받을 수 있게 할 것 등을 지시했다.[95] 이후 낙안읍성은 1983년 6월에 사적 제302호로 지정되었다. 낙안읍성의 사적지정은 전통의 보존이라는 측면과 읍성 내 주민들의 생활불편의 건의에 따른 타협안으로 보인다.

1978년에 문화재관리국에서 발표한 민속마을의 관리지침을 살펴보면 보호구역 내의 모든 환경 및 가옥 등의 시설물은 원형보존을 원칙으로 한다. 다만 중요민속자료 이외의 가옥 등일 경우에는 내부의 일부원형변경은 인정하되 외부의 원형은 반드시 유지하여야 한다고 밝힌다. 즉 내외부의 원형유지를 우선으로 한다는 내용이다. 이외에도 구역 내에 새로운 시설물의 설치는 일절 금지하고 부득이할 경우에만 마을분위기에 맞는 양식을 고증하여 설치하도록 하고 있다는 점도 있다.[96] 앞서 언급하였던 낙안읍성의 사례에서

---

94 전라남도청, 『낙안민속가옥 초가지붕잇기 착준공 보고』, 국가기록원, 1984.01, 70~71쪽.
95 위의 책, 18~20쪽.

살펴보듯이 민속마을의 관리나 보존은 외형적인 요소인 경관에 치우치게 하여, 전통을 계승하는 마을주민들에게 전승해야 할 전통을 불편하게 만들었다. 결국 초가이엉이기의 전승에 부정적인 영향을 주었다.

문화재관리국에서 제시한 민속마을의 관리지침과 당시 생활의 불편함을 건의했던 내용을 살펴보면, 당국은 당시에 전통마을관념이 이미 해체된 상태인 것을 깊게 인지하지 못했다. 그래서 전통적인 마을의 외형을 보존하는 데 집중했고 이에 따라 문제가 발생했다는 점을 더욱 명확하게 찾아볼 수 있다. 당국이 전통마을관념에 대한 인식이 부족했다는 점을 당시 낙안면 주민들이 직영으로 하던 초가지붕이기의 사진기록으로 살펴보도록 한다.

〈표 12〉 1984 낙안민속가옥 초가지붕이기 착준공 보고 중 첨부자료

이○○ 가옥 지붕잇기 준공사진

이○○ 가옥 지붕잇기 준공사진

---

96 문화재관리국, 『민속마을 지정기준 및 관리지침 전달』, 국가기록원, 1978.06, 26~27쪽.

| 박○○ 가옥 지붕잇기 준공사진 | 주○○ 가옥 지붕잇기 준공사진 |

　〈표 12〉[97]의 내용은 초가지붕이기의 진행 과정에 대한 내용이다. 초가지붕이기 공사 전, 공사 중, 공사 후의 3단계로만 보고가 되어있다. 공사 중의 사진을 살펴보면 초가이엉은 손 이엉으로 확인되고 대부분 사진이 마지막 공정인 용마름이기에 해당하는 사진들이 많다는 점이다. 손 이엉을 썼다는 점도 〈표 12〉에서 확인할 수 있었다. 즉 이때 당시의 기록이 대부분 없는 상황이거나 그 중간과정을 상세하게 밝히지 않는다는 점이다. 민속마을 지정 당시부터 초가지붕에 대한 외형의 중요성 외에도 초가이엉이기에 대한 상세한 연구조사가 이루어질 필요가 있었다.

　지금까지가 민속마을에 해당하는 내용이라면, 단일의 건축물을 보존하는 과정을 살펴보도록 한다. 1980년도에 당시 대통령의 지시에 의해 고유의 가옥(한옥, 초가) 및 취락 중 민족 생활사 연구에 귀중한 자료가 되는 것을 민속자료로 보존하기 위하여, 80년 5월[98]부로 각 시도 문화재 담당 실무자 회의를 거쳐, 시도별 조사 실시가 문화재관리국의

97　전라남도청, 『낙안민속가옥 초가지붕잇기 착준공 보고』, 3~11쪽.

주도로 시작되었다. 첨부문건으로 "전통민속고가옥보존에 관한 대책회의"가 있는데, "집단민속자료구역 지정"을 준비하고 세부적으로는 "한국의 전통적 생활양식이 보존된 곳", "고유민속행사가 연행되던 곳으로 민속적 풍경이 보존된 곳", "한국건축사 연구에 중요한 자료를 제공하는 민가군이있는 곳"등으로 이전의 정책과 동일한 기준에서 조사가 이루어졌다.[99] 또 첨부 문건에는 "전국취락 및 전통가옥(민가) 조사기록 지침"이 있었는데 "전통가옥(민가)의 조사 준비"에는 ① 1910년 전후한 시기에 세워진 집(철근콘크리트 구조물은 제외), ② 마을에서 오래된 집(부분적인 개조가 있어도 무방), ③ 이런 집들이 이룬 마을, 또는 마을의 부분, 재래식의 골목과 옛 모습을 지니고 있는 동리, ④ 한 울타리 안에 일부는 개량되었어도 나머지가 재래식의 모습인 것(부엌 장독대, 우물, 지붕 등이 부분 개조되어도 무방), ⑤ 원래는 큰 집이었으나 이제 다 헐어지고 한 채나 두 채만 남아있는 집 또는 가묘나 사당채, ⑥ 마을에서 쓰는 공공건물(정자)이나 통과의례에 따라 세운 집 또는 성황당, 상여막, 원두막 등을 범위로 하였다.[100] 이러한 과정으로 시작되었으나, 오랜 시간이 소모되었고, 각 도 지역에서 보고 자료가 문화재관리국으로 당도하였다.

또 "기재범례"에는 "마을에서 전하여 오는 오래된 집 중에서 70,100,200년 되었다고 하는 집의 수를 기록한다."라거나 "70년이 안된집은 기타의 집란에 기록한다.", "지붕에 따라 기와집은 와가에 이엉이나 피를 이은 집은 초가에 너와집이나 판석집 또는 그 이외의 집은 기타에 기재한다."라고 되어 있기도 하다.[101]

이러한 내용을 바탕으로 선정하여, 『전통민가조사보고서』(1984.10) 발간되었다. 하지만 내용을 살펴보면 본 연구에서 조사된 바와 같이 여러 종류의 초가지붕이 선정된 것은 아니었으며, 대부분이 기와집이거나 소수의 볏짚초가집이 선정되었다.[102] 이때 조사자는 신영훈, 맹인재, 김일진, 김홍식외 관계공무원 등으로 되어 있는데, 신영훈, 맹인

---

98 국가기록원, 『전통가옥조사실시』, 국가기록원, 1980.05, 1쪽.
99 위의 책, 8쪽.
100 위의 책, 15쪽.
101 위의 책, 16쪽.
102 문화재관리국, 『전통가옥조사보고서』, 문화재관리국, 1984.10.

재, 김일진, 김홍식 등의 선행학자들은 이후에 『전통민가조사보고서』에 실리지 않은 내용을 바탕으로 민가에 대한 저술활동을 하였다. 이중 신영훈의 경우 그의 저서 『한국의 살림집』(1983.03)에서 전통민가조사에 대하여 말하기를, 전국 조사원들의 노력으로 전국 방방곡곡의 집들이 거의 망라, 약 4천여 건에 이르는 조사표가 보고되었는데, 조사표에는 여러 가지 사항들이 세밀히 기록되었을 뿐 아니라, 마을과 집들의 선명한 사진이 첨부되어 있어서 생생하게 이해할 수 있었다고 한다. 또 조사표의 분류를 맡게 되었을 때, 조사자의 안목에 따라 대상에서 제외되어야 할 것들이 많았고 실사하여 누락된 것도 적지 않은 실정이고 하여, 정리한다는 것은 대단히 어려운 일이었다고 말한다.[103]

현재 4천여 건에 이르는 실제 자료를 확인할 수 있는 지 알 길이 없으므로, 파악하기 어려우나 김일진이나 김홍식, 신영훈 등의 저서에서 억새이엉이나 산죽이엉 등이 등장한다. 조사과정에서 제외되었으나 중요한 것으로서 판단되는 민가의 사례가 반영된 것이라고 볼 수 있다. 즉 이 시기의 조사결과가 지금과 같이 지붕재료의 다양성을 기준으로 선정되었다면 볏짚초가집이 대부분인 현상이 덜 발생하지 않았을까 하는 생각을 조심스럽게 해본다. 볏짚초가지붕이 초가집을 대표하는 인식이 된 것에는 이처럼 정책과정도 한몫하였다고 볼 수 있다.

지금까지 민속마을이나 전통건축물의 정책운영은 경관중심의 외형관리에 치중되었고, 전통마을에 내재한 마을관념을 비롯한 초가이엉이기를 소홀히 하게 되었다. 그래서 현재에는 비용과 시간을 절감하기 위해 초가이엉이기를 모방하는 여러 사례가 발생하게 되었다.

---

103 신영훈, 『한국의 살림집』, 141쪽.

4. 다양화 시기

1) 제작기술의 다양화

초가이엉은 손으로 짚풀을 쥐어 엮는 반복 행위를 통해 만들어진다. 하지만 최근에는 기계를 통하여 초가이엉을 만드는 방식이 있다. 다만 이 경우는 초가이엉의 제작기술만 기계화하고 건축자재는 자연 볏짚이다. 그래서 초가지붕 위에서 이엉이기를 할 때는 전통적인 방법을 준수한다. 주로 국가유산으로 지정된 단일의 초가건물이거나 민속마을 내의 여러 초가건물에 쓰인다.[104]

〈표 13〉 기계 제 이엉과 수제이엉의 비교

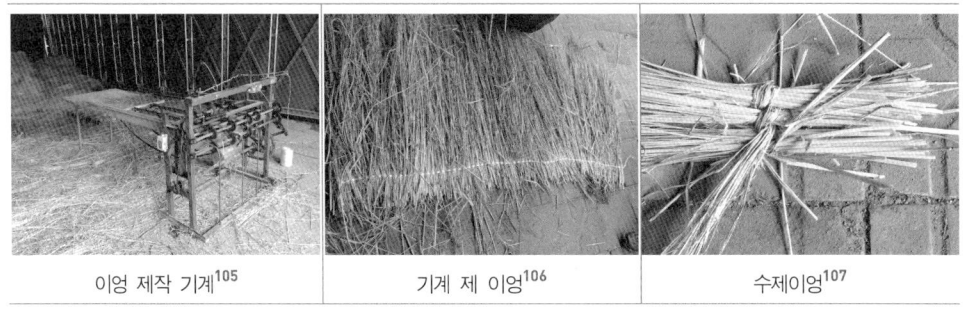

| 이엉 제작 기계[105] | 기계 제 이엉[106] | 수제이엉[107] |

기계 제 이엉[108]은 〈표 13〉의 이엉 제작 기계로 이엉을 엮은 것을 말한다. 반대되는 현장의 용어로 수제이엉[109]이 있는데 초가이엉을 손으로 엮어서 만드는 것을 말한다. 그래서 〈표 13〉과 같이 기계 제 이엉과 수제이엉의 묶음 방식에 차이가 있다. 이엉

---

104 나형남, 「초가이엉이기의 다양화와 사회문화적 배경」, 160쪽.
105 나형남, 한국민속촌, 2018.09.17.
106 나형남, 한국민속촌, 2018.09.17.
107 나형남, 한국민속촌, 2018.06.13.
108 현장에서는 '기계이엉'이라는 말로 불린다.
109 현장에서는 '손이엉'이라는 말로 불린다.

제작 기계는 본래 꺼치기계에서 유래한다. 꺼치기계[110]는 인삼농업 시에 해가림용으로 쓰이는, 손으로 엮는, 삼장을 기계적으로 엮는 용도로 1980년대부터 쓰였다. 이엉 기계는 꺼치 기계에 있는 여러 개의 바늘을 조정하여 볏짚의 밑동을 1~2개의 바늘로 엮는 형태로 개조했다. 이후로 기계 제 이엉은 국가유산으로 지정된 초가건물이나 전통적인 경관을 연출하는 여러 곳에서 쓰이고 있다.[111]

〈표 14〉 기계 제 이엉이 만들어지는 원리

기계 제 이엉의 제작[112]

이엉 제작 기계의 모터[113]

PP재질끈과 바늘[114]

기계 제 이엉은 사람이 〈표 14〉와 같이 기계에 일정량의 볏짚을 밀어 넣으면 PP재질(폴리프로필렌)의 폭이 얇은 끈이 밑동부분에 설치된 1~2개의 바늘을 통해 모터의 동력을 받아 자동으로 짚을 당겨 엮으면서 만들어진다.[115]

기계 제 이엉의 장점은 수제이엉에 비하여 빠르게 만들 수 있다는 점이다. 실제로 수제이엉 6m를 엮는 데 걸리는 시간은 2~3시간이다. 그러나 기계 제 이엉 6m는 모터의

---

110 여기서 '꺼치'라는 말은 대전, 금산 지역의 거적을 뜻하는 사투리이다. 금산이 인삼재배로 유명하고 '꺼치기계'라는 말을 그 지역에서 주로 쓰는데 현재에는 전국의 여러 지역에서 인삼재배를 하면서 널리 쓰이게 되었다.
111 나형남, 「초가이엉이기의 다양화와 사회문화적 배경」, 161쪽.
112 나형남, 한국민속촌, 2018.09.17.
113 나형남, 한국민속촌, 2018.09.17.
114 나형남, 한국민속촌, 2018.09.17.
115 나형남, 「초가이엉이기의 다양화와 사회문화적 배경」, 161쪽.

속도에 따라 10~20분이면 제작이 가능하다. 즉 이엉이기에 필요한 시간, 인원과 재료 등의 비용을 절약하기 위해서, 손으로 이엉을 엮는 기술을 바늘로 모방하고 기계로 재현한, 이엉 제작 기계가 등장하였다.

전통적인 초가이엉 제작기술을 기계로 재현한 기계 제 이엉은 전국의 민속마을이나 초가집이 많은 구역에서 초가이엉의 제작에 필요한 시간과 인원에 드는 비용을 줄이고자 고안된 현대적인 방법이었다. 전통마을에 거주하는 주민들의 수가 줄어들고 구성원이 고령화되어 전통적인 방법으로 작업하기 어렵기 때문이다. 기계 제 이엉을 사용하면서 이엉이기를 편리하게 진행할 수 있게 되었다.[116]

그러나 기계 제 이엉은 볏짚을 기계로 엮어서 사용한다는 점에서 볏짚이 지니고 있는 비, 눈, 바람 등의 기후변화와 화재에 대한 내구성이 약한 한계점을 그대로 지니고 있다. 수제이엉은 기계 제 이엉보다 볏짚을 두껍게 엮지만, 기계 제 이엉은 볏짚을 빠르게 넣어 바늘로 엮는 구조이기 때문에 수제이엉에 비해 얇다. 그러면서 기계 제 이엉은 전통적인 이엉이기로 작업을 하므로 수제이엉으로 할 경우에는 발생하지 않는 기술적인 문제점을 지니고 있다.[117]

기계 제 이엉은 제작방법에 의해서 국가유산수리표준시방서에서 요청하는 90cm 이상에 부합하게 만들 수 있다. 그러나 실제의 볏짚 길이가 90cm인 것은 아니다. 또한 이엉의 내부구성이 균일하지 않기 때문에 물매를 잡아가며 이엉이기를 할 경우 물매가 부분적으로 불규칙해지는 원인을 제공할 수 있다. 즉 이엉의 질도 떨어질 수 있다.

그리고 초가지붕 위에 기계 제 이엉이기는 그다음 해에 썩은 군새를 제거하는데 어려워지는 문제를 발생시킨다. 기계 제 이엉에 사용되는 PP 재질은 수제이엉을 엮는 데 쓰이는 볏짚보다 질기다. 수제이엉이나 기계 제 이엉으로 이엉이기를 할 때 초가지붕 위에서 수작업으로 진행하는데 주로 낫을 많이 사용한다. 낫으로 이엉을 엮는 부위를 잘라서 썩은 부위를 도려내기 때문이다. 그런데 썩은 부위에 있는 기계 제 이엉은 많은 습기를

---

116 위의 글, 162쪽.
117 위의 글, 176쪽.

머금고 있기 때문에, 현재 기성품으로 많이 판매되고 있는 얇은, 낫[118]으로는 한 번에 잘리지 않는다. 그러므로 제한된 시간에 진행해야 하는 현대 이엉이기의 과정 중에 일부 썩은 부위가 누락될 수도 있다. 그리고 PP 재질의 끈으로 엮은 기계 제 이엉은 그 엮음이 질기다. 그래서 초가지붕 내부에 기계 제 이엉이 두껍게 깔려 있으면 내부에서 썩고 있어도, 수제이엉보다 유지하는 힘이 있어, 맨눈으로 보기 힘들다. 기계 제 이엉으로 만든 초가지붕 내부에서 공동이 생기는 현상이 발생하기도 한다. 그래서 지붕을 올라가서 밟아보거나 손을 집어넣어가면서 확인해야 알 수 있다.[119] 이에 반하여 전통적인 초가지붕은 수제이엉으로 인후에 7~8개월이 지나면 자연스럽게 썩으면서 굴곡이 발생한다. 즉 수제이엉으로 만든 초가지붕은 손쉽게 썩은 부위가 나타나서 쉽게 고칠 수 있다.[120]

또 기계 제 이엉을 사용하면, 수제이엉에 비하여 얇을 경우, 초가지붕 본래의 기능이 저하될 수 있다. 그래서 이를 보완하기 위해서 현대적인 방수작업을 추가로 진행하기도 한다. 일부지역에서는 방수작업을 위해 넓은 비닐로 기존의 초가지붕을 덮고 그 위로 이엉이기를 진행하기도 한다. 하지만 방수작업을 위해서는 먼저 철저하게 썩은 부위를 제거해야 한다. 그렇지 않을 경우 내부의 습기가 비닐로 인해 빠져나가지 못하면서 내부의 부식을 가속한다. 예로부터 초가지붕은 숨을 쉰다고 한다. 이는 습도조절을 위해 비가 내린 후에는 사계절에 상관없이 아궁이에 불을 때서 초가지붕 내의 습기를 가열하고 습기가 끓으면서 초가지붕 위로 수증기가 올라오는 옛 생활의 모습이다. 하지만 비닐은 내부의 습기가 빠져나가지 못하게 하므로 초가건물의 수명을 단축시키는 요인이 되기도 한다.[121]

---

[118] 현장에서 왜낫이라고 하면 낫의 무게가 가볍고 두께가 얇은 낫을 말하고 조선낫이라고 하면 무쇠재질의 무게가 무겁고 두께가 굵은 낫을 말한다. 이엉이기를 할 때는 왜낫보다 조선낫이 힘이 더 좋다고 말하지만 재래시장이 아니면 조선낫을 구하기 힘들다는 어려움이 있다.
[119] 지붕위에 올라가서 밟아보면 땅을 딛는 느낌처럼 단단한 부위가 있는데, 이러한 부위는 내부에 썩은 것이 없다는 것이다. 반면에 스펀지를 밟는 느낌처럼 폭신한 부위가 있는데, 이러한 부위는 대체로 외부는 멀쩡해도 초가지붕 내부는 썩었다고 볼 수 있다. 혹은 손을 직접 넣어보면 틈새가 발생하는 지점이나 내부의 습한 부위를 느낄 수 있는데, 그 주변으로 살펴보면 내부가 썩었다고 볼 수 있다.
[120] 나형남, 「초가이엉이기의 다양화와 사회문화적 배경」, 176~177쪽.
[121] 위의 글, 177쪽.

2) 재료의 다양화

초가이엉 건축자재의 천연 짚을 다른 재료로 대체하는 사례도 있다. 이엉이기를 생략하고 초가지붕의 외형을 모방한다. 그래서 초가지붕의 외형을 모방하기 위해 그 구조를 분석한 뒤 현대적인 재료를 이용하여 쉽게 초가지붕의 외형을 형성토록 고안되었다. 대표적인 예로 비닐볏짚이엉, 인조볏짚이엉과 컬러강판이엉이다.[122]

기계 제 이엉이 원재료인 볏짚을 이엉으로 간편하게 만들기 위해서 기계로 제작된 것이라면, 〈표 15〉와 같이 자연볏짚의 외형과 유사한 비닐로 대체된 비닐볏짚이엉도 있다. 비닐볏짚이엉은 볏짚과 같은 색상의 얇은 비닐로 만드는 것으로 이엉 제작 기계를 통하여 비닐볏짚이엉을 만들고, 손으로 용마름을 엮는다. 물론 비닐볏짚이엉은 국가유산에 쓰이지는 않으나 지역적으로 유명한 인물의 생가生家나 전설, 설화 등의 인물의 생가나 혹은 그와 관련된 건물을 재현하거나 전원적인 풍경을 연출하기 위해 조성된 건축물에 쓰인다.[123]

〈표 15〉 비닐볏짚이엉 사례

① 비닐볏짚이엉 설치모습[124]

③ 비닐볏짚용마름[125]

비닐볏짚이엉도 기계 제 이엉과 같이 지붕 위에서 이기를 할 때는 아래서부터 위로 이고 그 끝에는 용마름이기를 한다는 점에서 기본적으로는 전통방법을 모방한다. 단,

---

122 위의 글, 163쪽.
123 위의 글, 163쪽.
124 나형남, 제주특별자치도 서귀포시 안덕면 병악로 166, 2022.03.09.
125 나형남, 한국민속촌, 2022.10.06.

비닐볏짚이엉으로 이기를 할 때는 지붕의 기능을 강화하기 위해 바닥에 방수포를 깐다. 이러한 방법은 후에 언급할 인조볏짚이엉에서도 나타난다. 비닐볏짚이엉은 화재에 취약하고 본연의 내구성이 약하여 보존 기간이 짧으나,[126] 후에서 언급할 합성수지의 인조볏짚이엉보다 비용이 저렴하다는 점[127]에서 쓰이고 있다. 비닐볏짚이엉은 기계 제 이엉의 제작 방법과 볏짚의 외형을 모방하고 천연 짚을 대체하여 재현한 것으로 볼 수 있는데,[128] 초가이엉의 제작기술과 이엉이기의 방법을 생략한 채 초가지붕의 외형만을 모방하고 천연 볏짚을 다른 재료로 대체한, 인조볏짚이엉, 컬러강판이엉과도 깊은 연관이 있다.[129]

인조볏짚이엉도 국가유산에는 쓰이지 않으나 지역적으로 유명한 인물의 생가生家나 설화에 나오는 인물의 생가 혹은 그와 관련된 건물을 재현하거나 전통적인 공간분위기를 연출할 때도 쓰인다. 건축자재의 다양화는 국가유산에 사용되지 않으나 지역의 중요한 유산으로 간주할 수 있는 곳에서 쓰이기 때문에 살펴볼 필요가 있다.[130]

〈표 16〉 인조볏짚이엉의 종류와 이용사례

인조볏짚이엉 처마부착형[131]

인조볏짚이엉 일반[132]

인조볏짚이엉 설치모습[133]

---

126 앞서 설명한 인조볏짚은 몇 가지 물성 테스트를 진행하는데, 그 기준에는 난연, 굴곡강도, 인장강도(외부 충격에 의한 파단저항능력), 자외선, 부패(해충 및 방수), 자연볏짚과의 질감도 및 주변경관 등 있다. 이는 천연볏짚이 지니고 있는 물질적 한계를 극복하도록 인조볏짚 제작시에 고려한 것이기 때문이다.
127 인조볏짚은 물질적 내구성을 높이기 때문에 재료적인 측면에서 자연볏짚보다 비용이 크다. 그러나 인조볏짚이엉은 한번 설치 후 10~20년을 지속하기 때문에 매년 자연볏짚이엉을 교체하는 비용을 고려하면 장기적인 안목에서 비용-절감이 될 수 있다는 측면이 있다. 그러나 그 설치비용조차도 절감하고자 물성테스트를 받지 않은 비닐볏짚이엉도 사용된다.
128 비닐볏짚이엉에도 전통적인 볏짚 이엉 제작 기술이 적용된다.
129 나형남, 「초가이엉이기의 다양화와 사회문화적 배경」, 163~164쪽.
130 위의 글, 164쪽.
131 나형남, 한국민속촌, 2018.06.13.
132 나형남, 한국민속촌, 2018.06.13.
133 나형남, 한국민속촌, 2022.10.07.

인조볏짚이엉[134]은 볏짚의 외형을 모방하고 자연볏짚을 인공 재질로 대체하여 재현한 것이다. 국내에는 용인 에버랜드에서 1976년에 인조볏짚이 처음으로 도입되었는데, 자연볏짚이엉의 교체비용을 줄이기 위한 예산 절감 차원의 목적으로 사용되었다. 인조볏짚이엉은 플라스틱을 원재료로 하고 있는데, <표 16>과 같이 처마에 붙이는 형태와 일반 이엉으로 구성되어 있다.[135]

그 외에도 초가건물의 경관과 건물 자체를 보존하기 위한 극단적인 사례로서 초가지붕 모양의 컬러강판이엉도 있다. 컬러강판이엉[136]은 초가지붕 형태의 디자인에 맞춰 이엉, 용마름, 지붕재, 추녀 끝, 물받이 등으로 구성되어 있다. 인조볏짚이엉이기와 마찬가지로, 자연볏짚이엉처럼, 매년 교체하는 번거로움이 없고 수명이 20년 이상이므로 재시공비나 폐기물 처리 비용도 들지 않는 장점이 있다.[137] 컬러강판이엉은 새마을운동으로 인해 초가지붕을 슬레이트 지붕으로 개량한 이후, 슬레이트 지붕이 석면 피해를 유발하면서 이를 대체하기 위해 개발하였다는 점에서 모순된 측면이 있다. 컬러강판이엉은 슬레이트 지붕으로 되어 있는 농촌 주민의 주거공간뿐만 아니라 농촌 지역의 지역 경관을 개선하기 위한 방법으로 등장하였다.[138]

비닐·인조볏짚이엉이나 컬러강판이엉은 이엉이기의 힘든 과정을 생략하고 초가지붕의 외형을 모방하고 천연 짚을 비닐, 플라스틱이나 강판으로 대체하여 재현한 사례이다. 비닐·인조볏짚이엉을 설치하는 방법은 기존의 이엉이기보다 간편화되었다. <표 17>과 같이 기존의 초가이엉을 헐고 난 후 목재구조물로 기초형태를 잡는다. 그 후 방수포로 목재구조물을 방수 처리한 후 비닐·인조볏짚이엉으로 인다. 인조볏짚이엉이기의 경우

---

[134] 현장에서는 '인조이엉'이라고 불린다.
[135] 나형남, 「초가이엉이기의 다양화와 사회문화적 배경」, 164쪽.
[136] 위 내용은 동해산업의 컬러강판이엉 사례를 참고로 한 것이다.
http://donghaecorp.cafe24.com, "동해산업", 2020.04.20.
[137] 2015년 8월 6일 동해산업(대표 김만재)은 석면피해를 유발하는 슬레이트 지붕을 대체할 컬러강판 초가지붕 제품을 개발·출시했다고 발표했다.
「동해산업, 슬레이트 지붕 대체재 컬러강판 초가지붕 개발」, 『한국경제』, 2015.08.06.
[138] 나형남, 「초가이엉이기의 다양화와 사회문화적 배경」, 165쪽.

기존의 이엉이기와 같이 처마부착형 인조볏짚이엉으로 끝을 두른 뒤 일반이엉 모형으로 윗부분까지 인다. 이엉이기의 과정에서 보이는 이엉이 계단식으로 쌓이는 형태를 연출하기 위함이다. 그리고 용마름을 연출한 뒤 플라스틱 끈으로 되어 있는 비닐·인조 새끼줄을 겉고삿줄처럼 부착하여 마무리한다.[139]

〈표 17〉 인조볏짚이엉이기

① 기존 초가이엉 헐기[140]

② 기초 형태 잡기[141]

③ 방수포 부착 후 이엉설치[142]

이처럼 비닐볏짚이엉이나 인조볏짚이엉으로 초가이엉이기를 하면서 물매를 잡는 방법은 방수포를 부착하는 것으로 대체되었다. 그리고 볏짚이 지니고 있는 외형의 색상과 이엉의 형태는 비닐·인조볏짚이엉으로 대체되었고, 비닐·인조볏짚이엉을 현대적인 장비를 통해서 손쉽게 고정함으로써 전통적인 방법은 생략되었다. 그렇게 함으로써 단기적으로는 소요되는 시간과 작업 인원을 절감할 수 있었고 장기적으로는 1년에 한 번씩 교체해야 하는 초가이엉의 문제점도 피해 갈 수 있었다. 합성수지로 만들어진 인조볏짚이엉은 보존 기간이 10년~20년 정도로 알려져 있다. 인조볏짚이엉은 초가지붕 유사성과 긴 수명이 장점으로 작용하여 조달청의 특수지붕재로 등록되어 있다.[143]

컬러강판이엉도 기초형태를 잡고 나면 초가지붕 형태의 디자인에 맞춰[144] 용마름, 지

---

139 위의 글, 177~178쪽.
140 나형남, 한국민속촌, 2017.11.12.
141 나형남, 한국민속촌, 2017.11.13.
142 나형남, 한국민속촌, 2017.11.30.
143 나형남, 「초가이엉이기의 다양화와 사회문화적 배경」, 178쪽.
144 위 내용은 동해산업의 컬러강판이엉 사례를 참고로 한 것이다.
   http://donghaecorp.cafe24.com "동해산업", 2020.04.20.

붕재, 추녀 끝, 물받이 등의 부품을 각 위치에 맞게 설치한다.[145]

비닐볏짚이엉이나 인조볏짚이엉, 컬러강판이엉 등은 방수포나 그에 준하는 시설물을 별도로 설치하여 방수의 기능을 강화하기 때문에 기계 제 이엉이 지니고 있는 재질적인 한계를 극복한다. 그뿐만 아니라 초가이엉의 제작에 필요한 시간, 비용을 줄이고 이엉이기의 교체시기를 늘리고 교체비용을 절감할 수 있다는 점에서 뛰어난 장점이 될 수 있다. 특히 국가유산수리 분야에서조차도 수제이엉으로 인해 소요되는 비용을 줄이고자 기계 제 이엉을 일부에서 쓰고 있다. 기계 제 이엉을 포함한 다양한 방식의 등장은 이엉이기를 전승하는 측면에서는 크나큰 위험 요소이다.[146]

비닐·인조볏짚이엉, 컬러강판이엉 등은 초가지붕의 건축기술을 생략하고 외형만 모방하고 천연볏짚 재료를 대체한 것이다. 그래서 전국적인 범주에서 국가유산으로 지정된 초가 건축물과 민속마을을 제외하고 초가지붕 방식의 다양화는 지역 내 역사, 설화 관련 건물이거나 전통적인 경관을 연출하기 위한 건물에 쓰이게 된다. 즉 전통적인 이엉이기를 전승해야 하는 필요성도 경제적인 관점에서 줄어들 수밖에 없다.[147]

---

145 나형남, 「초가이엉이기의 다양화와 사회문화적 배경」, 179쪽.
146 위의 글, 179쪽.
147 위의 글, 179쪽.

제5장

초가이엉이기의 지역적 특징

1. 경기·충청·황해도 지역
2. 전라·경상도 지역
3. 강원·울릉도 지역
4. 제주도 지역
5. 평안·함경도 지역

제5장

초가이엉이기의 지역적 특징

　본 장에서는 1900년대 이후부터 전해져 내려오는 각 지역의 초가건물에 대한 사진기록과 국가유산으로 등록·지정된 초가건물의 도면 및 사진기록을 살펴본다. 먼저 약 100여 년에 걸친 사진기록 및 국가유산의 현재를 살펴보는 것이기 때문에 시기를 근대시기와 현대시기로 구분할 수 있을 것으로 보인다.

　근대시기의 경우 사진기술이 도입된 개화기부터 일제강점기까지로 볼 수 있고, 현대시기의 경우에는 한국건국 시기부터 현재까지로 볼 수 있다. 각 시기의 사진은 공통으로 초가건물을 집중적으로 촬영하였던 것은 아니다. 개화기에는 외국인들이 연구 및 정치의 목적으로 방문하면서 초가건물을 촬영한 것이 남아있다. 일제강점기의 경우 대개 사적 혹은 발굴현장을 기록하기 위한 것이거나 당시 사람들의 의식주를 조사하기 위해 촬영된 것이다. 그러한 와중에 우연히 초가건물이 배경으로 촬영된 것이다. 그래서 대부분 초가건물이 부분적으로 촬영되었고 지역별 현황과 특징을 파악하기 위해서는 여러 사진에서 공통으로 발견되는 사례를 정리한다.

　현대시기의 경우를 살펴보면, 1950~1970년대에는 대통령이 지역을 방문하면서 우연히 마을풍경으로 촬영된 것이 많다. 또 1970년대 이후에는 해당 지역의 민속연희, 신앙, 의례 등을 조사하기 위해 방문하면서 마을 풍경을 촬영하였던 것이나 국가정책에 의하여 초가건물을 조사하는 과정에서 촬영되었다. 그래서 대개 시공이 된 상태의 초가건물이 촬영되었다. 실제 이엉이기를 연행하였던 기록은 매우 적다. 근대시기의 사진기록과 비교하면서 새롭게 발견된 부분이나 변화된 부분을 살펴본다.

지역별로는 현재의 행정구역을 기반으로 살펴보되, 공통된 이엉이기 방식을 공유하는 지역은 한 항목으로 묶어서 살펴보도록 한다. 공통된 이엉이기의 방식으로 볼 수 있는 점은 재료, 이엉을 이는 방식(사슬, 비늘, 흐른이엉), 지붕 위에 겉고삿줄을 치는 방식, 용마루의 양상(제작방법, 형태) 등을 고려하도록 한다.

〈표 1〉 지역별 초가이엉이기 상세

지역	이엉	용마름	줄치기	
			줄놓기	줄매기
경기 충청 황해	사슬 이엉 (볏짚)	용마름 ○ 솔가지 용마름 고정 사례 일부 있음	- 4면 동일한 방식 가로줄 놓기 - 바람에 따라 일부 촘촘히 줄 놓음 - 바람이 적으면 줄을 적게 놓거나 놓지 않음	- 서까래에 줄 매기 - 서까래 밑 장대에 줄 매기 - 서까래 마구리 줄에 줄 매기
전라 경상	사슬 이엉 (볏짚)	용마름 ○	- 전후면, 측면 차이 有 - 전후면 긴 가로줄 놓기 - 측면 사선방향 줄 놓기(전후면 가로줄) - 전후면 세로줄(쌍줄, 외줄) 줄 놓기 - 경상도 일부, 측면 가로방향 촘촘히 줄 놓기 - 경상도 일부, 측면 줄(쌍줄, 외줄) 놓기 - 일부, 마름모 그물형 줄놓기	- 지새미대에 줄 매기 - 지새미대 서까래와 연결 - 지새미대 이엉과 고정(경상도 일부) - 지새미대 없는 경우, 가로로 볏짚을 이 엉위에 놓고 서까래에 줄 매기(일부) - 지새미대 없는 경우, 서까래 밑 장대 혹은 마구리 줄에 줄 매기(일부) - 지새미대 없는 경우, 처마부분 가로줄에 겉고삿줄을 매고 세로줄 일부는 가로줄을 누르고 서까래에 매기(일부)
	비늘 이엉 (억새, 갈대)	용마름 ○ (볏짚 밑동이 바깥으로)	- 용마름 양쪽 2줄 측면으로 내리기 - 전후면, 세로 3줄 내리기 - 일부, 처마부분 가로로 줄 놓기	- 서까래에 줄 매기
	비늘 이엉 (산죽)	용마름 ×	- 용마름 중심으로 줄을 처마부분까지 줄 내리기 - 비정형적인 줄 놓기	- 지새미대에 줄 매기 - 지새미대 서까래와 연결
강원 울릉	사슬 이엉 (볏짚)	용마름 ○ (일부, 용마름×)	- 일부, 전후면 긴 가로줄 놓기 - 일부, 측면 사선방향 줄 놓기(전후면 가로줄) - 일부, 전후면 세로줄(쌍줄, 외줄) 줄 놓기	- 처마부분에 줄 매기

			- 일부, 4면 가로세로방향 줄놓기(일부, 촘촘하게 줄놓기) - 일부, 가로방향 나무로 누르기(산촌지역)	
	사슬이엉 (억새)	용마름 ○	- 가로세로방향 나무로 누르기 - 가로세로방향 칡으로 줄 놓기	- 서까래 부분에 줄 매기
	사슬이엉 (저릅대)	용마름 × (일부 용마름 ○)	- 가로세로방향 나무로 누르기 - 가로세로방향 칡으로 줄 놓기	- 서까래 부분에 줄 매기
제주	흐른이엉 (띠풀)	용마름 ×	- 4면 가로방향 촘촘히 줄놓기 - 전후면 세로방향 촘촘히 줄놓기	- 서까래 밑 장대에 줄 매기
평안 함경	비늘이엉 (볏짚, 갈대)	용마름 ○ (볏짚 밑동이 바깥으로)	- 용마름 양쪽에서 측면으로 줄을 놓기	- 서까래에 줄 매기
	사슬이엉 (볏짚)	용마름 ○	- 함경도일부, 전후면 긴 가로줄 놓기 - 함경도일부, 측면 사선방향 줄 놓기(전후면 가로줄)	- 지새미대에 줄 매기
	비늘, 사슬이잉 (볏짚 혼합)	용마름 × (일부 용마름있음, 없는 경우 긴 장대를 용마루에 놓고 양쪽 끝은 짚으로 고깔을 씌움)	- 일부, 마름모형으로 줄 놓기 - 일부, 전후면, 긴 가로줄 놓기 - 일부, 추녀마루 사선으로 줄 놓기	- 서까래에 줄 매기

다음과 같이 각 지역을 몇 개의 유사한 구역으로 묶어서 살펴볼 수 있다. 경기·충청·황해도 지역의 경우는 이엉, 용마름, 줄을 치는 방식에서 동일하거나 유사하였다. 그러므로 경기·충청·황해도 지역의 이엉이기를 같은 구역으로 묶어서 살펴본다. 이 구역은 볏짚의 사슬이엉이기 방식으로 이루어지고, 겉고삿줄을 치는 방식도 지붕 4면에 가로로 줄을 친다는 점, 용마루도 동일하다는 점에서 유사하다.

전라·경상도의 경우, 이엉, 용마름, 줄을 치는 방식이 동일하거나 유사하였다. 그러므로 전라·경상도 지역의 이엉이기를 같은 구역으로 묶어서 살펴본다. 세부적으로 살펴보면 경상도 지역의 경우, 전라도의 줄치는 방식과 대동소이하였다. 각 지역은 볏짚사슬이엉이기 방식으로 이루어지고, 가로가 긴 지붕의 전·후면에 가로로 줄을 길게 친다는 점이 유사하였다. 또한 낙동강 하구나 지리산 등의 산간지역에서 동일하게 억새나 산죽, 볏짚 등으로 비늘이엉이기가 발견되었다는 점에서도 유사하였다. 그러므로 전라도, 경상도 지역을 초가이엉이기의 한 구역으로 설정할 수 있다.

강원·울릉도의 경우, 이엉이기 방식과 줄치는 방식이 동일하였다. 세부적으로 살펴보면 강원도는 볏짚이엉과 저릅대이엉이 남아있고, 울릉도는 억새이엉이라는 점에서 재료의 차이가 있다. 그러나 각 지역은 사슬이엉이기를 한다는 점에서 동일하다. 또 각 지역은 너와지붕도 쓰였다는 점이 같다는 생활양식의 동질성도 있다. 줄치는 방식도 칡을 이용하거나 가로세로 방향으로 나무가 놓였다는 점은 강원도 볏짚이엉의 일부사례, 저릅대이엉, 울릉도 억새이엉이기에서 유사하게 보이는 방식이다. 즉 강원·울릉도 지역의 이엉이기 방식은 재료의 선택은 다양하되, 이엉이기나 줄치는 방식에서 유사성을 보인다는 점을 특징으로 볼 수 있어 두 지역을 같은 구역으로 묶을 수 있다.

평안·함경도 지역의 경우는 이엉, 용마름, 줄을 치는 방식이 동일하거나 유사한 방식이 보였다. 대부분 볏짚으로 비늘이엉을 이는 방식이었다. 일부 함경도 지역은 사슬이엉 위에 추녀마루만 비늘이엉이기를 하는 혼합방식도 발견되었다. 또 각 지역에는 짚, 너와, 돌기와 등이 동일하게 발견된다는 점에서도 동일하다. 그러므로 생활양식의 동질성도 있다. 비늘이엉이기가 평안·함경도 지역 전역에서 고루 분포하는 것은 비늘이엉이 바람보다는 눈이나 비 등에 대응하기에 적합한 방식이라는 점을 의미한다. 이에 두 지역을 같은 구역으로 묶을 수 있다.

그 외에 제주도는 한 항목에서 별도로 다루고자 한다. 제주도는 띠풀로 흐른이엉이기를 한다는 점에서 다른 지역과 차별되는 양상을 보이고 있기 때문이다.

1. 경기·충청·황해도 지역

경기·충청·황해도 지역은 한반도 중부의 서쪽에 해당한다. 경기·충청·황해도 지역의 이엉이기는 주로 볏짚사슬이엉이기를 한다. 그리고 용마름도 볏짚으로 틀어서 얹는다. 일부지역에서 솔가지를 꽂아 용마름의 고정을 보강하는 방식이 발견된다. 겉고삿줄을 치는 방식은 지붕 4면으로 가로로 줄을 친 뒤, 넓은 지붕면에서 세로로 줄을 치는 것이다. 줄을 치는 방식은 시작 면의 처마에서 추녀마루로 넘겨서 지붕면의 가로로 놓인 다음 다른 면의 추녀마루로 넘기고 처마로 내려서 묶는 방식이다.

〈표 2〉 경기·충청·황해도 지역 특징

이엉	용마름	줄치기	
		줄놓기	줄매기
사슬이엉 (볏짚)	용마름 ○ 솔가지 용마름 고정 사례 일부 있음	- 4면 동일한 방식 가로줄 놓기 - 바람에 따라 일부 촘촘히 줄 놓음 - 바람이 적으면 줄을 적게 놓거나 놓지 않음	- 서까래에 줄 매기 - 서까래 밑 장대에 줄 매기 - 서까래 마구리 줄에 줄 매기

위와 같이 경기·충청·황해도 지역 이엉이기 특징을 정리해볼 수 있다. 이처럼 정리한 내용을 바탕으로 살펴보도록 한다. 위의 내용과 같이 서울, 경기, 충청도 지역의 일부에서는 줄을 적게 치거나 추녀마루 위로 줄을 나수 치는 경우도 있으나 기후와 관련이 있는 것으로 보인다. 현재 초가이엉이기의 흔적은 많이 남아있지 않으나 과거 흑백 사진기록으로 알아볼 수 있다. 그래서 본 항목에서는 흑백 사진기록과 국가유산으로 지정되어 있는 초가건물의 현재를 살펴보면서 이엉이기를 논한다.

1) 근대시기

(1) 경기도 지역

경기·충청·황해도 지역의 초가는 볏짚을 주재료로 삼고 사슬이엉이기를 하였다. 각 지역은 볏짚사슬이엉과 새끼줄, 용마름의 방식이 유사하였다. 다만 지역적으로 겉고삿줄을 치는 개수의 차이가 있었다. 이는 기후를 비롯한 여러 상황이 복합적으로 작용했을 것으로 보인다. 먼저 서울 지역의 이엉이기를 살펴보면 다음과 같다.

<표 3>에 있는 좌측에 있는 사진기록은 1880년대 서울주변의 초가이다. 먼저 초가지붕의 위에는 용마름이 있다. 지붕면의 겉고삿줄을 보면 적게 가로줄을 쳤다는 점을 알 수 있다. 그 수는 가로줄로는 대략 2~3개 정도를 쳤다. 혹은 추녀마루를 누르기 위해 양옆으로 줄을 치기도 했다. 줄을 치는 방법도 건너편 처마 밑 서까래에 줄을 묶고 다른 편으로 넘겨서 다른 편의 서까래에 묶었다.

<표 3> 서울 근교 초가지붕 양상 1

서울 송파 삼전도비 주변 초가
(일제강점기)[1]

서울 종로 창의문 주변 초가
(일제강점기)[2]

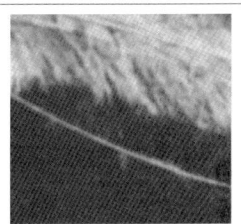
서까래에 줄을 맨 방식

　대부분의 서울 지역의 초가에서는 적게 줄을 치지만 창의문 주변에 사는 사람들의 경우에는 많은 수의 줄을 쳤다. 이러한 방식은 창의문 주변이 바람이 강하여 지붕을 고정하기 위한 것이다. 혹은 속고삿줄을 적게 쳐서 겉고삿줄로 보완하는 방식으로 볼 수 있을 것이다. 이처럼 줄 치는 정도의 차이는 외형으로 판단할 수 없는 부분이므로 유추해볼 뿐이다. 그런데도 주목할 점은 줄을 치는 방식이 동일하다는 점이다. 사진기록을 확대해본 결과 서까래에 줄을 맨 것을 발견할 수 있었다. 즉 겉고삿줄과 속고삿줄을 서까래에 맨 것으로 볼 수 있다. 이러한 형태는 경기도나 황해도 지역에서도 일부 발견되는 방식이기도 하다. 물론 서까래 밑 혹은 마구리에 나무나 줄을 대어 그곳에 줄을 매는 경우도 있다.

1　공공누리에 따라 국립중앙박물관의 공공저작물이용.
　https://www.museum.go.kr/site/main/relic/search/view?relicId=67172
2　공공누리에 따라 국립중앙박물관의 공공저작물이용.
　https://www.museum.go.kr/site/main/relic/search/view?relicId=215740

이외에도 서울 지역의 초가지붕에서 발견되는 양상으로는 용마름을 놓은 뒤 그 위에 솔가지를 꽂아 놓는다는 점이다. 현재 솔가지를 꽂아 놓은 방식은 경기, 충청 지역에서만 볼 수 있었다[3]고 전해지고 있으나 서울 지역에서도 발견된다는 점에서 방식에 대한 지역적 범주를 확대할 필요가 있다.

〈표 4〉 서울 근교 초가지붕 양상 2

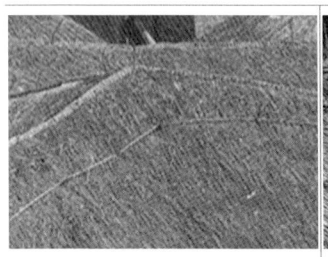
서울 종로 혜화문 서북면 누각
초석주변초가(일제강점기)[4]

서울 중구 광희문 외측
주변초가(일제강점기)[5]

서울 동대문 밖 농가
(송석하, 일제강점기)[6]

용마루에 솔가지를 꽂아 놓는 방식은 후술할 전라도 남원의 억새지붕 방식의 배경과 유사할 것으로 보인다. 남원 억새지붕 방식에서 대나무를 꽂아 놓는 방식의 배경에는 추녀마루의 이엉을 고정하기 위한 것이다. 즉 용마루에 솔가지를 꽂아 놓는 방식의 배경도 용마루를 고정하기 위한 것으로 유추해 볼 수 있다. 오늘날에는 살펴볼 수 없는 방식으로 향후 지역에 맞는 이엉이기의 복원에 필요한 자료로 판단된다.

---

3   신영훈, 『한국의 살림집』, 열화당, 1983.08.01, 336쪽.
4   공공누리에 따라 국립중앙박물관의 공공저작물이용.
    https://www.museum.go.kr/site/main/relic/search/view?relicId=157318
5   공공누리에 따라 국립중앙박물관의 공공저작물이용.
    https://www.museum.go.kr/site/main/relic/search/view?relicId=164262
6   공공누리에 따라 국립민속박물관의 공공저작물이용
    https://www.nfm.go.kr/common/data/home/archive/detailPopup.do?seq=1996-023-00000310

〈표 5〉 경기도 지역 초가지붕 양상 1

경기 이천 장동리 서촌 중농 가옥 측면(1920)[7]

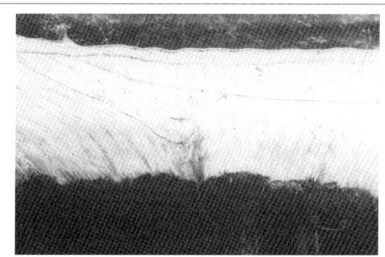
세부사진 줄넘기기 및 용마름 위에 주저리 놓기

〈표 5〉의 가옥은 'ㄱ'자 집이다. 그러므로 회첨이 있고, 이 가옥의 줄치기는 가로줄로 회첨부분을 누르면서 치는 것이다. 세부사진을 보면, 회첨 쪽에 있는 세로줄 밑으로 가로줄이 지나간다. 이 줄은 우측의 지붕면 추녀마루에서 넘어온다. 그 후 회첨부분을 지나 좌측 지붕면에서 사선으로 놓인 뒤 용마름 밑을 통과하여 넘어갔다.

또 회첨의 용마름 위에 주저리를 덧씌웠다. 회첨부분의 물매가 낮아지면서 비가 새는 것을 막기 위해 의도적으로 설치된 것으로 볼 수 있다. 또 서까래에 줄을 맨 흔적도 있다. 즉 서울과 같이 줄을 서까래에 매었다는 점을 알 수 있다. 서유구의 『임원경제지』의 서까래 머리에 줄을 맸다는 기록과 상통한다.

〈표 6〉 경기도 지역 초가지붕 양상 2

수원 화성 팔달문 주변(일제강점기)[8]

경기 수원 화성 공심돈 부근 초가 서까래(일제강점기)[9]

7　공공누리에 따라 국립중앙박물관의 공공저작물이용.
　　https://www.museum.go.kr/site/main/relic/search/view?relicId=139793

<표 6>은 경기 수원의 줄치기이다. 수원의 경우, 팔달문 주변과 공심돈 주변의 초가이다. 팔달문 주변 초가를 보면 용마름이 있고, 겉고샅줄도 지붕면에 1~2줄 정도의 가로줄을 치는데 다른 지붕면으로 추녀마루에서 넘겨서 처마 밑으로 내려가는 모습을 볼 수 있다. 수원의 사례는 서울이나 이천의 줄을 치는 방식과 유사해 보인다. 공심돈 부근의 초가에서는 줄을 친 흔적이 보이지 않는다. 세세하게 살펴보면 일부 줄을 친 것 같은 선이 보이나 전체적으로 줄을 친 흔적이 보이지 않는다. 그런데도 서까래 마구리에 줄을 대고 여러 고샅줄이 촘촘하게 매여져 있는 것을 볼 수 있다. 이 줄은 속고샅줄로 보인다. 즉 촘촘하게 속고샅줄을 치고 이엉을 인 뒤, 겉고샅줄을 치지 않은 것으로 볼 수 있다.

　이처럼 겉고샅줄을 치지 않은 경우도 있는데, 충청도 공주시 탄천면 가척리 주민의 제보에도 동일한 사례를 확인할 수 있었다. 그의 제보에 의하면 겉고샅줄을 치는 것은 바람이 많이 부는 지역에서 하는 편이고, 탄천면 부근은 바람이 불지 않아서 겉고샅줄을 치지 않았다고 하였다.[10] 따라서 줄을 치는 정도는 기후와 깊은 관계가 있다는 점을 확인케 한다.

<표 7> 경기도 지역 초가지붕 양상 3

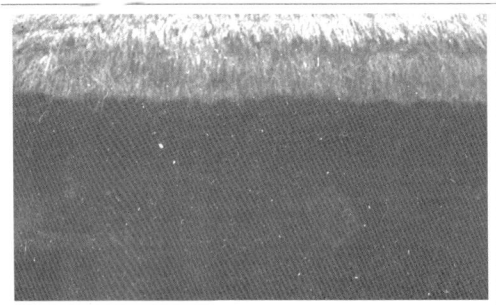

경기 수원 화성 공심돈 부근 초가 서까래(일제강점기)[11] ｜ 경기 수원 화성 장안문 부근 초가 용마름(1920년대)[12]

8　공공누리에 따라 국립중앙박물관의 공공저작물이용.
　　https://www.museum.go.kr/site/main/relic/search/view?relicId=39915
9　공공누리에 따라 국립중앙박물관의 공공저작물이용.
　　https://www.museum.go.kr/site/main/relic/search/view?relicId=196017
10　나형남, 공주시 탄천면 가척리 주민 제보, 2022.06.12.
11　공공누리에 따라 국립중앙박물관의 공공저작물이용.

경기 수원 화성 공심돈 부근 초가의 사진기록을 확대해보면 서까래 마구리 부분에 줄을 대고 속고삿줄을 줄에 맨 것을 희미하게 발견할 수 있다. 또 장안문 부근 초가를 살펴보면 용마름 안으로 대나무를 집어넣고 용마름에 나뭇가지로 추정되는 것을 꽂아 넣은 방식도 볼 수 있다. 서울 지역과 동일한 방식이다. 즉 겉고삿줄을 적게 칠수록 용마름 고정을 위해 솔가지나 대나무가지를 꽂는 방식이 보완방법으로 쓰였다는 것을 알 수 있게 한다.

용마름 안으로 대나무를 집어넣은 방식은 해남이나 보성 지역에서 용마름을 빳빳하게 일으켜 세우는 방식[13]과 유사해 보인다. 용마름이 비에 의하여 내려앉는 것을 방지하기 위한 보완방법으로 보인다. 이 부분이 다른 지역에서 발견되지는 않으므로 개별적인 보완방법으로 보도록 한다.

반대로 서까래에 나무를 대었던 방식은 강화도 주변에서 확인할 수 있다. 이 점을 통해 경기도 지역의 줄을 치는 방식 중 서까래에 줄을 매는 방식에 여러 유형이 있음을 알 수 있게 한다. 강화도 초가지붕의 지붕면에 겉고삿줄을 많이 놓았음을 확인할 수 있다.

〈표 8〉 경기도 지역 초가지붕 양상 4

인천 옹진 순종황제 사당(대청면 내동, 일제강점기)[14]	사당 서까래 부분

---

      https://www.museum.go.kr/site/main/relic/search/view?relicId=196017
12 공공누리에 따라 국립중앙박물관의 공공저작물이용.
      https://www.museum.go.kr/site/main/relic/search/view?relicId=200760
13 신영훈, 『한국의 살림집』, 335쪽.
14 공공누리에 따라 국립중앙박물관의 공공저작물이용.
      https://www.museum.go.kr/site/main/relic/search/view?relicId=210526

인천 강화 부 남문 주변 초가(일제강점기)[15]

주변 초가 서까래 부분

강화도 주변 대청도의 순종황제 사당에서도 강화도의 사진기록과 같이 촘촘하게 줄을 쳤다. 그리고 처마부분에는 서까래 밑에 나무를 댄 모습을 볼 수 있다. 즉 서까래에 나무를 대고 겉고삿줄을 이 부분에 매었음을 알 수 있다. 섬지역의 경우 바람이 강하기 때문에 전체적으로 용마루는 좁은 편이고, 물매도 높은 것으로 보인다. 물매가 높은 경우는 비나 눈과 관련이 있고, 줄의 개수는 바람과 관련이 있는 경우가 많다.

강화부 남문 주변의 초가에서도 나무를 댄 모습이 있다는 점에서 경기도 서해안 지역의 유사한 이엉이기 방식을 보인다고 볼 수 있다. 강화도 지역 내에서도 겉고삿줄 치는 방식의 차이는 해안가 인접 정도에 따라 달라질 것으로 추측해본다.

(2) 황해도 지역

본래 개성은 경기도에 속하였다. 하지만 현재에는 이북에 속하고 있어 현 행정구역을 기준으로 황해도 항목에서 다룬다. 개성 지역의 초가는 이북에 있어 현재의 상태를 확인할 수 없으나, 사진기록을 살펴보면 볏짚을 주재료로 쓰고 사슬이엉이기를 하였다. 개성 시가지 내의 초가를 보면 이엉을 지붕 위에 올린 것을 볼 수 있다. 초가지붕을 온전하게 촬영한 사진기록은 없으나 성균관이나 사찰 등의 유적지를 촬영한 배경에도 초가지붕이 있다. 이를 통해 이엉이기를 유추해볼 수 있다. 개성 지역의 초가지붕은 가로방향과

---

15 공공누리에 따라 국립중앙박물관의 공공저작물이용.
    https://www.museum.go.kr/site/main/relic/search/view?relicId=127117

세로방향으로 촘촘하게 줄을 친 것으로 보인다. 그러나 성균관 주변 초가와 영통사 주변 초가에서 가로줄은 넓은 지붕면의 경우에는 2~3줄 정도 쳤다. 세로줄의 경우에는 기둥과 기둥 사이에 한 칸에 3~4줄 정도로 촘촘하게 쳤다. 기둥과 기둥 사이의 간격이 예로부터 정해져 있다고 볼 때 세로줄의 간격은 약 80~100cm로 추측할 수 있다. 겉고삿줄은 서까래에 맨 것으로 보인다. 일부 바람이 강한 면에는 나무를 놓았는데, 나무에 묶지 않고, 나무 위로 줄이 지나가면서 나무를 눌러주는 것으로 보인다.

〈표 9〉 개성 지역 초가지붕 양상

 경기 개성 영통사 오층석탑과 삼층석탑 주변 초가(일제강점기)[16]	 경기 개성 성균관 정문 주변 초가 (경기 개성군 송도면, 일제강점기)[17]
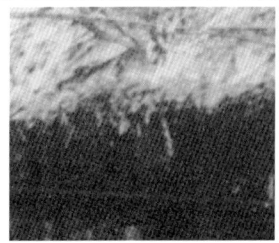 경기 개성 영통사지 석탑 주변 초가 (일제강점기)[18]	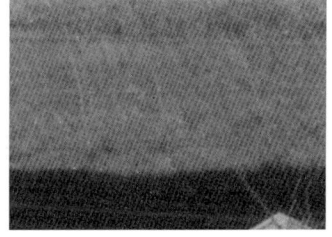 경기 개성 영통사 오층석탑과 삼층석탑 주변 초가(일제강점기) 확대

---

16 공공누리에 따라 국립중앙박물관의 공공저작물이용.
   https://www.museum.go.kr/site/main/relic/search/view?relicId=94702
17 공공누리에 따라 국립중앙박물관의 공공저작물이용.
   https://www.museum.go.kr/site/main/relic/search/view?relicId=109741
18 공공누리에 따라 국립중앙박물관의 공공저작물이용.
   https://www.museum.go.kr/site/main/relic/search/view?relicId=222171

〈표 10〉 황해도 지역 초가지붕 양상 1

황해 재령 석탄리 대방 고분 주변 초가들[19]

황해 해주 석빙고 주변 초가
(황해 해주군 해주읍, 일제강점기)[20]

황해 신천군 남부면 부정리 초가
(일제강점기)[21]

황해도 지역의 경우 개성 지역과 같이 사면으로 줄을 가로로 쳤다. 개성 지역과 차이가 있다면, 가로로 놓는 줄의 개수가 많아졌다는 점이다. 그리고 황해도 지역의 경우에도

---

19 공공누리에 따라 국립중앙박물관의 공공저작물이용.
   https://www.museum.go.kr/site/main/relic/search/view?relicId=34455
20 공공누리에 따라 국립중앙박물관의 공공저작물이용.
   https://www.museum.go.kr/site/main/relic/search/view?relicId=215174
21 공공누리에 따라 국립중앙박물관의 공공저작물이용.
   https://www.museum.go.kr/site/main/relic/search/view?relicId=187905

재령의 사진기록 중 오른쪽에 사슬이엉을 지붕에 올린 모습이 있는 것으로 보아, 볏짚을 주재료로 삼았다는 것도 알 수 있다. 또 일부 바람이 강한 지붕면에는 나무를 대고 있는 것도 개성 지역의 방식과 동일하다.

황해도 연백에 거주하였던 제보자의 증언에서도 볏짚으로 이엉을 엮어서 매년 봄에 한 번씩 지붕작업을 했다는 내용이 있었다.[22] 그 외에도 황해도 옹진 출신의 제보자도 볏짚으로 지붕을 했다고 하며,[23] 황해도 벽성에서도 볏짚으로 이엉을 엮어서 했다고 한다.[24]

〈표 11〉 황해도 지역 초가지붕 양상 2

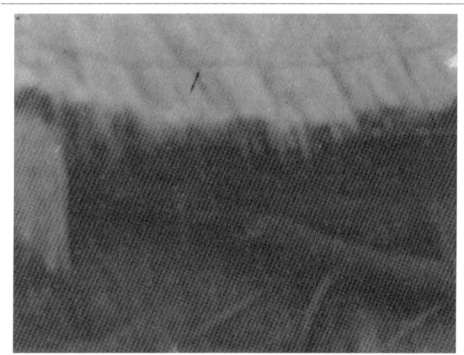

황해 해주 석빙고 주변 초가 서까래
(황해 해주군 해주읍, 일제강점기)[25]

황해 송화 풀무 측면 초가 서까래
(일제강점기)[26]

황해도 지역의 초가건물에 대한 사진기록 중에서 줄을 서까래에 매었음을 확인할 수 있었다. 해주 석빙고 주변의 초가에서 서까래에 묶었을 것으로 추정되는 고리 모양의

22　강영환, 『북한의 옛집』 1, 한국학술정보(주), 2011.08, 40쪽.
23　위의 책, 254쪽.
24　위의 책, 290쪽.
25　공공누리에 따라 국립중앙박물관의 공공저작물이용.
　　https://www.museum.go.kr/site/main/relic/search/view?relicId=215174
26　공공누리에 따라 국립중앙박물관의 공공저작물이용.
　　https://www.museum.go.kr/site/main/relic/search/view?relicId=133338

새끼줄이 밑으로 떨어져 있다. 또 송화 풀무 측면의 서까래를 보면 겉고삿줄이 매여져 있다. 이를 통해 황해도 지역에서는 서까래에 줄을 맨 방식이 쓰이고 있음을 확인할 수 있다.

(3) 충청도 지역

일제강점기의 자료에는 서까래에 줄을 맨 방식이 다수 발견되었다. 다만 서까래 마구리나 밑에 나무 혹은 줄을 댄 방식도 있음은 후의 자료에서 확인할 수 있다. 또 ㄱ자 건물의 지붕일 경우에는 경기도 이천 지역의 방식과 같이 다른 면에서 줄을 처마에서 걸어서 가로로 줄이 간 다음에는 용마름 밑으로 통과하여 다른 면으로 내려가는 방식으로 줄을 친다. 이처럼 지붕의 주재료나 줄을 치는 방식도 유사하다고 볼 수 있다.

〈표 12〉 충청도 지역 초가지붕 양상 1

충북 괴산 마을풍경(1921)[27]

충북 괴산 미륵리 석등 주변 초가(1933)[28]

---

27 공공누리에 따라 국립중앙박물관의 공공저작물이용.
    https://www.museum.go.kr/site/main/relic/search/view?relicId=69630
28 공공누리에 따라 국립중앙박물관의 공공저작물이용.
    https://www.museum.go.kr/site/main/relic/search/view?relicId=146623

보령 성주사 낭혜화상백월보광탑 주변 초가
(일제강점기)[29]

부여 정림사지 발굴현장 주변 초가
(일제강점기)[30]

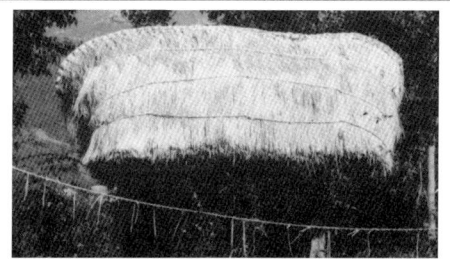
단양 장우리 성황당(일제강점기)[31]

충주 중원 탑평리 칠층석탑 주변 초가
(일제강점기)[32]

공주 탄천에서는 줄을 치지 않는 경우도 있음을 확인하였다.[33] 이와 같은 양상은 서울 지역에서 발견된다. 그러므로 기후적 특성에 따라서 줄을 치는 정도가 달라질 수 있다. 또 경기·충청·황해도의 기후적 특성이 유사하게 작용하고 있다는 점도 볼 수 있다. 괴산 지역과 부여, 단양, 충주 지역의 초가지붕을 보면 넓은 지붕면에는 3~5줄 정도의 가로줄을 쳤고, 좁은 지붕면에는 이보다는 적게 가로줄을 치는 것을 볼 수 있었다. 그에

---

[29] 공공누리에 따라 국립중앙박물관의 공공저작물이용.
https://www.museum.go.kr/site/main/relic/search/view?relicId=157008
[30] 공공누리에 따라 국립중앙박물관의 공공저작물이용.
https://www.museum.go.kr/site/main/relic/search/view?relicId=80142
[31] 공공누리에 따라 국립중앙박물관의 공공저작물이용.
https://www.museum.go.kr/site/main/relic/search/view?relicId=160218
[32] 공공누리에 따라 국립중앙박물관의 공공저작물이용.
https://www.museum.go.kr/site/main/relic/search/view?relicId=94273
[33] 나형남, 공주시 탄천면 가척리 주민 제보, 2022.06.12.

반해 보령 지역은 가로줄의 수가 많고 세로줄도 화질상 잘 보이지 않지만 서까래로 내려온 줄을 볼 때 촘촘하다는 것을 알 수 있다. 줄의 숫자에서 차이가 있으나 지붕 4면으로 가로로 줄을 치고 가운데에 해당하는 부분에 세로줄을 치는 방식은 경기·충청·황해도에서 보이는 공통된 방식이다. 충북 괴산 미륵리 석등 주변 초가에서는 서까래에 줄을 매는 방식이 보인다. 그리고 충주 지역의 초가에서도 희미하게 서까래에 묶었음을 알 수 있는 고리 모양의 줄이 보인다. 보령 지역의 초가는 특이하게 서까래 마구리에 맨 흔적이 보인다. 서까래 사이에 줄이나 막대를 친 모습이 보이지 않기 때문에, 서까래 마구리에 못을 치고 줄을 맨 방식으로 보인다.

〈표 13〉 충청도 지역 초가지붕 양상 2

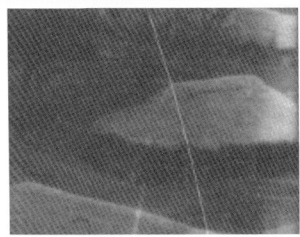	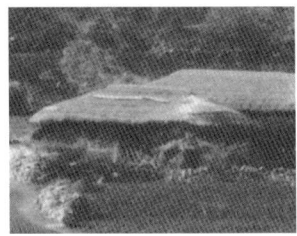
청원 석화리 식시 산보지 주변 초가(일제강점기)[34]	서산 보원사지 주변 초가(일제강점기)[35]
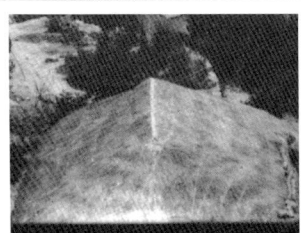	
옥천 산계리 산성 주변 초가(일제강점기)[36]	부여 능산리 동고분군 주변 초가(일제강점기)[37]

---

34 공공누리에 따라 국립중앙박물관의 공공저작물이용.
    https://www.museum.go.kr/site/main/relic/search/view?relicId=216761
35 공공누리에 따라 국립중앙박물관의 공공저작물이용.
    https://www.museum.go.kr/site/main/relic/search/view?relicId=51570

줄을 치는 것 이외에도 지붕면에 나무를 놓아서 지붕의 이엉을 고정시키는 경우도 있다. 이런 경우 바람이 강한 지역이기 때문에 이와 같은 방식을 쓴 것으로 보인다. 반대로 부여의 경우에는 전라도 지역 일부에서 쓰이는 마름모 형태의 줄을 치는 방식이 보인다. 이 경우에는 전라도 지역과 근접해 있다는 요인이 작용하면서, 지붕의 이엉을 고정시키기 위해 쓰인 것으로 보인다.

2) 현대시기

현대에는 국가유산청이나 국가기록원 및 국립민속박물관의 기록을 통해 확인할 수 있다. 국가기록원의 경우에는 대통령이 현지시찰을 하면서 주변의 초가가 기록된 것이다. 국립민속박물관의 기록은 민속학자들이 민속현장을 조사 연구하면서 기록한 것이다. 국가유산청의 경우에는 사진 기록 및 도면이 있다. 그중 현존하는 초가건물은 대개 국가유산으로 지정되어 있다. 현재 29건 정도의 초가건물이나 마을이 국가유산으로 지정되어 있다. 마을의 경우 충남 아산의 외암마을이 유일하며, 그 외에는 단일의 건축물로 남아 있다. 건축물 국가유산은 보수를 위한 도면이 있으나, 모든 초가건물에 도면이 있는 것은 아니다. 본 글에서는 도면이 있는 초가건물을 바탕으로 다룬다.

〈표 14〉 경기·충청 초가건물 현황

번호	명칭	구분 지정등록일	위치	도면 유/무	기준일자
1	수원 광주이씨 고택	국가민속문화유산 1984.01.14.	경기 수원	유	2005.11.01.

---

36 공공누리에 따라 국립중앙박물관의 공공저작물이용.
   https://www.museum.go.kr/site/main/relic/search/view?relicId=182266
37 공공누리에 따라 국립중앙박물관의 공공저작물이용.
   https://www.museum.go.kr/site/main/relic/search/view?relicId=81473

2	화성 정수영 고택	국가민속문화유산 1984.01.14.	경기 화성	-	-
3	이천 어재연 고택	국가민속문화유산 1984.01.14.	경기 이천	유	2008.10.01
4	안재홍생가	경기도 기념물 1992.12.31.	경기 평택	오류[38]	1994.02.01
5	일산밤가시초가	경기도 민속문화유산 1991.10.19.	경기 고양	-	
6	수내동가옥(이택구가옥)	경기도 문화유산자료 1989.12.29.	경기 성남	-	
7	수촌교회	화성시 향토문화유산 (기념물) 1986.05.20.	경기 화성		
8	영동 규당고택	국가민속문화유산 1984.01.14.	충북 영동	유	2008.12.01
9	영동 성장환 고택	국가민속문화유산 1984.01.14.	충북 영동	-	
10	제천 정원태 고택	국가민속문화유산 1984.01.14.	충북 제천	유	1992.09.01
11	제천 중전리 고가	충청북도 유형문화유산 1981.05.01.	충북 제천	-	
12	청주 노현리 고가	충청북도 유형문화유산 2003.04.11.	충북 청주	-	
13	청주 손병희 생가	충청북도 기념물 1979.09.29.	충북 청주	오류[39]	1982.02.01
14	진천 이상설 생가	충청북도 기념물 1987.03.31.	충북 진천	-	
15	증평 연병호 생가	충청북도 기념물 2002.01.11.	충북 증평	-	
16	보은 박기종 고가	충청북도 민속문화유산 2010.09.03.	충북 보은	-	
17	청주 관정리 고가	충청북도 문화유산자료 2003.04.11	충북 청주		
18	보은 최재한 고가	충청북도 문화유산자료 2004.09.17.	충북 보은	-	

---

38 안채는 초가지붕이나 기와지붕으로 표시되어 있어 오류라고 표기하였다.
39 손병희 생가는 이른 시기에 지정이 되었으나, 줄을 치는 방법이 도면과 등록사진에서 차이점을 크게 보였다. 이에 기준점을 잡을 수 없다고 사료되어 오류라고 표기하였다.

19	예산 오추리 고택	국가민속문화유산 1984.12.24.	충남 예산	-	
20	부여 군수리 고택	국가민속문화유산 1984.12.24.	충남 부여	오류[40]	1986.01.01 2005.04.01
21	아산 외암마을 참판댁	국가민속문화유산 1984.12.24.	충남 아산	-	
22	서천 이하복 고택	국가민속문화유산 1984.12.24.	충남 서천	유	2017.10.04.
23	서산 경주김씨 고택	국가민속문화유산 1984.12.24.	충남 서산	-	2000.01.01 초가제외
24	아산 외암마을 건재고택	국가민속문화유산 1998.01.05.	충남 아산	유	1999.12.01 2001.12.01
25	아산 외암마을	국가민속문화유산 2000.01.07.	충남 아산	유	2004.04.01
26	한용운선생 생가지	충청남도 기념물 1989.12.29.	충남 홍성	-	
27	이상재선생 생가지	충청남도 기념물 1990.12.31.	충남 서천	-	
28	이종일선생 생가지	충청남도 기념물 1990.12.31	충남 태안	-	
29	태안상옥리 가영현가옥	충청남도 민속문화유산 2001.06.30.	충남 태안	-	

도면이 있는 초가건물의 지정등록일과 도면의 기준일자를 살펴보면, 일정 기간의 공백이 존재한다. 그런데도 도면이 있는 초가건물을 중심으로 살펴보는 것이 지역의 이엉이기 현황을 살펴보는데 용이하다고 본다. 도면이 존재하지 않는 경우, 매해 이엉이기를 하면서 달라질 수 있기 때문이다. 가령 일산밤가시초가의 경우, 국가유산청에 등록된 지붕의 사진기록과 현재의 지붕상태는 매우 다르다. 또 수촌교회의 경우, 지붕의 서까래 목재가 대거 교체되면서 전통적인 이엉이기의 흔적을 살펴볼 수 없는 경우도 있다. 안재

---

[40] 안채가 헛간채보다 오래되었고, 안채는 1986년에 이미 도면에 기록이 되어 있었다. 그러나 겉고샅줄을 매는 방법이 표기되어 있지 않으며, 헛간채는 2005년에 기록이 되었으나 마름모형으로 기록이 되었고, 국가유산청의 등록사진과 다르다. 이에 기준점을 잡을 수 없다고 사료되어 오류라고 표기하였다.

홍 생가의 경우에는 초가지붕인 안채의 도면이 기와지붕으로 되어 있고, 겉고샅줄도 새끼줄이 아닌 대체품으로 쓰이는 코아로프(수입품)가 쓰였다.

〈표 15〉 도면이 없는 초가건물의 경우

일산밤가시초가(국가유산청 등록사진)[41]

일산밤가시초가[42]

수촌교회(2022)[43]

수촌교회 서까래 교체된 모습[44]

---

41 공공누리에 따라 국가유산청의 공공저작물이용.
    https://www.heritage.go.kr/unisearch/images/folklore_material/1658175.jpg
42 나형남, 경기 고양시 소재 일산밤가시초가, 2022.08.24.
43 나형남, 경기 화성시 소재 수촌교회, 2022.05.11.
44 나형남, 경기 화성시 소재 수촌교회, 2022.05.11.

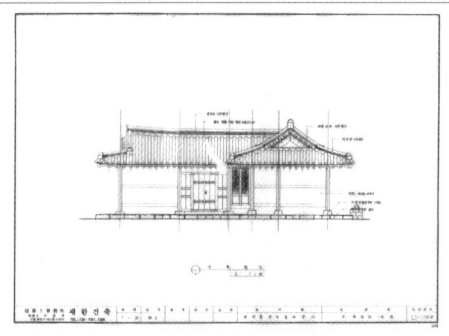
안재홍 생가 안채 도면(국가유산청 등록도면)[45]

안재홍 생가 처마 코아로프 사용 모습[46]

이처럼 도면의 유무에 따라서 재료의 변형, 겉고삿줄 치기의 변형이 여러 방면에서 발생하는 것을 알 수 있었다. 현재 초가이엉이기의 지역적 특색을 살펴보기 위해서는 도면이 있는 초가건물을 중심으로 살펴본다.

(1) 경기도 지역

경기도 지역은 다른 지역에 비하여 초가건물이 매우 적게 남아있다. 현존하는 초가건물은 대부분 국가유산으로 지정된 것이며, 일부는 기록으로만 전해지는 경우도 있다. 그중에 강화도의 사례를 먼저 살펴보기로 한다.

<표 16>은 1990년대의 강화도와 주변 섬인 교동도의 초가지붕 모습이다. 비교적 최근인 초가지붕의 모습을 보면, 지역적 환경에 맞춰 가로로 길게 겉고삿줄을 8~10개 정도를 여러 지붕면에 쳤다는 점을 확인할 수 있다. 또 많은 줄을 붙잡기 위하여 서까래 밑에 긴 나무를 대었다는 점도 공통으로 드러난다. 서울과 경기도권의 초가지붕을 살펴보면 바람에 영향을 덜 받는 지역은 상대적으로 겉고삿줄을 많이 치지 않았고 처마부분에

---

45 공공누리에 따라 국가유산청의 공공저작물이용.
    https://www.heritage.go.kr/heri/cul/chartImgHeritage.do?file_seq=2801883&title3d=%EB%8F%84%EB%A9%B4_%EA%B2%BD%EA%B8
46 나형남, 경기 평택시 소재 안재홍 생가, 2022.05.11.

줄을 매는 것도 서까래에 걸었다. 그러나 해안가나 바람의 영향을 많이 받는 지역의 경우에는 겉고샅줄을 많이 쳤다. 이러면 서까래 밑에 나무를 대서 맸다는 것을 알 수 있다.

<표 16> 경기도 지역 초가지붕 현대 양상

김병규 초가
(인천광역시 강화군 하점면 창후리, 1991)[47]

초가집
(인천광역시 강화군 교동면 인사리, 1998)[48]

먼저 수원 광주이씨 고택을 살펴본다. 수원 광주이씨 고택 중에서 사랑채를 중심으로 살펴본다.[49]

---

47 공공누리에 따라 국립민속박물관의 공공저작물이용.
    https://www.nfm.go.kr/paju/archive/detail/search/103/OR0001-1991-010-00000483
48 공공누리에 따라 국립민속박물관의 공공저작물이용.
    https://www.nfm.go.kr/paju/archive/detail/search/194/OR0001-1998-011-00000117
49 2022년 5월 6일에 직접 현장방문을 하였는데, 안채는 하자발생으로 인해 군새를 넣어 보수를 해놓은 상태였다. 그래서 겉고샅줄의 모양도 바뀐 상태였다. 이에 비해 바깥채의 상태는 양호하여 겉고샅줄을 온전히 파악할 수 있었다.

<표 17> 수원 광주이씨 고택 사랑채 도면과 실제

사랑채 정면도[50]   사랑채 도면 종단면도 일부[51]

사랑채 정면[52]   사랑채 처마부분(회첨)[53]   사랑채 처마부분(추녀)[54]

    도면에는 실제 이엉이기의 모습을 기록하고자 하였는데, 늘여진 겉고삿줄을 도면에 기록하였다. 겉고삿줄이 지붕 4면으로 가로로 길게 친 뒤, 세로줄을 쳐서 사각형의 모양을 만들었던 흔적을 명시하여 현재에도 도면을 기준으로 줄을 치고 있다는 점을 확인할 수 있다. 종단면도에는 줄을 매는 방식에 대하여는 명시되고 있지 않다. 다만 앞에서 살펴보았던 것처럼 서까래 마구리 부분에 줄을 댄 뒤 겉고삿줄을 매었는데, 현재에는

---

50 공공누리에 따라 국가유산청의 공공저작물이용.
    https://www.heritage.go.kr/DATA1/heritage/hub_img/data5/xtd/XTD_2017/IMAGES/0164/097405_00_022.jpg
51 공공누리에 따라 국가유산청의 공공저작물이용.
    https://www.heritage.go.kr/DATA1/heritage/hub_img/data5/xtd/XTD_2017/IMAGES/0164/097405_00_024.jpg
52 나형남, 경기 수원시 소재 광주이씨 고택, 2022.05.06.
53 나형남, 경기 수원시 소재 광주이씨 고택, 2022.05.06.
54 나형남, 경기 수원시 소재 광주이씨 고택, 2022.05.06.

줄을 철 반생으로 대체하였다. 겉고삿줄은 볏짚 새끼줄로 한다는 점에서 철 반생이의 사용은 새끼줄을 단단히 고정하기 위한 현대물품의 활용으로 볼 수 있다.

〈표 18〉 이천 어재연 고택 도면과 실제

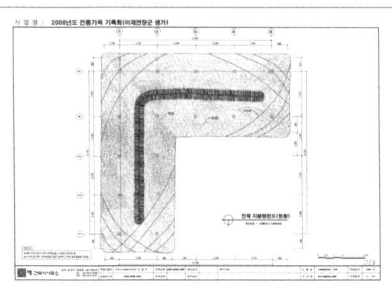

안채 지붕평면도[55]

안채 정면도[56]

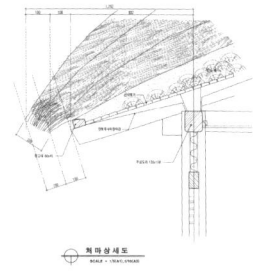

안채 처마 상세도[57]

사랑채(국가유산청 등록사진)[58]

55　공공누리에 따라 국가유산청의 공공저작물이용.
　　https://www.heritage.go.kr/DATA1/heritage/hub_img/data5/xtd/XTD_2017/IMAGES/0164/195053_00_013.jpg
56　공공누리에 따라 국가유산청의 공공저작물이용.
　　https://www.heritage.go.kr/DATA1/heritage/hub_img/data5/xtd/XTD_2017/IMAGES/0164/195053_00_006.jpg
57　공공누리에 따라 국가유산청의 공공저작물이용.
　　https://www.heritage.go.kr/DATA1/heritage/hub_img/data5/xtd/XTD_2017/IMAGES/0164/195053_00_026.jpg
58　공공누리에 따라 국가유산청의 공공저작물이용.
　　https://www.heritage.go.kr/unisearch/images/imp_folklore_material/1633735.jpg

이천 어재연 고택의 경우, 2018년 3월까지는 도면이나 국가유산청 등록사진과 같이 추녀마루에만 줄을 치고, 겉고샅줄은 서까래에 맨 방식이었다. 그러나 2018년도 이후에 서까래 밑에 대나무를 대고 겉고샅줄을 매기 시작하였으며, 겉고샅줄도 지붕 사면에 가로로 줄을 치는 방식으로 바뀌었다.[59] 세부적으로 살펴보면 세로로도 촘촘하게 줄을 쳤다. 도면의 처마 상세도에서 매는 방식이 언급되지 않으면서, 줄을 매는 방식의 변화를 가능케 하였음도 유추해볼 수 있다. 도면과 현존하는 줄치기의 방식변경은 시공업체의 고유한 방식에 의한 것으로 보인다. 또 국가유산수리기술 중에서 초가이엉이기는 다소 융통성 있게 작용하기 때문에 이와 같은 변경은 허용범위에 속할 것으로 보인다.

(2) 충청도 지역

〈표 19〉와 같이 충청 서산 지역의 초가지붕에서도 서까래 밑에 나무를 대어 겉고샅줄을 매거나, 앞에서 살펴본 바와 같이 서까래에 줄을 매기도 한다. ㄱ자 건물의 지붕일 경우에는 경기도 지역의 방식과 같이 다른 면에서 줄을 처마에서 매서 가로로 줄이 놓인 다음에는 회첨을 지나 용마름 밑으로 통과하여 다른 면으로 내려가는 방식으로 줄을 친다. 이처럼 지붕의 주재료는 볏짚이고 줄을 치는 방법도 유사하다고 볼 수 있다.

〈표 19〉 충청도 지역 초가지붕 현대 양상

충남 서산 한다리 초가
(연도불명, 김태곤 수집)[53]

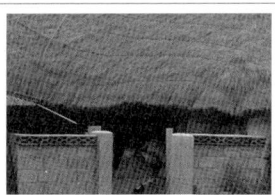
서까래 밑에 나무를 대어놓은 모습
(서산 한다리 초가 사진 확대)

충남 천안 시범부락 초가(1961)[54]

59　https://blog.daum.net/peacegood/15976055, "이천 어재연 고택", 2022.05.13.
60　공공누리에 따라 국립민속박물관의 공공저작물이용.
　　https://www.nfm.go.kr/common/data/home/archive/detailPopup.do?seq=2012-041-00001539
61　국가기록원 소장자료 이용.

<표 19>의 천안 지역의 상황은 1960~1980년대에는 새마을운동으로 인해 점차 초가건물이 사라지고 있었다. 일부는 잔존하고 있었고 1990년대에도 남아 있었음을 알 수 있다. 충청도 천안의 경우, 겉고삿줄을 많이 치지 않았다는 것을 확인할 수 있다. 사진기록에 의하면 천안의 모범부락이라고 말한다. 모범부락은 새마을운동 시기에 쓰이던 용어다. 이로 보아 해당 지역에 새마을운동이 이루어지고 있음을 알 수 있다. 앞에서 살펴보았던 일제강점기의 충북 청원의 자료에서 지붕위에 나무를 놓은 것을 확인할 수 있었는데, 이후의 자료에서도 쓰였던 것을 확인할 수 있었다.[62] 즉 지역의 기후조건에 따라서 나무를 지붕면에 놓는데, 이 점은 개성 지역이나 황해도 지역에서도 나타난다. 지붕 처마부분에 나무를 가로로 놓았고 위에는 이엉을 두르기 위해 올려놓았다. 또 지붕면의 용마루와 처마에 나무를 놓았고, 가운데는 줄을 쳐서 이엉을 눌렀다. 그리고 줄은 많이 치지 않았다. 이러한 나무의 사용은 바람이 많이 부는 산간지역에서 주로 사용하는 방식이기도 하다.

<표 20> 영동 규당 고택 도면과 실제

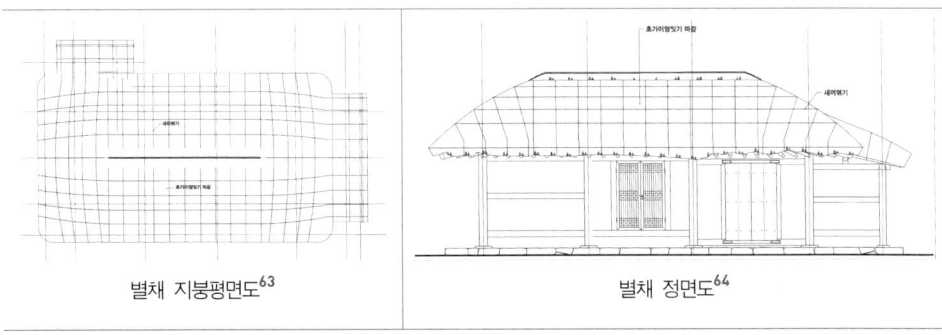

| 별채 지붕평면도[63] | 별채 정면도[64] |

---

　　http://theme.archives.go.kr/viewer/common/archWebViewer.do?bsid=200200038787&dsid=000000000010&gubun=search
62　김홍식 외, 『초가』, 14~15쪽.
63　공공누리에 따라 국가유산청의 공공저작물이용.
　　https://www.heritage.go.kr/DATA1/heritage/hub_img/data5/xtd/XTD_2017/IMAGES/0166/195056_00_054.jpg

별채(국가유산청 등록사진)[65]

별채 좌측면도[66]

영동 규당 고택의 경우, 2008년도 별채는 추가로 도면이 기록되었다. 기와의 경우에는 일찍이 도면으로 기록되었던 것으로 볼 때, 뒤늦게 이엉이기 기록의 필요성이 제기되었던 것으로 보인다. 등록사진과 다르게 서까래에 못을 치고 줄을 매고 있으며 지붕4면으로 겉고삿줄을 가로로 촘촘하게 쳤다.[67] 그리고 세로줄도 촘촘하게 친 것으로 보아,[68] 도면의 내용이 기준점이 된 것으로 보인다. 앞서 흑백사진으로 살펴보았던 방식이 유사하게 적용되어 있음을 볼 수 있다. 위 도면에서는 처마 상세도가 등장하지는 않는다. 그러므로 다음에 서까래에 나무를 댈 수 있는 가능성이 충분히 있다. 변형의 문제점을 줄이기 위해서는 처마 상세도를 추가할 필요가 있어 보인다. 못을 치고 매는 방식은 서까래에 매는 방식보다 편리하기 때문에 현대에 와서 적용된 방식으로 보인다.

---

64 공공누리에 따라 국가유산청의 공공저작물이용.
https://www.heritage.go.kr/DATA1/heritage/hub_img/data5/xtd/XTD_2017/IMAGES/0166/195056_00_048.jpg
65 공공누리에 따라 국가유산청의 공공저작물이용.
https://www.heritage.go.kr/unisearch/images/imp_folklore_material/1634010.jpg
66 공공누리에 따라 국가유산청의 공공저작물이용.
https://www.heritage.go.kr/DATA1/heritage/hub_img/data5/xtd/XTD_2017/IMAGES/0166/195056_00_049.jpg
67 https://blog.naver.com/eulenbaum/222727133914, "국내여행 1박2일 영동 가볼만한곳 봄의 규당고택", 2022.05.13.
68 https://blog.naver.com/eulenbaum/222727133914, "국내여행 1박2일 영동 가볼만한곳 봄의 규당고택", 2022.05.13.

〈표 21〉 제천 정원태 고택 도면과 실제

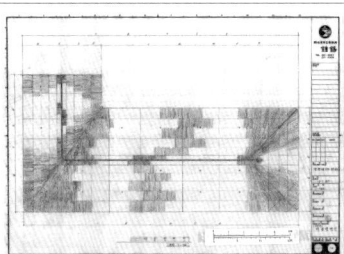
사랑채 지붕평면도[69]

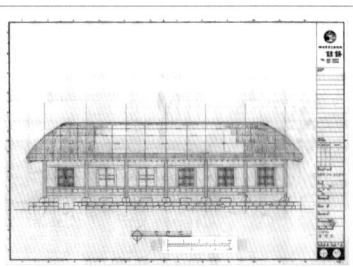
사랑채 정면도[70]

사랑채
(국가유산청 등록사진)[71]

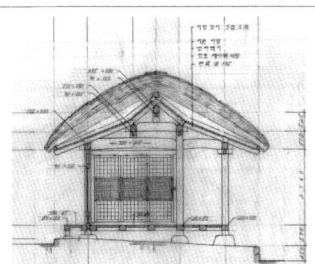
사랑채 단면도[72]

　제천 정원태 고택의 경우, 2차례에 걸쳐 도면을 기록하였다. 1985년도에 기록한 도면의 지붕모양은 기와지붕에 가까운 형태였고, 1992년도에 기록한 지붕모양의 경우에는 온전한 초가지붕의 모양으로 수정되었다. 1985년과 1992년도의 줄을 매는 방식은 동일

69　공공누리에 따라 국가유산청의 공공저작물이용.
　　https://www.heritage.go.kr/DATA1/heritage/hub_img/data5/xtd/XTD_2017/IMAGES/0166/095034_00_014.jpg
70　공공누리에 따라 국가유산청의 공공저작물이용.
　　https://www.heritage.go.kr/DATA1/heritage/hub_img/data5/xtd/XTD_2017/IMAGES/0166/095034_00_011.jpg
71　공공누리에 따라 국가유산청의 공공저작물이용.
　　https://www.heritage.go.kr/unisearch/images/imp_folklore_material/1634057.jpg
72　공공누리에 따라 국가유산청의 공공저작물이용.
　　https://www.heritage.go.kr/DATA1/heritage/hub_img/data5/xtd/XTD_2017/IMAGES/0166/095034_00_012.jpg

하다. 지붕 사면으로 줄을 가로로 줄을 친 뒤, 세로줄을 쳐서 사각형의 모양을 이룬다. 다만 서까래에 걸어 매는 방식으로부터 서까래에 못을 치고 매는 방식으로 바뀐 것을 볼 수 있다.[73] 단면도에서 줄을 매는 방식이 명시되지 않으면서 융통성 있게 바뀌는 것으로 보인다.

<표 22> 아산 외암마을 건재고택 도면과 마을 내 이엉이기 실제

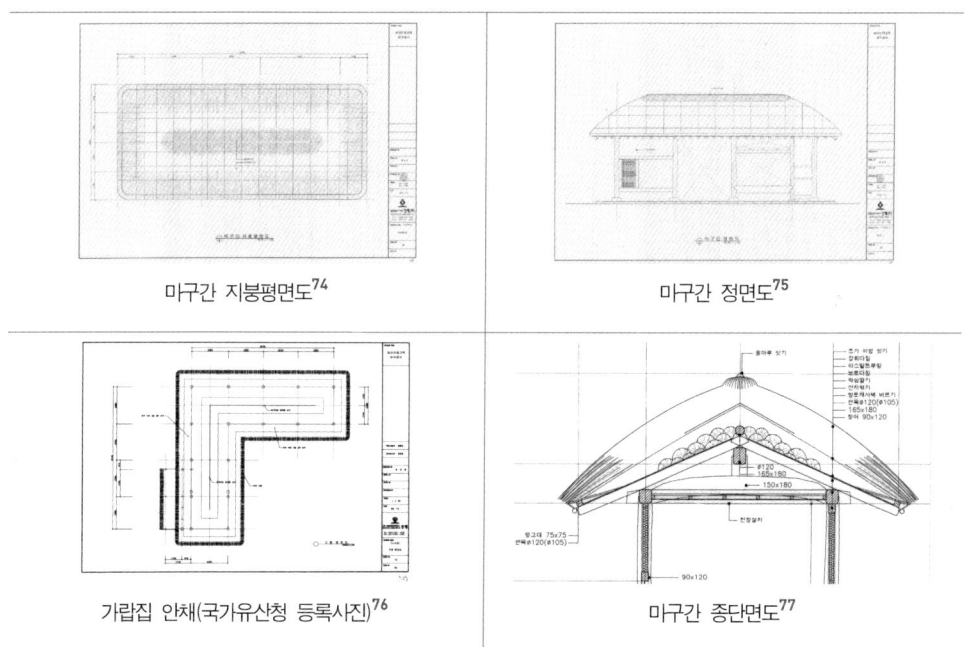

| 마구간 지붕평면도[74] | 마구간 정면도[75] |
| 가랍집 안채(국가유산청 등록사진)[76] | 마구간 종단면도[77] |

---

73 https://m.post.naver.com/viewer/postView.nhn?volumeNo=16638287&memberNo=24659848, "고택을 찾아서, 이처럼 살고 싶은 집이 있을까, 제천 정원태 가옥", 2022.05.13.
74 공공누리에 따라 국가유산청의 공공저작물이용.
https://www.heritage.go.kr/DATA1/heritage/hub_img/data5/xtd/XTD_2017/IMAGES/0171/2220555018.jpg
75 공공누리에 따라 국가유산청의 공공저작물이용.
https://www.heritage.go.kr/DATA1/heritage/hub_img/data5/xtd/XTD_2017/IMAGES/0171/2220555011.jpg
76 공공누리에 따라 국가유산청의 공공저작물이용.

아산마을 초가 1[78]

아산마을 초가 2[79]

　건재고택은 아산 외암마을에 중심에 자리 잡은 대표적인 가옥으로 알려져 있다. 1999년에 가랍집(노비집)의 도면이 기록되었으나 줄을 치는 방식 등이 제대로 기록되어 있지 않았다. 이후 2001년도에 건재고택 안의 마구간에서는 줄을 치는 방식이 온전히 기록되었다. 물론 2017년도에 가랍집에 대한 실측이 전반적으로 이루어져서 줄을 치는 방식은 기록되었으나, 외암마을에서 가장 먼저 기록된 것이 마구간이다. 그래서 마구간의 도면을 참고하도록 한다.

　마구간의 지붕평면도를 보면 앞서 언급하였던 방식과 같이 촘촘하게 가로로 줄을 지붕 4면으로 치고, 세로로 줄을 촘촘하게 쳤다. 그리고 종단면도를 보면 '연죽'을 서까래 마구리에 대는 것이 도면에 등장한다. 이처럼 줄을 매는 위치까지 표시하면서 외암마을 전체의 줄 치는 방식은 나무를 대고 줄을 매는 것으로 <표 22>와 같이 유지하고 있다.

---

　　https://www.heritage.go.kr/DATA1/heritage/hub_img/data5/xtd/XTD_2017/IMAGES/0171/CB0006246_00000029.jpg
77　공공누리에 따라 국가유산청의 공공저작물이용.
　　https://www.heritage.go.kr/DATA1/heritage/hub_img/data5/xtd/XTD_2017/IMAGES/0171/2220555015.jpg
78　나형남, 충청남도 아산시 송악면 외암민속길 40, 2023.03.30.
79　나형남, 충청남도 아산시 소재 건재고택 내 정원 모정, 2023.03.30.

2. 전라·경상도 지역

전라도와 경상도 지역은 초가지붕에 대해 공통된 방식을 다수 공유한다. 볏짚사슬이엉이기에서 줄을 치는 양상이 유사하다. 지붕 4면 중에 전·후면의 넓은 지붕면을 중심으로 길게 가로줄로 촘촘히 놓은 뒤 지붕 4면 중 측면의 좁은 지붕면으로 줄이 사선으로 내려와 처마 쪽의 나무나 줄에 매는 것이다. 이를 본 글에서는 긴 가로줄 치기라고 명명한다. 전라도 지역에서는 처마 쪽에 있는 나무를 지새미대[80] 혹은 진생이라고 부르는데, 처마 쪽에 나무나 줄을 대고 겉고삿줄을 매는 방식은 전라도와 경상도 지역에서 다수 발견되는 특징이다.

전라도, 경상도 지역에는 낙동강 하구나 지리산의 산간지역의 초가건물에서는 억새나 갈대, 산죽을 재료로 이용하기도 한다. 산죽, 억새나 갈대로 지붕을 이는 경우에는 비늘이엉이기를 하는 것도 동일하게 다수 발견되고 있다. 이와 같은 다양한 재료의 사용은 전라도, 경상도의 지역적 특색으로서 볼 수 있다.

〈표 23〉 전라·경상도 지역 이엉이기 특징

이엉	용마름	줄치기	
		줄놓기	줄매기
사슬이엉 (볏짚)	용마름 ○	- 전후면, 측면 차이有 - 전후면 긴 가로줄 놓기 - 측면 사선방향 줄 놓기(전후면 가로줄) - 전후면 세로줄(쌍줄, 외줄) 놓기 - 경상도 일부, 측면 가로방향 촘촘히 줄 놓기 - 경상도 일부, 측면 줄(쌍줄, 외줄) 놓기 - 일부, 마름모 그물형 줄놓기	- 지새미대에 줄 매기 - 지새미대 서까래와 연결 - 지새미대 이엉과 고정(경상도 일부) - 지새미대 없는 경우, 가로로 볏짚을 이엉위에 놓고 서까래에 줄 매기(일부) - 지새미대 없는 경우, 서까래 밑 장대 혹은 마구리 줄에 줄 매기(일부) - 지새미대 없는 경우, 처마부분 가로줄에 겉고삿줄을 매고 세로줄 일부는 가로줄을 누르고 서까래에 매기(일부)

---

80 앞에서 국가유산수리표준시방서의 내용에 대해 비교할 때는 누름대로 표기하였었다. 전라도 및 경상도 지역에서 지새미대 혹은 진생이로 부르는 사례가 있어서 이 항목에서는 지역의 용어를 사용한다.

비늘이엉 (억새, 갈대)	용마름 ○	- 용마름 양쪽 2줄 측면으로 내리기 - 전후면, 세로 3줄 내리기 - 일부, 처마부분 가로로 줄 놓기	- 서까래에 줄 매기
비늘이엉 (산죽)	용마름 ×	- 용마름 중심으로 줄을 처마부분까지 줄 내리기 - 비정형적인 줄 놓기	- 지새미대에 줄 매기 - 지새미대 서까래와 연결

위와 같이 전라·경상도에서는 볏짚이엉이기가 대다수를 이루며, 일부는 억새, 갈대, 산죽으로 이엉이기를 한다. 볏짚이엉이기의 긴 가로줄로 치는 방식이 전라도와 경상도의 공통된 사항이다. 다만 경상도의 경우를 세세하게 살펴보면 경주를 포함한 남부지역에서는 이엉과 줄을 보강하는 방식이 용마루나 처마부분에서 이루어 진다. 또 까치구멍집이 있는 초가지붕에는 전후면의 줄치는 방식이 측면에서도 이루어지기도 한다. 그러나 긴 가로줄을 치는 방식의 테두리에서 벗어나지 못한다. 그러므로 전라·경상도의 줄치는 방식은 동일한 방식을 공유하고 있다고 볼 수 있다. 거제도나 함안 지역에서는 그물망처럼 마름모형으로 줄을 놓는 방식도 발견된다. 이와 같은 방식의 차이는 각 지역의 자연환경에 대응하기 위해 만들어진 방식으로 보인다.

1) 근대시기

(1) 전라도 지역

먼저 볏짚이엉이기를 살펴본다. 전라도 지역의 볏짚이엉이기에서는 줄치기는 넓은 지붕면에 가로로 길게 놓고, 추녀마루를 넘어 좁은 지붕면에서는 사선으로 내려오는 방식과 마름모형으로 그물망 치듯 줄을 치는 방식이 있다. 먼저 가로로 길게 놓는 방법을 살펴보도록 한다.

〈표 24〉 전라도 지역 초가지붕 양상 1

순천읍성 동문 주변 초가 (매곡동, 일제강점기)[81]	동도(유촌)부락의 전경 - 現전라남도 여수시 삼산면 동도리 - 근접촬영한 사진으로 초가의 지붕들이 태풍에 대비해서 새끼줄로 결박(1890)[82] - 거문도 동쪽 섬에 있어 동도라고 함.	

추자도 초가 (일제강점기)[83]	보성 장좌리 초가 (일제강점기)[84]	진도 제공소 주변 초가 (일제강점기)[85]

여수시 초가 (일제강점기)[86]	나주 광촌리 신촌 지석묘군 주변 초가(일제강점기)[87]	구례 지리산 속헌 산 아래 마을 초가(일제강점기)[88]

---

81 공공누리에 따라 국립중앙박물관의 공공저작물이용.
https://www.museum.go.kr/site/main/relic/search/view?relicId=74113
82 국가기록원 소장자료 이용.
http://theme.archives.go.kr/viewer/common/archWebViewer.do?bsid=200200097539&dsid=000000000001&gubun=search
83 공공누리에 따라 국립중앙박물관의 공공저작물이용.
https://www.museum.go.kr/site/main/relic/search/view?relicId=160396
84 공공누리에 따라 국립중앙박물관의 공공저작물이용.
https://www.museum.go.kr/site/main/relic/search/view?relicId=125689
85 공공누리에 따라 국립중앙박물관의 공공저작물이용.
https://www.museum.go.kr/site/main/relic/search/view?relicId=225127

이와 같은 형태는 광주나 해남뿐만 아니라 호남 지역의 다른 지역에서도 살펴볼 수 있다. 순천이나 동도 등지에서도 이처럼 줄을 치는 모습을 발견할 수 있었다. 처마부분에 나무를 놓고 처마 밑에 고정하였고, 넓은 지붕면에서는 가로줄을 촘촘하게 놓았고, 좁은 지붕면에서는 사선으로 내려와 처마부분의 나무나 줄에 고정하였다. 심지어 추자도나 진도 외에도 거문도 동쪽에 있는 동도의 사례에서도 보았듯이 전라도 지역 내의 여러 도서지역에서도 줄을 치는 방식이 동일하게 활용되었다는 점은 볏짚이 많았거나 혹은 볏짚이 섬으로도 유통되었다는 것을 의미한다.

순천읍성의 경우 현재에는 살펴볼 수 없는 사진기록이다. 다만 순천읍성에 인접한 곳에 현존하는 낙안읍성이 있다는 점에서 비교할 만한 자료이다. 위 사진은 'ㄱ'자 지붕의 줄치기 방식으로 추녀마루에서 마름모 모양을 이루고 있다. 이 모양은 의도한 것은 아니며, 'ㄱ'자로 접하는 넓은 지붕면 2곳 위에 가로줄이 촘촘히 놓이면서 겹친 형태로 볼 수 있다. 보성, 여수, 나주에서도 유사한 사례가 보이는데, 구례의 경우에는 다른 지역에 비해 나무를 지붕면에 놓아 이엉을 누르고 세로줄도 많이 치고 있다. 그러나 넓은 지붕면에 가로줄을 길게 치고 좁은 지붕면에서 사선으로 내려가는 모양은 동일하다. 그러므로 이 공통된 방식은 바람에 강하게 대응하기 위해 보완된 것이다.

그 외에도 특징으로 꼽을 수 있는 것은 좁은 지붕면의 모양은 나주 광촌리 신촌 지석묘군 근처 초가지붕의 모양과 같이 사선으로 내려와서 처마부분의 지새미대에 맨다는 것이다. 그래서 좁은 지붕면에는 넓은 지붕면에 비하여 가로로 겉고삿줄을 적게 치는데 1~2개 정도이며, 혹은 나주 사진과 같이 좁은 지붕면에 줄을 치지 않기도 한다. 만약 좁은 지붕면에도 가로로 줄을 많이 친다면, 그 지붕면으로 바람이 강하게 불기 때문일 것으로 생각해 볼 수 있다.

---

86 공공누리에 따라 국립중앙박물관의 공공저작물이용.
     https://www.museum.go.kr/site/main/relic/search/view?relicId=188133
87 공공누리에 따라 국립중앙박물관의 공공저작물이용.
     https://www.museum.go.kr/site/main/relic/search/view?relicId=126066
88 공공누리에 따라 국립중앙박물관의 공공저작물이용.
     https://www.museum.go.kr/site/main/relic/search/view?relicId=109804

또 다른 특징으로는 넓은 지붕면에 세로로 겉고샅줄을 내릴 때, 1줄의 겉고샅줄(외줄)은 지새미대에서 올라오면서 가로줄에 한번씩 돌려 감아서 줄을 치는 것이다. 또 2줄의 겉고샅줄(쌍줄) 혹은 그만큼 더 두꺼운 줄로 칠 때는 지새미대나 처마 쪽 가장 밑 부분의 새끼줄에 맨 뒤 가로줄에 감지 않고 놓이면서 가로줄을 누른다. 이러한 모습은 공통으로 나타나고 있으며, 2줄로 내린 겉고샅줄의 경우에는 넓은 지붕면에 1~2개 정도만 치며, 1줄로 내린 겉고샅줄은 2~3개 정도를 친다.

〈표 25〉 전라도 지역 초가지붕 양상 2

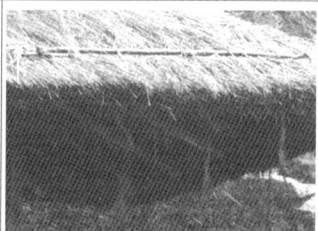

| 고흥 운대리 석검출토 지석묘 유적 주변 초가(일제강점기)[89] | 처마부분 확대 | 진도 제공소 주변 초가 처마부분 확대(일제강점기)[90] |

고흥 운대리 초가의 경우를 보면 처마 밑으로 서까래가 보인다. 서까래 앞에 가로로 넓게 댄 나무가 보이는데, 이중처마인 연죽으로 추측된다. 그리고 연죽 밑 부분으로 추정되는 부분에서 새끼줄이 내려져 있는 것을 흐릿하게 살펴볼 수 있다. 이러한 점으로 볼 때, 지새미대를 연죽에 끈으로 매어 고정하는 방식도 있음을 알 수 있다. 이외에도 진도 지역에서 서까래 부분에 줄을 매는 방식도 발견되었다. 이로 보아 지새미대를 고정하여 줄을 매는 방식과 서까래에 줄을 매는 방식이 상황에 따라 병행해서 쓰였음을 유추해볼 수 있다.

---

89 공공누리에 따라 국립중앙박물관의 공공저작물이용.
    https://www.museum.go.kr/site/main/relic/search/view?relicId=173829
90 공공누리에 따라 국립중앙박물관의 공공저작물이용.
    https://www.museum.go.kr/site/main/relic/search/view?relicId=225127

〈표 26〉 전라도 지역 초가지붕 양상 3

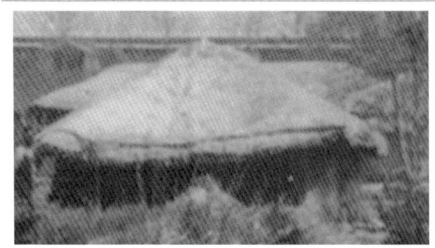
부안 상서면 감교리 석댕 주변 초가(1933)[91]

영광 신천리 삼층석탑 주변 초가(일제강점기)[92]

영광의 방식에서는 지새미대는 있으나 추녀마루에서 사선으로 줄을 친 흔적이 있어 마름모형의 한 방식으로 볼 수 있다. 이외에 추가적인 사례는 발견되고 있지 않으나 지새미대를 고정하는 방법은 앞에서 언급한 방법과 동일할 것으로 보인다.

(2) 경상도 지역

경상도 지역에서도 앞서 살펴보았던 전라도 지역의 방식과 유사한 형태로 지붕에 줄(쌍줄, 외줄)을 친다. 다만 전라도 지역과 다르게 용마루 및 처마의 마감, 지새미대를 놓는 방식이 다양하게 있는데, 기후에 대응하기 위해 적용된 결과로 보인다.

---

91 공공누리에 따라 국립중앙박물관의 공공저작물이용.
https://www.museum.go.kr/site/main/relic/search/view?relicId=88041
92 공공누리에 따라 국립중앙박물관의 공공저작물이용.
https://www.museum.go.kr/site/main/relic/search/view?relicId=95993

<표 27> 경상도 지역 초가지붕 양상 1

남해 고현성 부근 민가 (일제강점기) 확대	남해 고현성 부근 민가 (일제강점기)[93]	함안 서남쪽 장성 부근 민가(1914)[94]

대구달서 진천동 지석묘군 근처 초가 (일제강점기)[95]	고성 읍내 교사리 구강 패총 근처 초가 (일제강점기)[96]	진주 상봉동 고분군 근처 초가 (1914)[97]
	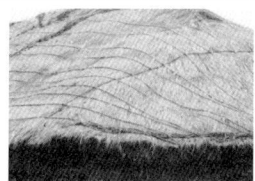	
진주 봉황대 부근 백정 가옥 (일제강점기)[98]	함안 옹기만드는 집 (일제강점기)[99]	김해 읍외 백정 부락 초가 (일제강점기)[100]

93 공공누리에 따라 국립중앙박물관의 공공저작물이용.
    https://www.museum.go.kr/site/main/relic/search/view?relicId=86299
94 공공누리에 따라 국립중앙박물관의 공공저작물이용.
    https://www.museum.go.kr/site/main/relic/search/view?relicId=41962
95 공공누리에 따라 국립중앙박물관의 공공저작물이용.
    https://www.museum.go.kr/site/main/relic/search/view?relicId=193636
96 공공누리에 따라 국립중앙박물관의 공공저작물이용.
    https://www.museum.go.kr/site/main/relic/search/view?relicId=122112
97 공공누리에 따라 국립중앙박물관의 공공저작물이용.

전체적으로 전라도의 줄치기 방식과 유사하고 위에서 언급하지 않았으나 합천, 창녕 등지에서도 전라도 지역과 같은 줄치기 방식을 보였다. 세부적인 차이점을 서술해보자면 전라도 지역의 경우 대체로 지붕 4면의 처마에 지새미대를 놓았다. 그러나 경상도 지역에서는 좁은 지붕면에서 주로 지새미대 혹은 여러 줄로 두껍게 꼰 줄이 보였으며, 넓은 지붕면에는 일반적이거나 두꺼운 새끼줄 혹은 지새미대를 쳐서 겉고삿줄을 고정하였다. 이중 김해 지역에는 사면에 일반적인 새끼줄로만 쳐져 있는 지붕이 보이고, 함안 지역에는 좁은 지붕면에 여러줄로 꼰 두꺼운 줄이 지새미대 대신에 놓여져 있는 지붕이 보인다. 이점으로 보아 지붕의 처마부분을 누르기 위해 가로로 길게 댈 수 있는 사물의 범위는 관련자의 주관적 선택에 의해 폭넓음을 알 수 있다.

<표 27>의 대구와 김해 지역을 제외하면 남해, 함안, 고성, 진주 등에서 처마부분에 주목할 만한 방식이 보인다. 지붕면에 놓인 처마부분의 지새미대나 줄 위에 볏짚다발이 놓여 있다. 상세하게 살펴보면 볏짚다발은 잘 추려져 있고 이파리 부분이 이엉 안으로 들어가고 밑동 부분이 바깥으로 나오게 하였다. 또 볏짚다발은 처마에 놓인 줄, 이엉이나 지새미대와 함께 묶여 있다. 처마부분의 방식은 전라도 지역과의 차이점 중 하나이다. 이 볏짚다발의 용도는 반대편에서 줄을 강하게 당길 때, 위로 올라가지 않도록 지새미대를 눌러 고정하는 역할일 것으로 추정된다.

남해 지역 초가의 경우에서는 짚단 안에 대나무로 추측되는 물건이 들어있는 사례도 발견되었다. 이로 보아 반드시 짚단을 넣는 방식은 아니라고 볼 수 있다. 지새미대를 고정하기 위해 짚단을 주로 사용하거나 나무와 같이 무게가 있는 것들도 부수적으로 활용될 수 있었다고 생각한다.

---

98 공공누리에 따라 국립중앙박물관의 공공저작물이용.
https://www.museum.go.kr/site/main/relic/search/view?relicId=106054
https://www.museum.go.kr/site/main/relic/search/view?relicId=224829
99 공공누리에 따라 국립중앙박물관의 공공저작물이용.
https://www.museum.go.kr/site/main/relic/search/view?relicId=98432
100 공공누리에 따라 국립중앙박물관의 공공저작물이용.
https://www.museum.go.kr/site/main/relic/search/view?relicId=20504

〈표 28〉 경상도 지역 초가지붕 양상 2

경주 금령총 발굴지 주변 초가 (일제강점기)[101]	용마름 확대 (세로줄 덮은 모습)	처마 확대 (지새미대 대신 가로로 놓은 짚단)
경주 금령총 발굴광 주변 가옥 (일제강점기)[102]	용마름 확대 (세로줄 덮은 모습)	처마 확대 (4면에 지새미대)
경주 노동리 제4호분 발굴지 주변 초가(1924)[103]	용마름 확대 (세로줄 덮은 모습)	처마 확대 (서까래 밑 줄, 가로로 놓은 짚단)
경주 서봉총과 2호분 발굴지 주변 초가(일제강점기)[104]	용마름 확대 (세로줄 덮은 모습)	처마 확대 (서까래 밑 줄, 가로로 놓은 짚단)

---

101 공공누리에 따라 국립중앙박물관의 공공저작물이용.

경주 지역의 초가이엉이기 방식은 다른 경상도 지역과 차이점이 있었다. 기본적인 방식은 동일하나, 금령총 주변 초가와 같이 나무는 지새미대로 쓰이지 않고 좁은 지붕면의 상부에서부터 일정 간격으로 여러 개 놓아서 이엉을 누르는 역할로 바뀌었다. 또 넓은 지붕면의 처마에 지새미대 대신 줄이 놓여 있고, 좁은 지붕면의 처마에는 짚단을 가로로 포개어 처마부분의 이엉을 누르는 방식을 확인할 수 있었다. 짚단을 가로로 포개는 것은 세로로 줄을 칠 때 이엉의 틈새로 빠지지 않도록 하고 이엉을 잘 누르기 위한 목적으로 보인다. 다른 경주 지역의 처마부분에서도 볏짚을 가로로 놓고 세로줄을 내리는 방식이 다수 확인되었다. 혹은 금령총 발굴광 주변의 가옥과 같이 4면에 지새미대를 놓고 줄을 맨 것도 있다. 혹은 다른 경주의 사례와 같이 2면에 지새미대를 놓고 줄을 매고 나머지 2면에는 처마부분에 짚을 가로로 놓고 이엉을 누르는 방식도 있다.

그리고 용마름의 날 사이로 나온 세로줄에 다른 물체를 넣어 덮이게 하는 방식이 보인다. 이러한 방식은 용마름 틈새를 메꾸기 위한 것으로 보인다. 또 용마름 부분의 세로줄을 비나 눈, 바람으로부터 보호하기 위한 목적도 있어 보인다. 이를 뒷받침 하는 것으로 <표 28>의 경주 서봉총 발굴지 주변의 초가를 보면, 용마름 부분에 솔가지로 추정되는 물체가 놓인 것이다. 즉 이 방식은 용마루와 그 부위의 겉고삿줄을 보강하기 위한 지역특유의 생활양식이다.

---

　　　https://www.museum.go.kr/site/main/relic/search/view?relicId=174237
102　공공누리에 따라 국립중앙박물관의 공공저작물이용.
　　　https://www.museum.go.kr/site/main/relic/search/view?relicId=72430
103　공공누리에 따라 국립중앙박물관의 공공저작물이용.
　　　https://www.museum.go.kr/site/main/relic/search/view?relicId=26398
104　공공누리에 따라 국립중앙박물관의 공공저작물이용.
　　　https://www.museum.go.kr/site/main/relic/search/view?relicId=155770

<표 29> 경상도 지역 초가지붕 양상 3

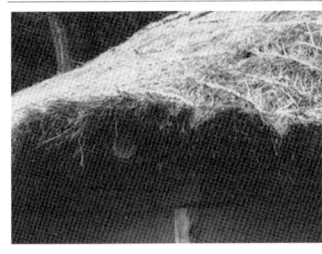
대구 북구 침산 유적 주변
초가 처마부분 확대[105]

경주 서봉총2호분 주변
초가 처마부분 확대[106]

경주 남산 미륵곡 석불좌상 주변
초가 처마부분 확대(일제강점기)[107]

　대구나 경주 일대의 줄치기 방식이 동일하다는 점에서 처마부분을 확대해보면, 줄을 어떻게 맸을지 가늠케 하는 몇 가지 사진기록을 살펴볼 수 있다. 먼저 대구의 사진기록을 보면 줄을 서까래에 맨 것을 볼 수 있다. 경주 서봉총2호분 주변 초가의 사진기록을 보면, 지새미대가 올라간 지붕면은 서까래 부분에 나무가 보이지 않고 지새미대가 올라가지 않은 지붕면은 서까래 부분에 나무가 보인다. 또 경주 남산 내 초가의 사진기록을 보면 처마부분에 나무가 올라간 지붕면 밑으로는 서까래 마구리 부분에 줄을 댄 것이 보인다. 그러나 반대로 지붕에 나무를 대지 않은 지붕면에서는 서까래 마구리 부분에 줄을 댄 것이 보이지 않는다.

　김홍식은 영남 내륙지역에서는 처마 끝 아래에 매달아서 장매(가로줄)나 자른매(세로줄)를 묶는 장대를 떼누리대라고 하고, 처마 끝 이엉이 바람에 날리는 것을 막기 위해 올리는 장대를 눌림대라고 부른다고 말한다. 눌림대는 지붕을 뚫고 새끼를 끼워 서까래에 고정한다고 한다.[108] 대구와 경주 지역에서 살펴볼 수 있는 사례가 이에 해당한다고 본다.

105　공공누리에 따라 국립중앙박물관의 공공저작물이용.
　　https://www.museum.go.kr/site/main/relic/search/view?relicId=114569
106　공공누리에 따라 국립중앙박물관의 공공저작물이용.
　　https://www.museum.go.kr/site/main/relic/search/view?relicId=143412
107　공공누리에 따라 국립중앙박물관의 공공저작물이용.
　　https://www.museum.go.kr/site/main/relic/search/view?relicId=113753
108　김홍식 외, 『초가』, 열화당, 1991.01, 201쪽.

전라도와 경상도 지역 방식의 차이는 용마루와 처마부분의 마감방식이다. 전라도의 경우는 대개 지새미대를 지붕 4면의 처마부분에 놓았고, 경상도의 경우는 전라도의 방식과 유사하면서도 용마름의 마감, 지새미대를 놓는 방식이 다양했다. 또 일부 지역에서는 용마름의 세로줄이 나오는 부위를 솔가지로 보이는 물체로 덮었고 처마부분에 짚단을 넣어 지새미대와 줄을 고정하거나 가로로 짚단을 놓아 처마부분을 세로줄로 누르는 방식이 있었다. 줄, 이엉, 지새미대를 활용하여 효율적으로 누르기 위한 여러 방식이 다양하게 드러났다고 볼 수 있다.

〈표 30〉 경상도 지역 초가지붕 양상 4

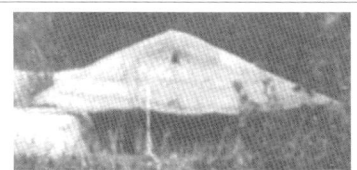 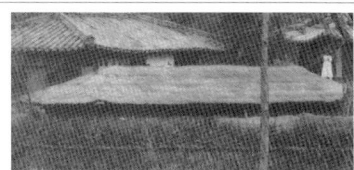

안동 퇴계 이황 후손 촌락 주변 초가1 (일제강점기)[109]

영주 읍선 주변 초가 (일제강점기) 아랫부분 지붕면 확대[110]

---

[109] 공공누리에 따라 국립중앙박물관의 공공저작물이용.
https://www.museum.go.kr/site/main/relic/search/view?relicId=82449

경상도 지역 일부에서는 오늘날 까치구멍집으로 알려진 사진기록이 발견된다. 안동과 영주 지역에서 사진기록이 발견되었다. 까치구멍집에서의 사진기록을 살펴보면 앞서 살펴보았던 방식으로부터 일부 다른 모습을 포착할 수 있다. 경주의 사례와 함께 살펴보면 가로로 치는 줄의 정도가 덜 촘촘하다는 점이다. 그러면서도 좁은 지붕면에서는 사선으로 내려오는 방식은 동일하다. 또한 경주의 사례에서 처마에 나무를 놓지 않는 방식이 안동과 영주의 사례에서도 발견된다. 즉 처마에 나무를 놓지 않고 줄을 처마부분에 치는 방식으로 바뀌었다. 좁은 지붕면에 가로로 줄을 2줄 이상 치는 경우도 다수 발견되었다. 지새미대를 고정하지 않는 방식으로 변화하면서 좁은 지붕면에 가로줄을 보다 많이 치는 방식이 보완된 것으로 보인다.

〈표 31〉 경상도 지역 초가지붕 양상 5

경주 김해 회현리 패총 주변 초가(1935)[111]

경주 사천왕사지 서탑지 주변 초가(일제강점기)[112]

경주 남산 천룡사지 삼층석탑 주변 초가 (일제강점기)[113]

110　공공누리에 따라 국립중앙박물관의 공공저작물이용.
　　 https://www.museum.go.kr/site/main/relic/search/view?relicId=106616
111　공공누리에 따라 국립중앙박물관의 공공저작물이용.

낙동강 하구나 지리산에서 소재한 초가건물에서는 억새나 갈대로 지붕을 이는 경우도 발견되었다. 이중 지리산 억새지붕의 사진기록은 찾을 수 없었으나 부산, 김해, 경주 등지에서 찾아볼 수 있었다.

경주와 김해 등지의 갈대, 억새이엉이기 방식을 살펴보면, 현존하는 건축물 국가유산의 외형과 대동소이하다. 처마부분에는 이엉을 누르기 위한 줄을 치지 않는 편이며, 가로나 세로로 겉고삿줄을 많이 치지 않는다. 그리고 이엉과 이엉 간의 간격이 촘촘하다는 것을 알 수 있다.

경주의 사례에서는 사슬이엉과 비늘이엉이 각각 상부와 하부에서 혼합되어 사용되고 있는 것도 확인할 수 있었다. 경주 남산 천룡사지 주변 초가의 우측을 보면, 처마부분에만 비늘이엉으로 이고 그 위로는 사슬이엉으로 이었다. 그리고 좁은 지붕면에서 사슬이엉의 가장 하부에 나무를 대어 이엉을 눌렀다. 이러한 방식은 비늘이엉은, 나무로 누를 필요가 없을 만큼, 속에서 촘촘히 속고삿줄을 매어 이미 단단히 고정되어 있기 때문으로 생각해 볼 수 있다.

2) 현대시기

일제 강점기 이후에도 1970~1980년대에도 초가지붕은 존속되고 있었다. 앞에서 언급하였던 것과 마찬가지로 이 시기에는 민속조사나 전통건축물 현황조사가 이루어지고 있었다. 그중 초가에 대한 자료도 전해지고 있다.

현존하는 전라, 경상도 지역의 초가건물을 살펴본다. 먼저 전라도 지역의 건물을 살펴보도록 한다. 현재 24건 정도의 초가건물이나 마을이 국가유산으로 지정되어 있다. 마을

---

https://www.museum.go.kr/site/main/relic/search/view?relicId=173862
112 공공누리에 따라 국립중앙박물관의 공공저작물이용.
https://www.museum.go.kr/site/main/relic/search/view?relicId=61964
113 공공누리에 따라 국립중앙박물관의 공공저작물이용.
https://www.museum.go.kr/site/main/relic/search/view?relicId=124986

의 경우 낙안읍성이 있으나 마을단위로 국가유산이 지정되어 있지 않고 일부 가옥만 국가유산으로 지정되어 있다. 그 외에도 단일의 건축물로 남아 있다. 건축물 국가유산은 보수를 위한 도면이 있으나, 모든 초가건물에 도면이 있는 것은 아니다. 본 글에서는 도면이 있는 초가건물을 바탕으로 다룬다. 앞에서 언급한 것과 마찬가지로 국가유산청의 등록사진과 도면을 살펴보도록 한다.

<표 32> 전라도 초가건물 현황

번호	명칭	구분 지정등록일	위치	도면 유/무	기준일자
1	정읍 전봉준 유적	사적 1981.11.28.	전북 정읍	-	
2	고창 신재효 고택	국가민속문화유산 1979.01.26.	전북 고창	-[114]	1979.11.01
3	부안 김상만 고택	국가민속문화유산 1984.01.14	전북 부안	오류[115]	1997.01.01
4	이병기 선생생가	전라북도 기념물 1973.06.23	전북 익산	오류[116]	1984.07.01
5	이석정 선생생가	전라북도 기념물 1974.09.27.	전북 김제	-	
6	남강정사	전라북도 기념물 1983.08.24.	전북 김제	유	1988.08.01
7	해학이기 선생생가	전라북도 기념물 2003.12.26.	전북 김제	-	
8	오영순가옥	전라북도 민속문화유산 1999.11.19.	전북 김제	-	
9	덕치리 초가	전라북도 민속문화유산 2000.06.23.	전북 남원	-	

114 도면에 초가지붕에 대한 기록을 찾을 수가 없었다. 그러므로 오류라고 표기한다.
115 도면에 가로 및 세로줄로 겉고삿줄을 매어 사각형 모양을 이루는 것이 표기되어 있으면서, 반투명한 색상으로 마름모형을 표시하고 있어 기준점을 찾기 어렵게 되어 있다. 심지어 지정 당시에는 억새이엉이기를 하였으나, 1990년대에 들어서면서 볏짚이엉이기로 변모된 양상도 발견되고 있다. 해당 국가유산에 대한 고증 없이 변모된 것으로 보여 오류라고 표기한다.
116 국가유산청 등록사진에는 비늘이엉이기로 되어 있으며, 도면은 볏짚사슬이엉이기로 가로, 세로줄을 쳐서 사각형 모양을 이루는 방식이 기록되어 있다. 또 현재에는 마름모형으로 줄을 친다.

10	순천 낙안읍성 이방댁	국가민속문화유산 1979.01.26.	전남 순천	-	
11	순천 낙안읍성 들마루집	국가민속문화유산 1979.01.26.	전남 순천	-	
12	순천 낙안읍성 뙤창집	국가민속문화유산 1979.01.26.	전남 순천	오류[117]	1996.01.01
13	순천 낙안읍성 마루방집	국가민속문화유산 1979.01.26.	전남 순천	-	
14	순천 낙안읍성 대나무 서까래집	국가민속문화유산 1979.01.26.	전남 순천	-	
15	순천 낙안읍성 주막집	국가민속문화유산 1979.01.26.	전남 순천	-	
16	순천 낙안읍성 서문성벽집	국가민속문화유산 1979.01.26.	전남 순천	-	
17	순천 낙안읍성 향리댁	국가민속문화유산 1979.01.26.	전남 순천	-	
18	보성 이준회 고택	국가민속문화유산 1984.01.14.	전남 보성	오류[118]	1988.12.01
19	나대용생가및묘소	전라남도 기념물 1977.10.20.	전남 나주	-	
20	나주 김효병가옥	전라남도 민속문화유산 1986.02.07.	전남 나주	-	
21	해남 민정기가옥	전라남도 문화유산자료 1992.03.09.	전남 해남	-	
22	장성 이진환가옥 사랑채	전라남도 문화유산자료 2003.10.04.	전남 장성	-	
23	오지호가	광주광역시 기념물 1986.09.29.	광주	-	
24	용아생가	광주광역시 기념물 1986.02.07.	광주	오류[119]	1997.01.01

---

[117] 도면에 초가지붕의 줄치기에 대한 기록이 희미하여 실제 줄치기를 파악할 수 없었다.
[118] 도면에 초가지붕의 줄치기에 대한 기록이 상세하지 않아서 실제 줄치기를 파악할 수 없었다.
[119] 도면에 초가지붕의 줄치기에 대한 기록이 있으나, 줄을 치는 방식에 있어서 실제 국가유산청의 등록사진과 다르다.

전라도에는 다른 지역에 비하여 여러 초가지붕의 국가유산이 있으나 도면이 있는 국가유산은 소수에 해당한다. 그러므로 도면이 있는 남강정사를 대상으로 삼는다. 그러나 낙안읍성의 경우, 도면이 없거나 오류이지만 전라도의 초가이엉이기를 대표하고 있고 마을주민이 직접 전승하고 있다는 점에서 현장조사의 필요성이 있었다. 그러므로 낙안읍성은 현장조사에서 획득한 자료를 바탕으로 살펴보도록 한다.

그다음으로는 경상도의 국가유산 중에서 초가건물 현황을 살펴보도록 한다. 현재 24건 정도의 초가건물이나 마을이 국가유산으로 지정되어 있다. 마을의 경우 하회마을, 무섬마을, 양동마을, 한개마을이 있다. 그 외에도 단일의 건축물로 남아 있다. 건축물 국가유산은 보수를 위한 도면이 있으나, 모든 초가건물에 도면이 있는 것은 아니다. 본 글에서는 도면이 있는 초가건물을 바탕으로 다룬다. 앞에서 언급한 것과 마찬가지로 국가유산청의 등록사진과 도면을 살펴보도록 한다.

〈표 33〉 경상도 초가건물 현황

번호	명칭	구분 지정등록일	위치	도면 유/무	기준일자
1	경주 월암종택	국가민속문화유산 1977.01.08.	경북 경주	-	
2	봉화 설매리 3겹 까치구멍집	국가민속문화유산 2007.01.12.	경북 봉화	-	
3	예천 남악종택	국가민속문화유산 2007.01.12.	경북 예천	-	
4	영주 무섬마을	국가민속문화유산 2013.08.23.	경북 영주	-	
5	안동의촌동초가 도토마리집	경상북도 민속문화유산 1973.08.31.	경북 안동	-	
6	안동사월동초가 토담집	경상북도 민속문화유산 1973.08.31.	경북 안동	-	
7	상주 동학교당	경상북도 민속문화유산 1999.12.30.	경북 상주	-	
8	구산서당주사	경상북도 문화유산자료 1994.09.29.	경북 봉화	-	

9	영주수도리 김규진가옥	경상북도 문화유산자료 1999.08.09.	경북 영주	-	
10	영주수도리 김정규가옥	경상북도 문화유산자료 1999.08.09.	경북 영주	-	
11	영주수도리 박덕우가옥	경상북도 문화유산자료 1999.08.09.	경북 영주	-	
12	영주수도리 박천립가옥	경상북도 문화유산자료 1999.08.09.	경북 영주	-	
13	월성주사댁	경상북도 문화유산자료 2000.04.10.	경북 경주	-	
14	예천 석문종택	경상북도 문화유산자료 2005.09.20.	경북 예천	-	
15	달성 삼가헌 고택	국가민속문화유산 1979.12.31.	대구 달성	-[120]	1993.03.01
16	달성 조길방 고택	국가민속문화유산 1984.12.24.	대구 달성	오류[121]	1988.04.01 2005.11.01
17	창녕 진양 하씨 고택	국가민속문화유산 1968.11.25.	경남 창녕	유	2005.11.01
18	고성봉동리 배씨고가	경상남도 민속문화유산 1994.07.04.	경남 고성	-	
19	의령 안희제 생가	경상남도 문화유산자료 1993.01.08.	경남 의령	-	
20	김해장방리 갈대집	경상남도 문화유산자료 2007.03.15.	경남 김해	-	
21	안동 하회마을	국가민속문화유산 1984.01.14.	경북 안동	유	1985.01.01 1998.06.01
22	경주 양동마을 강학당	국가민속문화유산 1979.01.26.	경북 경주	-[122]	1980.08.01
23	경주 양동마을	국가민속문화유산 1984.12.24.	경북 경주	유	

[120] 도면이 기록되어 있으나, 초가건물에 대하여는 도면이 존재하지 않았다. 그 외에 기와건물에 대하여는 도면이 있다.
[121] 도면이 1988년에 기록이 되어 있으나, 현재 볏짚이엉이기와 다른 억새이엉이기가 명시가 되어 있고, 이엉이기에 대한 정보도 빈약하였다. 또 2005년에 도면을 다시 기록하면서 볏짚이엉이기로 바뀌면서 이엉이기에 대한 정보도 보완되었다. 해당 국가유산에 대한 고증이 없이 변모된 것으로 보여 오류로 표기한다.
[122] 도면이 기록되어 있으나, 초가건물에 대하여는 도면이 존재하지 않았다. 그 외에 기와건물에 대하여는 도면이 있다.

| 24 | 성주 한개마을 | 국가민속문화유산 2007.12.31. | 경북 성주 | - |

총 24건의 국가유산 중에서 도면이 남아있는 국가유산은 창녕 진양하씨 고택, 안동 하회마을, 경주 양동마을 등이다. 현재 도면이 남아있는 국가유산 4곳을 살펴본다.

(1) 전라도 지역

〈표 34〉 전라도 지역 초가지붕 현대 양상 1

전라남도 진도군 임회면 상만리(1970년대 추정)[123]

낙안읍성 초가(서문성벽집)
(국가민속문화유산 1992.10.29).[124]

전라남도 고흥군 동강면 죽암리 월정 최옥래 가옥
(1998.01).[125]

---

[123] 나형남, 전라남도 진도군 임회면 상만리 마을회관, 2013.03.28.
[124] 공공누리에 따라 국립민속박물관의 공공저작물이용.
https://www.nfm.go.kr/common/data/home/archive/detailPopup.do?seq=1992-015-00000014.
[125] 공공누리에 따라 국립민속박물관의 공공저작물이용.
https://www.nfm.go.kr/common/data/home/archive/detailPopup.do?seq=1998-002-00000051

<표 34>와 같이 여러 섬 지역에서도 넓은 지붕면에는 가로로 길게 놓이고, 좁은 지붕면에서는 사선으로 내려오는 방식이다. 이러한 방식은 강한 바람에 저항하기 위한 방식으로 보인다. 서해의 여러 섬과 전라도 지역의 이엉이기가 동일한 볏짚사슬이엉이기를 하는 사회적 요인을 만재도의 사례에서 알 수 있다. 만재도의 제보자는 겨울을 준비하기 위하여 지붕을 새로 이을 볏짚을 구해오기 위해 인근 섬이나 육지로 가서 가라지 등 생산된 건어물과 바꾸어 왔다고 한다. 만재도에서는 볏짚이 한 집에 약 50뭇 정도 필요하였는데. 진도 지역의 볏짚 뭇은 해남 지역의 뭇보다 양이 많았다고 한다. 짚은 무료로 얻어올 때도 있었고 가라지를 주고 얻어오기도 했다고 한다.[127] 이러한 제보내용으로 볼 때, 전라도 지역에서는 볏짚이 거래되었고, 거래된 볏짚을 통해 섬에서도 볏짚이엉으로 지붕을 이었다고 볼 수 있다.

<표 35> 전라도 지역 초가지붕 줄치기

전라남도 진도군 임회면 상만리(연도불명)[128]

부안군 위도면 대리마을(1984.02.16).[129]

전라도 지역의 줄치기와 관련한 사진기록을 통해 줄치기의 방식과 원리를 유추해 볼 수 있다. 먼저 처마부분에는 지새미대의 역할을 하는 긴 나무를 놓고 처마 밑에서 고정을

---

127 국립해양유물전시관, 『만재도 전통한선과 어로민속조사 보고서』, 국립해양유물전시관, 2008.03, 123쪽.
128 나형남, 전라남도 진도군 임회면 상만리 마을회관, 2013.03.28.
129 공공누리에 따라 국립민속박물관의 공공저작물이용.
 https://www.nfm.go.kr/common/data/home/archive/detailPopup.do?seq=2012-009-00004442

하는 것은 동일하다. 진도군의 사진은 용마름을 설치하는 과정으로 보인다. 그래서 오른쪽에 있는 사람은 용마름을 잡고 있고 가운데에 있는 사람은 용마름을 양쪽에서 누를 새끼줄 2개를 양손에 잡고 있다. 왼쪽에 있는 사람은 가운데 사람이 잡고 있는 새끼줄을 건너 받아서 반대편에 넘겨주는 역할을 하는 것으로 보인다. 이후에는 가로줄을 단단히 붙잡아 주는 역할을 하기 위하여, 가로줄을 하나하나 걸고 매서 내린다. 이를 밤 얽기라고 불렀다.[130] 전주와 부안, 영광, 위도 등지에서 마름모형의 겉고샅줄 치는 방식은 영광군에서 일부 차이가 있을 뿐 대동소이하다. 위도 지역과 같이 반드시 마름모형으로 하거나 영광 지역과 같이 사선으로만 줄을 치기도 한다.

<그림 1>[131]과 같이 지리산 지역에서는 억새로 이엉을 만들어 지붕을 이은 형태도 있다. <그림 1>을 살펴보면 억새의 밑동을 바깥으로 해서 이었으며, 비늘이엉으로 엮었음을 확인할 수 있었다. 물매가 높게 올라갔다는 점에서 지역의 기후가 반영된 것으로 보인다. 처마부분에는 나무를 놓고 처마부분의 이엉을 눌렀으며, 넓은 간격으로 세로줄이 내려와 있으므로, 위의 용마름에 놓인 가로줄과 함께 용마름을 누르기 위한 용도로 보인다. 이와 같은 억새의 이용은 지리산에 억새가 충분히 많았다는 점으로 볼 수 있다.

국가유산으로는 순천의 낙안읍성을 먼저 살펴보기로 한다. 낙안읍성은 마을 단위의 국가유산으로 지정되지 않고 성채는 사적으로 몇 개의 가옥은 국가민속문화유산으로 지정되어 있다. 필자는 2022

<그림 1> 전라북도 민속문화유산 덕치리 초가

---

130 김홍식 외, 『초가』, 200쪽.
131 공공누리에 따라 국가유산청의 공공저작물이용.
https://www.heritage.go.kr/heri/cul/imgHeritage.do?ccimId=1658338&ccbaKdcd=24&ccbaAsno=00350000&ccbaCtcd=35

년 4월 29일에 낙안읍성을 방문하여 당시 향토학교 공간에 있던 마을주민과 초가이엉이기에 대한 면담을 하고 마을주민이 사는 낙안읍성의 '이방댁'을 살펴보았다. 도면이 있는 '뙤창집'에는 이엉이기에 대한 정보가 누락되어 있으므로 과거의 기록물과 현재의 모습을 비교한다.

〈표 36〉 낙안읍성 이엉이기 현황

낙안읍성 이방댁 안채 전면
(국가유산청 등록사진)[132]

낙안읍성 이방댁 안채 전면
(2022.04.29)[133]

낙안읍성 이방댁 안채 측면
(2022.04.29)[134]

낙안읍성 이방댁 안채 처마1
(2022.04.29)[135]

낙안읍성 이방댁 안채 처마2
(2022.04.29)[136]

낙안읍성 이방댁 안채 처마3
(2022.04.29)[137]

낙안읍성 내 초가
용마름 확대(2022.04.29)[138]

낙안읍성 내 초가
용마름 확대(2022.04.29)[139]

낙안읍성 내의 초가건물은 위에서 언급했던 전라도 지역의 방식을 전승하고 있다. 앞서 살펴보았던 순천읍성의 사진기록과도 대부분 일치하는 양상을 보인다. 다만 처마부분을 살펴보면, 현대물품인 비닐끈으로 지새미대를 고정하기도 했고, 예전 기록[140]에서 보아도 지새미대를 고정하는 방법이 예전보다 쇠퇴한 양상을 보인다. 예전 기록에는 속고삿줄은 연죽에 매었고 겉고삿줄은 지새미대에 매었다. 또 2개의 가로로 댄 연죽에 걸리도록 일정한 길이로 대나무 막대기를 만들어서 새끼줄로 고정하였다. 하지만 현재에는 그러한 모습을 찾아볼 수 없다.

또한 처마부분에서 용마름을 살펴본 결과 용마름의 끝부분과 양옆의 부분을 고정하는 고유한 방식이 보인다. 특히 용마름의 날과 겉고삿줄을 고정한 방식이 발견되었다. 이 방식은 과거 사진기록에서 쉽게 살펴볼 수 없는 것이었다. 물론 〈표 37〉과 같이 1992년의 낙안읍성 사진에도 용마름의 날과 겉고삿줄을 고정한 방식이 일부 보이고 있지만 사진에는 용마름의 날과 겉고삿줄을 함께 묶어 고정한 방식이 있는가 하면, 세로줄이 나오는 부분을 길게 빼서 세로줄을 덮는 방식도 보인다. 순천읍성의 사진에서는 이와 같은 방식이 일부 보였다. 이점에서 낙안읍성 및 순천 지역에서 발견되는 고유한 방식으로 조심스럽게 추측해본다.[141]

---

132 공공누리에 따라 국가유산청의 공공저작물이용.
https://www.heritage.go.kr/heri/cul/imgHeritage.do?ccimId=1634578&ccbaKdcd=18&ccbaAsno=00920000&ccbaCtcd=36
133 나형남, 전남 순천시 소재 낙안읍성 이방댁, 2022.04.29.
134 나형남, 전남 순천시 소재 낙안읍성 이방댁, 2022.04.29.
135 나형남, 전남 순천시 소재 낙안읍성 이방댁, 2022.04.29.
136 나형남, 전남 순천시 소재 낙안읍성 이방댁, 2022.04.29.
137 나형남, 전남 순천시 소재 낙안읍성 이방댁, 2022.04.29.
138 나형남, 전남 순천시 충민길 98, 2020.11.21.
139 나형남, 전남 순천시 충민길 22, 2020.11.21.
140 김일진, 『옛집에 담긴 생각』, 청구, 1996.06, 133쪽.
141 앞서 살펴본 자료인 「낙안민속가옥초가지붕잇기 착준공 보고」(1984)에는 당시 낙안읍성 주민들이 이엉이기를 하였던 사진이 있으나, 용마름과 겉고삿줄의 고정방식 혹은 덮는 방식을 확인하기에 화질이 좋지 않아서 본 내용에서는 제외한다.

<표 37> 용마름 날과 겉고샅줄을 고정한 사례

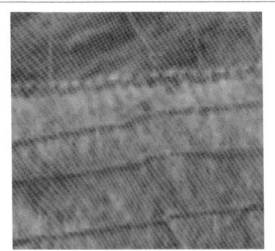	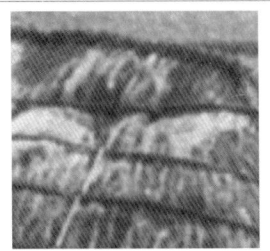	
순천 읍성 동문과 성벽 부근 초가 용마름 확대(일제강점기)[142]	순천 낙안읍성 초가 용마름 확대(1992.10.29.)[143]	순천 낙안읍성 내 초가 용마름 확대(2022.04.29.)[144]

이방댁에 사는 마을주민의 제보에 의하면 지붕 위에 치는 줄을 동줄이라고 부르며, 가운데 부분에 2줄로 치는 것은 양동줄이라고 하여 구분한다고 한다. 또 동줄을 매고 용마름을 놓은 뒤 동줄과 함께 용마름의 날을 묶는 것은 바람에 날리지 않게 하기 위함이라고 한다. 또 용마름의 끝 부분에서 양쪽 날로 겉고샅줄을 당겨오는 방식도 용마름을 단단히 고정하기 위한 것이라고 말하고 있다.[145] 현재 마을주민의 제보에 의하면 예전 어르신들이 하는 방법대로 하는 것이라고 한다.

<표 38> 남강정사 도면과 실제

	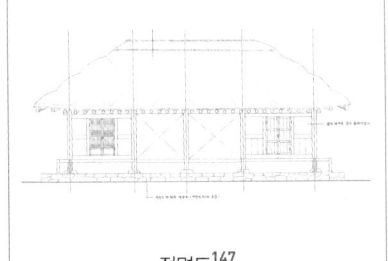	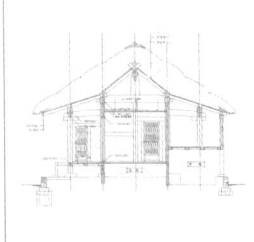
남강정사(국가유산청 등록사진)[146]	정면도[147]	종단면도[148]

---

142 공공누리에 따라 국립중앙박물관의 공공저작물이용.
https://www.museum.go.kr/site/main/relic/search/view?relicId=74113
143 공공누리에 따라 국립민속박물관의 공공저작물이용.
https://www.nfm.go.kr/common/data/home/archive/detailPopup.do?seq=1992-015-00000014
144 나형남, 전남 순천시 충민길 22, 2020.11.21.
145 나형남, 낙안읍성 주민 제보, 2022.04.29.

남강정사의 도면에는 마름모형으로 겉고삿줄을 치고 있으며, 서까래 밑으로 대나무를 대는 것은 도면에는 표시가 되어 있지 않다. 도면에 그려진 대로 줄을 치고 있으나 처마에 대는 것이, 줄 혹은 나무인지, 도면상으로는 알 수 없다. 이후에 줄이나 대나무 등으로 교체될 가능성이 높다. 또 서까래 밑에 대나무를 대는 것에 대한 방식도 추가적인 검토가 필요할 것이다. 이와 같은 방식은 경기·충청·황해도 지역의 방식이 적용된 것으로 조심스럽게 추측해본다. 혹은 국가유산수리표준시방서에도 '연죽'을 설치하는 항목이 있어, 시방서의 내용에 기초하여 설치된 것으로도 볼 수 있다.

(2) 경상도 지역

〈표 39〉 경상도 지역 초가지붕 현대 양상 1

영일박물관 초가, (경북 포항시 북구 흥해읍 성내동, 1989)[149]	경주 양동마을 강학당 행랑채 (국가민속문화유산)[150]

146　공공누리에 따라 국가유산청의 공공저작물이용.
　　https://www.heritage.go.kr/heri/cul/imgHeritage.do?ccimId=1653541&ccbaKdcd=23&ccbaAsno=00640000&ccbaCtcd=35
147　공공누리에 따라 국가유산청의 공공저작물이용.
　　https://www.heritage.go.kr/DATA1/heritage/hub_img/data5/xtd/XTD_2017/IMAGES/0156/2220033003.jpg
148　공공누리에 따라 국가유산청의 공공저작물이용.
　　https://www.heritage.go.kr/DATA1/heritage/hub_img/data5/xtd/XTD_2017/IMAGES/0156/2220033006.jpg
149　공공누리에 따라 국립민속박물관의 공공저작물이용.

양동마을 현재 1[151]

양동마을 현재 2[152]

경상도 지역은 넓은 지붕면에서 가로로 겉고삿줄을 촘촘하게 치는 방식을 지속하고 있었다. <표 39>의 포항이나 경주의 방식에서 지붕 4면으로 처마부분에 긴 나무를 놓아 이엉을 누름과 동시에 줄을 고정하는 방식도 발견할 수 있었다. 과거의 흑백사진에는 넓은 지붕면에는 주로 줄을 쳤다는 점에서 차이가 있다. 1970년도의 거제도 방식에서는 처마부분에 줄을 쳤다는 점[153]으로 미루어 보아, 앞서 언급하였듯이 지새미대를 놓는 방식과 줄을 매는 방식 등이, 기본적인 원리는 동일하면서도 다양했음을 알 수 있다. 양동마을의 초가지붕에는 용마름 밑으로 통과하는 세로줄에 솔가지를 놓은 것이 있다. 이는 세로줄이 용마름 밑으로 통과하면서 생긴 틈새를 메꾸기 위함이거나 혹은 용마름 밑으로 지나가는 새끼줄을 보호하기 위한 용도로 보인다. 대개 초가지붕 용마름의 물매를 세심하게 공을 들여야 누수가 안된다는 점으로 보아, 용마름에 공을 들인 지역적 사례로 볼 수 있다.

그다음으로 살펴볼 것은 마름모형으로 되어 있는 사례이다. 마름모형은 경상도와 전라도에서 발견되는 양상이나 전라도 방식과 다르게 겹치는 부분을 묶었다는 점에서 차이

---

150 https://www.nfm.go.kr/common/data/home/archive/detailPopup.do?seq=1989-007-00000396
공공누리에 따라 국가유산청의 공공저작물이용.
https://www.heritage.go.kr/heri/cul/imgHeritage.do?ccimId=1635017&ccbaKdcd=18&ccbaAsno=00830000&ccbaCtcd=37
151 나형남, 경상북도 경주시 강동면 양동마을안길 7-3(양동리), 2022.08.26.
152 나형남, 경상북도 경주시 강동면 양동마을길 121-50(양동리), 2022.08.26.
153 「1970년 초가지붕 이엉엮기」, 『미디어 경남N거제』, 2019.07.16.

가 있다. 그리고 마름모형으로 줄을 치는 방식은 전라·경상도 지역의 긴 가로줄 치기와 공존하는 방식이기도 하다.

〈표 40〉 경상도 지역 초가지붕 현대 양상 2

함양군 마천면 군자리 초가집 (1965)[154]

함양군 안의면 초가집 (1965)[155]

거제시 거제읍 내간리 내간마을 초가 (1989.08).[156]

이승만 대통령 거제도 피난민 시찰중 주민들과 기념촬영 (1951)[157]

---

154 공공누리에 따라 국립민속박물관의 공공저작물이용.
https://www.nfm.go.kr/common/data/home/archive/detailPopup.do?seq=2013-001-00012986
155 공공누리에 따라 국립민속박물관의 공공저작물이용.
https://www.nfm.go.kr/common/data/home/archive/detailPopup.do?seq=2013-001-00010644
156 공공누리에 따라 국립민속박물관의 공공저작물이용.
https://www.nfm.go.kr/common/data/home/archive/detailPopup.do?seq=2013-001-00006352
157 국가기록원 소장자료 이용.
http://theme.archives.go.kr/viewer/common/archWebViewer.do?bsid=200200025498&dsid=000000000009&gubun=search

함양군에는 억새이엉이기와 함께 볏짚이엉이기가 공존하며 줄 치는 방식도 마름모형과 긴 가로줄 치기 방식[158]도 함께 있다. 겉고삿줄을 치는 방식은 마천면 군자리의 방식에서 볼 수 있듯이, 가로줄을 많이 치고 적은 수의 세로줄을 치는 방식으로 넓은 지붕면에서는 직사각형 모양과 같다. 안의면의 경우에는 그물망처럼 마름모형으로 줄을 놓고 처마부분에 매는 방식이다. 처마부분에 가로줄이 있으면 그곳에 매고 혹은 몇 개의 세로줄로 내려서 서까래에 맨다.

함양군 지역의 마름모형 줄치는 방식은 거제도에서도 발견된다. 〈표 40〉의 함양군 줄치기 방식과 같이 넓은 면은 마름모형으로 치고, 좁은 면으로 넘어온 가로줄이 사선으로 내려가면서 마름모형으로 놓여 있다. 또 그물망처럼 줄을 매기 위해 줄과 줄을 묶었다. 그리고 1951년 당시 한국전쟁으로 인해 거제도에 피난민이 몰렸을 때, 임시거주지로 추정되는 움막의 지붕을 높게 하였다. 하지만 현재에는 마름모형으로 줄을 치는 방식은 살펴볼 수 없다.

〈표 41〉 경상도 지역 초가지붕 현대 양상 3

경북 청송군 부동면 이전리 피나무골 까치구멍집(1994)[159]   경북 안동시 예안면 가류동 까치구멍집(1975.04.25).[160]

---

158 넓은 지붕면에 길게 가로로 줄을 치는 방식이다.
159 공공누리에 따라 국립민속박물관의 공공저작물이용.
  https://www.nfm.go.kr/common/data/home/archive/detailPopup.do?seq=1994-011-00000694
160 공공누리에 따라 국립민속박물관의 공공저작물이용.
  https://www.nfm.go.kr/common/data/home/archive/detailPopup.do?seq=1966-001-00001059
161 나형남, 경상북도 영주시 문수면 무섬로234번길 19-2(수도리), 2022.08.25.
162 나형남, 경상북도 예천군 용문면 구계길 43-8(구계리), 2022.08.25.

영주 수도리 김정규 가옥(2022)[161]

예천 남악종택(2022)[162]

까치구멍집은 보통 공기의 유통을 위하여 지붕에 둥근 구멍이 있는 집을 말한다. 지붕이엉이기에서는 까치구멍집은 줄을 매기에 좋은 공간이 되기도 한다. 가로로 고삿줄을 칠 때에 까치구멍 안쪽으로 줄을 맬 수 있다.

1994년 청송군의 까치구멍집의 사진자료에서는 앞에서 살펴보았던 안동, 영주의 방식과 유사한 방식을 다수 발견할 수 있었다. 다만 그중에서 <표 41>과 같이 좁은 지붕면에도 넓은 지붕면과 같이 가로줄을 많이 쳤다. 전체적으로 4면을 한 번에 둘러서 치는 방식이었다. 그리고 세로줄은 넓은 지붕면과 같이 가로줄을 하나하나를 감아가면서 쳤다. 이러한 점은 전라·경상도 지역에서 가장 많이 보이는 긴 가로줄 치기의 일종으로 볼 수 있다.

또 <표 41>의 우측과 같이 나무로 눌러서 지붕면의 이엉을 고정하는 방식도 있다. 이 경우에는 가로로 겉고삿줄을 많이 치지 않는다. 이러한 방식은 산간지역에서 지붕면 위에 나무를 대는 경우와 유사한 것으로 보인다. 까치구멍의 사례는 영남 지역의 경북 봉화, 청송, 안동 지역뿐만 아니라, 강원도 지역에서도 찾아볼 수 있는 사례로 후에 추가로 서술한다.

〈표 42〉 경상도 지역 초가지붕 현대 양상 4

김해장방리갈대집[163]

창녕진양하씨고택[164]

　현대시기에 오면서 낙동강 하구인 부산, 김해 인근에는 갈대로 인 집이 많았던 것으로 조사되고 있다. 용마름은 볏짚으로 이어서 올렸으며, 갈대의 경우 밑동을 바깥으로 빼는, 비늘이엉으로 이었다. 용마름은 사슬이엉의 용마름과 다르게, 밑동이 바깥으로 나오도록 용마름을 틀었다. 또 낙동강 하구 외에도 억새가 자라는 지역이 많아서 억새로도 지붕을 이었다. 억새도 갈대와 유사하게 밑동을 바깥으로 나오게 하였다.

〈표 43〉 용무름엮기의 예시

경상남도 함양군 안의면
짚지붕엮기 - 용무름엮기(1965)[165]

세부사진

163　나형남, 김해장방리갈대집, 2022. 08. 26.
164　나형남, 창녕진양하씨고택, 2022. 08. 26.
165　공공누리에 따라 국립민속박물관의 공공저작물이용.
　　https://www.nfm.go.kr/paju/archive/detail/search/1050/OR0001-2013-001-00010653

위 사진은 1965년 용마름을 엮는 사진기록이다. 앞서 언급하였듯이 용마름을 이 지역에서는 '용무름'으로 부르는데, 밑동을 바깥으로 해서 쓴다. 또 최대한 길게 튼다는 점도 사슬이엉과 차이가 있다. 현재 이 지붕의 이엉은 사슬이엉의 지붕처럼 보이나, 상세하게 살펴보면 밑동이 바깥으로 나오도록 이은 비늘이엉이다. 즉 억새나 갈대로 비늘이엉이기를 하면, 용마름도 밑동이 바깥으로 나오도록 틀어서 이는 것이라고 볼 수 있다.

이외에도 지리산 지역에는 억새나 산죽으로 지붕을 이는 경우도 있다. 억새나 산죽이 지리산에 많이 분포하고 있다는 점을 활용한 방법으로 볼 수 있다. 근래에도 하동의 청학동 마을에서 산죽으로 지붕을 이었으나, 1~2년 전에 인조이엉으로 교체하여, 현재에는 찾아볼 수 없는 이엉이기 양식이다. 산죽이엉의 경우, 잘 알려져 있지 않으나 대나무로 처마부분을 눌러준 것으로 보아 이엉으로 엮었음을 알 수 있고, 미세하게 줄을 맨 것으로 보아서 억새나 갈대로 이는 방식과 유사해 보인다.

이제 경상도 지역의 국가유산을 살펴보도록 한다. 경상도 지역도 많은 수의 초가건물이 있으나 도면이 없는 경우가 많다. 마찬가지로 도면이 있는 것을 바탕으로 살펴보도록 한다.

〈표 44〉 창녕진양하씨 고택 도면과 실제

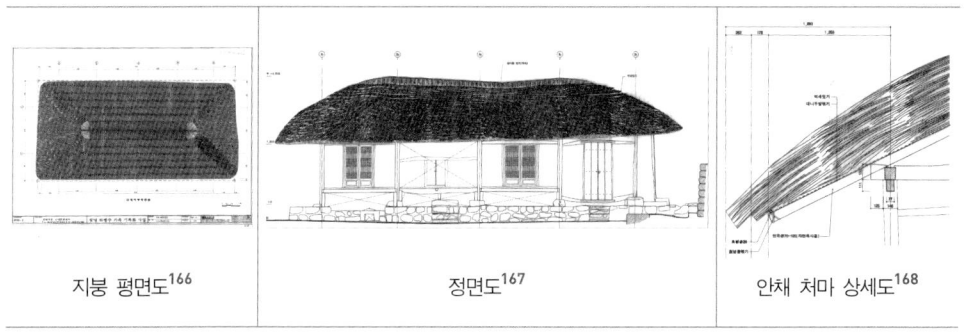

| 지붕 평면도[166] | 정면도[167] | 안채 처마 상세도[168] |

---

166 공공누리에 따라 국가유산청의 공공저작물이용.
 https://www.heritage.go.kr/DATA1/heritage/hub_img/data5/xtd/XTD_2017/IMAGES/0163/097404_

고택 안채 윗부분[169]   고택 안채 정면[170]   고택 안채 처마[171]

창녕 진양하씨 고택의 도면과 최근의 사진을 살펴보았을 때, 대부분의 외형은 동일하게 지속되고 있었다. 비늘이엉의 경우 겉고삿줄을 많이 치지 않는 점과 안채 처마 상세도에 칡줄로 처마부분에 고정한다는 내용도 표시되어 있다. 이러한 점은 향후 보수에 기준이 되는 자료로 쓰일 것이다. 다만 도면의 용마름 잇기에 '억새'라고 표기되어 있는 부분은 재검토하여 수정할 필요가 있다. 억새이엉의 경우 볏짚이엉보다 수명이 길어서 몇 해에 한번 이엉이기를 한다. 그래서 시간이 지나면 억새이엉은 검게 바뀐다. 또 억새는 쉽게 꺾이지 않는 성질로 인해 볏짚으로 용마름을 틀어서 1년에 한 번씩 용마름을 교체한다. 앞서 살펴보았던 사진기록에서도 볏짚으로 용마름을 트는 것을 확인할 수 있었으며, 밑동이 바깥으로 나오게 하였다. 만약 도면 기록 당시에 억새로 용마름을 틀었다고 한다면, 억새와 유사한 띠풀(새)일 가능성도 있다.

00_014.jpg
167 공공누리에 따라 국가유산청의 공공저작물이용.
https://www.heritage.go.kr/DATA1/heritage/hub_img/data5/xtd/XTD_2017/IMAGES/0163/097404_00_008.jpg
168 공공누리에 따라 국가유산청의 공공저작물이용.
https://www.heritage.go.kr/DATA1/heritage/hub_img/data5/xtd/XTD_2017/IMAGES/0163/097404_00_016.jpg
169 나형남, 창녕진양하씨고택, 2022.08.26.
170 나형남, 창녕진양하씨고택, 2022.08.26.
171 나형남, 창녕진양하씨고택, 2022.08.26.

<표 45> 안동 하회마을 도면의 변화

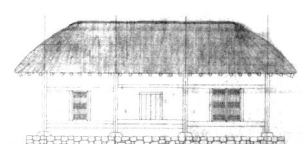

유시흥 가옥 사랑채 정면도
(1985.01)[172]

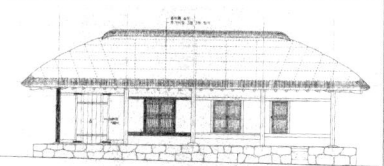

안동하회마을 정비사업
정면도(1998.06)[173]

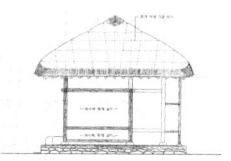

안동하회마을 정비사업
좌측면도(1998.06)[174]

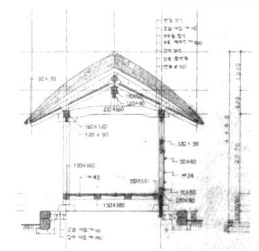

유시흥 가옥 사랑채
종단면도(1985.01)[175]

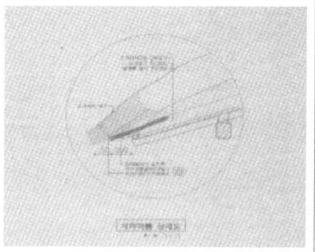

종단면도 처마미름 상세도(1998.06)[176]

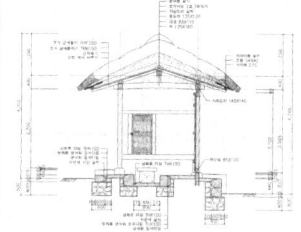

안동하회마을 정비사업
종단면도(1998.06)[177]

---

172 공공누리에 따라 국가유산청의 공공저작물이용.
https://www.heritage.go.kr/DATA1/heritage/hub_img/data5/xtd/XTD_2017/IMAGES/0164/CB0006943_00000036.jpg

173 공공누리에 따라 국가유산청의 공공저작물이용.
https://www.heritage.go.kr/DATA1/heritage/hub_img/data5/xtd/XTD_2017/IMAGES/0164/2220480126.jpg

174 공공누리에 따라 국가유산청의 공공저작물이용.
https://www.heritage.go.kr/DATA1/heritage/hub_img/data5/xtd/XTD_2017/IMAGES/0164/2220480053.jpg

175 공공누리에 따라 국가유산청의 공공저작물이용.
https://www.heritage.go.kr/DATA1/heritage/hub_img/data5/xtd/XTD_2017/IMAGES/0164/CB0006943_00000038.jpg

176 공공누리에 따라 국가유산청의 공공저작물이용.
https://www.heritage.go.kr/DATA1/heritage/hub_img/data5/xtd/XTD_2017/IMAGES/0164/2220480157.jpg

177 공공누리에 따라 국가유산청의 공공저작물이용.
https://www.heritage.go.kr/DATA1/heritage/hub_img/data5/xtd/XTD_2017/IMAGES/0164/2220480157.jpg]

안동 하회마을은 1985년도의 도면에는 이엉이기에 대한 상세한 자료를 발견할 수 없었다. 그러나 정비사업을 진행하면서 1998년도에 다시 도면을 기록하여 이엉이기에 대한 것도 포함되었다. 1998년도의 도면에는 정면과 측면의 이엉이기에 대한 '3겹3회잇기'와 같은 내용이나 정면에서 줄을 치는 방식이 기재되어 있다. 측면도에도 사선으로 내려오는 모습과 가로줄을 치는 방식이 기재되어 있는데, 앞에서 살펴보았던 줄치기 방식과 같은 맥락에 있는 것으로 볼 수 있었다. 또한 종단면도에서도 처마마름의 상세도가 별도 내용으로 추가되어 있는데 겉고삿줄을 처마에 치는 위치와 처마의 세부 구성을 표기하였다. 그러나 처마에 줄을 매는 방식은 기재되어 있지 않았다. 이에따라 서까래에 대는 나무(연죽)의 위치가 마구리인지 서까래 밑인지 알 수 없는 경우가 발생하게 되었다.[178]

〈표 46〉 경상도 지역 초가지붕 처마마감 양상

영주 수도리 김정규 가옥(2022)[179]   예천 남악종택(2022)[180]   양동마을 강학당(2022)[181]

다만 현재 경상도 내의 여러 공간에서 동일하게 서까래 밑의 장대나 처마부분의 지새미대에 줄을 묶는다. 또 지새미대(누름대)를 고정하는 장대(떼누리대)도 있다. 과거의 기록과 다르게 그 방식이 시간이 흐르면서 통합된 현상으로 보여진다. 또한 전라도의 경우 지새미대(누름대)를 고정하기 위해 처마 밑에 여러 개의 짧은 나무를 대고 줄로 묶은 것과

---

178 정현정, 「우리나라 전통초가 이엉잇기의 지역 특징에 관한 연구」, 43쪽.
179 나형남, 경상북도 영주시 문수면 무섬로234번길 19-2(수도리), 2022.08.25.
180 나형남, 경상북도 예천군 용문면 구계길 43-8(구계리), 2022.08.25.
181 나형남, 경상북도 경주시 강동면 양동마을길 138-9(양동리), 2022.08.26.

차이가 있다.

3. 강원·울릉도 지역

강원도와 울릉도의 경우 많은 내용이 전해지고 있지 않다. 일제강점기의 흑백사진은 대개 국가유산이나 발굴현장을 위한 사진기록이 많기 때문이다. 그럼에도 지역적인 구분을 시도하여 보자면 다음과 같다.

〈표 47〉 강원·울릉도 지역 이엉이기 특징

이엉	용마름	줄치기	
		줄놓기	줄매기
사슬이엉 (볏짚)	용마름 ○ (일부, 용마름×)	- 일부, 전후면 긴 가로줄 놓기 - 일부, 측면 사선방향 줄 놓기(전후면 가로줄) - 일부, 전후면 세로줄(쌍줄, 외줄) 줄 놓기 - 일부, 4면 가로세로방향 줄놓기(일부, 촘촘하게 줄 놓기) - 일부, 가로방향 나무로 누르기(산촌지역)	- 처마부분에 줄 매기
사슬이엉 (억새)	용마름 ○	- 가로세로방향 나무로 누르기 - 가로세로방향 칡으로 줄 놓기	- 서까래 부분에 줄 매기
사슬이엉 (저릅대)	용마름 × (일부 용마름○)	- 가로세로방향 나무로 누르기 - 가로세로방향 칡으로 줄 놓기	- 서까래 부분에 줄 매기

강원·울릉도의 경우, 이엉이기 방식과 줄치는 방식이 동일하였다. 세부적으로 살펴보면 강원도는 볏짚이엉과 저릅대이엉이 남아있고, 울릉도는 억새이엉이라는 점에서 재료의 차이가 있다. 그러나 각 지역은 사슬이엉이기를 한다는 점에서 동일하다. 또 강원도나 울릉도 전부 지리적으로 산간에 거주한다는 점이 유사하여 귀틀집이나 너와지붕도 주로 쓰였다는 점도 생활양식의 유사성을 발견할 수 있다. 줄치는 방식도 칡을 이용하거나 가로세로 방향으로 나무를 놓았다는 점은 강원도 볏짚이엉의 일부사례, 저릅대이엉, 울릉도 억새이엉이기에서 유사하게 보이는 방식이다. 즉 강원·울릉도 지역의

이엉이기 방식은 재료의 선택은 다양하되, 이엉이기나 줄치는 방식에서 유사성을 보인다는 점이 특징으로 볼 수 있다. 또 이러한 점은 산간지역에서 보이는 방식이다. 비록 울릉도는 섬이지만 산간지역의 지리적 유형에 속한다고 조심스럽게 볼 수 있다. 본 장에서는 강원도와 울릉도를 별도로 구분하지 않는다.

1) 근대시기

강원도 지역을 영동과 영서로 구분하면, 영동권역의 경우에는 전라, 경상도 지역의 이엉이기와 유사하고, 영서권역의 경우에는 경기·충청·황해도 지역과 유사하다. 그러면서도 영동과 영서의 북부지역에서는 부분적으로나마 함경도 지역과 유사한 측면을 보인다.

〈표 48〉 강원도 지역 초가지붕 양상 1

철원과 김화중간의 마을과 산성 주변 초가(일제강점기)[182]

평강 신성산성 주변 초가(일제강점기)[183]

철원과 김화 중간의 마을에서는 ㅁ자형으로 추정되는 건물위에 초가지붕은 높지 않고 가로줄도 많이 치지 않았다. 또 겉고삿줄은 다른 지붕면에서 넘겨서 가로줄로 놓은 다음

---

182 공공누리에 따라 국립중앙박물관의 공공저작물이용.
  https://www.museum.go.kr/site/main/relic/search/view?relicId=42749
183 공공누리에 따라 국립중앙박물관의 공공저작물이용.
  https://www.museum.go.kr/site/main/relic/search/view?relicId=117623

다른 지붕면으로 넘겨서 매는 방식으로 되어 있다. 또 용마름 위에는 솔가지를 꽂아 넣은 방식도 있다. 이로 보아 경기, 충청도 지역의 줄치는 방식과 유사하다.

평강 신성산성의 초가에서는 가운데 부분에 비늘이엉이 부분 적용되는 양상을 발견하였다. 이와 같은 양식은 함경도 지역에서 주로 발견되었던 방식으로 함경도 지역과의 깊은 연관성을 맺을 수 있다고 본다.

〈표 49〉 강원도 지역 초가지붕 양상 2

이천 석교리 석교 주변 초가(일제강점기)[184]

원주 흥법사지 주변 초가(일제강점기)[185]

철원과 김화중간의 마을과
산성 주변 초가 용마름[186]

이천 석교리 석교 주변 초가 용마름

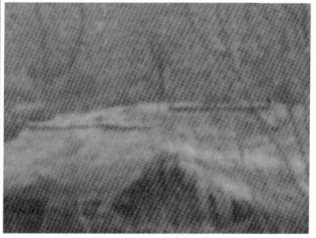

원주 흥법사지 주변 초가 용마름

철원과 김화중간의 마을과 산성 주변 초가의 용마름이나 강원 이천 석교리 석교 주변

---

[184] 공공누리에 따라 국립중앙박물관의 공공저작물이용.
https://www.museum.go.kr/site/main/relic/search/view?relicId=96342
[185] 공공누리에 따라 국립중앙박물관의 공공저작물이용.
https://www.museum.go.kr/site/main/relic/search/view?relicId=104199
[186] 공공누리에 따라 국립중앙박물관의 공공저작물이용.
https://www.museum.go.kr/site/main/relic/search/view?relicId=42749

초가 용마루에서 공통으로 나뭇가지를 꽂아 용마름을 고정하는 방식이 등장한다. 그러면서도 강원 이천의 초가 용마름을 살펴보면 2줄의 겉고삿줄이 좁은 지붕면으로 사선으로 내려오고 있으며 가운데 부분에는 나무를 놓은 뒤 줄로 눌렀다. 이러한 방식은 경상도 안동의 산간지역에서 쓰인 사례이다. 그리고 강원 원주 흥법사지 주변 초가에는 나무를 위에 놓은 뒤 줄을 많이 치지 않는 방식을 보인다. 이러한 방식은 충청도와 안동의 산간지역에서 나무를 지붕위에 놓았을 때 줄을 많이 치지 않는 방식과 공통되게 나타나고 있다는 점에서 주목할 만하다.

〈표 50〉 강원도 지역 초가지붕 양상 3

강릉 은행나무 주변 초가(일제강점기)[187]

강릉 이씨 저택 주변 초가(일제강점기)[188]

강원철원 도피안사 삼층석탑(일제강점기)[189]

강원강릉 오죽헌 내 가옥(일제강점기)[190]

---

187 공공누리에 따라 국립중앙박물관의 공공저작물이용.

강릉 지역의 초가를 살펴보면 왼쪽의 사진에서는 전형적인 전라, 경상도 지역의 긴 가로줄 치는 방식이 나타나고 있다. 온전한 초가건물이 기록되지 않았으나 줄 치는 방식을 확인할 수 있다는 점에서 자료의 가치가 높다. 강릉 이씨 저택 주변의 초가사진을 살펴본다. 당시의 사진기록에 기재되었으나 오늘날에는 강릉 선교장으로 불리고 있다. 강릉 선교장 주변에는 초가건물이 있었던 것으로 보이는데, 온전한 초가건물이 기록되지 않아서 전반적인 내용을 알 수 없다. 줄을 치는 방식을 살펴보면, 용마름 양쪽으로 줄을 치고, 촘촘하게 세로로 줄을 내린 것은 확인된다. 또 추녀마루의 처마부분을 보면 처마 쪽으로 가로로 겉고삿줄을 쳤다는 것도 확인된다. 다만 넓은 지붕면에 가로로 겉고삿줄을 친 흔적은 보이지 않는다. 같은 강릉 지역의 오죽헌 안에 있는 초가지붕을 확대하여 살펴보면 촘촘하게 가로와 세로로 촘촘하게 줄을 친 것을 알 수 있고, 철원 지역의 사진자료의 석탑 뒤로 보이는 초가지붕에도 가로, 세로로 촘촘히 쳐져 있는 겉줄을 볼 수 있다.

188 공공누리에 따라 국립중앙박물관의 공공저작물이용.
https://www.museum.go.kr/site/main/relic/search/view?relicId=90222
https://www.museum.go.kr/site/main/relic/search/view?relicId=203350
189 공공누리에 따라 국립중앙박물관의 공공저작물이용.
https://www.museum.go.kr/site/main/relic/search/view?relicId=202933
190 공공누리에 따라 국립중앙박물관의 공공저작물이용.
https://www.museum.go.kr/site/main/relic/search/view?relicId=43728

〈표 51〉 강원도, 울릉도 지역 초가지붕 양상

정선 임계 솟대 주변 초가
(일제강점기)[191]

울릉 민가(1919)[192]

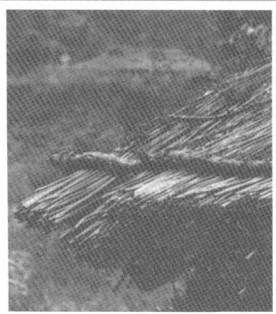

정선 임계 솟대 주변 초가 확대

울릉민가 초가 부분 확대(복합적인 재료 사용)

저릅대부분

억새부분

정선 임계 솟대 주변 초가의 사진기록은 국내 몇 안 되는 저릅대이엉의 기록이다.

앞서 소개하였던 함흥 지역의 저릅대이엉을 비교해보면 유사한 부분이 다수 보인다. 그러나 솟대를 중심으로 촬영된 것이기 때문에 지붕 처마부분만 촬영되었다. 처마부분을 살펴보면, 반대로 뒤집어서 밑동이 바깥으로 나오게 하는 방식을 볼 수 있다. 그리고 처마부분에 나무를 놓아서 저릅대이엉을 눌렀다는 것을 알 수 있다. 그리고 처마부분에 놓은 나무 끝에 보면 묶어 있는 칡줄이 보인다. 이 칡줄은 서까래 부분으로 내려서 맨 것으로 추측된다. 나무 위쪽으로는 새끼줄이 보이며 새끼줄도 저릅대이엉을 가로와 세로로 줄을 쳐서 누르는 것으로 보인다. 새끼줄 위로도 나무를 놓은 것이 보이는데, 일정 간격으로 나무를 놓고 지붕면의 저릅대이엉을 전체적으로 누른 것으로 보인다. 가로와 세로로 쳐놓은 새끼줄은 서로 감아서 연결하도록 하는 것도 보인다. 나무, 칡, 저릅대, 새끼줄 등의 다양한 재료로 이엉이기를 하였다는 점에서 사라져가는 오늘날의 저릅대이엉이기에 많은 도움이 되는 자료로 볼 수 있다.

　울릉도 민가의 기록도 현존하는 사진 기록 중에서 가장 오래된 기록으로 보인다. 강원도 산간지역 방식과 같이 울릉도 지역에 있는 다양한 재료로 지붕을 이었다. 위 사진기록은 너와로 지붕을 이었으나 저릅대와 억새로 지붕을 확대한 것으로 볼 수 있다. 너와지붕의 경우는 주로 강원도 산간지역의 방식이기 때문에 울릉도민가의 저릅대, 억새지붕은 강원도 지역에서 이주해온 주민들이 너와로 지붕을 한 후, 공간 확보를 위해 억새로 지붕을 인 것으로 볼 수 있다. 울릉도 민가의 너와지붕 오른편에는 억새로 지붕을 이고, 왼쪽의 상부에는 저릅대와 하부에는 억새로 지붕을 이었다. 지붕을 인 부분을 살펴보면 볏짚 혹은 칡으로 보이는 줄로 억새를 엮었다. 그리고 지붕 윗부분은 나무로 눌러서 지붕면을 만들었고, 용마루에 해당하는 부분에는 용마름은 없으나 억새로 된 지붕은 서로 접하게 하였는데, 저릅대로 된 지붕은 한쪽이 더욱 길게 올라가 있는 것을 확인할 수 있다. 이러한 방식은 강원도의 저릅대이엉이기에서도 보이는 방식이다.

191　공공누리에 따라 국립중앙박물관의 공공저작물이용.
　　https://www.museum.go.kr/site/main/relic/search/view?relicId=192652
192　공공누리에 따라 국립중앙박물관의 공공저작물이용.
　　https://www.museum.go.kr/site/main/relic/search/view?relicId=184864

지금까지 강원도 지역의 이엉이기의 방식을 살펴보면 함경도 지역, 전라·경상도, 경기·충청·황해도 지역의 각 방식이 부분적으로 유사한 방식이 섞여 있다는 점이 가장 크다. 또 이러한 방식은 울릉도 지역에도 영향을 주었다. 너와지붕은 주로 북부지역에서 쓰이는 방식으로 강원도 등지까지 내려오면서 울릉도로 전파된 것으로 볼 수 있다. 마찬가지로 억새지붕을 이는 방식도 전라·경상도의 방식과 다르다는 점은 강원도의 저릅대 이엉이기와 같은 방식을 공유하고 있다고 볼 수도 있다.

2) 현대시기

강원도 지역은 다른 지역에 비하여 이엉이기를 파악하기 위한 충분한 자료를 확보할 수 없었다. 그럼에도 현존하는 사진자료 및 국가유산 현황을 살펴봄으로써 현재 전해져 내려오는 이엉이기를 파악할 수 있을 것으로 기대한다.

강원도사에서 강릉 선교장 주변의 초가[193]와 유사한 위치에 있는 초가건물이 있다. 초가지붕의 상태를 확인해 보면 앞서 살펴본 바와 같이 경상도 지역 까치구멍집의 줄 치는 방식과 유사하다. 가로로 겉고삿줄은 사방으로 둘러서 쳤고 세로줄의 경우는 각 가로줄에 감아서 쳤다. 이러한 방식은 전라·경상도의 전·후면 긴 가로줄 치는 방식이 좁은 측면의 지붕면까지도 촘촘하게 세로줄을 가로줄에 감아 돌리는 방식으로 변형된 것이다.

강원도사에 강원도 초가로 소개된 다른 초가건물은 사방으로 지새미대와 줄을 둘러서 친 형태이다. 그러면서도 그 위에는 용마름을 놓지 않고 짚단으로 마감을 한 것이 특징이다.[194] 함경도 지역에서 용마름을 쓰지 않는 경우가 발견된다는 점에서, 이는 방식이 북부에서 전파되어 온 것으로 볼 수 있을 것으로 생각된다.

---

193 강원도사편찬위원회, 『강원도사』 제22권 민속, 네오뮤즈, 2018.12, 60쪽.
194 위의 책, 60쪽.

<표 52> 강원도 지역 초가지붕 현대 양상 1

강원도 삼척시 하장면 판문리
이종석 가옥 안채(1991)[195]

정선 백전리 물레방아
(강원도민속문화유산)[196]

    강원도 삼척시 하장면 판문리의 이종석 가옥은 현재 찾아볼 수 없으나, 사진기록을 통하여 이종석 가옥의 안채에는 까치구멍이 있음을 확인할 수 있었고, 지붕의 주재료는 저릅대(겨릅대)로 볏짚보다 매우 길다는 점을 확인할 수 있었다. 사진기록과 같이 용마름을 놓지 않고, 저릅대가 길다는 점을 활용하여, 한쪽 지붕면을 다른 지붕면 보다 높게 올리는 방식으로 마감했다. 그리고 나무나 줄을 활용하여 가로세로로 단단히 고정하였는데 특정한 방식이 있기보다는 바람에 날리지 않도록 여러 갈래로 줄을 쳐서 지붕의 이엉을 눌렀다.

---

[195] 공공누리에 따라 국립민속박물관의 공공저작물이용.
https://www.nfm.go.kr/common/data/home/archive/detailPopup.do?seq=1991-007-00000620#
[196] 공공누리에 따라 국가유산청의 공공저작물이용.
https://www.heritage.go.kr/heri/cul/imgHeritage.do?ccimId=1658192&ccbaKdcd=24&ccbaAsno=00060000&ccbaCtcd=32

〈표 53〉 울릉도 초가지붕의 현대 양상

울릉도풍경(1963)[197]

경북 울릉군 북면 나리동 투막집
(경상북도 민속문화유산, 1996)[198]

　울릉도 지역의 집은 투막집이라고 하여, 우데기라는 외벽을 설치한다는 점이 특징이다. 울릉도 지역에 있는 우데기의 재료 중에는 지붕과 같은 억새도 있다. 울릉도 지역의 지붕은 주로 너와지붕으로 알려졌지만, 〈표 53〉의 좌측과 같이 너와와 억새지붕이 함께 쓰이기도 한다. 지붕으로 삼을 수 있는 재료는 혼용해서 쓸 수 있다는 것을 알려주는 사례이기도 하다. 지붕위에는 용마루가 있고, 억새지붕의 이엉은 사슬이엉이다. 투막집의 처마에는 왼쪽의 사진과 같이 나무를 놓고 이엉을 누르기도 했고, 오른쪽 사진과 같이 나무를 놓지 않고 처마부분부터 지붕면 중간부분까지 2~3줄 정도의 가로로 겉고삿줄을 4면으로 쳤다. 용마름 위에는 양쪽에 한 줄씩 총 2줄을 가로로 쳤다. 〈표 53〉과 같이 강한 바람에 저항하기 위해서 겉고삿줄을 친 뒤 너와조각이나 혹은 긴 장대를 지붕위에 놓고 이엉을 눌러놓았을 것으로 보인다.

---

197 국가기록원 소장자료 이용.
　　http://theme.archives.go.kr/viewer/common/archWebViewer.do?bsid=200200065469&dsid=000000000001&gubun=search
198 공공누리에 따라 국립민속박물관의 공공저작물이용.
　　https://www.nfm.go.kr/common/data/home/archive/detailPopup.do?seq=1996-010-00000065

<표 54> 강원·울릉도의 초가건물 현황

번호	명칭	구분 지정등록일	위치	도면 유/무	기준일자
1	강릉 오금집	강원도 유형문화유산 1985.01.17.	강원 강릉	-	
2	강릉 박치규 가옥	강원도 문화유산자료 1985.01.17.	강원 강릉	-	
3	정선 백전리 물레방아	강원도 민속문화유산 1996.09.30.	강원 정선	-	
4	고성 왕곡마을	국가민속문화유산 2000.01.07.	강원 고성	유	1989.01.01 2001.09.01
5	울릉 나리 너와 투막집과 억새투막집	국가민속문화유산 2007.12.31.	경북 울릉	유	1996.08.01
6	울릉 나리 억새투막집	국가민속문화유산 2007.12.31.	경북 울릉	-	

현재 강원도와 울릉도 등지에서 국가유산으로 지정되어 있는 것은 6건이나 이 중에서 도면이 존재하는 사례는 2건이다. 고성 왕곡마을과 울릉 나리 억새투막집의 도면을 살펴볼 수 있다. 도면이 있는 국가유산을 중심으로 살펴보도록 한다.

<표 55> 고성 왕곡마을 도면의 변화

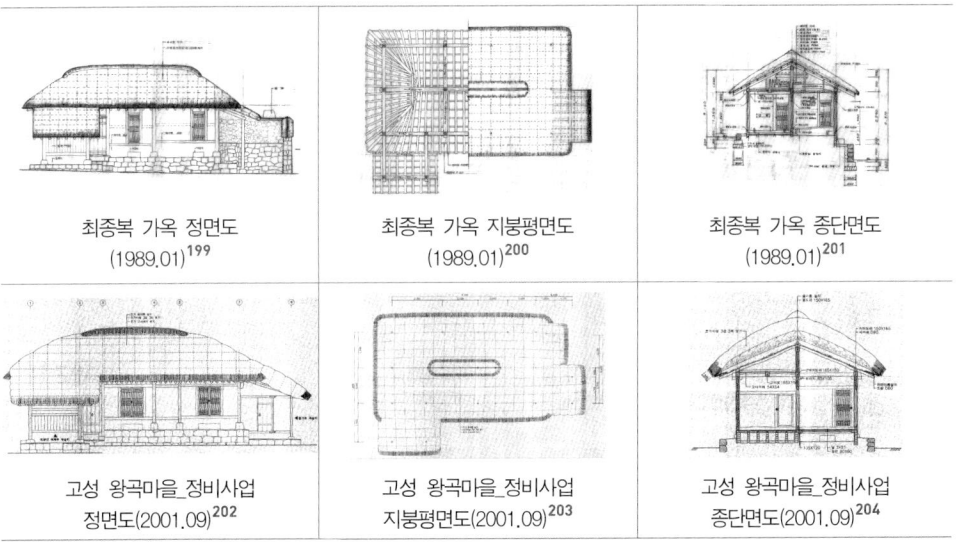

최종복 가옥 정면도 (1989.01)[199]	최종복 가옥 지붕평면도 (1989.01)[200]	최종복 가옥 종단면도 (1989.01)[201]
고성 왕곡마을_정비사업 정면도(2001.09)[202]	고성 왕곡마을_정비사업 지붕평면도(2001.09)[203]	고성 왕곡마을_정비사업 종단면도(2001.09)[204]

고성 왕곡마을은 1989년에 도면을 기록하였다. 1989년 고성 왕곡마을의 최종복 가옥 도면에 줄 치는 방식이 표기되어 있다는 점에서 이엉이기의 방식을 유추해 볼 수 있다. 하지만 2001년도 정비사업의 일환으로 정비된 '큰백촌집'의 도면내용에는 줄을 치는 방식이 실제에 가깝게 표기되었다. 또 2001년도의 종단면도에 보면 이엉이기에 대하여 '3겹 3회 잇기'로 표기하였다. '3겹 3회'는 이엉을 아래에서부터 윗부분까지 이는 방식을 표시하는 것이나, 3겹 3회에 대한 기준이 사람마다 다르기 때문에 이엉을 덮는 최소한의 기준점을 명시하는 것이 더욱 명확할 것으로 보인다. 또 2001년도의 종단면도의 내용을 보면 '청솔가지 얹기' 부분이 표기되어 있다. 청솔가지를 이엉이기 전에 얹는 것은 초가지붕의 물매를 높이기 위한 방식이다. 그 이전까지는 청솔가지로 물매를 두껍게 하지 않았음을 유추해 볼 수 있고, 지붕의 두께와 물매를 높이기 위해 보완된 것으로 보인다.

---

199 공공누리에 따라 국가유산청의 공공저작물이용.
https://www.heritage.go.kr/DATA1/heritage/hub_img/data5/xtd/XTD_2017/IMAGES/0171/052933_00_013.jpg

200 공공누리에 따라 국가유산청의 공공저작물이용.
https://www.heritage.go.kr/DATA1/heritage/hub_img/data5/xtd/XTD_2017/IMAGES/0171/052933_00_033.jpg

201 공공누리에 따라 국가유산청의 공공저작물이용.
https://www.heritage.go.kr/DATA1/heritage/hub_img/data5/xtd/XTD_2017/IMAGES/0171/052933_00_014.jpg

202 공공누리에 따라 국가유산청의 공공저작물이용.
https://www.heritage.go.kr/DATA1/heritage/hub_img/data5/xtd/XTD_2017/IMAGES/0171/089015_02_047.jpg

203 공공누리에 따라 국가유산청의 공공저작물이용.
https://www.heritage.go.kr/DATA1/heritage/hub_img/data5/xtd/XTD_2017/IMAGES/0171/089015_02_056.jpg

204 공공누리에 따라 국가유산청의 공공저작물이용.
https://www.heritage.go.kr/DATA1/heritage/hub_img/data5/xtd/XTD_2017/IMAGES/0171/089015_02_030.jpg

〈표 56〉 울릉도 억새투막집의 도면과 실제

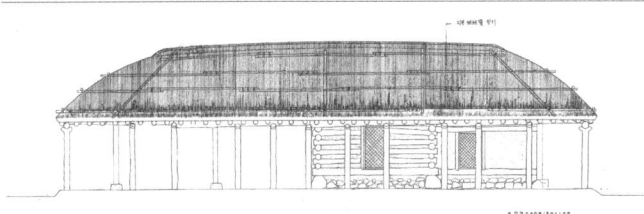
울릉 나리 억새투막집 정면도(1996.08)[205]

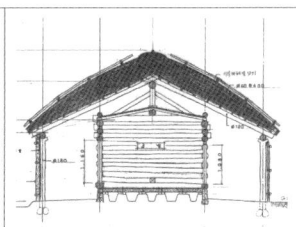
울릉 나리 억새투막집 종단면도(1996.08)[206]

울릉 나리동 투막집 (1996)[207]

울릉 나리 억새투막집 (2013.07.26)[208]

울릉 나리 억새투막집 (2013.07.26)[209]

　울릉도 억새투막집의 도면을 통해서는 실제 어떠한 이엉이기가 이루어졌는지 정확하게 살펴볼 수 없으나, 이엉 위에 나무를 놓고 나무 위로 줄을 내려 고정하는 방식으로 볼 수 있다. 1996년의 울릉나리동 투막집은 정비되기 이전의 것으로 지붕 위에 줄을 치는 방식이었다. 지붕 4면 위에 가로로 줄을 치는 방식이었다. 이후 정비 되면서 도면과

205　공공누리에 따라 국가유산청의 공공저작물이용.
　　https://www.heritage.go.kr/DATA1/heritage/hub_img/data5/xtd/XTD_2017/IMAGES/0172/2221200017.jpg
206　공공누리에 따라 국가유산청의 공공저작물이용.
　　https://www.heritage.go.kr/DATA1/heritage/hub_img/data5/xtd/XTD_2017/IMAGES/0172/2221200019.jpg
207　공공누리에 따라 국립민속박물관의 공공저작물이용.
　　https://www.nfm.go.kr/common/data/home/archive/detailPopup.do?seq=1996-010-00000063#
208　나형남, 울릉군 소재 울릉 나리 너와 투막집과 억새투막집, 2013.07.26.
209　나형남, 울릉군 소재 울릉 나리 너와 투막집과 억새투막집, 2013.07.26.

같이 나무로 누르는 방식으로 바뀌었다. 2013년과 2022년의 억새투막집의 지붕 위에 놓인 나무를 살펴보면, 2013년에는 가로로 놓은 것은 나무였으나, 2022년에는 대나무로 바뀌어 있는 것을 볼 수 있다.[210] 도면에는 어떠한 나무를 써야 하는지 명확하게 기재되어 있지 않기 때문에 대나무도 쓰일 수 있으나 옛 사진기록을 살펴보면 대나무보다는 일반 나무를 지붕에 놓은 기록이 많다. 그러므로 도면과 옛 사진기록에 가까운 지붕의 형태는 2013년도의 지붕으로 보인다.

4. 제주도 지역

제주도는 다른 지역과 독립적인 이엉이기 방식을 보유하고 있다. 그러므로 항목의 내용이 적음에도 별도로 분류한다. 또 세부항목으로 구분하지 않고 내용을 전개한다.

〈표 57〉 제주도 지역 이엉이기 특징

이엉	용마름	줄치기	
		줄놓기	줄매기
흐른이엉 (띠풀)	용마름 ×	- 4면 가로방향 촘촘히 줄놓기 - 전후면 세로방향으로 촘촘히 줄놓기	- 서까래 밑 장대에 줄 매기

제주도 지역은 위와 같이 정리해볼 수 있다. 현재 제주도 지역은 큰 변화 없이 전승되고 있다. 다만 근대시기의 사진기록을 살펴보면 일부 변화된 부분을 발견할 수 있다.

---

210 https://m.blog.naver.com/bomool5074/222676845267, "울릉도 나리분지 투막집과 너와집", 2022. 05. 15.

<표 58> 제주도 지역 초가지붕 양상 1

제주도 제주시 산지천과 민가
(일제강점기)[211]

제주 제주시 이도동 관덕정 앞 시장 주변 초가
(일제강점기)[212]

　　제주도 지역의 이엉이기는 지붕 위에 띠풀을 이고 띠풀로 꼰 두꺼운 줄을 치는 것이 특징이다. 그러므로 제주도 지역의 이엉이기는 큰 방식에서 차이를 보이지 않는다. 심지어 앞서 언급하였던 옛 문헌에서도 유사하게 언급되고 있다. 이러한 방식은 제주도 특유의 환경적인 요소가 크게 작용하고 있기 때문으로 보인다. 그런데도 사진기록에서 세부적인 차이점을 찾아볼 수 있다.

<표 59> 제주도 지역 초가지붕 양상 2

제주 제주시 이도동 관덕정 앞 시장 주변 초가의 여러 양상 처마부분 확대 (일제강점기)[213]

211　공공누리에 따라 국립중앙박물관 공공저작물이용.
　　 https://www.museum.go.kr/site/main/relic/search/view?relicId=153891
212　공공누리에 따라 국립중앙박물관 공공저작물이용.
　　 https://www.museum.go.kr/site/main/relic/search/view?relicId=215542
213　공공누리에 따라 국립중앙박물관 공공저작물이용.
　　 https://www.museum.go.kr/site/main/relic/search/view?relicId=215542

제주시 이도동 관덕정 앞의 시장거리에 있는 몇몇 초가건물을 살펴보면 처마부분을 주목할 필요가 있다. 현재 전해지는 지붕의 형태에는 굵은 나무가 없는데, 과거 사진기록에는 굵은 나무를 놓는 방식이 보인다. 또 나무를 고정하기 위해 사용하는 줄은 새끼줄로 보이는데, 지붕을 덮듯이 쳐져 있는 집줄보다 굵기가 가늘다는 점을 확인할 수 있다. 나무는 필요한 부위에만 놓았던 것으로 보이는데, 바람에 대응하기 위한 방식인 것으로 보인다. 그리고 격자형태로 줄을 치는 방식 외에도 얼기설기 부정형의 형식으로 줄을 치기도 했다는 점을 발견할 수 있다. 물론 이러한 건물은 다른 곳에 비해 작은데 부속채로 쓰였거나 경제적인 규모로 인해 작게 건물을 지은 경우일 것으로 보인다. 그런데도 지붕의 물매는 낮은 편으로 비 보다는 바람에 저항하는 것에 중점을 둔 지붕 형태로 보인다.[214]

〈표 60〉 제주도 지역 초가지붕 양상 3

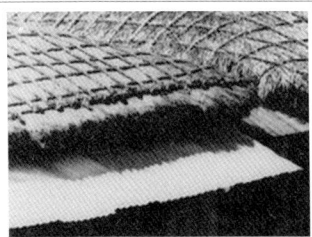  

| 제주 제주시 이도동 관덕정 앞 시장 주변 초가(일제강점기)[215] | 제주 민가 대문 처마 확대(일제강점기)[216] | 제주 서귀포 가래리 초가 처마 확대(일제강점기)[217] |

처마부분을 확대해보면 일부 초가건물에서는 줄을 묶는 나무의 위치가 전라·경상도

---

214 장보웅, 「제주도 민가의 연구」, 5쪽.
215 공공누리에 따라 국립중앙박물관의 공공저작물이용.
https://www.museum.go.kr/site/main/relic/search/view?relicId=215542
216 공공누리에 따라 국립중앙박물관의 공공저작물이용.
https://www.museum.go.kr/site/main/relic/search/view?relicId=185981
217 공공누리에 따라 국립중앙박물관의 공공저작물이용.
https://www.museum.go.kr/site/main/relic/search/view?relicId=157086

지역과 같은 경우를 확인할 수 있다. 이러한 방식은 전체 방식에서 일부에 해당하는 것으로 보인다. 즉 이엉을 누르기 위해 나무를 놓고 줄도 함께 매어 고정하는 경우로 볼 수 있다. 과거 사진기록에 의하면, 줄을 매기 위해 설치하는 나무는 대부분 서까래 밑에 있었다.

또 오늘날에는 못을 쳐서 서까래에 나무를 대지만, 과거에는 줄로 서까래와 나무를 묶어서 고정한 것을 발견할 수 있다. 이때 쓰이는 줄은 새끼줄로 보이는데, 집줄 보다 굵기가 가는 것에서 확인할 수 있다.

〈표 61〉 제주도 지역 초가건물 현황

번호	명칭	구분 지정등록일	위치	도면 유/무	기준일자
1	제주 성읍마을	국가민속문화유산 1984.06.12.	제주 서귀포	유	1986.01.01
2	삼양동초가	제주특별자치도 민속문화유산 1978.11.14.	제주 제주	-	
3	문형행가옥	제주특별자치도 민속문화유산 1978.11.14.	제주 제주	-	
4	변효정가옥	제주특별자치도 민속문화유산 1978.11.14.	제주 제주	-	
5	조군현가옥	제주특별자치도 민속문화유산 1978.11.14.	제주 제주	-	
6	양금석가옥	제주특별자치도 민속문화유산 1978.11.14.	제주 서귀포	-	
7	송종선가옥	제주특별자치도 민속문화유산 1978.11.14.	제주 서귀포	-	
8	제주 잣동네 말방아	국가민속문화유산 1975.10.13.	제주 제주	-	
9	제주 당거리동네 말방아	국가민속문화유산 1975.10.13.	제주 제주	-	
10	제주 성읍마을 객주집	국가민속문화유산 1979.01.26.	제주 서귀포	-	
11	제주 성읍마을 고평오 고택	국가민속문화유산 1979.01.26.	제주 서귀포	-	

12	제주 성읍마을 고창환 고택	국가민속문화유산 1979.01.26.	제주 서귀포	-	
13	제주 성읍마을 한봉일 고택	국가민속문화유산 1979.01.26.	제주 서귀포	-	
14	제주 성읍마을 대장간집	국가민속문화유산 1979.01.26.	제주 서귀포	-	

제주도 지역에는 14건의 국가유산 지정 사례가 있다. 그러나 대부분 도면이 없고, 제주 성읍마을에 도면이 있다. 그리고 성읍마을에서도 오래된 가옥들은 별도로 국가유산 으로 지정되어 있다. 이점에서 성읍마을의 도면은 주로 마을주민들이 거주하고 있는 가옥에 대한 도면으로 볼 수 있다.

〈표 62〉 제주도 성읍마을의 도면의 변화

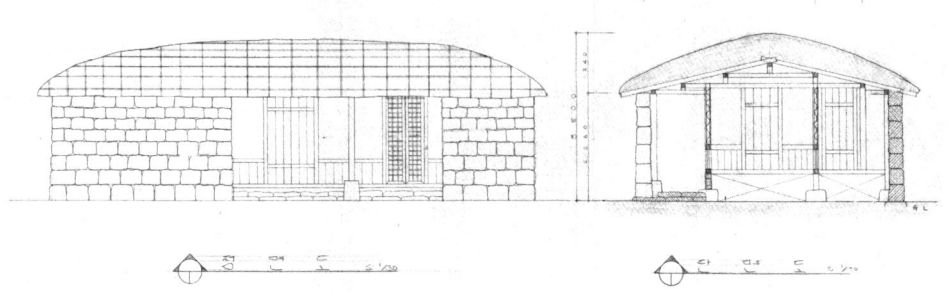

제주 성읍마을_보수공사 이종흡 가옥 정면도,단면도(사랑채1985.01)[218]

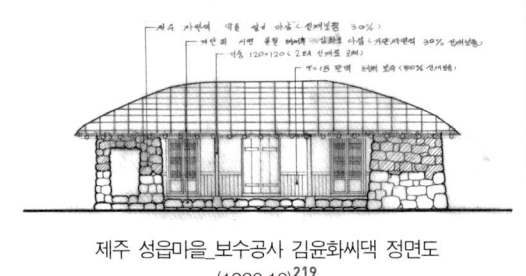

제주 성읍마을_보수공사 김윤화씨댁 정면도 (1986.12)[219]

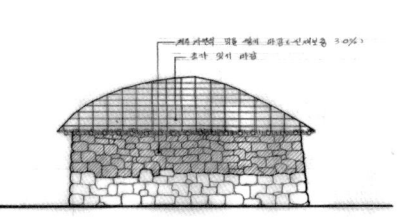

제주 성읍마을_보수공사 김윤화씨댁 우측면도 (1986.12)[220]

제주 성읍마을의 도면은 1985년도에는 온전한 이엉이기를 담아낼 수 없는 기록이었다. 이후 1986년도에 새롭게 만들어진 도면에는 실제에 맞게 기록되었다. 서까래 밑에 나무를 표시하여 집줄을 묶는 위치를 표시하였으며, 줄을 치는 방식도 실제에 맞게 표시되었다. 다만 이후로 이엉이기를 위한 내용이 추가되지는 않았다. 이 부분에 대한 추가적인 보완이 필요하다.

5. 평안·함경도 지역

이북의 평안도와 함경도 지역에 대하여는 1950년대 이후의 기록을 쉽게 찾을 수 없어, 옛 사진기록과 옛사람들의 제보내용을 바탕으로 유추해볼 수 있다. 평안도와 함경도 지역의 이엉이기는 대부분 비늘이엉이기이다. 그리고 사슬이엉이기의 비중은 작다. 두 지역의 초가의 주재료는 볏짚이며, 대동강 하구에서 갈대가 지붕의 주재료로 사용된 것을 확인할 수 있었다.[221] 평안도 지역에서는 주로 비늘이엉이기를 하였으며, 함경도 지역에서는 사슬이엉이기에 비늘이엉이기가 혼용되었다는 점이 특징이다.

---

218 공공누리에 따라 국가유산청의 공공저작물이용.
 https://www.heritage.go.kr/DATA1/heritage/hub_img/data5/xtd/XTD_2017/IMAGES/0168/052777_00_016.jpg
219 공공누리에 따라 국가유산청의 공공저작물이용.
 https://www.heritage.go.kr/DATA1/heritage/hub_img/data5/xtd/XTD_2017/IMAGES/0168/052778_00_145.jpg
220 공공누리에 따라 국가유산청의 공공저작물이용.
 https://www.heritage.go.kr/DATA1/heritage/hub_img/data5/xtd/XTD_2017/IMAGES/0168/052778_00_145.jpg
221 강영환, 『북한의 옛집』 2, 한국학술정보(주), 2011.08, 242쪽.

<표 63> 평안·함경도 지역 이엉이기 특징

이엉	용마름	줄치기	
		줄놓기	줄매기
비늘이엉 (볏짚, 갈대)	용마름 ○ (볏짚 밑동이 바깥으로)	- 용마름 양쪽에서 측면으로 줄을 놓기	- 서까래에 줄 매기
사슬이엉 (볏짚)	용마름 ○	- 함경도일부, 전후면 긴 가로줄 놓기 - 함경도일부, 측면 사선방향 줄 놓기(전후면 가로줄)	- 지새미대에 줄 매기
비늘, 사슬이엉 (볏짚 혼합)	용마름 × (일부 용마름있음, 없는 경우 긴 장대를 용마루에 놓고 양쪽 끝은 짚으로 고깔을 씌움)	- 일부, 마름모형으로 줄 놓기 - 일부, 전후면, 긴 가로줄 놓기 - 일부, 추녀마루 사선으로 줄 놓기	- 서까래에 줄 매기 - 지새미대에 줄 매기

　평안·함경도 지역에서 비늘이엉으로 이는 경우가 다수 발견되고 있다. 비늘이엉의 존재는 바람보다는 눈이나 비 등에 대응하기 위해 물매를 높인 것으로 보인다. 또 사슬이엉으로 한 지붕이어도 지붕의 내구성을 높이기 위해 비늘이엉을 추가로 인 사례가 있다. 이 부분도 날씨에 대응하기 위한 보완책으로 볼 수 있다.

　용마름의 경우, 용마름을 한 것과 하지 않은 것으로 나눌 수 있다. 용마름을 하지 않은 경우는 함경도 지역 일부에서 비늘 및 사슬이엉을 혼합해서 쓸 때, 주로 발견되었다. 용마름이 없는 대신 긴 장대를 용마루에 놓고 양쪽 끝을 짚으로 고깔처럼 만들어 씌웠다.

　줄치기의 경우, 다양한 방법으로 줄을 쳤으므로 대표적인 방식은 없다. 마름모형이나 길게 가로줄을 놓은 형태도 있고, 추녀마루에만 줄을 치기도 한다. 서까래나 지새미대에 줄을 매기 때문에 이 부분도 대표적인 방식은 없다. 줄 치는 방식이 다양하다는 점은 바람에 대한 영향이 전라·경상도 지역에 비하여 약하다고 볼 수 있다. 만약 바람에 대한 영향이 강하다면, 줄의 간격이 촘촘해지는 전라·경상도의 방식이 더욱 많이 활용되었을 것이기 때문이다.

　이러한 측면에서 보았을 때, 평안·함경도의 지역적 환경은 비나 눈이 바람보다 더욱 많이 초가지붕에 영향을 미쳤을 것이다. 이러한 영향이 비늘이엉이기로 반영된 것이라고 본다.

1) 평안도 지역

〈표 64〉 평안도 지역 초가지붕 양상 1

평남 대동 평양에서 본 대성산성(일제강점기)

평양 외성 내 석표 주변(일제강점기)[222]

추가 평남 평양 보통문(일제강점기)[223]

평남 평양 평양성 성벽(일제강점기)[224]

평남 대동 영제교[225]

평남 강동 승호리 부락[226]

---

222 공공누리에 따라 국립중앙박물관의 공공저작물이용.
https://www.museum.go.kr/site/main/relic/search/view?relicId=165888

평북 철산 들메나무[227]

평북 벽동 가옥[228]

　평양을 포함한 다수의 지역에서는 비늘이엉이 많고 사슬이엉은 적게 발견된다. 그러므로 평양의 초가지붕을 중심으로 살펴본다. 대부분 지붕의 재료는 볏짚을 사용하였다. 이를 확인할 수 있는 것이 평남 대동의 사진이다. 이엉간의 간격이 커서 볏짚이엉이 아닌 것으로 보인다. 그러나 용마름의 마감방식을 보면, 매우 잘 꺾이는 짚으로 짧은 간격으로 계속 묶어서 줄과 같이 용마름의 양옆을 누르고 있다. 또 같은 재질로 용마름을 만든 것으로 보인다. 이와 같은 유연성은 볏짚에서 보인다. 두 개의 용마름 중에 좌측의 것은, 용마름을 닮았으나, 이엉을 용마름과 같이 튼 것으로 보인다. 그리고 이엉의 엮음부위가 볏짚의 중상에 위치하는 것이 보인다. 즉 이엉을 엮을 때 볏짚의 윗부분을 엮음부위로 삼아서 만들었기 때문에, 이엉간의 간격은 클 수 있는 것으로 보인다.

223 　공공누리에 따라 국립중앙박물관의 공공저작물이용.
　　　https://www.museum.go.kr/site/main/relic/search/view?relicId=85018
224 　공공누리에 따라 국립중앙박물관의 공공저작물이용.
　　　https://www.museum.go.kr/site/main/relic/search/view?relicId=171023
225 　공공누리에 따라 국립중앙박물관의 공공저작물이용.
　　　https://www.museum.go.kr/site/main/relic/search/view?relicId=41430
226 　공공누리에 따라 국립중앙박물관의 공공저작물이용.
　　　https://www.museum.go.kr/site/main/relic/search/view?relicId=177216
227 　공공누리에 따라 국립중앙박물관의 공공저작물이용.
　　　https://www.museum.go.kr/site/main/relic/search/view?relicId=56610
228 　공공누리에 따라 국립중앙박물관의 공공저작물이용.
　　　https://www.museum.go.kr/site/main/relic/search/view?relicId=97462

먼저 석표 주변의 초가를 보면 사슬이엉으로 이었다. 살펴보면 물매는 낮은 편이고 가로로 댄 겉고샅줄의 경우에도 4~5개 정도를 넓은 지붕면에 설치한 것으로 보인다. 좁은 지붕면에도 2~3개 정도의 가로줄을 쳤다. 이 방식은 개성이나 황해도 지역과 동일하다. 세로줄의 경우에는 넓은 지붕면에도 약 2~3개 정도로 줄을 많이 치지 않는다. 다만 줄을 많이 치지 않을 경우, 나무를 이용하여 고정시키기도 한다.

평안 지역에서는 부유한 집이 기와, 중류는 청석, 하류는 초가지붕이었다고 말하는 경우도 있다.[229] 그만큼 초가는 서민들의 생활하는 공간으로서 규모 면에서도 작다.

비늘이엉의 경우에는 볏짚의 밑동을 쓰기 때문에 사슬이엉에 비하여 물매가 높고, 짚도 많이 들어간 것으로 보인다. 또 용마름의 경우에도 비늘이엉에 맞게 밑동이 바깥으로 나오게 튼 것으로 보인다. 겉고샅줄은 일부에서는 사용했으나, 용마름을 고정하는 용도를 제외하고는 쓰지 않는 것으로 보인다. 혹은 몇줌의 볏짚과 이엉을 이용해 줄처럼 길게 이어서 용마름을 고정하는 방법도 보인다.

이처럼 평안도 지역에서는 볏짚을 비늘이엉으로 엮어 지붕에 인 것으로 보이는 사진기록이 많다. 볏짚으로 지붕을 인 사진기록을 살펴보면, 볏짚이엉간의 간격이 촘촘한 편이다. 볏짚이 다른 짚풀에 비해 짧기 때문에 지붕을 일 때 볏짚이 많이 필요했을 것이다. <표 64>와 같이 평양주변에는 벼 농사가 발달하여서 많은 양의 볏짚을 공급할 수 있었을 것으로 보인다.

이외에도 갈대를 이용하여 지붕을 인 사례도 있었다. 기록에 의하면 진남포의 집은, 1930년대 당시 큰 갈대지붕의 초가가 십여 채 남아있었는데, 바다갈대를 이용하여 3~4년 갈지 않아도 되며 보통 50~60cm 두께로 여름에 시원하고 겨울에 보존성이 뛰어났다고 한다. 또 당시 진남포는 항구를 위에 두고 집 앞 1km 지점에 어판장, 냉동창고, 접안시설, 조선소가 있었다고 한다.[230]

평양시 내의 김일성 생가를 복원해놓은 지붕의 모양을 보면 밑동이 바깥으로 나오게

---

229 강영환, 『북한의 옛집』 2, 252쪽.
230 강영환, 『북한의 옛집』 2, 241~242쪽.

하여, 지붕을 인 것을 볼 수 있다. 또 주재료는 볏짚이고 용마름을 보면 밑동이 바깥으로 나오도록 엮은 것도 확인할 수 있다. 볏짚의 밑동을 활용하였기 때문에 이엉간의 위아래 간격은 사슬이엉보다 매우 촘촘할 것으로 보인다.[231]

2) 함경도 지역

함경도 지역의 경우, 평안도 지역과 같이 너와, 청석, 볏짚, 기와를 지붕재료로 주로 사용했다. 함경도 지역의 이엉이기도 평안도 지역과 같이 비늘이엉이가 주를 이룬다. 그리고 사슬이엉이기가 소략하게 발견되고 있다. 그러면서도 일부지역에서는 사슬이엉과 비늘이엉이 혼합되어 쓰이는 경우가 함경도 지역만의 특징이다.

〈표 65〉 함경도 지역 초가지붕 양상 1

함경북도 북경지대(1911)[232]

함경북도 북경지대(1911)[233]

함경북도 북경지대(1911)[234]

---

231 일부 사진에는 매우 간격이 큰 경우가 있다. 〈표 64〉의 평남 강동이 부락을 보면, 같은 마을에서도 건물마다 이엉간의 간격이 다르다.
232 사진설명에는 아담하게 목재로 지은 집에 흙벽을 바르고 지붕은 볏짚으로 이고, 울타리는 갈대로 엮었고 겨울풍경이라고 기재되어있다.
공공누리에 따라 국립민속박물관의 공공저작물이용.
https://www.nfm.go.kr/common/data/home/archive/detailPopup.do?seq=1911-001-00000003
233 사진설명에는 아담한 민가에 갈대울타리를 했으며 바람이 많은 해변가에서는 새끼줄로 지붕(볏짚)을 단단히 묶어 피해를 예방하였고, 뒤쪽 까치집이 평화스러워 보인다고 기재되어있다.
공공누리에 따라 국립민속박물관의 공공저작물이용.
https://www.nfm.go.kr/common/data/home/archive/detailPopup.do?seq=1911-001-00000015

〈표 65〉는 Roy Champman Andrews라는 고고학자자 함경북도의 북경지대를 방문하면서 찍은 사진기록과 기록의 상세설명이다. 정확히 북경지대가 어디인지는 알 수 없으나, 전라·경상도 지역의 줄치기와 같이 넓은 지붕면에서는 가로로 길게 겉고삿줄을 놓았으며, 좁은 지붕면으로 사선으로 내려오고 좁은 지붕면의 가로로 놓인 나무나 줄에 맨 것으로 보인다. 또 사슬이엉으로 이어져 있으며, 용마루에는 용마름이 있다. 넓은 지붕면에는 간격을 넓게 하여, 세로로 2개의 새끼줄이나 두꺼운 새끼줄을 단단히 내려서 처마 밑에 고정한다. 다만 어떻게 처마 밑에 고정하였는지는 알 수 없다. 함경도에서는 사슬이엉으로 인 것도 있지만 비늘이엉으로 인 것도 다수 발견된다.

〈표 66〉 함경도 지역 초가지붕 양상 2

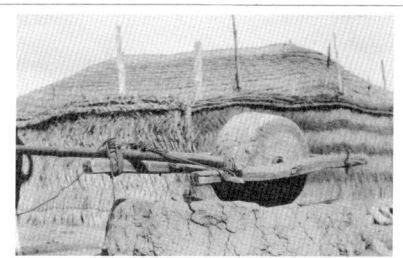
방아를 돌리는 모습, 함북 성진[235]

함남 함흥 임도원가옥(1911)[236]

이처럼 함경도 지역에도 비늘이엉으로 인 집이 있다. 함북 성진의 경우, 용마루에 함경도 지역에서 발견되는 특유의 모양이 있고 전체적으로 비늘이엉을 했다. 볏짚을

---

234 사진설명에는 사진에 찍힌 곳은 압록강 부근으로 전형적인 시골집의 풍경으로 가을 수확을 마치고 새 볏짚으로 지붕을 단장한 듯 지붕의 곡선이 부드럽다고 기재되어 있다.
공공누리에 따라 국립민속박물관의 공공저작물이용.
https://www.nfm.go.kr/common/data/home/archive/detailPopup.do?seq=1911-001-00000040
235 공공누리에 따라 국립민속박물관의 공공저작물이용.
https://www.nfm.go.kr/paju/archive/detail/search/626/OR0001-2006-002-00000342
236 공공누리에 따라 국립중앙박물관의 공공저작물이용.
https://www.museum.go.kr/site/main/relic/search/view?relicId=153744

이용해서 이엉과 이엉 간의 간격이 촘촘하다. 함흥 임도원 가옥의 경우에도 용마루 양쪽 끝부분에 돌출된 부분이 있다. 함북과 함남 지역에서 공통적으로 보이는데, 용마름을 놓지 않고 나무를 놓았을 때 찾아볼 수 있는 함경도 지역 고유의 용마루 방식으로 보인다.

〈표 67〉 함경도 지역 초가지붕 양상 3

함남 함흥 하통리 주민 뒤 초가
(함남 함흥 하기천면, 일제강점기)[237]

함남 홍원 시장 주변 초가
(일제강점기)[238]

함남 북청 시장 풍경(1911)[239]

함남 북청 전 발해왕 고도지 석루 동단[240]

함남 정평 도흥리 고성 서곡[241]

함남 단천 하여진평 물레방아[242]

함북 성진 성진에서 본 마천령[243]

함북 온성 읍 전경[244]

김해 장방리 갈대집 용마름 부분[245]

함남 홍원 시장 초가 용마루 부분확대[246]

---

237 공공누리에 따라 국립중앙박물관의 공공저작물이용.
https://www.museum.go.kr/site/main/relic/search/view?relicId=79292
238 공공누리에 따라 국립중앙박물관의 공공저작물이용.
https://www.museum.go.kr/site/main/relic/search/view?relicId=148163
239 공공누리에 따라 국립중앙박물관의 공공저작물이용.
https://www.museum.go.kr/site/main/relic/search/view?relicId=167840
240 공공누리에 따라 국립중앙박물관의 공공저작물이용.
https://www.museum.go.kr/site/main/relic/search/view?relicId=41507
241 공공누리에 따라 국립중앙박물관의 공공저작물이용.
https://www.museum.go.kr/site/main/relic/search/view?relicId=79306
242 공공누리에 따라 국립중앙박물관의 공공저작물이용.
https://www.museum.go.kr/site/main/relic/search/view?relicId=178316
243 공공누리에 따라 국립중앙박물관의 공공저작물이용.
https://www.museum.go.kr/site/main/relic/search/view?relicId=82355
244 공공누리에 따라 국립중앙박물관의 공공저작물이용.
https://www.museum.go.kr/site/main/relic/search/view?relicId=96538
245 나형남, 경상남도 김해시 한림로343번길 47-158, 2022.08.26.
246 공공누리에 따라 국립중앙박물관의 공공저작물이용.
https://www.museum.go.kr/site/main/relic/search/view?relicId=68792

이처럼 함경도 지역 중에는 용마루 위에 나무에 짚을 감아서 용마름과 같이 놓고, 양쪽 끝에 짚으로 나무를 위로 묶어서 마감하는 방식도 발견되었다. <표 67>의 함남 함흥의 초가를 보면 넓은 지붕면은 사슬이엉으로 되어 있고, 좁은 지붕면으로 넘어가는 추녀마루는 비늘이엉으로 이었다. 또 용마루 양쪽 끝 부분에는 돌기가 보이는데, 나무를 놓고 양쪽 끝에 짚으로 고깔을 씌우듯이 마감을 한 것이다. 또 겉고삿줄을 마름모형태로 친 것으로 보인다. 이 사진에는 처마부분의 나무에 줄을 매지 않고 서까래에 맸다. 나무는 누르는 역할만 하는 것으로 보인다. 그리고 줄과 줄이 만나는 부위는 묶은 것으로 보인다.

　함남 홍원의 경우에는 줄을 맨 것이 발견되지 않았다. 마찬가지로 넓은 지붕면은 사슬이엉으로 되어 있고, 좁은 지붕면 중 추녀마루는 비늘이엉으로 인 모습이다. 용마루에는 나무를 놓았고, 가운데에 기와를 얹었다. 용마루의 양쪽 끝에는 추녀마루에서부터 올라온 비늘이엉을 나무와 함께 묶으면서, 짚의 윗부분을 묶고 뒤집어서 둥글게 만든 뒤, 아랫부분을 묶어주었다. 마치 고깔 모양처럼 만들어서 마감한 것으로 추측된다.

　함남 북청의 경우에는 추녀마루에 비늘이엉을 이었는지 확인할 수 없다. 지붕면의 추녀마루만 사선으로 줄을 쳤다. 또 용마루 위에 나무를 놓는 것은 동일하다. 그러나 추녀마루에 비늘이엉을 이는 것과 줄을 치는 방식 등에서 일부 차이가 있을 것으로 보인다. 넓은 지붕면은 사슬이엉으로 되어 있고, 위쪽에는 나무를 대었고 양쪽 끝으로는 짚을 뒤집어서 고깔처럼 만들어 마감했다.

　다른 북청 지역의 내용을 통해 추녀마루에 비늘이엉으로 인 것을 확인할 수 있고, 동일한 용마루의 모습이 발견되고 있다. 그리고 추녀마루만 사선으로 줄을 친 것도 보인다. 각 지역의 상황에 따라 지붕모양은 동일하면서도 줄치는 것은 달랐을 것으로 보인다. 이를 뒷받침하는 사례가 다른 지역에서도 나타나고 있다.

　함남 정평 마을의 모습을 보면 추녀마루에 비늘이엉을 하고, 기와지붕을 닮은 용마루도 동일한 모습을 보인다. 그러면서도 어느 집은 처마에 줄이나 나무를 놓기도 한다. 또 반대로 처마에 줄을 치지 않는 경우도 있다. 같은 동네에서 지붕의 모양은 동일해도 줄을 치는 방법은 각기 다르다. 단천 지역의 자료에서도 지붕의 모양은 동일해도 용마루와 처마 4면에 전부 나무를 놓은 모습도 같은 맥락에 있다.

함북 성진의 경우, 동일한 지붕의 모습을 하면서도 마름모 형태로 줄을 촘촘히 치기도 하였는데, 줄과 줄이 교차하는 부위는 서로 묶었다. 이 사진의 원본을 보면, 가로로만 길게 친 방식과 추녀마루에서 사선으로 줄을 친 경우도 보인다. 그리고 용마루 특유의 방식도 전체적으로 보인다. 줄치는 방식의 다양함과 용마루의 공통된 방식은 함경도 특유의 방식으로 볼 수 있다. 온성의 경우에도 마름모형, 사선으로 줄을 치는 방식, 가로로만 길게 줄을 친 방식이 함께 있다. 사면으로 처마에 나무를 놓고 좁은 지붕면으로 줄이 내려와서 나무에 맨 것으로 보인다. 사선으로 줄을 친 경우에도 사면으로 처마에 나무를 놓고 줄을 전체적으로 사선으로 쳤다. 용마루의 경우에도 아예 용마름이 없거나, 함경도 특유의 방식이 보인다.

함경도 지역의 고유한 용마루 방식은 홍원의 사진에서 구체적으로 알 수 있다. 나무에 짚으로 줄을 꼰 것 같이 짚을 계속 넣어가며 감쌌고, 뿌리 쪽 부분이 바깥으로 나오도록 했다. 그리고 추녀마루와 용마루 양쪽의 끝 부분은 볏짚을 대고 줄로 여러 부분을 묶으면서 상투를 튼 모양과 같이 마감을 한 것도 보인다. 이와 같은 사례는 김해의 장방리 갈대집에서도 보이는, 용마루에 놓는 장대에 갈대를 감은, 방식과 외형이 유사하다.[247] 지리적 거리가 있음에도 유사한 모습이 보인다는 점은 앞으로도 주목할 만하다. 그리고 함경도 지역의 초가지붕은 현재에도 지속되고 있을 것으로 예상되나 쉽게 자료를 구할 수 없는 상황으로 그 이후의 전승현황은 파악해볼 필요가 있다.

---

247 물론 김해 갈대집의 용마름은 갈대를 물에 삶은 뒤 부드럽게 만들어 나무에 감아서 용마름을 만들었다. 이점에서 함경도의 나무로 용마름 같이 만든 방식이 김해의 방식과 같은지 추후 확인한다.

제6장

초가이엉이기 전승환경의 변화와 과제

1. 생활양식의 변화
2. 전승정책의 변화

제6장

초가이엉이기 전승환경의 변화와 과제

1. 생활양식의 변화

　초가지붕의 보편적인 재료인 짚은 세시풍속에서 중요한 재료이다. 오뉴월에 모를 심고 한여름에 김매기를 한 뒤 가을에 추수하여 벼를 논밭에 말린다. 논밭에 말린 벼를 탈곡한 뒤에는 볏짚을 수급하여 짚가리로 쌓아서 보관한다. 늦가을부터 초겨울까지 볏짚으로 이엉을 만들어 초가지붕의 이엉을 교체하는데, 이엉이기가 한 해 생활의 마무리로 볼 수 있다. 농한기인 겨울 때에는 집안에서 볏짚으로 새끼줄, 짚신이나 둥구미 등의 생활용품을 만들어 다음 해의 생활을 준비한다. 다음 해 정월에는 볏짚으로 큰 줄을 만들어 마을마다 줄다리기하거나 볏가릿대나 달집을 만들어 한 해의 풍년을 기원한다. 이처럼 이엉이기는 본래 세시풍속에 속하는 생활양식으로 볼 수 있다.
　〈그림 1〉[1]과 같이 옛사람들의 생활양식에서 '짚'은 소용없는 것이 아니었으며, 버리는 것도 퇴비로 재사용하였을 정도로 순환성을 띠고 있다. 또 짚으로 만드는 모든 기술의 원리는 동일하였으며, 이엉이기의 기술과 생활용품의 제작기술은 동일한 원리를 공유하고 있었다. 그뿐만 아니라 이엉이기와 관련된 것들은 정신문화와도 깊은 관련이 있었다.

1　본 자료는 한국민속촌에서 2000년 8월에 열린"짚의 일생 특별전시회"의 전시자료를 인용한 것이다.

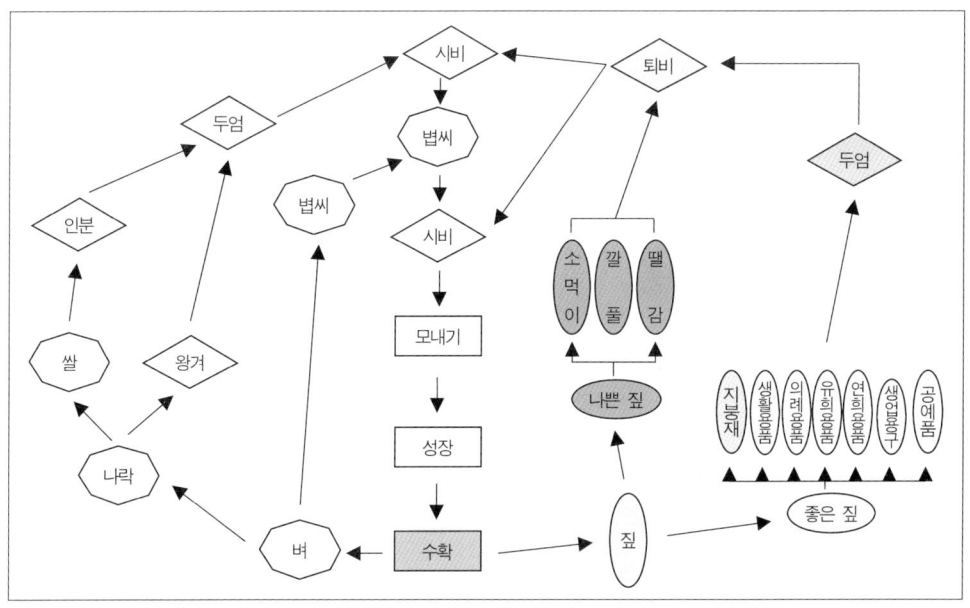

〈그림 1〉 세시풍속으로서의 짚의 순환

〈표 1〉 새끼줄의 다양한 용도

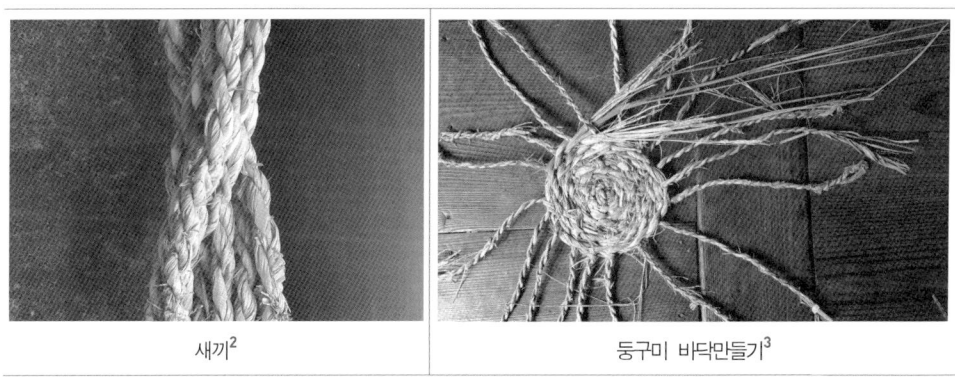

| 새끼[2] | 둥구미 바닥만들기[3] |

---

2 저자가 제작한 새끼줄을 촬영한 것이다(나형남, 한국민속촌, 2017.07.12).
3 저자가 제작한 둥구미를 촬영한 것이다(나형남, 한국민속촌, 2022.07.04).

지붕 위 속고삿줄 치기[4]   금줄[5]

    짚과 관련된 생활양식 중에서 가장 기본적인 것은 새끼줄을 만드는 것이다. 새끼줄은 생활 중에서 가장 많이 쓰였다. 새끼줄을 꼬는 방향에 따라서 오른새끼와 왼새끼로 나누어 부른다. 여러 가닥의 짚을 두 갈래로 나누어 오른쪽으로 돌리면 오른새끼라고 하고 왼쪽으로 돌리면 왼새끼라고 한다. 이 중 왼새끼는 금줄과 같은 주술적인 용도로 쓰여서 아이가 탄생하는데 문 앞에서 걸거나, 정월이나 특정한 기일에 고사를 지내기 전에 그 주변에 줄을 쳐서 부정한 것을 막는 용도로 쓰인다. 이와 반대로 오른새끼는 일상생활에서 주로 쓰인다. 예를 들어 짚으로 엮어서 생활용품을 만들 때 필요한 틀의 역할을 한다. 둥구미와 같은 원형의 저장용기를 만들 때는 4~6가닥의 얇은 새끼줄로 바닥과 짚을 엮을 수 있는 틀을 만들고 여러 가닥의 짚을 두 갈래로 나누어 아래에서부터 위로 엮으면서 만든다. 그 외에도 멍석과 같은 짚자리, 망태기와 같은 저장용기 등도 새끼줄로 틀을 만든 뒤에 형태를 잡는 것이다. 이 점에서 초가이엉을 이는 방식도 동일하다. 비늘이엉이나 사슬이엉으로 초가지붕을 이기 위해서는 속고삿줄을 먼저 지붕에 매어놓아야 하기 때문이다.

    이외에도 줄을 굵게 꼬는 사례도 있다. 새끼줄을 꼬는 원리와 같이 굵은 줄을 만들기도 하는데, 여러 사람이 함께 줄을 꼬아서 볏가릿대를 세우거나 줄다리기하기도 한다.

---

4   나형남, 한국민속촌, 2014.11.25.
5   나형남, 한국민속촌, 2014.11.25.

〈표 2〉 줄의 다양한 용도

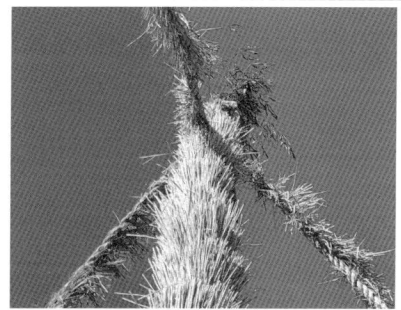 볏가릿대의 줄[6]	 고싸움[7]
 제주도 초가의 집줄[8]	 줄다리기의 암줄과 수줄 연결한 모습[9]

　줄은 만드는 방식에 따라서 동아줄과 같이 여러 가닥의 짚을 넣어가며 세 갈래로 꼬는 방법이 있고 집줄과 같이 여러 가닥의 짚을 계속 넣어가며 한 갈래의 작은 줄을 2개를 만들어 하나로 합치는 방법이 있다. 볏가릿대는 한해의 농사 풍년을 바라는 신대의 일종으로 서산 볏가릿대가 있다. 서산 볏가릿대는 정월 대보름 쯤에 세워서 2월 1일에

6　저자가 여러 사람들과 함께 제작한 볏가릿대의 줄을 촬영한 것이다.
　　나형남, 한국민속촌, 2017.07.12.
7　공공누리에 따라 국립민속박물관의 공공저작물이용.
　　https://www.nfm.go.kr/paju/archive/detail/search/087/OR0001-1989-004-00000104
8　나형남, 제주 성읍마을, 2022.03.08.
9　공공누리에 따라 국립민속박물관의 공공저작물이용.
　　https://www.nfm.go.kr/paju/archive/detail/search/573/OR0001-1996-027-00000049

거둔다. 볏가릿대에는 곡물을 넣는데, 풍년이 들어 수확을 많이 거둔다는 믿음이 있기 때문이다. 볏가릿대를 세우기 위해 3개의 동아줄을 만드는데 벼 이삭이 들어간 모양으로 거꾸로 틀어서 줄을 맨다.[10]

고싸움의 고를 제작하는 과정도 3갈래로 동아줄을 만드는 것에서부터 시작한다. 이를 삼합을 한다고 한다. 그리고 이러한 줄을 수십 개를 꼬아서 고를 만든다. 마찬가지로 공동체의 안녕과 풍요를 기원한다.[11] 줄다리기의 경우에는 암줄과 수줄을 만드는데, 제주도의 집줄을 만드는 것과 같이 양쪽 끝에서 짚을 넣으면서 감아서 잔줄을 만든다. 그리고 수십개의 잔줄을 3개의 중줄로 만들고, 3개의 중줄을 다시 큰줄을 만든다. 큰줄은 2개로 암줄과 수줄이다.[12] 줄다리기가 끝나면 사람들은 줄을 잘라 가는데, 개인이나 가정의 각종 소망을 이루는 용도로 쓰인다. 또 원줄은 썰어서 논에 거름으로 쓰기도 한다.[13] 이처럼 짚으로 만들어진 줄은 생활뿐만 아니라 정신문화의 중요한 부분을 차지하고 있었다.

〈표 3〉 용마름·주저리의 다른 용도

용마름의 예[14]	닭 둥우리의 예[15]

---

10 https://folkency.nfm.go.kr/kr/topic/detail/3989, "한국민속대백과사전", 2022.06.21.
11 http://www.gossaum.com/theme/daontheme_ver2_07/html/company/05.php, "(사)고싸움놀이 보존회", 2022.06.21.
12 http://www.gijisi.com/bbs/content.php?co_id=production, "기지시 줄다리기", 2022.06.21.
13 https://folkency.nfm.go.kr/kr/topic/detail/3567, "한국민속대백과사전", 2022.06.21.
14 저자가 제작한 용마름을 촬영한 것이다(나형남, 한국민속촌, 2017.11.18).
15 저자가 제작한 닭둥우리를 촬영한 것이다(나형남, 한국민속촌, 2024.11.18).

주저리[16]	터주가리[17]

　이엉이기에 쓰이는 용마름은 초가지붕의 맨 윗부분에 위치하면서 대들보를 보호하고, 지붕으로 눈이나 비를 분산시켜주는 역할을 한다. 그러면서도 용마름을 짧게 만들어서 암탉이 알을 품는 둥지(닭둥우리)로 쓰기도 한다. 만드는 방법은 동일해도 쓰임새에 따라서 명칭이 달라진다. 마찬가지로 주저리는 모임지붕형 초가 건축물의 꼭대기에 놓이는 역할이지만, 터주신의 신체인 터줏가리로 쓰이기도 한다.

　또한 이엉을 엮는 방식이나 이엉을 이는 방식은 초가이엉이기 외에도 일상생활에서 사용되는 것이었다. 가령 제작 방식이 유사한데, 기능이 다른 경우도 있다. 초가이엉의 재료로 많이 쓰이는 볏짚은 가을 추수 후에 탈곡하고 난 뒤 논밭에 말린 후에 사용된다. 요즘에는 기계로 탈곡하므로 대부분 볏짚은 논바닥에서 눈과 비를 맞으며 방치된다. 그러나 과거에는 탈곡하고 난 뒤 짚가리라는 형태로 논밭이나 짚을 이용하는 사람들의 집근처에 쌓아서 보관하였다.[18] 짚가리는 땅에서 띄워서 바닥이 썩지 않도록 하는데, 장작을 여러 개를 펼쳐놓거나 길쭉한 나무를 여러 방향으로 뉘여 놓는다.[19] 그 위에 짚을 원형으로 높게 혹은 넓게 쌓아 올려서 보관한다.[20] 짚가리 위에도 이엉을 이고

16　나형남, 한국민속촌, 2022.02.15.
17　공공누리에 따라 국립민속박물관의 공공저작물이용.
　　https://www.nfm.go.kr/paju/archive/detail/search/083/OR0001-1988-005-00000818
18　최영준, 『한국의 짚가리』, 한길사, 2002.10, 56쪽.
19　위의 책, 77쪽.
20　위의 책, 77쪽.

주저리를 씌워서 비나 눈에 젖지 않도록 하였는데,[21] 자연통풍도 가능하다는 점에서 효과적인 보관방법으로 보인다. 짚가리를 만들어 한 해 동안 쓸 볏짚을 보관하였는데, 볏짚으로 이엉을 만들어 초가지붕을 교체하거나, 줄다리기에 필요한 줄을 만들기도 하였고 짚풀류의 생활용품을 만들기도 하였다. 또 짚가리는 볏짚 이외에도 밀짚, 보릿짚, 수숫대, 콩줄기, 건초, 억새 등으로도 가리를 쌓았다.[22]

짚가리는 볏짚의 물리적 성질을, 지푸라기의 윗부분이 얇고 아랫부분이 두꺼운 점을, 활용하여 짚을 한데 묶어서 쌓아 짚가리를 만든다. 그래서 볏짚을 쌓을 때는 윗부분과 아랫부분을 교차하여 쌓는 방식을 취한다. 이러한 방식을 통하여 무너짐 없이 쌓을 수 있다. 쌓고 난 후에는 초가이엉과 같은 역할을 하는 지푸라기의 윗부분을 바깥으로 하여 지붕을 만든다. 그 이후에 주저리를 만들어서 쌓아놓은 볏짚이 상하지 않도록 한다.

〈표 4〉 짚가리를 만들고 난 후의 과정

21년 추수시기[23]

22년 강설시기[24]

---

21 위의 책, 71쪽.
22 위의 책, 51쪽.
23 나형남, 한국민속촌, 2021.11.13.
24 나형남, 한국민속촌, 2022.01.17.

22년 늦겨울[25]

양호한 볏짚[26]

저자는 <표 4>와 같이 낡은 볏짚(2020년도 볏짚)으로 짚가리를 만들고 눈과 비를 맞으며 볏짚이 잘 보존되는지 간단한 실험을 진행하였었다. 약 4개월 정도를 지켜본 결과 눈과 비를 맞았던 시험용 짚가리는 잘 보존되어 있던 것을 확인할 수 있었다. 초가이엉에 필요한 볏짚 수급을 위해 전통적으로 짚가리라는 효과적인 보존방식을 채택하여 활용하였을 것으로 보인다. 짚가리는 짚을 보존하는 생활방식임과 동시에, 짚가리에 쓰인 이엉은 초가집뿐만 아니라 덮을 수 있는 모든 곳에 쓰인다고 볼 수 있다.

<표 5> 초분

초분(소재불명, 일제강점기)[27]

제주양씨(최병운 형수) 초분(완도 2001.06)[28]

---

25 나형남, 한국민속촌, 2022.02.10.
26 나형남, 한국민속촌, 2022.02.10.
27 공공누리에 따라 국립중앙박물관의 공공저작물이용.

그 외에도 초분이라는 사례가 있다. 초분도 이엉으로 이고 용마름으로 덮는다. 즉 이엉이기가 이용되고 있다. 초분을 만든 지 2~3년 정도 또는 그 보다 오랜 시간이 지난 뒤에 살이 썩어 없어지면 뼈만 골라 깨끗이 씻은 후에 다시 관에 넣어 땅에 묻는다. 초분은 조상에 대해 예의를 다하는 것으로 살아계시는 부모님처럼 정성스럽게 돌봐야 한다고 믿어, 명절이나 기일 등 특별한 날에는 초분에 와서 제사를 지냈다. 또 본 장을 치르기 전에 오랫동안 관리해야 하고 번거로워, 경제적으로 여유가 없는 사람은 만들기가 어려웠다. 새마을운동 이전까지는 있었으나, 새마을운동의 일환으로 초분이 행정적으로 금지되었다.[29] 즉 정성을 드려야 하는 장례문화로서 이엉이기가 쓰인 것이다. 이처럼 이엉이기는 사람이 거주하는 공간뿐만 아니라 식량의 보관 및 장례 등의 여러 목적으로 쓰였다는 점에서 민속적인 공간구성의 기술로 볼 수 있었다.

그리고 이엉이기는 지역의 환경에 크게 좌우되는 작업이라는 점이다. 먼저 재료의 측면에서도 해당 지역에 가장 많고 손쉽게 이용되는 것이 무엇인지에 따라서 지붕재료가 결정된다. 또 지붕재료의 성질에 따라서 엮는 방법이나 이는 방식이 달라지는 것도 있다. 그래서 같은 볏짚이라고 하여도 이북지역에서는 비늘이엉의 방식으로 엮어서 이는 사례도 있고, 저릅대나 산죽, 억새, 갈대 등으로 이는 것이 그러한 예에 속한다. 예를 들어 저릅대는 평소에는 미끄럽지 않지만, 비가 오는 날에는 매우 미끄럽게 되기 때문에 당일에는 작업을 하지 못한다.[30] 또 띠풀은 낮에는 매우 건조해져서 조금만 밟기만 해도 바스러지기 때문에 새벽이슬이 있는 아침부터 점심 전까지 반나절에 끝내기도 한다.[31] 억새는 평소에도 매우 미끄럽고 밟을 수 없기 때문에 지붕을 일 때, 그물처럼 줄을 쳐서 그 줄을 붙잡고 작업을 한다. 지리산에는 산죽이나 억새가 매우 많기 때문에 산죽이엉이나 억새이엉으로 이는 현상도 이에 해당한다. 만약 적당한 지붕재료가 없다면, 주변에서 가능한 모든 재료를

---

       https://www.museum.go.kr/site/main/relic/search/view?relicId=126395
28 공공누리에 따라 국립민속박물관의 공공저작물이용
       https://www.nfm.go.kr/common/data/home/archive/detailPopup.do?seq=2001-020-00000170
29 https://folkency.nfm.go.kr/kr/topic/detail/461, "한국민속대백과사전", 2022.06.21.
30 나형남, 삼천 갈전리 주민 제보, 2022.03.03.
31 나형남, 제주 성읍마을 주민 제보, 2022.03.08.

수급하는 것이 전통사회에서 이엉이기의 시작점이 아닐까 생각된다.

〈표 6〉 혼합형 지붕재료의 사례

황해도 교창(황해 금천군 금천면)[32]

울릉도민가(1919)[33]

볏짚이 많은 황해도나 억새가 많은 울릉도에서도 충분한 재료를 구하지 못할 때는 수확하고 남은 작물의 줄기를 지붕재료로 삼는 경우도 있었다. 오늘날 전승되고 있는 대부분의 민가는 충분히 잘 관리되고 있던 민가인 경우가 많아서, 서민들의 다양한 삶의 방식은 반영하지 못하고 있다. 이처럼 지붕재료의 선택은 오늘날 전해지는 것 이외에도 주변 환경에서 구할 수 있는 것 전반을 포함한 것이라고 볼 수 있다.

하지만 가장 보편적인 재료였던 볏짚은 개량되고 볏짚을 생산하는 농사기법도 현대화되었다. 이 점은 전통적인 이엉이기의 쇠퇴에 큰 영향을 주었다. 이엉이기에 필요한 가장 중요한 요소는 볏짚의 길이가 길어야 한다는 점이다. 하지만 새마을운동 이후에 쌀의 생산량을 증식시키기 위해 짚이 짧은 다수확 품종의 통일벼를 재배하였다. 통일벼를 재배한 후에는 농촌에서 쓰던 전통적인 종래의 벼 종자를 쓰지 못하게 하였다.[34]

---

32 공공누리에 따라 국립중앙박물관의 공공저작물이용.
    https://www.museum.go.kr/site/main/relic/search/view?relicId=34647
33 공공누리에 따라 국립중앙박물관의 공공저작물이용.
    https://www.museum.go.kr/site/main/relic/search/view?relicId=184864
34 황병주, 「새마을운동과 농촌탈출」, 『한국현대 생활문화사 1970년대』, 창비, 2016, 99쪽.

종래의 벼는 길이가 길어서 바람이 불면 넘어지는 경우가 많았지만, 개량품종은 내도복성(쓰러짐을 견디는 성질)이 강화되어 길이가 짧아 바람이 불어도 넘어지는 일이 없었다. 70년대 후반에는 통일벼가 벼 재배 면적의 70% 이상을 차지했다. 이러한 결과로 국내에서 주요한 벼 품종으로 자리 잡게 되어 녹색혁명의 완수라는 칭호를 받기도 했다.[35] 하지만 이는 이엉이기에 적정한 볏짚 생산의 한계를 초래했다. 새마을운동 이후에 벼 품종은 대부분 벼의 길이가 짧아서 누수가 발생하기 쉽고, 초가가 쉽게 썩어 초가의 기본 구조인 목구조에 손상이 가속화되어 구조적인 면이나 생활면에서 열악할 수밖에 없었다.[36] 현재까지도 벼에 해당하는 품종은 지속해서 개량되어 논벼 389종, 밭벼 2종[37]에 이른다. 그러므로 이엉이기에 적합한 볏짚의 주종에 대한 논의도 지속해서 이루어져야 할 부분이다.[38]

<표 7> 수작업과 기계작업 추수 후 벼 밑동의 차이

수작업(낫) 추수[39]

기계작업(콤바인) 추수[40]

그리고 <표 7>과 같이 영농 기계화로 인하여 볏짚의 길이가 짧아졌다. 전통농업에서

---

35 김윤상·김석희·남해경, 「민속 마을 초가이엉이기에 필요한 볏짚 수급방안에 관한 연구」, 99쪽.
36 위의 글, 100쪽.
37 https://www.nongsaro.go.kr "농사로 농업기술포털", 2020.04.20.
38 나형남, 「초가이엉이기의 다양화와 사회문화적 배경」, 『무형유산』 제9호, 국립무형유산원, 2020.12, 165쪽.
39 나형남, 한국민속촌, 2015.10.01.
40 나형남, 금산 부리면 평촌2리, 2019.10.28.

추수는 품앗이로 다 같이 낫붙이를 이용하여 이루어진 것이다. 낫붙이로 칠 경우, 보통 땅 위로 올라오는 볏짚의 가장 끝부분을 베어야 한다. 그래야 초가이엉이기에 적합한 최대길이의 볏짚을 확보할 수 있었다.[41] 하지만 현대에는 콤바인과 같은 기계를 이용하여 추수하면 지상에 볏짚을 5~10cm 이상을 남긴다. 이미 짧아진 볏짚이 더욱 짧아져서 초가이엉이기에 충분한 길이의 볏짚을 확보할 수 없는 환경이 되었다.[42]

〈표 8〉 볏짚 보관에 대한 전통적인 방식과 현대적인 방식의 비교

볏단세움과 짚가리[43]

콤바인 추수 후 논[44]

쌓여있는 곤포 사일리지[45]

콤바인과 같은 기계화 농법이 도입되기 전에는 낫으로 베어낸 벼를 물을 빼어 말린 논바닥에 펴서 널었다가 어느 정도 말린 후에 벼를 '무단'으로 묶어서 벼를 세워놓았다. 이후 탈곡이 끝나면 짚가리로 쌓아서 보관하였다.[46] 하지만 기계화 농법이 도입된 것과 함께 발생한, 논에 볏짚을 보관하였던, 짚가리의 소멸도 이엉이기에 필요한 자재수급의 어려움을 초래한다. 기계작업을 통하여 추수되는 볏짚은 기계가 지나간 자리에 논밭에

---

41 안상경, 「농촌의 볏짚 이용관행과 인식 변화」, 안동대학교 석사논문, 2000.07, 66쪽.
42 나형남, 「초가이엉이기의 다양화와 사회문화적 배경」, 169쪽.
43 나형남, 한국민속촌, 2021.11.03.
44 본 사진은 부여에서 운영하는 열기구에 탑승하여 상공에서 내려다보면서 저자가 촬영한 것이다(나형남, 부여 규암면 신리, 2022.01.07).
45 본 사진은 부여에서 운영하는 열기구에 탑승하여 상공에서 내려다보면서 저자가 촬영한 것이다(나형남, 부여 규암면 신리, 2022.01.07).
46 최영준, 『한국의 짚가리』, 108쪽.

정리하지 않고 남겨두었다.[47] 이후 사일리지 기계에 포장되어 곤포 사일리지(원형 볏짚)로 보관된 후 발효시켜서 퇴비나 가축 사료로 이용된다. 즉 이엉이기에 필요한 볏짚 수급으로 이어지지 않는다. 그래서 이엉이기를 하는 수행단체에서는 모내기전에 여러 지역의 농가를 돌면서 미리 계약하여 콤바인이 지나간 뒤에 누워있는 볏짚을 돈 주고 사와서 논밭에서 이엉기계로 기계 제 이엉을 엮기도 한다.

〈표 9〉 좋은 볏짚과 좋지 않은 볏짚의 비교

1973년도 볏짚[48]   좋은 볏짚의 예[49]   좋지 않은 볏짚의 예[50]

〈표 9〉를 보면 왼쪽의 1973년도 볏짚은 저자가 한국민속촌의 한약방 건물을 해체하면서, 지붕의 알매흙 바로 위에 있던 볏짚이엉을 촬영한 것이다. 1974년도 한국민속촌 개장을 위해 1973년도에 공사가 이루어졌다는 점에서 위 볏짚이엉은 1973년도의 볏짚으로 보인다. 그런데도 보존이 잘되어 있어서 지금까지도 누런색을 띠지 않는다. 또 〈표 9〉의 가운데 부분은 좋은 볏짚의 예로 곰팡이가 보이지 않고 잘 말라 있다. 이처럼 볏짚은 잘 말린 뒤 물에 젖지 않도록 관리를 잘하면 볏짚은 50년 이상 그대로 유지할 수 있다. 만약 계약했어도 제때 볏짚을 사가지 못하면, 볏짚을 가져갈 때까지 논밭 위에서 비나 눈에 방치된다. 그러면 〈표 9〉의 오른쪽 부분 사진과 같이 곰팡이가 나서 거무튀

---

47 위의 책, 70쪽.
48 나형남, 한국민속촌, 2022.02.08.
49 나형남, 한국민속촌, 2022.01.03.
50 나형남, 한국민속촌, 2021.11.25.

튀한 색상으로 볏짚이 변형된다. 하지만 겨울을 넘어서면 볏짚의 수급이 어려워지기 때문에 좋지 않은 볏짚으로라도 이엉이기를 해야 한다. 즉 농사가 기계화되면서 이엉이기를 위한 자재의 보관 질은 예전보다 낙후되었을 뿐만 아니라 수급에서도 어려움을 겪게 된다. 물론 앞서 언급하였던 전승체계의 불안정이나 농업환경의 변화에는 새마을운동이 큰 영향을 끼쳤다.

2. 전승정책의 변화

전통적인 이엉이기가 구현되기 위해서는 초가지붕으로 되어 있는 건물과 재료인 볏짚, 볏짚을 이엉으로 만들어 이엉이기를 하는 기술과 그것을 구현하는 사람이 있어야 한다. 즉 전승 주체, 기술, 양식, 재료 등의 4가지 요소가 균형을 이룰 때 전통적인 이엉이기가 전승될 수 있다.[51] 그중에서 전승체계가 불안정한 부분이 현재 이엉이기의 실제현장에도 영향을 미치고 있다.

이엉이기는 마을의 공동노동으로서 품앗이나 두레로 이뤄졌다. 안동 지역 목현마을의 사례를 보면 두레날개라고 하여 이엉을 엮는 두레가 있었다.[52] 즉 이엉이기 뿐만 아니라 이엉을 만드는 과정부터도 마을 공동노동으로 이루어졌다. 마을 공동노동으로 이루어졌다는 점은 사람들 간에 손발이 잘 맞았다는 점이기도 하다. 또 손발이 잘 맞았다는 점은 함께 경험을 공유했기 때문에 가능한 일이다.

초가이엉이기는 마을 공동노동이었기 때문에, 정기적인 학습법이 있는 것이 아니고 눈으로 보고 대화하며, 경험을 습득하는 과정을 통해서 배운다. 가령 용마름을 틀기 위해 여러 기간 동안 보고 직접 참여하면서 경험을 쌓는 자연스러운 습득 과정을 통해 용마름 제작 기술이 지금까지 전승된 것도 이에 해당한다. 성읍마을 관계자도 어려서부

51　나형남, 「초가이엉이기의 다양화와 사회문화적 배경」, 165쪽.
52　임재해 외, 『까치구멍집 많고 도둑 없는 목현마을』, 한국학술정보(주), 2002.06.24, 265~266쪽.

터 줄치는 것을 했기 때문에 띠풀이엉이기를 알 수 있었다고 말하였으며,[53] 하장면 갈전리 주민도 어려서 했던 것을 보고 자라면서 자연스럽게 할 줄 알게 되었다고 말한다.[54] 오늘날 초가이엉이기에서 제일 문제가 되는 것은 작업자 간에 손발이 맞지 않아서 작업이 더디어지는 경우가 많다는 점이다. 같은 경험을 공유하며 초가이엉이기를 하는 것은 중요한 원칙으로 본다.

전승 주체의 측면에서 살펴보자면 초가이엉이기를 전승하기 위한 국가 차원에서의 문화, 경제적인 여건이 조성되어 있지 않다는 점이다. 유관기관이라고 할 수 있는 국가유산청에서도 전통적인 이엉이기 전승 정책이 부족하다. 이는 전통적인 이엉이기의 중요성에 대한 인식이 부족하다는 뜻이다. 그 인식 부족을 알 수 있는 것이 기존의 이엉이기를 '경미한 수리행위'[55]로 규정했다는 점이다.[56]

국가유산수리에 속하는 이엉이기는 국가유산청의 '국가유산수리업무편람'에 근거하여 진행된다. 매년 국가유산수리지침이 나오고 있으며, 이엉이기도 세부사항에 포함되어 있다. 지침에 의하면 이엉이기는 경미한 수리로 국가유산수리기술자 및 기능자가 아닌 자 중 경험이 있는 자도 시공할 수 있다고 되어있다. 이러한 내용은 누구나 이엉이기를 할 수 있어서 이엉이기의 수요에 맞추기에 용이하다고 볼 수 있다. 그러나 국가유산수리기술 자격증의 운영은 전통적인 방법에 근거하여 수리하는 기술자와 기능자를 제도적으로 선정함으로써 전통적인 수리기술의 공급을 지속하게 한다. 이 점에서 앞으로도 이엉이기를 경미한 수리로 판단하게 되면 전통적인 수리기술의 공급을 줄이게 된다. 이외에도 전국적으로 초가지붕이 많고 자체적으로 이엉이기를 진행하고 있는 8곳의 민속마을에서도 이엉이기에 대한 지원 정책은 부족하다.[57]

현재 국내에서 이엉이기를 자체적으로 진행하는 대표적인 곳은 국가유산청에 의하여

---

53 나형남, 제주 성읍마을 주민 제보, 2022.03.08.
54 나형남, 삼천 갈전리 주민 제보, 2022.03.03.
55 국가유산 수리 등에 대한 법률 시행령의 [별표1] 경미한 국가유산 수리의 항목 1의 "파. 기존 초가지붕을 이엉잇기 하는 행위"가 있다.
56 나형남, 「초가이엉이기의 다양화와 사회문화적 배경」, 165쪽.
57 위의 글, 165~166쪽.

민속마을로 지정된 〈표 10〉과 같이 9곳이다. 이곳은 전통경관을 유지하기 위해서 매년 초가이엉을 마을주민들이 교체하거나 관리단체에서 공사발주를 하여 초가이엉을 교체한다.

〈표 10〉 국내 민속마을 목록

순번	종목	국가유산명	지정일	분야	소재 시도	시군구	관리단체
1	국가민속문화유산	고성 왕곡마을	2000.01.07	민속마을	강원도	고성군	고성군
2	국가민속문화유산	경주 양동마을	1984.12.24	민속마을	경상북도	경주시	양동마을 운영위원회
3	국가민속문화유산	성주 한개마을	2007.12.31	민속마을	경상북도	성주군	성주군
4	국가민속문화유산	아산 외암마을	2000.01.07	민속마을	충청남도	아산시	아산시
5	국가민속문화유산	안동 하회마을	1984.01.10	민속마을	경상북도	안동시	(사)안동하회마을보존회
6	국가민속문화유산	영주 무섬마을	2013.08.23	민속마을	경상북도	영주시	영주시
7	국가민속문화유산	제주 성읍마을	1984.06.07	민속마을	제주특별자치도	서귀포시	제주특별자치도
8	사적[58]	순천 낙안읍성	1983.06.14	성	전라남도	순천시	순천시
9	국가민속문화유산	영덕 괴시마을	2021.06.21	민속마을	경상북도	영덕군	영덕시

물론 민속마을의 일부에서는 이엉이기가 온전한 전통적인 방식으로 진행되는 것은 아니다. 이엉이기의 원재료에 해당하는 볏짚 생산의 한계성과 이엉이기 관련 기술전수 및 지원의 한계가 오랫동안 지속한 문제[59]이기 때문이다.[60]

이엉이기 관련 기술전수의 경우, 새마을운동 이후부터 지속하여온 마을주민의 고령화와 젊은 층의 도시 유출로 인해 전승의 어려움을 겪고 있다. 기술전수의 어려움으로 인해 2004년에 국가유산청(당시 문화재청)에서는 민속마을의 이엉이기 사업을 개선하고자 노력했다. 사업개선안을 살펴보면 이엉이기 개선사업의 주체는 마을주민이었다. 이엉이

---

58 순천낙안읍성은 국가민속문화유산으로 분류되어 있지 않으나 사적으로 지정된 것 외에도 국가민속문화유산 9건의 전통가옥이 있다. 그뿐만 아니라 읍성 내 마을경관 및 문화가 유지되고 민속마을이라는 인식도 높기 때문에 민속마을의 목록에 넣었다.
59 김미연·강동진, 「세계문화유산 양동마을의 초가 복원정책에 관한 비판적 분석」, 『국토계획』 48, 대한국토·도시계획학회, 2013.11, 68쪽.
60 나형남, 「초가이엉이기의 다양화와 사회문화적 배경」, 166쪽.

기를 위한 보존회를 법인화하여 이엉이기에 필요한 재료수급, 이엉이기 체험행사 등의 사업을 시행하는 주체가 되도록 한다는 내용이 있었다. 그리고 주민들 스스로 이엉이기에 필요한 양질의 재료를 계약재배나 재료생산 토지를 매입 혹은 활용을 병행하라는 내용과 마을 경관에 어울리도록 전래의 수법으로 초가지붕이 되도록 시행한다는 내용이 있었다. 또 이엉이기 단체를 지방 무형유산으로 지정한다는 내용도 있었다.[61] 그러나 지원금만 주고 주민들에게 모든 유지·관리를 맡기는 정책이 초가 거주자에게 짐이자 갈등의 요인이 된다는 비판을 받기도 했다.[62] 그리고 현재에도 제주도 성읍리 초가장 초공[63] 이외에는 이엉이기 관련 무형유산이 지정되지 않았다.[64]

현재 민속마을로 알려진 곳 중에는 기계 제 이엉을 사용하고 하기도 한다. 앞서 언급하였듯이 기계 제 이엉을 이용하는 목적은 비용과 시간을 절감하기 위해서이다. 즉 수제이엉으로 지붕을 일 만한 마을주민이 부족하다는 의미이고 민속마을의 고령화를 의미한다.[65]

기계 제 이엉의 장점은 수제이엉에 비하여 빠르게 만들 수 있다는 점이다. 실제로 수제이엉 6m를 엮는 데 걸리는 시간은 2~3시간이다. 그러나 기계 제 이엉 6m는 모터의 속도에 따라 10~20분이면 제작이 가능하다. 즉 이엉이기에 필요한 시간, 인원과 재료 등의 비용을 절약하기 위해서, 손으로 이엉을 엮는 기술을 바늘로 모방하고 기계로 재현한, 이엉 제작 기계가 등장하였다. 그러므로 노동력이 부족하고 전승주체가 부재한 현 상황에서 기계 제 이엉의 사용은 수요를 충족시키기 위한 대응책이었다.

---

61 문화재청, 『민속 마을 보존·활용 및 종합정비세부실천계획』, 문화재청, 2004.05, 185~186쪽.
62 김미연·강동진, 「세계문화유산 양동마을의 초가 복원정책에 관한 비판적 분석」, 71쪽.
63 이엉이기와 관련된 무형유산은 2008년 4월에 지정된 '성읍리초가장(제주도 무형유산)'가 유일하다. 제주도는 '떠풀로 초가를 이는데, 육지의 이엉이기와 비교하면, 이엉을 엮지 않는 흐른이엉이고 용마름도 없고 동아줄로 촘촘히 덮는다는 점에서 다르다(나형남, 「초가이엉이기의 다양화와 사회문화적 배경」, 167쪽).
64 위의 글, 167쪽.
65 위의 글, 167쪽.

〈표 11〉 줄 제작 기술의 소멸과 대체

집줄제작 기계화1[66]

집줄제작 기계화2[67]

새끼틀[68]

코아로프(야자수끈)[69]

이엉이기에 꼭 필요한 줄 제작 기술도 소멸하거나 대체되고 있다. 줄을 만드는 것은 손으로 하는 것이었기 때문에 많은 노동력과 시간이 필요하다. 그래서 노동력이 감소하고 시간이 한정되기 시작하면 편리하고 신속하게 노동력과 시간을 줄일 수 있는 방법을 찾게 된다. 〈표 11〉의 집줄제작 사례가 이에 해당한다. 집줄을 만들 수 있는 시간과 노동력을 줄이기 위해 자전거 패달을 개조한 도구와 고리를 달은 긴 막대기로 돌려서 집줄을 편리하면서 빠르게 만들 방법을 개발하게 되었다. 이러한 방법은 널리 퍼지고

---

66 나형남, 한국민속촌, 2022.01.21.
67 나형남, 한국민속촌, 2022.01.21.
68 나형남, 한국민속촌, 2025.02.25.
69 나형남, 한국민속촌, 2022.01.10.

있어 집줄을 만드는 전통적인 방식은 점차 체험형태로 잔존할 가능성이 높다.

　이와 반대로 새끼줄을 기계식으로 만들기 위해 도입되었던 새끼틀은 더 이상 국내에서 생산되지 않는다. 현재에는 중국이나 대만 등지에서 새끼틀이 만들어지고 있다. 새끼틀은 1910년도에 도입되었으나 1980년대 이후에는 나일론 줄이 점차 보급되어 새끼줄의 수요가 감소하게 되었다. 이에 따라 새끼틀의 활용도 줄어들었다.[70] 그러다 보니 새끼틀로 만든 새끼줄을 쉽게 구할 수 없어서 수입해오거나, 국내에 잔존하고 있는 낡은 새끼틀로 소량으로 생산하다 보니 한 롤(200m기준)의 가격이 인상되는 현상이 나타났다. 이에 따라 국가유산수리현장에서는 해외에서 수입된 코아로프(야자수 끈)를 새끼줄의 대체재로 쓰기도 한다. 가격도 새끼줄에 비해 저렴하기 때문이다. 천연섬유라는 점에서 새끼줄과 같지만, 이엉이기 전승에 있어 큰 문제가 되고 있다는 점은 변함이 없다.

　국가유산청은 민속마을의 관리가 외형적 모습의 국가유산 보수정비에 중점을 두었고 마을에 전통적으로 전승되어 오던 고유의 생활문화와 관련된 민속과 기예능 등 무형적 요소에 대하여는 소홀하여, 민속마을의 중요한 구성요소인 기예능 등 무형적 요소가 점차 사라져 가고 있다는 사실을 인식했었다. 그래서 국가유산청(당시 문화재청)은 2011~2012년간 지자체와 마을보존회가 자율적으로 민속마을 마을장인 제도를 운용해 나가도록 여건을 조성하여 마을주민 중에 기예능 보유자를 발굴하여 보호 및 육성하고자 했다. 이때 초가장 부분도 안동 하회마을 5명, 경주 양동마을 14명, 고성 왕곡마을 4명, 성주 한개마을 4명 등이 마을장인으로 지정되었다.[71] 낙안읍성의 경우에는 민속마을 범주에 속하지 않아서 마을장인 제도가 적용되지 않았다. 다만 호남 지역을 대상으로 2018년도에 사설 단체주관으로 낙안읍성에서 이엉이기 교육을 진행하고 있는 사례를 확인할 수 있었다.[72] 그러나 마을장인 제도를 선정한 이후로 이엉이기 전승이나 교육을 진행하였다는 사례는 확인할 수 없었다.[73] 낙안읍성 내에 향토학교를 설치하여 이엉이기를 전승하

---

[70]　https://folkency.nfm.go.kr/kr/topic/detail/8874, "한국민속대백과사전", 2022.06.21.
[71]　「민속 마을 '마을장인'의 손으로 지킨다」, 『문화재청 보도자료』, 2012.12.12.
[72]　나주시에 소재한 문화재예방관리센터라는 곳에서 2018년 호남권 제17차 초가이엉이기교육을 순천낙안읍성에서 실시하였다(http://cultural.or.kr "문화재예방관리센터", 2020.04.20).

고자 노력하고 있다. 하지만 대부분 50대 후반 이상의 장년층으로 구성되어 있다. 또 제주도의 성읍마을에서도 대부분 50대 후반의 장년층이 전수조교 및 학생으로 구성되어 있다. 그리고 50대 이하의 연령층에서는 이엉이기의 현장에서 전문적으로 종사하고 있는 것을 확인하지 못하였다. 지금까지의 전승지원 정책으로는 더 이상 전승체계를 유지할 수 없다는 것을 의미한다.

초가지붕을 유지하는 기술인 이엉이기는 마을 단위로 이뤄지는 공동체의 관습이지만 현재에는 국가유산수리기술로 분류되어 단일의 초가건물이나 민속마을에 있는 여러 초가건물의 경미한 수리행위로 잔존하거나, 전통적인 공간 분위기를 연출하는 데 필요한 건축기술로서 남아있다.[74]

이엉이기 방식의 다양화는 초가이엉 제작 기술을 기계화한 기계 제 이엉과 비닐볏짚이엉이 있고, 초가이엉이기 기술을 생략하고 초가지붕의 재료를 대체한 인조볏짚이엉과 컬러강판이엉의 등장이었다. 이 중에서 기계 제 이엉이 국가유산의 보수에 쓰이고 있으나 이엉이기의 전승이 단절된다면, 나머지 방식의 다양화도 국가유산수리에 적용될 것이다. 이러한 적용은 국가유산의 진정성에도 가치 훼손이 일어날 것으로 생각한다.[75]

오늘날 초가지붕의 방식의 변모가 등장한 것은 첫째, 전승체제가 부실하기 때문에 효율적인 관리방안을 모색하던 중에 발생한 결과물이라는 점이다. 초가이엉이기는 노련한 기술자가 주도하는 공동노동이다. 그러나 현재의 이엉이기를 하는 단체의 구성을 살펴보면 노련한 기술자는 대부분 고령이고, 그 외의 노동자들은 일용직 노동자로 이루어져 있다. 심지어 마을 주도로 이루어지는 민속마을 초가이엉이기에서도 대부분 고령의 노동자로 구성되어 있다. 즉 국가적인 차원에서 초가이엉이기와 같은 전통 수리기술을 공급할 수 있는 육성제도가 마련되지 않았다는 뜻이다.

---

73 나형남, 「초가이엉이기의 다양화와 사회문화적 배경」, 167~168쪽.
74 위의 글, 180쪽.
75 위의 글, 180쪽.

<표 12> 잘못된 복원의 사례

우도 김진사 생가터 복원 건축물[76]	제주도내 제주도초가 모방 사례[77]

　국내 여러 이엉이기 중에서 유일하게, 무형유산으로 인정받고 있는 '성읍리초가장'의 초공이 있고 이엉이기의 전승도 이뤄지고 있는 제주도에서도 문제점은 발생한다. 우도는 제주도와 매우 인접한 섬으로서 섬 속의 섬이라고 불린다. 또 같은 생태환경에 있기 때문에 바람에 저항하기 위해 제주도 띠풀이엉이기 방식과 비슷하면서도 차이점이 있다. 우도 가옥의 지붕 위에는 집줄과 처마부분에는 나무가 놓여 있는 것으로 보인다. 또 줄의 간격도 제주도 지역보다는 넓은 것으로 보인다. 이러한 특징을 바탕으로 우도면에서는 3억이 넘는 사업비[78]를 들여서 우도의 입도조인 김진사의 생가를 복원하였으나 현장에서 확인한 결과, FRP(유리섬유 강화 플라스틱) 소재의 지붕모형을 얹어 놓은 것이었다. 실제와 같이 복원하였음에도 관리여건[79]이 부족하여 장기간 방치하고 있다가 2020년도에 들어서면서 현재의 외관으로 변형되었다.[80] 또 제주도 내에는 여러 관광지가 있는데, 관광지 내에는 제주도 초가를 모방하여 재현해놓은 구조물도 많다. 그중에는 다음과 같이 집줄을 띠풀로 하지 않고 현대식 밧줄로 줄을 쳐놓은 경우도 있다. 전승체계가 자리잡힌 제주도에서 발생하는 문제이기 때문에 더욱 눈여겨볼 만한 사안이라고 생각한

76　나형남, 제주특별자치도 제주시 우도면 연평리 513, 2022.03.08.
77　나형남, 제주특별자치도 서귀포시 안덕면 병악로 166, 2022.03.09.
78　「수억들인 우도 김석린 진사 생가 관리 엉망」, 『제주일보』, 2014.11.14.
79　이 중에는 예산뿐만 아니라 인원도 포함된다.
80　「우도면 김진사 생가, 방문객들 쉼터로 활용된다」, 『한국지방신문협회』, 2020.04.28.

다. 이엉이기는 하나의 생활문화권을 의미하기도 한다. 그렇기 때문에 동일한 문화권을 공유하고 있는 경우라면, 단순히 국가유산의 보수를 넘어선, 올바른 모방과 재현을 위해서는 전승자와 피전승자라는 관계에서 벗어나서 폭넓은 전승체계가 필요할 것이다.

둘째, 이엉이기에 적합한 짚풀의 수급에 어려움이 있기 때문이다. 볏짚의 경우, 쌀생산량을 위해 개량되어 넘어짐이 적고 길이가 짧은 볏짚이 보급되었다. 짧은 볏짚은, 전통적인 볏짚이 긴 것에 비해, 이엉으로 엮어 지붕을 이어도 초가지붕의 지속력이 떨어진다. 그리고 손으로 볏짚을 추수했을 때는 벼 그루터기의 아랫부분을 베었으나 콤바인으로 추수할 때는 지상에 밀착하여 베지 못하여 볏짚이 짧다. 그러므로 오늘날 이엉이기에 적합한 볏짚을 찾기 어렵다. 저릅대의 경우에는 대마성분으로 인하여 "마약류 관리에 관한 법률"에 속해 있기 때문에 저릅대의 생산과 지붕재료로서의 수급이 어렵다. 심지어 예전부터 삼베를 해오던 사람들도 현재에는 법률의 엄격함으로 인하여 생산포기를 하는 경우에 이르기까지 했다.[81] 산죽이나 억새의 경우에는 본래 야생의 품종을 수확하지만, 현재에는 "임산물채취허가"를 통해서나 가능하다. 따라서 산간지역의 이엉이기를 위해서는 제도적, 정책적 차원의 지원이 수반되어야 한다. 제주도 이엉이기의 경우에는 띠풀 이엉이기를 위하여 제주도청에서 약 5만평 정도의 계약 재배밭을 조성하였다. 그리고 전통초가지붕을 유지하는데 필요한 지원비용에서 각 가옥의 거주자들에게 유상배분을 한다. 여기서 유상배분은 1바리(30단)당 11만 원~14만 원 선에서 저렴한 가격에 보상금에서 공제하는 형식이다. 띠풀의 신청은 성읍마을 관리사무소에서 각 가옥의 거주자들에게 공지하여 신청받는 형식이라고 한다.[82] 즉 자재 수급을 위한 계약재배가 필요한 시점이라고 볼 수 있다.

셋째, 새마을운동 이후로 초가지붕이 있는 초가건물의 수가 줄어들었다는 점이다. 이는 새마을운동을 주도했던 정부에서 초가건물을 부정적으로 바라보고 슬레이트 지붕으로 강력하게 개량을 종용한 결과이다. 이에 따라 전국적인 단위에서 초가건물의 수가

---

[81] 나형남, 삼척 하장면 갈전리 주민 제보, 2022.03.03.
[82] 나형남, 제주 성읍마을 주민 제보, 2022.03.08.

줄어들어서, 전체적으로 초가이엉이기의 수요를 줄이게 되었다.[83] 제주도의 경우에는 성읍마을 뿐만 아니라 제주도 권내에서 요청이 들어오면 자잿값을 상대적으로 올린 뒤, 인건비를 받고 전승자들이 시공하러 간다고 한다. 또 성읍마을 자체도 380채가 넘고 제주도 권역의 제주민가나 관광지에 전통민가로 재현된 건물도 많고 한국민속촌에도 제주도 민가가 있기 때문에, 띠풀이엉이기는 수요가 높은 편이다.[84] 즉 이엉이기가 활성화되기 위해서는 전통민가의 전승이나 관광지 활성화 등의 다양한 목적 아래에 수요가 높아져야 한다. 이를 통해 전승도 활성화될 수 있는 경제적 기반이 마련될 수 있다.

넷째, 이엉이기의 전승을 위해 이엉이기에 대한 시방서 및 그와 관련한 시공 및 상세를 담은 교육체계 및 자료의 확충이 필요하다. 현재의 이엉이기는 경미한 수리행위로 분류되어 전문적인 기술에 속하지 않는다. 물론 민속마을 지정 당시의 이엉이기는 누구나 할 수 있는 것이나 오늘날에는 전통마을에서의 전승 방법으로는 이엉이기가 전승될 수 없다. 그렇기 때문에 제도적, 정책적인 차원에서 이엉이기의 지속적인 전승을 위해서 기존의 마을장인제도보다 발전된 방안이 마련되어야 한다.[85] 필요하다면 국가유산수리기술자의 범주에 '이엉이기'를 포함하는 방안도 검토할 필요가 있다.

지역별로 다양한 재료로 이엉이기를 구사하던 흔적을 긴급하게 조사하고 기록하여, 전국적인 이엉이기의 다양한 방식을 시방서나 그에 준한 교육자료에 기록할 수 있어야 한다. 오늘날 이엉이기는 볏짚사슬이엉이기에 중심이 되어 있지만, 그마저도 현대적인 기술이 도입되고 있어 이엉이기와 관련한 경험과 생활양식이 사라져가고 있다. 현재 이엉이기는 소멸의 위기를 겪고 있다는 점에서 잔존하고 파편화된 이엉이기의 지식 및 정보를 조합하여 재현할 수 있는 여지를 남겨둘 필요가 있다. 초가지붕은 일반적인 농촌에서는 쉽게 볼 수 있는 것이었지만, 새마을운동 이후로 대다수의 초가건물이 국내에서 사라졌다. 그로 인해 이엉이기도 상당수 사라지게 되었다. 현재의 시점에서 이엉이기는

---

83 나형남, 「초가이엉이기의 다양화와 사회문화적 배경」, 180쪽.
84 나형남, 제주 성읍마을 주민 제보, 2022.03.08.
85 나형남, 「초가이엉이기의 다양화와 사회문화적 배경」, 180쪽.

마을 내 공동노동으로 이루어진 중요한 전통생활양식으로 보고 지속적인 관리가 필요한 시점이다.[86]

---

[86] 위의 글, 180쪽.

제7장

결론

제7장
결론

　지금까지 이엉이기를 재료, 역사, 지역의 부분으로 살펴보았다. 재료의 측면에서 이엉이기를 확인하기 위하여 재료별 초가지붕의 현장을 조사한 후 국가유산수리표준시방서의 내용과 비교하였다. 또 역사의 측면에서 이엉이기를 확인하기 위하여 원시사회의 기록에서부터 현재의 특이점으로 볼만한 개량화와 다양화의 현황을 통시적으로 살펴보았다. 그리고 지역의 측면에서 이엉이기를 확인하기 위해, 근대시기의 사진기록에서부터 초가 건축물 국가유산의 도면을 비교하여 지역적 특징을 찾아내고자 하였다.

　이를 통해 본 연구는 제1장 서론에서 밝힌바와 같이 이엉이기에 대한 2가지의 목표인 '지침서' 및 '분쟁을 중재하는 자료'로서 작용할 수 있을 것으로 사료된다. 특히 분쟁의 주요한 사안으로 등장하는 '군새'에 대하여는 이엉이기에서 반드시 선행되어야 하는 절차로 강조하였고, 그 외에도 '이엉이기'의 방식에 대한 세세한 사안을 포함하였다. 또 '재료'가 다름에도 '볏짚이엉이기' 중심으로 시행되는 것을 예방하고자 각 재료에 맞는 이엉이기를 제시하였다. 이와 같은 과정을 통하여 이엉이기의 전승에 부정적인 영향을 끼치는 분쟁을 줄일 수 있도록 도움이 되었으면 한다.

　'지침서'에 해당하는 내용은 제3장, 제4장, 제5장에서 상세하게 제시할 수 있었다. 제3장에서는 시방서의 내용과 초가현장의 실제를 비교하여 재료의 측면에서 이엉이기가 기록되지 않았음을 확인할 수 있었다. 시방서의 내용은 주로 볏짚이엉이기의 것을 바탕으로 하였기 때문에 시방서의 내용을 보완할 필요가 있었다. 또 볏짚이엉이기의 내용도 현장상황과 다른 내용이 많았다. 가령 이엉이기 관련 용어, 이엉이나 용마름을 만드는 방법, 이엉이기의 절차 등으로 전반적인 보완의 필요성을 느낄 수 있었다. 이를 통해 각 재료에 맞는 이엉이기를 제시할 수 있는 지침서의 역할을 하였다.

제4장에서는 초가지붕의 역사는 농사의 발달과 같은 맥락에 있다. 먼저 짚풀을 이용하기 위해서는 '낫'의 등장이 필수였고, 볏짚이엉의 보편화는 논농사가 보급되면서 볏짚의 수급량이 확대되었기 때문에 가능한 것이었다. 현대에 들어와서는 초가지붕을 슬레이트나 함석지붕으로 개량하고 통일벼를 보급하면서 볏짚을 이용하는 생활양식에 근본적인 변화가 발생했다. 또 적은 노동력과 적은 관리비용으로 초가지붕의 외형을 보존하는 관점으로 이엉이기가 변화했고 초가지붕의 다양화가 발생하게 되었다. 이를 통해 초가지붕을 온전히 보존할 수 있는 역사적 관점을 제시할 수 있는 지침서의 역할을 하였다.

제5장에서는 초가지붕을 지역적으로 살펴볼 수 있었다. 경기·충청·황해도는 같은 이엉이기의 시공방법을 보였고, 전라·경상도도 같은 계통의 이엉이기의 시공방법을 보였으나 상세하게는 차이점을 보이고 있었다. 특히 까치구멍집과 만나면서 줄을 치는 방식이 일부 바뀌는 양상을 보였다. 강원·울릉도는 산간지역에서 보이는 이엉이기 방식을 보였다. 또 제주도는 독자적인 이엉이기 방식을 확인할 수 있었다. 평안·함경도는 비늘이엉이라는 방식을 공유하고 있었다. 이를 통해 초가이엉이기가 지역에 따라 다르므로, 지역에 맞는 이엉이기를 할 수 있도록 내용을 제시하는 지침서의 역할을 하였다.

제6장에서는 초가이엉이기의 전승환경이 변화하고 있는 부분을 생활양식과 전승정책으로 나누어 살펴보았다. 이와 같은 부정적 변화 상황에서 관리정책의 변화가 필요함을 언급했다. 특히 육성제도의 마련, 짚풀품종 수급의 변화모색과 지원, 초가건물의 양적 확대, 시방서 및 관련 교육 자료의 정립 등을 과제로 언급하였다.

각 장의 내용을 바탕으로 본 연구의 결과를 정리하면 다음과 같다. 첫째, 초가이엉이기는 재료의 측면에서 주로 볏짚을 사용하였다. 볏짚을 사용할 수 있는 것에는 논농사가 전국적으로 보급된 배경이 있었기 때문에 가능한 것이었다. 풍부한 볏짚을 바탕으로 전국적으로 볏짚초가지붕이 보편화되었으며, 현재 국가유산도 볏짚초가지붕이 대다수이다. 이는 한국 생활양식도 농사를 기반으로 하고 있다는 점을 알 수 있다.

둘째, 주거하는 환경적인 요인에 따라 억새, 갈대, 띠풀, 산죽, 저릅대 등도 지붕의 재료로 활용되었다. 산간지역에서 억새나 산죽, 저릅대로 지붕을 이었는데, 해당 재료가 풍부하였고 밭농사를 이루면서 짚은 적절하게 사용해야 할 필요가 있었기 때문으로 보인다. 마찬가지로 갈대는 대동강이나 낙동강 하구에서 주로 이용되었는데, 갈대가 풍부하였기 때문으로 보인다. 즉 한국의 생활양식에서 사용할 수 있는 모든 짚풀을 지붕의 재료로 삼았다는 점에서 한국의 생활양식의 특성을 보여주는 것이라고 볼 수 있다.

셋째, 원시시대에 억새를 사용한 이래로 한국의 이엉이기는 유구한 주생활의 전문기술이다. 또 억새 외에도 볏짚, 갈대, 산죽, 저릅대, 띠풀 등의 다양한 재료가 오랜 시간동안 이용되어 왔다. 그러면서 각 재료에 맞게 이엉제작기술과 이엉이기를 개량해왔다. 그러므로 이엉이기는 한국의 유구한 역사 동안 지속되어온 생활양식이라는 점에서 역사적 중요도가 높다.

넷째, 그런데도 이엉이기와 관련한 시방서는 온전한 이엉이기의 시공 및 상세를 담아내지 못하고 있다. 재료와 지역 측면에서 이엉이기는 다양하였으나 시방서의 절차에 대한 부분은 확실시되지 않았다. 이러한 부분은 향후 전승과 재현의 측면에서 온전한 이엉이기를 시행할 수 없을 것이다. 그러므로 이에 대한 보완이 시급하다.

다섯째, 지붕개량화 이후 이엉이기의 노동력 감소가 발생하였다. 이에 따라 초가지붕에 필요한 노동력을 확보할 수 없게 되어 효율적으로 운영하기 위해 기계를 사용하기 시작하였다. 또 관리비용을 줄이기 위해 재질의 다변화를 시도하면서 외형을 보전하는 형태로 이엉이기의 관점이 바뀐 것으로 보인다. 그러면서 온전한 이엉이기가 시행될 수 없는 한계에 봉착하게 되었다.

여섯째, 이엉이기를 전승하기 위해서는 현재 악영향을 끼치고 있는 전승환경을 변화시킬 필요가 있다. 이엉이기는 세시풍속의 한 부분으로 자연스러운 생활양식에 속하여 짚풀수급에 문제가 없었다. 하지만 이제는 짚풀수급에 필요한 정책적인 변화를 통해서만 온전한 수급이 가능할 것이다.

일곱째, 이엉이기는 짚을 소재로 하는 모든 제작기술과 같은 원리를 공유하고 있다.

그래서 공동노동할 때도 '손발'이 잘 맞아서 원활한 이엉이기 작업이 이루어질 수 있었다. 그러나 현재에는 시방서 및 교육자료의 정립을 통해 전문적인 기술로서 육성책을 마련할 필요가 있다. 그렇기 때문에 초가이엉이기는 향후 전문적인 수리기술로 전환할 필요가 있다.

이러한 연구결과를 바탕으로 초가이엉이기 연구에 필요한 향후의 과제를 제안하고자 한다. 첫째, 이엉이기의 여러 방식을 확인하기 위한 자료의 확보이다. 자료는 면담을 통해 확보할 수 있는 기록물이 될 수도 있고, 흑백 혹은 컬러로 찍은 사진기록이 될 수 있다. 특히 사진기록의 경우에는 범주를 넓힐 필요가 있다. 국립중앙박물관에서 확보한 자료의 경우에도 대개 인물, 유적, 유물을 중심으로 촬영한 것으로 그 배경에는 초가집이 우연히 있을 뿐이었다. 그래서 '초가'로 검색하여도 검색 대상에서 배제되었기 때문에 자료 전부를 열람하면서 관련 자료를 확보할 수밖에 없었다. 즉 자료 확보를 위해서는 사진기록의 모든 내용에서 배경에 해당한다고 하더라도 '초가건물'이 있을 때는 이엉이기를 확인할 수 있는 연구자료로서 다뤄질 필요가 있다. 연구자료의 수집대상은 현재의 50대 후반 이상의 연령대의 일반인이 보유하고 사진기록이 이에 해당한다. 1990년대까지는 초가지붕이 잔존해 있기 때문에, 1990년대의 사진기록도 훌륭한 연구자료가 될 수 있다.

둘째, 현재 볏짚이엉이기 위주의 국가유산수리표준시방서의 내용을 여러 재료별, 지역별 이엉이기 방식으로 다양화하는 것이다. 재료의 경우는 이엉을 엮는 것부터 이는 방식이 해당할 것이고 지역의 경우에는 겉고삿줄 치는 방법의 다양화 및 용마루를 마감하는 방식이 이에 해당할 것이다. 이를 위해서는 이엉이기를 시험해볼 수 있는 '이엉이기 실험공간'이 필요할 것으로 조심스럽게 생각해본다. 산죽이엉의 사례를 들어보고자 한다. 산죽이엉은 본래 칡으로 줄을 맸으나, 반생이라는 굵은 철사로 줄을 매기 시작했다. 또 지붕누수가 심해지고 대안을 찾기 위하여 지붕시트를 활용하여 누수를 보완하기까지 했다.[1] 지붕시트를 활용하다보니, 자연스레 이엉과 이엉간격의 편차가 늘어나게 되고

---

1 나형남, 하동 청암면 청학동 주민 제보, 2022.03.14.

종국에는 전통적인 마을경관의 모습이 사라지면서 관리를 위해 인조이엉으로 교체하게 되었다. 차라리 전통적인 이엉이기 방식을 고수하면서 효과적으로 지붕누수를 막기 위한 기술개발로 방향을 전환하였더라면 이엉이기는 지붕누수를 막을 수 있는 친환경적인 방법이 되었을 것이다.

셋째, 이엉이기에 현대적인 방법을 접목하는 범위를 정하는 것이다. 현재 기계 제 이엉은 1980년대부터 사용하여 이미 토착화되었다고 볼 수 있다. 그러나 이엉이기에 필요한 새끼줄의 경우는 국내에서 소량 생산하고 있기 때문에 1롤(200m)의 단가가 치솟는 상황에 있다. 그래서 새끼줄을 대체하기 위해서, 그 보다 적은 비용의 조경자재로 수입해서 들어온, 코아로프를 이용하는 경우가 많아졌다. 심지어 국가유산수리에서 새끼줄 대신 코아로프를 고삿줄로 쓰거나 이엉을 엮는 경우도 빈번해졌다. 그러므로 초가이엉이기에서 재료의 범위를 전통적인 것으로 명시하여, 변형되는 것을 막을 필요가 있다. 반대로 초가이엉이기는 고위험군에 속하는 작업이다. 지붕 높이에서 낙하하게 되면 골절상뿐만 아니라 전신불구, 사망에 이르는 사고가 발생할 수 있다. 즉 안전한 초가이엉이기 전승활동이 되도록 현대적인 안전관리 기술을 접목하는 것이 필요할 것이다.

넷째, 이엉이기의 부산물인 군새를 천연퇴비로 재활용할 수 있는 방안의 모색이다. 기계 제 이엉은 대부분 얇은 비닐끈(PP재질)으로 엮인다. 그리고 초가지붕에 군새작업을 하면 비닐끈으로 엮인 기계 제 이엉을 제거할 수밖에 없다. 이 경우 기계 제 이엉은 퇴비로 쓰지 못하고 비닐 폐기물로 분류되어 퇴비로 쓸 수 없다. 그래서 기계 제 이엉을 엮는 끈을 친환경 소재로 대체할 필요가 있다. 전통사회에서 짚은 군새로 떨어지면 땔감이나 퇴비로 활용되어 왔다. 그래서 짚은 순환의 상징이기도 했다. 즉 천연자원으로서의 가치를 높일 필요가 있다. 결국엔 초가이엉이기는 친환경적이며, 자연적인 순환에 순응하는 작업이라는 근본적인 성격을 되살리는 것이다.

다섯째, 이엉이기를 인류학적 관점에서 해외의 이엉이기와 비교하는 것이다. 아프리카나 인도, 서양, 라오스의 사례에서도 고유의 이엉이기가 있다는 점을 확인할 수 있었다. 아프리카의 경우, 이엉을 엮는 행위[2]가 한국과 동일했으며, 다른 아프리카의 경우에는 짚을 크게 한 단으로 만들어 밑에서부터 이는데,[3] 단을 묶는 방식이 저릅대로 이엉을 엮는 방식과 유사했다. 또 서양의 경우 아프리카와 이엉을 이는 방식[4]이 유사했으며, 인도의 경우에는 볏짚으로 흐른이엉이기를 하고, 마름모형으로 줄을 쳐서 단단히 눌렀으며, 줄은 처마부분에 놓인 나무에 맸다. 또 처마부분의 나무는 서까래에 걸어 단단히 고정했다.[5] 이러한 방식은 한국의 이엉이기와 유사한 측면이 있다. 라오스의 경우에는 긴 대나무에 띠풀을 반으로 접은 뒤, 접히는 부분을 끈으로 씨줄로 엮듯이 하였다.[6] 이러한 방식은 한국에서 짚을 연죽에 반으로 접은 뒤 엮었던 방식과 유사하다. 즉 짚풀로 할 수 있는 생활사는 인류학적으로도 연구할 수 있는 분야로 생각한다.

여섯째, 전승체계를 폭넓은 범위에서 접근할 필요가 있다. 현재 지역별로 혹은 국가별로 지정이 되고 있다. 하지만 초가이엉이기의 경우 하나의 지역뿐만 아니라 일정 범위의 이엉이기를 넓은 범주의 지역적 생활문화권으로 묶을 수 있다. 가령 호남 지역의 줄치기와 유사한 여러 섬의 경우, 이를 동질의 생활문화권으로 볼 수 있고, 경기나 충청 지역의 경우에도 지붕면에 치는 줄의 개수가 다를 뿐 방식에 있어서는 동질의 생활문화권이라고 볼 수 있다. 즉 동질의 생활문화권으로 분류를 한 뒤, 넓은 범주에서 수요를 높여서 활발한 전승활동 환경을 조성해야 한다. 다만 다른 생활문화권을 넘을 때는 방식의 문제가 발생하므로 해당 생활문화권의 이엉이기 방식을 습득할 필요가 있다. 남원 주천면 덕치리 주민의 제보에 의하면, 본래 덕치리 초가를 주민들이 하였으나 힘이 부치면서 외부의 초가이엉이기 업체와 도급계약해서 작업을 시켰다고 한다. 그런데 주민들이 알고

---

2 https://www.youtube.com/watch?v=zy0e6KVmOxY, "아프리카 전통가옥짖기, 초가지붕만들기", 2022. 03. 18.
3 https://www.youtube.com/watch?v=E-X6FjtKTXI, "Finishing thatched roof round mud hut Nigeria", 2022. 03. 18.
4 https://www.youtube.com/watch?v=kQy0W0VffgY&feature=youtu.be, "How to Thatch a Roof, 2022. 03. 18.
5 https://www.youtube.com/watch?v=RHKW0NxcBYU&feature=youtu.be, "80Years Old Grandpa Build The Most Beautiful Hut By Using Paddy Grass At Farm | India", 2022. 03. 19.
6 https://www.youtube.com/watch?v=AcTujtHEdFU&feature=youtu.be, "세계테마기행 - 라오스3부 원시의 삶을 만나다. 몽족#3", 2022. 03. 20.

있는 이엉이기나 자재를 구하는 방식과는 다르게 주변의 억새를 사용하지 않고 다른 지역의 물억새를 갖고 왔다. 그리고 줄을 치지 않아도 되는 부위에 치는 등의, 지역주민에게 반감이 생기는, 시공방법으로 인해 부정적 인식과 충돌이 발생한 경우도 있었다.[7]

일곱째, 기후변화에 대응하기 위한 논의도 필요할 것이다. 현재 기온 상승으로 인해 연간 강수량이 늘면서 집중호우 양상을 띠고 있고, 태풍도 여름뿐만 아니라 봄, 가을에도 태풍에 준하는 강풍 혹은 태풍이 발생하고 있다. 이러한 현상은 향후 비와 바람으로 인한 피해의 규모가 더욱 지속해 높아질 가능성이 있다. 초가지붕은 재질상 비와 바람에 민감하게 반응하고 있기 때문에 전통적인 초가지붕 이엉이기의 방식을 유지하기 위해 많은 고민을 할 필요가 있다. 특히, 전통지식을 바탕으로 초가지붕 이엉이기를 재정립한, 전통적인 방식을 통해 기후변화에 대응할 수 있는 방안 모색은 중요한 과제라고 생각한다.[8]

현시점에서 이엉이기의 연구는 기록적인 측면에서는 마지막 시기에 해당하면서, 앞으로는 계속 연구되어야 하는 분야라고 생각한다. 또 이엉이기를 올바르게 전승하기 위해서는 결국 현실적인 문제를 고려하지 않을 수밖에 없다. 즉 초가이엉이기와 관련된 현실적인 문제에 직면하면서 이를 해결하기 위한 제도적, 경제적, 학술적, 문화적 변화가 필요한 시점이기도 하다.

---

7 나형남, 남원 주천면 덕치리 주민 제보, 2022.03.14.
8 나형남, 「기후변화에 대응하기 위한 민속마을형 박물관의 지속가능성 연구 - 초가지붕 이엉이기를 중심으로 - 」, 『박물관학보』 45, 박물관학회, 2023.06, 176~187쪽.

1. 저서 및 논문

강영환, 『북한의 옛집』 1, 한국학술정보(주), 2011.08.
_____, 『북한의 옛집』 2, 한국학술정보(주), 2011.08.
_____, 『북한의 옛집』 3, 한국학술정보(주), 2011.08.
김광언, 「강원도 산간가옥 4동」, 『한국문화인류학』 Vol5 No1, 한국문화인류학회, 1972.12.
_____, 「어청도의 가옥」, 『선청어문』 Vol7 No1, 서울대학교 국어교육과, 1976.08.
_____, 「전북지방의 가옥 : 6. 부안지역」, 『한국문화인류학』 Vol9 No1, 한국문화인류학회, 1977.12.
_____, 「전남지방의 가옥 : 3. 도서지역」, 『한국문화인류학』 Vol10 No1, 한국문화인류학회, 1978.12.
_____, 「전북지방의 가옥 : ⑦ 장수지역」, 『전북사학』 Vol2, 전북대사학회, 1978.
_____, 『한국의 옛집』, 마당, 1982.10.
김동현·이지희, 「역사마을 초가집 화재위험성 평가를 위한 지붕재료 실험분석」, 『한국방재학회논문집』 Vol.15 No.5, 한국방재학회, 2015.
김미령·조성기, 「제주도의 기후적 환경이 민가형성에 미친 영향에 관한 연구」, 『대한건축학회 논문집』 14(1), 대한건축학회, 1998.01.
김미연·강동진, 「세계문화유산 양동마을의 초가 복원정책에 관한 비판적 분석」, 『국토계획』 48, 대한국토·도시계획학회, 2013.11.
김삼기·김시덕·정명섭·기양, 『강원도 산간지역의 가옥과 생활』, 국립민속박물관, 1994.05.
김석희, 「건재고택 가랍집의 건축적 특성에 관한 연구」, 『한국융합학회논문지』 Vol9 No11, 한국융합학회, 2018.09.
김시예, 「낙안읍성 전통민가의 건축적 특성에 관한 연구」, 전남대학교 대학원 석사논문, 2013.02.
김일진, 『옛집에 담긴 생각』, 청구, 1996.06.
김영미, 『그들의 새마을운동』, 푸른역사, 2009.06.
김윤상, 「강원도 북부 지방 초가의 건축적 특성에 관한 연구 - 고성 왕곡마을을 중심으로 -」, 『한국융합학회논문지』 Vol9 No8, 한국융합학회, 2018.
김윤상·김석희·남해경, 「민속 마을 초가이엉이기에 필요한 볏짚 수급방안에 관한 연구」, 『대한건축학회연합회논문집』 19권6호, 대한건축학회연합회, 2017.12.
김지민, 「하의도 초가」, 『건축』 Vol42 No4, 대한건축학회, 1998.

_____, 「남서해 도서 민가의 '마리' 공간 연구」, 『건축역사연구』 Vol20 No.6, 한국건축역사학회, 2011.12.
김찬영, 「울릉도 민가의 변화과정에 관한 연구 - 벽체, 지붕, 창호, 천장을 중심으로」, 『한국주거학회 논문집』 Vol15 No5, 한국주거학회, 2004.
김포시, 『김포시사』 7 사진자료, 김포시사편찬위원회, 2011.01.
김홍식, 「암사동 움집 복원 고」, 『문화재』 Vol.18, 국립문화재연구소, 1985.
김홍식 외, 『초가』, 열화당, 1991.01.
고용재·장헌덕, 「제주 성읍마을 민가의 건축적 특성에 관한 연구」, 『한국건축역사학회 학술발표대회논문집』 Vol2020. No.05, 한국건축역사학회, 2020.
공윤경, 「농부의 일기를 통해서 본 1950~1960년대 주거문화와 마을의 특성 - 부산 『대천일기』를 중심으로 - 」, 『문화역사지리』 62호, 2017.
국가기록원, 『전통가옥조사실시』, 국가기록원, 1980.05.
국립문화재연구소, 『짚·풀공예』, 벽문사, 1998.12).
국립해양유물전시관, 『만재도 전통한선과 어로민속조사 보고서』, 국립해양유물 전시관, 2008.03.
나형남, 「초가이엉이기의 다양화와 사회문화적 배경」, 『무형유산』 제9호, 국립무형유산원, 2020.12.
_____, 「기후변화에 대응하기 위한 민속마을형 박물관의 지속가능성 연구 - 초가지붕 이엉이기를 중심으로 - 」, 『박물관학보』 45, 박물관학회, 2023.06.
라형남, 「한국민속촌의 건립배경에서 드러난 전통의 재해석과 선택」, 『한국전통문화연구』 20, 한국전통문화연구소, 2017.11.
문화공보부, 『새마을운동』, 국가기록원, 1980.12.
문화재관리국, 『민속촌설치안』, 국가기록원, 1972.11.
_____, 『집단 민속자료 보호구역 선정에 따른 공동담화문 발표』, 국가기록원, 1974.11.
_____, 『집단 민속자료 보호구역 선정에 따른 협조』, 국가기록원, 1974.11.
_____, 『민속자료보호구역 재조사 실시』, 국가기록원, 1977.03.
_____, 『민속 마을 지정기준 및 관리지침 전달』, 국가기록원, 1978.06.
_____, 『민속 마을내 중요민속자료 지정조사 실시』, 국가기록원, 1978.08.
_____, 『전통가옥조사보고서』, 문화재관리국, 1984.10.
문화재청, 『문화재관리자교육 2000』, 문화재청, 2000.06.
_____, 『민속 마을 보존·활용 및 종합정비세부실천계획』, 문화재청, 2004.05.
_____, 『문화재수리 업무편람』, 계문사, 2023.01.
국가유산청, 『국가유산수리표준시방서』, 계문사, 2024.05.
박기쁨, 「지붕재질이 빗물 수질에 미치는 영향」, 서울대학교 대학원 석사학위논문, 2012.08.
박호천·김황진·이승현·이성은·오규형, 「민속마을 초가집의 방염에 의한 화재확산방지」, 『한국화재소방학회 논문지』 Vol24 No3, 한국화재소방학회, 2010.
배영동, 『농경생활의 문화읽기』, 민속원, 2000.
서울역사박물관, 『콘 와지로 필드 노트』, 서울역사박물관, 2016.12.
서유구, 임원경제연구소 옮김, 『임원경제지 섬용지』, 씨앗을 뿌리는 사람들, 2016.11.
소진광·김선희, 『새마을운동을 통한 마을 공간구조 개편 연구』, 국토연구원, 2010.11.
송 헌, 「신석기시대 움집 이엉지붕의 두께별 온도 변화와 실내외 온습도 변화에 관한 실험적 분석」, 『대한건축학회 논문집 - 계획계』 29(12), 대한건축학회, 2013.12.
신영훈, 『한국의 살림집』, 열화당, 1983.08.01.

안상경, 「농촌의 볏짚 이용관행과 인식 변화」, 안동대학교 석사논문, 2000.07.
이경태, 「한국전통가옥의 처마내밀기 연구」, 전남대학교 대학원 석사학위논문, 2011.08.
이도원, 『전통마을 경관 요소들의 생태적 의미』, 서울대학교출판문화원, 2004.12.
이한길, 『삼척의 삼베문화』, 민속원, 2010.01.
인병선, 『짚문화』, 대원사, 1989.05.
_____, 『우리가 정말 알아야 할 우리 짚풀문화』, 현암사, 1995.06.
임재해 외, 『까치구멍집 많고 도둑 없는 목현마을』, 한국학술정보(주), 2002.06.24.
윤원태, 『한국의 전통 초가』, 재원, 1998.10).
왕 연, 「새마을운동과 1970년대 한국농촌사회 변화연구」, 건국대학교 대학원 박사논문, 2016.02.
장보웅, 「제주도 민가의 연구」, 『대한지리학회지』 9(2), 대한지리학회, 1974.12.
_____, 「울릉도 나리동의 투방집 연구」, 『대한지리학회지』 Vol12 No2, 대한지리학회, 1977.
_____, 「운봉고원분지 지역의 억새지붕 민가 연구」, 『문화역사지리』 No 10, 한국문화역사지리학회, 1998.
장보웅, 「낙동강 삼각주 지역의 갈대 지붕 민가 연구」, 『문화역사지리』 Vol12 No2, 한국문화역사지리학회, 2000.
전라남도청, 「낙안민속가옥 초가지붕이기 착준공 보고」, 국가기록원, 1984.01.
전북대학교 무형문화연구소, 『2014 무형유산 활동지원 사업 결과보고서』, 국립무형유산원, 2014.12.
정범석·정집문·고태주·임만택, 「청학동마을의 형성배경과 주거환경에 관한 연구」, 『대한건축학회 학술발표대회 논문집 - 계획계』 제14권제2호, 대한건축학회, 1994.10.
정현정, 「우리나라 전통초가 이엉잇기의 지역 특징에 관한 연구」, 한양대학교 공과대학원 석사학위논문, 2022.02.
주강현, 『두레』, 들녘, 2006.05.
최석로, 『사진으로 보는 근대한국』 上, 서문당, 1986.06.
_____, 『사진으로 보는 근대한국』 下, 서문당, 1986.06.
_____, 『사진으로 보는 조선시대』, 서문당, 1986.06.
_____, 『민족의 사진첩』 ①, 서문당, 1994.10.
_____, 『민족의 사진첩』 ②, 서문당, 1994.10.
_____, 『민족의 사진첩』 ③, 서문당, 1994.10.
최영준, 『한국의 짚가리』, 한길사, 2002.10.
타카하시 노보루(髙橋 昇), 구자옥 외 옮김, 『조선반도의 농법과 농민』 上, 민속원, 2014.04.
_____, 『조선반도의 농법과 농민』 中, 민속원, 2014.04.
_____, 『조선반도의 농법과 농민』 下, 민속원, 2014.04.
황병주, 「새마을운동과 농촌탈출」, 『한국현대 생활문화사 1970년대』, 창비, 2016.08.

2. 신문기사

「김홍도의 걸작 '송하맹호도' '죽하맹호도'를 보러 가자!」, 『중앙일보』, 2018.01.24.
「남원시, 흥부생가 지붕 인조볏짚으로 단장」, 『연합뉴스』, 2012.06.14.
「다시는 돌아갈 수 없는 섬마을 시간 속으로 초대합니다.」, 『제주일보』, 2020.11.11.
「동해산업, 슬레이트 지붕 대체재 컬러강판 초가지붕 개발」, 『한국경제』, 2015.08.06.
「북, 김일성 생가 만경대구역 대대적 개발」, 『연합뉴스』, 2009.10.12.
「새 옷 갈아입는 안동 하회마을 초가지붕」, 『경북매일』, 2015.12.28.

「수억들인 우도 김석린 진사 생가 관리 엉망」, 『제주일보』, 2014.11.14.
「수수께끼 풍속화가 기산 김준근의 그림을 만나다」, 『연합뉴스』, 2020.05.19
「우도면 김진사 생가, 방문객들 쉼터로 활용된다」, 『한국지방신문협회』, 2020.04.28.
「초가지붕 새 단장 입동 준비 한창 '아산 외암리민속 마을'」, 『굿모닝 충청』, 2019.11.07.
「초가지붕 이엉 잇기」, 『뉴스 코리아』, 2019.12.04.
「#단원도」, 『OhmyPhoto』, 2017.08.15.
「1970년 초가지붕 이엉엮기」, 『미디어 경남N거제』, 2019.07.16

3. 인터넷 자료

http://www.gijisi.com/bbs/content.php?co_id=production, "기지시 줄다리기", 2022.06.21.
http://db.itkc.or.kr, "한국고전종합DB", 2022.05.27.
https://contents.archives.go.kr, "국가기록원", 2022.04.08.
https://www.museum.go.kr, "국립중앙박물관", 2022.04.08.
https://www.nfm.go.kr, "국립민속박물관", 2022.04.08.
http://www.law.go.kr, "국가법령정보센터", 2020.04.20.
http://encykorea.aks.ac.kr/Contents/Item/E0002945?msclkid=304e4701b2af11ec87e67bec6db76ac1, "경직도(한국민족문화대백과사전)", 2022.04.03.
https://www.nongsaro.go.kr, "농사로 농업기술포털", 2020.04.20.
http://www.naver.com, "네이버", 2020.04.20.
http://www.cha.go.kr, "문화재청", 2020.04.20.
https://www.khs.go.kr, "국가유산청", 2025.08.10.
http://cultural.or.kr, "문화재예방관리센터", 2020.04.20.
https://blog.naver.com/PostView.nhn?blogId=rbs777_kr&logNo=222131314035&msclkid=c5b6f213b10111ec8695890bb6fbd8c6, "매월당 억새 지붕 올리기", 2022.02.21.
https://blog.daum.net/yonghwan6158/1738, "솔바람소리", 2022.02.22.
https://www.youtube.com/watch?v=AcTujtHEdFU&feature=youtu.be, "세계테마기행 - 라오스3부 원시의 삶을 만나다. 몽족#3", 2022.03.20.
https://cm.asiae.co.kr/article/2020040313071331161, "아시아 경제", 2022.02.24.
https://www.youtube.com/watch?v=zy0e6KVmOxY, "아프리카 전통가옥 짓기, 초가지붕만들기", 2022.03.18.
https://stdict.korean.go.kr/search/searchView.do?word_no=249170&searchKeywordTo=3, "표준국어대사전", 2022.06.22.
http://encykorea.aks.ac.kr/Contents/Item/E0059144, "터주", 2022.02.22.
https://folkency.nfm.go.kr, "한국민속대백과사전", 2022.06.21.
http://db.history.go.kr, "한국사데이터베이스", 2022.05.27.
https://krdict.korean.go.kr, "한국어 기초사전", 2020.04.20.
https://kornorms.korean.go.kr//regltn/regltnView.do?regltn_code=0002#a, "한국어 어문 규범", 2022.06.19.
http://www.gossaum.com/theme/daontheme_ver2_07/html/company/05php, "(사)고싸움놀이 보존회", 2022.06.21.
https://www.doopedia.co.kr/"doopediaP", 2022.02.22.

https://www.youtube.com/watch?v=E-X6FjtKTXI, "Finishing thatched roof round mud hut Nigeria", 2022.03.18.
https://www.youtube.com/watch?v=kQy0W0VffgY&feature=youtu.be, "How to Thatch a Roof, 2022.03.18.
https://www.youtube.com/watch?v=RHKW0NxcBYU&feature=youtu.be, "80Years Old Grandpa Build The Most Beautiful Hut By Using Paddy Grass At Farm | India", 2022.03.19.

찾아보기

가

각단 84, 113, 145, 171

갈대 13, 17, 32, 36, 40, 43, 48, 52, 58, 61~64, 68, 79, 80, 90, 123, 154, 162, 174, 175, 199, 200, 229, 230, 242, 258, 259, 281, 285, 302, 322

강원도 14, 32, 36, 39, 40, 44, 174, 175, 201, 257, 263, 264, 269, 270, 273, 309

개초蓋草 13, 157, 166~168

겉고삿줄 31, 39, 40, 51, 63~65, 87, 117, 125, 131, 137, 138, 162, 195, 199, 200, 202, 203, 206~209, 212, 218~225, 229, 232, 233, 236, 238, 242, 249, 251~254, 256, 257, 260, 262, 264, 266, 267, 270, 272, 285, 287, 290, 323

경기도 14, 32, 166, 172, 173, 201~203, 207, 208, 212~214, 216, 219, 223, 253, 264, 270, 321

경미한 수리행위 61, 66, 308, 313, 316

경상도 40, 45, 172, 173, 199~201, 229, 230, 234~242, 245, 253~259, 262, 264, 266, 267, 270, 278, 282, 287, 321

경직도耕織圖 163, 164

고삭藁索 63, 86, 92, 93

고삿줄 21, 39, 64, 92, 125, 127, 128, 130, 206, 257, 324

고초전藁草廛 164

곤포 사일리지 305, 306

국가유산 14, 27, 60, 66, 118, 181, 188, 196, 198, 215, 219, 242, 243, 245, 247, 249, 259, 263, 273, 280, 312, 313, 315, 320, 321

국가유산수리표준시방서 14, 15, 17, 20, 25, 26, 28, 32, 39, 47~56, 60~63, 65~68, 74, 85, 87~89, 111, 113~118, 190, 253, 316, 320~323

군새 17, 39, 54, 62~64, 86, 87, 111, 112, 114, 115, 121~123, 129, 320, 324

군새작업 64, 118, 122, 324

금줄 296

기계 제 이엉 16, 20, 26, 66, 188~193, 196, 306, 310, 313, 324

기스매 103

긴 가로줄 치기 229, 255~257

나

낙안읍성 20, 23, 39, 179, 182, 183, 232, 243~245, 247, 249~252, 312

내도복성 178, 304

누름대 65, 87, 102, 117, 162, 262

다

닭둥우리 299

덕치리 초가 20, 104, 106, 107, 126, 132, 134, 243, 249, 325

동아줄 86, 93, 94, 116, 297, 298

두레 15, 178, 307

띠풀 13, 17, 20, 21, 32, 40, 44, 48, 63, 64, 68, 84, 95, 105, 113, 123, 144~147, 155, 156, 171, 172,

175, 200, 201, 260, 276, 277, 302, 314, 315, 322, 325
띠풀이엉　110, 123, 146~149
띠풀지붕　14, 40, 84, 120

마

물매　39, 42, 43, 54, 64, 73, 85~88, 91, 105, 110, 111~114, 118, 120~123, 126, 129, 133, 136, 142, 145, 146, 148, 190, 195, 205, 208, 249, 254, 274, 278, 282, 285

민속마을　13, 25, 26, 28, 45, 69, 70, 80, 118, 179, 180, 182~185, 187, 188, 190, 196, 308~310, 312, 313, 316

바

밤 얽기　55, 249
방구매기　62, 86, 87, 114, 116
백전리 물레방아　75~79, 101~103, 109, 134~138
볏짚　13~15, 18, 19, 24, 28, 32~40, 43, 46~49, 51, 53, 54, 58, 61~64, 67~69, 72~74, 77~80, 83, 85~91, 96, 97, 99, 101, 102, 107, 108, 110, 114, 116, 118, 120~122, 126, 127, 131, 139, 155, 159~162, 164, 168, 170~177, 179, 188~190, 192~195, 199~202, 208, 211, 222, 223, 229, 232, 238, 248, 258, 260, 263, 269, 271, 281, 284~287, 291, 294, 299~307, 309, 315, 321, 322, 325
볏짚이엉　17, 20, 21, 24, 26, 40, 57, 58, 68~70, 73, 77, 96, 97, 103, 107, 118, 123, 127, 133, 141, 152, 153, 158, 173, 201, 248, 260, 263, 284, 285, 306, 321
볏짚지붕　14
비늘이엉　37, 49, 53, 54, 63, 64, 68, 73, 79~81, 85~88, 90, 96, 113, 121, 125, 128, 162, 199~201, 230, 242, 249, 258~260, 265, 282, 284~287, 290, 296, 302, 321
비닐볏짚이엉　16, 26, 192, 193, 195, 196, 313

사

사슬이엉　49, 53, 54, 63, 64, 68, 69, 71, 79, 82, 85~88, 96, 117, 125, 127, 129, 137, 199~202, 211, 229, 242, 258, 259, 263, 272, 282, 285~287, 290, 296
사슬이엉이기　118
산죽　13, 17, 25, 32, 44, 48, 58, 61, 63, 64, 68, 79, 80, 82, 83, 89, 96~100, 103, 104, 110, 113, 131, 141~143, 158, 159, 199, 201, 229, 230, 259, 302, 315, 322
산죽이엉　25, 82, 83, 98~100, 102, 110, 123, 139, 141, 143, 187, 259, 302, 323
산죽지붕　14, 20, 21, 44, 82, 102, 103, 120, 123, 139~141, 144
새끼줄　15, 28, 37, 50, 55, 63, 64, 80, 86, 89, 91~96, 100, 108, 110, 111, 116, 117, 126, 131, 132, 138, 139, 141, 143, 144, 162, 170, 172~175, 195, 202, 212, 218, 222, 231, 233, 236, 249, 251, 254, 269, 278, 279, 287, 294~296, 312, 324
새끼틀　311, 312
새마을운동　12, 35, 38, 42, 43, 66, 152, 158, 175~180, 182, 183, 194, 224, 302, 303, 304, 307, 309, 315, 316
서울　164, 202~206, 219
성읍마을　20, 23, 40, 41, 101, 102, 104, 105, 109, 110, 144, 145, 182, 279, 280, 307, 309, 313, 315, 316
속고삿줄　51, 54, 63, 64, 68, 113, 116, 118, 122~126, 129, 131, 132, 203, 206, 207, 242, 251, 296
송첨松簷　26, 157, 159, 160
수제이엉　66, 188~191, 196, 310
슬레이트 지붕　37, 38, 42, 194, 315
쌍줄　199, 229, 233, 263
썩은 군새　16, 54, 63, 64, 67, 112, 119, 120, 123, 190
썩은 이엉　119, 121, 122

ㅇ

억새 13, 17~21, 32, 33, 40~44, 48, 53, 57, 58, 61~64, 68, 74, 79, 81, 83~85, 89, 90, 96~100, 103~105, 113, 123, 126, 131~133, 153, 154, 161, 174, 175, 199~201, 229, 230, 242, 249, 258~260, 263, 269, 272, 300, 302, 303, 315, 322, 326

억새이엉 24, 69, 70, 80, 81, 98, 107, 126, 132, 133, 187, 201, 260, 263, 302

억새지붕 14, 33, 40~42, 105, 113, 120, 132, 204, 242, 269, 270, 272

연죽 40, 62, 63, 65, 86, 87, 100, 103, 104, 116, 117, 134, 139, 149, 157, 162, 163, 228, 233, 251, 253, 262, 325

외줄 55, 199, 229, 233, 263

용마루 43, 51, 55, 64, 65, 69, 85, 86, 105~112, 114, 115, 130, 131, 133, 136~139, 141~144, 147, 148, 160, 161, 169, 176, 199, 200, 204, 208, 224, 266, 230, 234, 238, 266, 269, 272, 282, 287, 290, 291, 323

용마름 15~17, 19, 20, 26, 28, 40, 41, 43, 46, 51, 54~56, 58, 62, 64, 85, 86, 89~91, 105~109, 110, 112, 115, 116, 129~131, 133, 137, 139, 159~161, 163, 192, 194, 195, 199~207, 212, 223, 229, 237, 238, 240, 249~252, 254, 258~260, 263, 265~267, 269, 270, 272, 276, 282, 284~287, 298, 299, 302, 307, 321

용무름 259

이기 54, 64, 65, 68, 84, 100, 102, 103, 112, 123, 129, 137, 142, 148, 154, 168, 192, 193, 296

이삭 베기 155

이엉 기계 189

인조볏짚이엉 16, 26, 192~196, 313

『임원경제지』 31, 161, 205

ㅈ

자연볏짚이엉 194

저릅대 13, 17, 20, 21, 32, 61, 63, 64, 68, 74~76, 78, 83, 89, 96, 100, 103, 104, 110, 113, 123, 126, 131, 132, 136, 174, 175, 200, 263, 269, 271, 272, 302, 315, 322, 325

저릅대이엉 24, 69, 70, 75~79, 100, 102, 107, 110, 134~137, 139, 201, 263, 268, 269

저릅대지붕 14, 44, 45, 105, 120, 123, 135~138, 175

저릅집 45, 77, 78, 134~138

전라도 40, 52, 100, 170, 200, 201, 204, 215, 229~234, 236, 240, 242, 243, 245, 247, 248, 251, 254, 255, 257, 262, 264, 267, 270, 278, 282, 287, 321

전통건조물보존지구 179, 182

『전통민가조사보고서』 186, 187

정선 백전리 물레방아 20, 271, 273

정선 아라리촌 20, 23, 75~79, 91, 105, 106, 107, 134~138

제날배기마름 88, 89

제주도 14, 35, 40, 41, 49, 56, 84, 93, 101, 105, 117, 123, 142, 144, 158, 171, 172, 201, 276~288, 280, 297, 298, 310, 313~316, 321

주저리 110, 153, 205, 298~300

죽첨竹簽 26, 159

지새미 52, 63, 65, 66, 70, 85, 91, 100~103, 112, 113, 117, 126, 127, 136, 137, 162

지새미대 50, 55, 102, 199, 200, 229, 232~234, 236~241, 248, 251, 254, 262, 270, 282, 283

지스레미 52, 103

지석매 103

진생이 65, 101, 102, 110, 143, 144, 229

진생이대 143, 144

집단민속자료 보호구역 179, 181

집모양토기 156

집줄 41, 84, 93, 95, 145, 147~149, 278, 279, 281, 297, 298, 311, 312, 314

짚가리 15, 46, 171, 294, 299~301, 305

짚풀 13, 24, 33, 46, 61, 63, 64, 67, 68, 84, 87, 96, 107, 118, 120, 188, 285, 315, 321, 322, 325

ㅊ

처마마름이기 52, 53, 62, 63, 111, 113
청솔가지 86, 87, 274
초공 102, 144, 310, 314
초분 301, 302
충청도 32, 39, 50, 52, 103, 201, 202, 206, 212~214,
        223, 224, 253, 264~266, 270, 321
칡 63, 79, 80, 91, 96, 139, 143, 153, 154, 200, 201,
    263, 269, 323
칡줄 63, 91, 96, 110, 139, 260, 269

ㅋ

컬러강판이엉 16, 26, 192~196, 313
콤바인 304~306, 315

ㅌ

터주가리 299

ㅍ

통일벼 178, 179, 303, 304, 321
투막집 272, 273, 275

ㅍ

평안도 32, 90, 201, 281, 283, 285, 286, 321

ㅎ

하자보수 115
한국민속촌 19~22, 24, 25, 69, 70, 75~77, 80, 101,
           102, 104, 140, 141, 144, 306, 316
「한국전통생활문화유산보호관리계획안」 179
함경도 32, 169, 200, 201, 264, 265, 270, 281, 282,
       286~288, 290, 291, 321
황해도 32, 165, 174, 175, 200~203, 208, 210~214,
       253, 264, 270, 303, 321
흐른이엉 49, 57, 63, 64, 68, 69, 84, 86, 87, 96, 153,
         199, 200, 276

초가지붕의 이엉이기 양상과 특징

초판1쇄 발행   2025년 8월 17일

지은이 나형남

주간 조승연
편집·디자인   오경희·조정화·오성현·신나래·박선주·정성희
관리 박정대

펴낸이 홍종화
펴낸곳 민속원
창업 홍기원
출판등록 제1990-000045호
주소 서울 마포구 토정로 25길 41(대흥동 337-25)
전화 02) 804-3320, 805-3320, 806-3320(代)
팩스 02) 802-3346
이메일 minsokwon@naver.com
홈페이지 www.minsokwon.com

ISBN   978-89-285-2154-8   94380
SET   978-89-285-0359-9   94080

ⓒ 나형남, 2025
ⓒ 민속원, 2025, Printed in Seoul, Korea

이 책은 저작권법에 의해 보호를 받는 저작물이므로 무단전재와 복제를 금지하며,
이 책의 전부 또는 일부를 이용하려면 반드시 저작권자와 출판사의 서면동의를 받아야 합니다.